Textspiele in der Wirtschaftskommunikation

Susanne Femers-Koch
Stefanie Molthagen-Schnöring

Textspiele in der Wirtschafts-kommunikation

Texte und Sprache zwischen Normierung und Abweichung

Mit Beiträgen von
Annette Uphaus-Wehmeier und Christina Vaih-Baur

Springer VS

Autoren
Susanne Femers-Koch
Berlin, Deutschland

Stefanie Molthagen-Schnöring
Berlin, Deutschland

Mit einem Beitrag von
Annette Uphaus-Wehmeier
Hamburg, Deutschland

Christina Vaih-Baur
Stuttgart, Deutschland

ISBN 978-3-658-18898-6 ISBN 978-3-658-18899-3 (eBook)
DOI 10.1007/978-3-658-18899-3

Die Deutsche Nationalbibliothek verzeichnet diese Publikation in der Deutschen Nationalbibliografie; detaillierte bibliografische Daten sind im Internet über http://dnb.d-nb.de abrufbar.

Springer VS

Lektorat: Barbara Emig-Roller

Springer VS ist Teil von Springer Nature
Die eingetragene Gesellschaft ist Springer Fachmedien Wiesbaden GmbH
Die Anschrift der Gesellschaft ist: Abraham-Lincoln-Str. 46, 65189 Wiesbaden, Germany

Inhalt

II Hauptrunden

I Etablierte Spiele im Wandel

I

Vorspiele

Vorwort der Herausgeberinnen

1

Stefanie Molthagen-Schnöring und Susanne Femers-Koch

Ist Texten Kunst oder Technik? Mit dieser Frage wird der Texter oder derjenige, der Texter ausbildet, immer wieder konfrontiert. Letzteres impliziert, dass man das Texten lernen kann, weil eine Art Regelwerk existiert, das den guten vom schlechten Text unterscheidet. Nimmt man die erste Perspektive ein, ist jeder Text ein individuelles Werk, hervorgebracht durch einen schöpferisch-kreativen Akt. Wie immer, liegt die Wahrheit wohl dazwischen. Niemand wird bestreiten, dass es Qualitäten eines Textes gibt, die der Texter beherrschen muss, z. B. orthografische und grammatikalische Regeln. Wobei – zeigt sich in der Abweichung davon nicht gerade auch Souveränität? Natürlich nur, wenn das Spiel mit der Sprache nicht zur leicht durchschaubaren Masche wird, die den Leser gelangweilt den Kopf schütteln lässt…

Es waren unter anderem diese Gedanken, die uns bewegt haben, dem Spiel mit dem Text ein ganzes Buch zu widmen. Fragen wie die oben genannten resultieren dabei nicht nur aus unserer professionellen Erfahrung als Textproduzentinnen, sondern stellen sich uns auch immer wieder in der Lehre, vor allem in dem Modul „Text und Rhetorik", das wir beide unterrichten. Wir haben festgestellt, dass es so etwas wie „Textergenerationen" gibt, d. h. Menschen, die entsprechend ihrem Alter ganz unterschiedlich an Texte und Texten herangehen. Besonders augenfällig wird dieses Phänomen mit der Generation der Digital Natives, die einen souveränen Umgang mit Online-Medien pflegt. Ohne hier das beliebte Klagelied anstimmen zu wollen, demzufolge die Digital Natives das Schreiben und möglicherweise auch das Lesen verlernt haben, lässt sich doch festhalten, dass Texte für diese Generation eine andere Bedeutung haben als für diejenigen, die mit klassischen Medien wie Büchern oder Zeitungen sozialisiert wurden. Um ein Beispiel zu geben: Wenn in der ersten Stunde des Seminars „Text und Rhetorik" nach den Erfahrungen gefragt wird, die die Studierenden bisher mit Texten gemacht haben, kommt neben dem typischen „Im Deutschunterricht haben wir den Roman soundso gelesen" immer häufiger: „Texte interessieren mich nicht so, ich bin bei Instagram aktiv“. Man mag sich als Lehrender über diese Aussage ärgern, sollte sich aber zumindest die Frage stellen, ob eine solche negative oder zumindest desinteressierte Haltung dem Text gegenüber nicht daraus resultieren könnte, dass der kreative Freiraum, den das Texten bietet, bisher nicht hinreichend vermittelt wurde.

Gleichzeitig kann man beobachten, dass Kreatives Schreiben durchaus gefragt ist. Zumindest lässt das der Blick auf einschlägige Kursangebote in Zeitschriften und Internetportalen vermuten. Für Lyrik- oder Prosaformen der Literatur erscheint ein solcher Zugang einleuchtend und auch die Werbung zeichnet sich nicht unerheblich durch kreativen Sprachgebrauch aus. Aber was ist mit „ernsteren“ Textsorten und -formaten wie Pressemitteilungen, Geschäftsberichten, Vorstandsreden o. ä.? Wird in diesen Medien der Wirtschaftskommunikation ebenfalls mit Sprache gespielt oder stößt das Spiel hier an die Grenze des ökonomischen Ernsts? Ziel der vorliegenden Publikation ist es, den Spielraum auszuloten, den der Verfasser von Texten der Wirtschaftskommunikation hat. Wir möchten verschiedene Wege aufzeigen, Sprache einzusetzen, mit ihr zu spielen, damit variantenreiche Texte entstehen, die inhaltlich funktionieren und zugleich verschiedene Zielgruppen erreichen.

Wirtschaftskommunikation setzen wir dabei nicht mit Unternehmenskommunikation gleich, genau so wenig wie wir nur die werbliche Wirtschaftskommunikation in den Blick nehmen. Den Beiträgen in diesem Buch liegt eine Sichtweise zugrunde, die sich auch in der Konzeption des Studiengangs Wirtschaftskommunikation an der Hochschule für Technik und Wirtschaft (HTW) Berlin widerspiegelt, dem die beiden Herausgeberinnen angehören. Demnach ist Wirtschaftskommunikation zum einen die vermittelnde Kommunikation zwischen der Wirtschaft und anderen Systemen der Gesellschaft. Gemäß dieser Perspektive behandeln wir in diesem Band auch journalistische Textsorten, die der Information über die Wirtschaft und ihre Akteure dienen. Zum anderen ist Wirtschaftskommunikation die strategisch konzipierte Kommunikation, egal ob sprachlich oder visuell, durch die Unternehmen andere Akteure des Wirtschafts- und Gesellschaftssystems zu überzeugen versuchen. Dies geschieht in Werbung ebenso wie in interner Kommunikation, gesellschaftlich orientierten Public Relations oder politisch gerichteten Public Affairs. Diese Begriffe werden in den verschiedenen Beiträgen auch weiterhin verwendet, da sie jeweils eigene Zwecke und Zielgruppen der Kommunikation implizieren, und weil Wirtschaftskommunikation in diesem Sinne zweckgebunden und ausdifferenziert ist.

In den letzten Jahren ist hierzulande zudem eine auffällige Professionalisierung der Kommunikation nicht profit-orientierter Organisationen zu beobachten, die sich der Strategien, Instrumente und Routinen professioneller, strategischer Unternehmenskommunikation bedienen. Das rechtfertigt auch die Tatsache, dass in einzelnen Kapiteln Beispiele der Kommunikation solcher Organisationen aufgenommen wurden, die streng genommen nicht unter die Kategorie „Wirtschaftskommunikation" fallen. Gemeint sind hiermit z. B. Behörden, Ministerien, gesellschaftliche Anspruchsgruppen, Stiftungen u. v. m.

Gleichwohl haben wir die Beiträge nicht nach verschiedenen Spielarten von Wirtschaftskommunikation gegliedert. Vielversprechender schien uns vielmehr, neueren und etablierten Spielarten von Texten und Sprache „auf die Spur" zu kommen, d. h. nach Varianten des Sprachspiels (z. B. in der Lyrik oder Jugendsprache), medialen Erscheinungsformen (on- vs. offline) sowie Textsorten (z. B. Reden oder journalistischen Texte) zu suchen, die durch ihre auffällige Gestaltung Mehrwert für den Rezipienten versprechen. Anhand von Theorien, vor allem aber von vielen Beispielen, versuchen wir die Möglichkeiten und Grenzen des Spiels mit Sprache im Bereich der Wirtschaftskommunikation zu erfassen. Dabei wollen wir unsere Leser – Studierende, Wissenschaftler und Text-Praktiker – nicht zuletzt zu einem spielerischen Erkunden von Sprache und Text animieren.

Dieses Buch wäre nicht zustande gekommen ohne die Inspiration und Unterstützung verschiedener Menschen. Wir danken unseren Mitautorinnen, Annette Uphaus-Wehmeier und Christina Vaih-Baur, für ihre Beiträge sowie unserer Kollegin Sonja Kastner für ihre wertvollen Ideen während der Konzeptionsphase. Unsere Interviewpartner Frederik Fischer, Klaus Madzia und Florian Stadel haben spannende Einblicke in die Textpraxis gewährt. Ralf Birkelbach und seine Studierenden im Projektseminar Content Marketing haben dankenswerterweise eines der Interviews gestaltet und geführt.

Besonderer Dank gilt Anne Biedermann, die uns tatkräftig und mit Blick fürs Detail bei Redaktion und Layout unterstützt hat. Die Forschungsabminderung der HTW Berlin gewährte uns den Freiraum für die Arbeit an diesem Buch. Erste kritische Gegenleser waren unsere Studierenden im Seminar „Text und Rhetorik" sowie Hanna Schnackenberg, deren Feedback für uns sehr wertvoll war. Mit Interesse und einem kritischen Blick haben außerdem Matthias Koch und Dietmar Molthagen den Prozess der Entstehung dieser Publikation begleitet – ihnen danken wir von Herzen.

Berlin, im März 2017

Susanne Femers-Koch und Stefanie Molthagen-Schnöring

Einführung: Das Spiel mit dem Text – Spielarten, Spielregeln, Spielerfinder

2

Susanne Femers-Koch und Stefanie Molthagen-Schnöring

Zusammenfassung

Oft sind gelungene Texte „irgendwie anders", sie weichen ab von Gewohntem und auch Bewährtem. Solche Texte spielen mit Regeln, verfremden Formen und konventionelle Muster – sie widersprechen den Erwartungen des Publikums und gehen kreativ mit Sprache um. Auffällige Textvarianten in der Wirtschaftskommunikation werden in diesem einführenden Kapitel vorgestellt und mit Hilfe der Spiele-Metapher auf ihre Gemeinsamkeit hin untersucht, um damit den Analyserahmen des vorliegenden Buches zu entfalten. Das Charakteristikum „Spiel" ist hier als Qualitätskriterium für kreative und innovative Textleistungen zu verstehen, die Möglichkeitsräume für das Medium Text in der Wirtschaftskommunikation erweitern. Berücksichtigung finden insbesondere Textprodukte aus Werbung, Public Relations und Journalismus in verschiedenen medialen Kontexten. Eine Vorstellung der Struktur des Buches und eine inhaltliche Skizze der einzelnen Kapitel sollen dem Leser helfen, seine Erwartungen an die Lektüre zu überprüfen und die Leseauswahl zu erleichtern.

2.1 Ein Text ist ein Text … ist ein Text? Auf der Suche nach dem „goldenen Schnitt"

Ein Text ist ein Text ist ein Text. Fragt man nach der Bedeutung dieses Satzes, hilft der bekannte Referenztext einer prominenten Texterin. Eine Rose ist eine Rose ist eine Rose. Dieser Satz von Gertrude Stein steht zum einen für die Unkonventionalität ihres literarischen Schaffens in experimentellen Werken, aber auch für die

Eindringlichkeit ihrer Texterzeugnisse. Ein Text ist ein Text ist ein Text. Aber wie kommt man nun auf solche Texte – die besonders sind und einfach für sich selber stehen? Wer gute Texte produzieren will, kann sich an Normen orientieren, Rezepten vergleichbar, die das sichere Gelingen garantieren, wenn man sich nur an die Gebrauchsanweisung für den Umgang mit der Sprache hält und die Mengen der Zutaten nach angemessener Behandlung und Vermischung bei richtiger Temperatur in die passende Form gießt. Für diese Orientierung an Mustern für gelungene Texte kann der Begriff Textsorten hilfreich sein: „Textsorten sind konventionell geltende Muster für komplexe sprachliche Handlungen und lassen sich als jeweils typische Verbindungen von kontextuellen (situativen), kommunikativ-funktionalen und strukturellen (grammatischen und thematischen) Merkmalen beschreiben." (Brinker 1997 zitiert nach Janich 2005, S. 76)

Diese Normorientierung ist bei solchen Textprodukten hilfreich, bei denen kulturell überkommene Gestaltungsmuster verbindlich sind und ihre Einhaltung mit Textakzeptanz belohnt wird. So ist man gut beraten, wenn man eine Pressemitteilung inhaltlich an den Nachrichtenfaktoren als Selektions-Sieb orientiert, am sogenannten Leadprinzip für die Struktur ausrichtet, die wichtigen W-Fragen (Wer? Was? Wann? Wo?) abarbeitet und sich sprachlich jede Spielerei verbietet. Der Köder muss bekanntlich dem Fisch schmecken. Und Journalisten wollen – so die stereotype Erwartung – einfache Kost, Rezepte ohne Pfiff und Sterne, pragmatische Textprodukte, die sich an journalistischen Arbeitsregeln und Verarbeitungsroutinen ausrichten: Fast Food! Die Individualität der Textkunst spielt hier keine Rolle – das gilt für viele Texte in der Wirtschaftskommunikation, aber längst nicht für alle. Die Suche nach dem „goldenen Schnitt", dem Ideal, dem man u. a. bei Bildern in der Malerei nachspürt, und das sich in eindrucksvolle mathematische Formeln gießen lässt, führt für Texte nicht besonders weit – sonst hätte der Inhalt dieses Buches auch vielleicht auf einer Seite angenehm viel Platz gefunden.

Oft sind gelungene Texte „irgendwie anders", ihr Anderssein fällt auf und das „Irgendwie" macht ihre Kunst aus: Wir fahren z. B. über die Autobahn und sehen Plakate in der Aufmachung von Todesanzeigen, die zu „Runter vom Gas!" animieren. Wir lesen eine Werbebeilage einer Zeitung, weil sie in Schreibschrift gestaltet und in Form eines Liebesbriefes getextet ist. Wir sind überrascht von den lyrischen Versen in einer Werbeanzeige und den schillernden Geschichten, die uns in der eigentlich nüchternen Welt der Wirtschaftskommunikation erzählt werden und sich als Storytelling recht gut verkaufen. Und eine Wirtschaftspublikation kann uns in Comic-Form informieren und unterhalten, und stellt für den Leser in diesem Kontext eine unerwartete Verbindung von erzählendem Text mit wörtlicher Rede und gezeichneten Bildern dar. Das dürfte jenseits des Erwartungshorizonts des Finanzanalysten als Rezipienten angesiedelt sein und keinesfalls zu den Klassikern zählen.

Was macht diese Texte aus? Sie verschieben die Normen und verfremden die Formen, konventionelle Muster geraten dabei aus dem Gleichgewicht. Und das macht gerade die Güte dieser Textprodukte aus, schafft Aufmerksamkeit, Irritation, vielleicht sogar Faszination, eventuell aber auch Ablehnung. Das gemeinsame Prinzip, das diese Verschiebungen, Verzerrungen, Verfremdungen, diese Spiele mit Text verbindet, ist das Prinzip Abweichung. Für die Werbung hat Werner Gaede (2002) dieses Prinzip in einer beeindruckenden Enzyklopädie kreativer Werbung vorgelegt. Nach Gaedes Auffassung verstößt kreative Werbung gegen Regeln, sie bricht mit Normalformerwartungen und verfremdet die Muster, nach denen wir als Texter handeln. Zum Universalprinzip erhoben, bedeutet Abweichung als Leitmotiv selbstverständlich, dass Normen wieder zu Normen werden, denn das prinzipielle Abweichen bedeutet auch ein Abweichen von den Abweichungen. Eine Abweichung ist eine Abweichung ist eine Abweichung ist eine Norm? Um von Normen abzuweichen und Regeln zu brechen, muss man zunächst einmal selbige kennen. Darum bewegt sich das Spiel mit dem Text in einem Oszillieren zwischen Normierung und Abweichung.

Die Spuren dieser Bewegungen in den Textprodukten der zeitgenössischen Wirtschaftskommunikation will das vorliegende Buch nachzeichnen, reflektieren und kommentieren. Damit will es den Leser zur Beschäftigung mit den Regeln und Normen des Textens bewegen und von der Arbeit am Produkt Text begeistern sowie zum Spiel mit Text und Sprache verführen. Auf diese Weise schließt das Buch nach Auffassung der Herausgeberinnen eine Lücke in der Palette vorliegender Textbücher. Diese lassen sich in fünf gängige Kategorien einteilen, zu denen sich das geplante Buch als abweichende Querschnittsergänzung verhält:

In die erste Kategorie fallen solche Bücher, die sich dem Texten einer spezifischen Disziplin widmen wie den Public Relations (z. B. Stücheli-Herlach & Perrin 2013). Eine zweite Kategorie fokussiert einzelne Textsorten wie die Pressemitteilung oder ein bestimmtes Medium wie die Mitarbeiterzeitschrift (z. B. Falkenberg 2013 bzw. Marinkovic 2009). Eine schier unübersichtliche Fülle stellt die in Kategorie drei fallende praxisorientierte Ratgeberliteratur zum Texten dar wie z. B. von Döppler (2012). Eher der universitären Ausbildung in der Stilistik und Rhetorik sind wissenschaftliche Grundlagenwerke der Kategorie vier zugedacht wie die von Götter (2009) oder Götter & Jungen (2004). Und in die letzte Kategorie fallen Überblickswerke mit starker Anwendungsorientierung für die Hochschulausbildung, die sich den unterschiedlichsten Textsorten widmen (z. B. Femers 2011). Was die Positionierung als „abweichende Querschnittsergänzung" ausmacht, entfaltet sich noch genauer in der später in diesem Kapitel folgenden Erläuterung des Aufbaus und der Inhalte des Buches. Zunächst einmal aber soll der leitende Begriff „Spiel" erörtert werden.

2.2 Ein Spiel ist – was eigentlich? Auf der Suche nach dem, was Spielen ausmacht

Wenn wir von „*Text-Spielen*" sprechen, lehnen wir uns an eine alte (ursprünglich 1938 verfasste), sehr weitreichende Definition von Spiel[1] an, die auf den niederländischen Kulturanthropologen Johan Huizinga zurückgeht. In seinem Hauptwerk „Homo ludens" schreibt er: „Spiel ist eine freiwillige Handlung oder Beschäftigung, die innerhalb gewisser festgesetzter Grenzen von Zeit und Raum nach freiwillig angenommenen, aber unbedingt bindenden Regeln verrichtet wird, ihr Ziel in sich selber hat und begleitet wird von einem Gefühl der Spannung und Freude und einem Bewusstsein des ‚Andersseins' als das ‚gewöhnliche Leben'." (Huizinga 2004, S. 37) Textspiele können also durchaus unterhaltend sein, sie müssen es aber nicht zwingend sein. Und einschränkend muss auch gesagt werden, dass Spiele in den hier untersuchten Texten auch nicht gänzlich zweckfrei sind, sie dienen vielmehr den Zielen von Organisationen, wollen in ihrem Auftreten in der Werbung etwas, ein Produkt oder eine Idee, „verkaufen" oder im Rahmen von weiteren Formen persuasiver Kommunikation von irgendetwas, einem Produkt, einem Unternehmen, einem Kommunikator, überzeugen oder zumindest bestmöglich informieren. Und gespielt wird bei Textspielen nicht für das andere, alles andere als gewöhnliche Leben wie bei Huizinga (2004), sondern für *den* anderen Text, der preisverdächtig ist oder sogar das Etikett „der goldene Textschnitt" erhalten könnte.

Ein Text ist das „Produkt des Webens, Flechtens und Gestaltens, das Sprache in eine spezifische Form kleidet" (Femers 2011, S. 3). Das Spiel mit Text und auch Sprache folgt – wie bereits viele Rhetorikbücher seit der Antike gelehrt haben – bestimmten Regeln. Es kann mit diesen aber auch kreativ umgehen, indem es Möglichkeiten auslotet und Neues dabei entsteht.[2] Das Spiel hat somit einen wider-

---

1 Spielbegriffe gibt es natürlich sehr viele, z. B. im Sinne von Brettspielen, Automatenspielen, Spiele im Sinne der mathematischen Spieltheorie, der Transaktionsanalyse oder der strategischen Kommunikation und auch solche im Sandkasten und auf anderen Bühnen. Diese können und sollen hier nicht erörtert werden.

2 Für die Dichtung wird das exemplarisch bei Koneffke (2012, o. S.) ausgeführt: „Zur paradoxen Freiheit des Sprach-Spiels gehört nicht zuletzt das Spiel mit der dichterischen Tradition, ihren Formen und Motiven. Dichtung antwortet auf Dichtung." (…) So „sprach ich vorhin von der paradoxen Freiheit, die eben darin liegt, dass das Gedicht ja nicht ohne Regeln auskommt und sich an ihnen abarbeitet, von Rhythmus und Metrik zu Reim und

sprüchlichen Charakter: Es orientiert sich an Regeln und ist damit konservativ, und es überschreitet Regeln, bekannte Grenzen und gemachte Erfahrungen sowie die daraus entstandenen Erwartungen und weist in Innovationen über diese hinaus. Bemüht man das geflügelte Wort des Pädagogen Karl Friedrich Wilhelm Wander (1803 – 1879), „Am Spiel erkennt man, was in einem steckt.“, deutet der Spielbegriff auch darauf hin, dass der *Texter als Homo ludens* die Möglichkeit des sich selbst Entdeckens und Verwirklichens nutzen kann.

Der Zwang zum Nutzen und der Fokus auf Funktionsdienlichkeit sind der Feind des Textspiels, sie dürfen nur nachrangig und nicht prioritär betrachtet werden, sonst sind Bewegungen in der Textkultur schwer, wenn nicht unmöglich. Eine Begründung hierfür findet man bei Hüther und Quarch (2016, S. 17): „Das Spiel ist [...] in einer von der instrumentellen Vernunft des Ökonomismus beherrschten Welt eine subversive Kraft. Spielen öffnet Räume unbedingter Sinnhaftigkeit, auch wenn kein Zweck dabei verfolgt und kein Nutzen avisiert wird. Spiele öffnen Räume für Kreativität.“

2.3 Ein Plädoyer für das Spielen mit Text und Sprache

Für das Texten in der Wirtschaftskommunikation gibt es – wie eingangs gesagt – jede Menge Ratgeber, Gebrauchsanweisungen, Praxisanleitungen und auch wissenschaftliche Standardwerke, die Aufbauregeln, Formvorschriften, Strukturprinzipien usw. vermitteln. Alle diese Regeln wollen helfen, einen „guten“ Text zu verfassen. Orientieren wir uns in unserem Schreibhandeln an bewährten Verfahrensweisen, erleichtert dies das Schreiben, und wir können so auch relativ souverän Erwartungshaltungen beim Leser steuern bzw. ihn in seinen Wünschen an den Text vor Frustration bewahren. Mehr aber auch nicht.

Und an dieser Stelle kommt das Spiel auf die Agenda. Vielleicht ist es ja – wenn auch zunächst einmal weniger bequem und sicher – mittel- und langfristig gedacht gewinnbringend und erfolgversprechend, diese Regeln beiseite zu schieben und das Spiel mit Text und Sprache zu erproben. Der Neurowissenschaftler Hüther und der Philosoph Quarch haben den „zivilisatorischen Imperativ: Rettet das Spiel!“ (Hüther und Quarch 2016, S. 9 ff) zwar für unsere ganze Kultur erhoben. Die Argumente, die

Klang, nicht zuletzt seinen ‚inhaltlichen‘, also rhetorischen Figuren wie der Metapher und der Metonymie, ja, am Regelwerk der Sprache selbst, wobei dieses Abarbeiten als zweckfreies Spiel betrieben wird. Dieses zweckfreie Spiel mit dem Regelwerk ist ein lustvolles Erlebnis, das Erkenntnis nicht ausschließt.“

sie auf einer Metaebene formulieren, lassen sich aber recht gut auf die Textkultur in der Wirtschaftskommunikation übertragen und machen das Plädoyer für das Spiel mit Text und Sprache im Detail nachvollziehbar:

- Spielen ist die *Freiheit, in strategischen Alternativen* zu denken. Gedankenspiele zur Lösung eines Problems oder zur Erfüllung eines Auftrags sind Probehandeln. Im Kinderspiel noch als tatsächliches Handeln beobachtbar, ist Spielen später ein gedanklicher Akt, ein Jonglieren, Abwägen und Erwägen. Gedankenspiele ermöglichen lebendige Handlungsoptionen, die sich nicht als tote, quasi maschinengenerierte Produkte – hier Texthülsen – erweisen. Das Spiel mit dem Text und dem Wort kann also Lebendigkeit einer Textkultur fördern.
- Das Spielen ist dem Menschen eigen und ontogenetisch fest verankert. Aus dem spielerischen Erproben generiert sich das Denken als kognitive Repräsentation von Welt. Mehr noch, das Probehandeln gewährleistet die Anpassung an Umweltgegebenheiten und -veränderungen und garantiert so Entwicklung und im Extrem auch Überleben. Diese *evolutionäre Relevanz des Spiels* bedeutet für unseren Kontext des Textens, dass Textkonventionen in der Wirtschaftskommunikation auch immer wieder einmal kritisch hinterfragt werden sollten, ob sie eigentlich (noch) bedarfsgerecht sind. Der Wandel kommunikativer und medialer Kontexte kann somit als Aufforderung zum Spielen mit Text und Sprache verstanden werden.
- Die Unterhaltungsfunktion von Spielen hat sich in der o.g. Argumentation bereits als sekundär erwiesen. Es geht nicht um Spiel im Sinne von Spaß und Abwechslung, sondern der *„spielerische Erkundungsprozess des Möglichen“* (Hervorhebung durch die Autorinnen) muss kognitionspsychologisch als „selbstorganisiertes, intrinsisch gesteuertes Lernen“ aufgefasst werden: „Das Spiel ist [...] alles andere als eine nutzlose Beschäftigung zum Zeitvertreib.“ (Hüther und Quarch 2016, S. 11)
- Spielen fördert Kreativität und damit mehr als nur die Verbesserung dessen, was ist im Sinne von „linear innovation“, sondern Spielen ermöglicht das tatsächlich Neue, die *„breakthrough innovation“* (Hervorhebung durch die Autorinnen), die bekanntlich in restriktionsfreien Räumen erst wirklich werden kann. Zeitlicher und sozialer Druck erweisen sich als Feind des Spiels, der Kreativität, des Neuen. Das erzählen uns Erfahrungen, nach denen geniale Einfälle unter der Dusche produziert wurden. Ohne Druck, Deadlines, formale oder inhaltliche Begrenzungen ist Vieles möglich: „Der Durchbruch in das Neue entstand ganz von allein, hervorgegangen aus dem Spiel der Gedanken.“ (Hüther und Quarch 2016, S. 12) Dass man das Spiel der Gedanken methodisch stützend und

pädagogisch fütternd befördern kann, sei zur Ehrenrettung des Textlehrers oder Schreibtrainers allerdings hinzugefügt.

- Als letztes Argument für das Spiel führen die Autoren die Ästhetik an: „Ohne das Spiel gäbe es keine Schönheit. Maler spielen mit ihren Farben, Musiker spielen ihre Instrumente, Dichter spielen mit Worten, Tänzer mit Schritten und Bildhauer mit Ton und Marmor. Bei Lichte besehen sind alle Künste große Spielarrangements." (Hüther und Quarch 2016, S. 13). Bezogen auf die Textkunst übersetzt, lautet der Imperativ also *„Spielt, denn Spielen macht Texte schön."* Und damit ist dann ein Nutzen quasi höherer Ordnung gegeben. Im Sinne der vorliegenden Argumentation kann man sich den „guten" Texter mit schönen Textprodukten also als „homo ludens" vorstellen, vielleicht sogar als einen Spielwütigen.

2.4 Leseerwartungen und Leseofferten

Wer jetzt noch nicht davon überzeugt ist, dass das Spiel dem Texten guttut, der kann sich bei der weiteren Lektüre des vorliegenden Buches anhand einzelner Spielplätze mit kreativer Textarbeit in der Wirtschaftskommunikation beschäftigen. Die hauptsächlichen Spielcharakteristika, die sich als quasi roter Faden verfolgen lassen, sind:

- Spielerische Leichtigkeit (im Sinne eines souveränen Umgangs mit den Möglichkeiten des jeweiligen Mediums) und intelligentes Zusammenspiel von unterschiedlichen Faktoren,
- Sprachspielereien im Sinne von Abweichungen und kreativem Sprachgebrauch sowie
- Spielregeln in vielen Varianten und Spielraum (z. B. für die Social-Media-Kommunikation von Unternehmen oder das Miteinander von Textproduzenten und -rezipienten).

Mit Texten in der Wirtschaftskommunikation werden (seriöse) Zwecke verfolgt und damit ist quasi ein Spielraum definiert, in dem auch kreativer Sprachgebrauch möglich und erwünscht ist – weil er Aufmerksamkeit sichert, schwer Verständliches verständlich werden lässt und vieles andere mehr.

In einem Kerngebiet der Wirtschaftskommunikation, der Werbung, ist das Sprachspiel ein wesentliches Prinzip, ganz im Sinne des „Abweichens von der Norm". Die einzelnen Beiträge des vorliegenden Bandes zeigen, dass Texter auch in anderen

Gebieten der Wirtschaftskommunikation neue Möglichkeiten im Sinne von Textspielen offerieren. Dabei ist auch zu beobachten, dass mediale Grenzen überschritten werden. Medienvielfalt und crossmediale Verbindungen führen heute mehr denn je zu intelligentem und souveränem Zusammenspiel verschiedener Medien. Dafür müssen aber in der Folge auch schon mal Spielregeln definiert werden (z. B. für die Social-Media-Kommunikation). Auch davon zeugen einzelne Kapitel des Buches.

2.4.1 Leseerwartungen und -offerten im Teil „Etablierte Spiele im Wandel"

In den diesen einführenden Kapiteln folgenden Beiträgen, die unter der Rubrik *II. Hauptrunden, II.I. Etablierte Spiele im Wandel*, zusammengefasst sind, geht es um Textsorten und Sprachvarietäten, die in der Wirtschaftskommunikation bereits eingesetzt werden, die sich aber aufgrund kultureller und medialer Wandlungsprozesse möglicherweise verändert haben.

Im Mittelpunkt des Beitrags *II.I.1 Abweichungen etablierter journalistischer Textsorten in der Dualität von Online- und Printmedien von Stefanie Molthagen-Schnöring* werden Unterscheidungskriterien für journalistische Texte wie z. B. Bericht oder Reportage untersucht, die für den jeweiligen medialen Kontext, in dem sie platziert sind, typisch sind. Die neuen Varianten von Texten speisen sich demnach aus der Kritik an Texten in klassischen Medien, der Erfahrung der Relativität von Nachrichtenwerten, der Übersättigung mit Negativismus im Journalismus und der relativ betrachtet geringeren Textlastigkeit in der Onlinewelt, in der die Schnelligkeit der Rezeption von Inhalten hohe Priorität genießt. Und die digitale Welt scheint zudem den Spieltrieb zu wecken, das Jonglieren mit den Möglichkeiten. Die Analyse von Molthagen-Schnöring verdeutlicht, dass Abweichungen etablierter Textsorten insbesondere als Erweiterungen im Sinne von multimedialen, partizipativen und selektiven Formen journalistischer Texte zu finden sind.

Insbesondere an den hier zitierten Beispielen von Wirtschaftsreportagen als einer Art Realitätsspiel zeigt sich – so wie auch bei Storytelling-Formaten, die später im Band noch ausführlicher thematisiert werden (siehe Kapitel II.II.2) –, dass Texter in digitalen Kommunikationswelten zu Regisseuren werden, die Spiele mit Text- und Bildmaterial betreiben. Journalisten erweisen sich als engagierte Schöpfer von Erlebniswelten, in denen Leser als Besucher oder sogar teilnehmende Beobachter Wirtschaftsgeschehen wie auf Abenteuerspielplätzen entdecken und erleben können. Digitale, crossmediale Spielräume lassen es sogar zu, dass sie zu Mitspielern werden. Die Frage „lesen oder nicht lesen?" wird zur Alternative „wegklicken oder mitspielen?". Denn die Faszination für und Qualität von kunstvoll erarbeiteten und technisch versierten Text-Bild-Welten kann nur der erleben, der sich als Leser auch für den tieferen Einstieg in die Textwelt entscheidet. Vielen Onlinetexten wird man nicht beim oberflächlichen Scrollen und Scannen gerecht, sondern nur dann, wenn man sich auf eine der verschiedenen Möglichkeiten der Texterkundung begibt.

Im Kapitel *II.I.2, Die Rede: Es gilt (nicht nur) das gesprochene Wort*, der Autorin *Annette Uphaus-Wehmeier*, sind die Veränderungen klassischer Textprodukte vergleichsweise versteckter. Spielerische Varianten zu finden, fällt bei Reden auf den ersten Blick deshalb schwer, weil in vielen Kommunikationskontexten enge Spielräume gesetzt sind und Restriktionen die Kreativität einschränken. Uphaus-Wehmeier, die sich unterschiedlichsten Reden in Politik und Wirtschaft in ihrer Suche nach Wandlungen etablierter Textformate genähert hat, erläutert dies detailliert anhand der Reden von Hauptversammlungen. Anders als z. B. bei Grußworten, Laudationes u. v. m. sind hier mit Blick auf Agenda, Themen, Formalia, Persuasionswege, juristische Pflichtübungen und persönliche Stile unterschiedliche Gestaltungsgrenzen gegeben. Anhand einer ganzen Reihe von freieren Redebeispielen ergibt die Untersuchung aber auch, dass sich sprachlich kunstvolle Reden auf jeden Fall lohnen. Kreative Redner und Rednerinnen werden dafür vom dankbaren Publikum und mit positiven Rezensionen belohnt.

Die Expertin für das Redenschreiben betrachtet darüber hinaus auch den Redner als Protagonisten, für den ein Stellvertreter, der Redenschreiber, einen Text verfasst hat. Das subtile Aufspüren eines und Einfühlen in einen fremden Charakter(s), in den sich ein Redenschreiber mittels sozialer Perspektivenübernahme hineinversetzen muss, erweist Textarbeit in diesem Kontext auch als ein spannendes Rollenspiel. Dafür dürfte nicht jeder Texter geeignet sein, denn dem zumeist im Geheimen agierenden Redenschreiber wird der öffentliche Auftritt und damit auch die Anerkennung auf der Darbietungsbühne verwehrt. Textspiele werden hier auch zur Charakterfrage.

Den digitalen Wandel untersucht *Stefanie Molthagen-Schnöring* noch einmal genauer im Beitrag *II.I.3 Digitale Medien – medialer Wandel und der Einfluss auf Textsorten und Sprache*. Dass die digitale Welt unser Kommunikationshandeln verändert hat, wird niemand mehr bestreiten. Diese Entwicklung hat, wie der Beitrag zeigt, für das Texten enorme Konsequenzen gehabt. Allerdings muss nicht zwingend dem Niedergang der Sprache und der Textkunst das Wort geredet werden – wie das aus kulturkritischer Sicht vielerorts und immer wieder geäußert wurde und wird. Es zeigt sich hier in der Untersuchung des Wandels vielmehr auch Positives und Überraschendes. So ist nicht zwingend der kurze Text ein Publikumsliebling, sondern es kann auch ein langer sein. Glaubt man, im Internet regiere das Chaos, so muss konstatiert werden, dass sich der Erfolg von Online-Texten bei Einhaltung bestimmter Spielregeln durchaus kalkulieren lässt. Und diese unterscheiden sich im Großen und Ganzen gar nicht von denen, die bekannte Textsorten im Printformat bestimmen.

„Klassische" Textsorten, wie Presse- bzw. Medienmitteilung oder Geschäftsbericht, erweisen sich in Onlinewelten als geschmückter und verspielter, sie erfahren durchaus eine Aufwertung. „Neue" Textsorten wie Websites, Blogs etc. imponieren zudem durch Quantität und Qualität.[3] Mit dem Angebot, in Hypertextwelten den individuellen Weg durch das Textuniversum zu beschreiten, mit dem Autor in Interaktion zu treten oder im Rollenspiel selbst zum Texter zu werden, bieten Online-Texte individuelle Erkundungen für die Massen an. Als wohl wichtigste Spielregel dabei gilt bei aller Freiheit, dass der Texter seinen Leser nicht orientierungslos in der Hypertextwelt verlieren darf. Es könnte nämlich sein, dass der sonst niemals wieder zu ihm zurückfindet. Für beide Seiten – Texter wie Leser – kann ein spielerisches Erkunden und Erproben beobachtet werden, in dem sich Grenzen sozialer Rollen und konturierter Textmuster als zumindest permeabel, wenn nicht sogar in Auflösung befindlich erweisen.

Im letzten Beitrag des Buchteils *II.I Etablierte Spiele im Wandel* betrachtet *Susanne Femers-Koch* eine spezielle Varietät des Deutschen unter dem Focus *II.I.4 Abweichung vom Allgemeinen Sprachniveau: Jugendsprache als Varietätentyp in der Wirtschaftskommunikation*. Wenn etwas mit Blick auf sprachliche Abweichungen beständig zu beobachten ist, dann ist es der Wandel der Jugendsprache. Für diese gilt: Hier bleibt nichts lange so, wie es war. Und ein Lexikon der Jugendsprache ist schon so gut wie veraltet, wenn es gedruckt ist – was jährlich wieder geschieht, um den entsprechenden Wandlungsprozess zu dokumentierten. Der Juventolekt ist quasi immer in Bewegung, er grenzt sich zur Identitätsbildung von der Sprache der Erwachsenen ab.

Jugendsprache kann auch als ein Experimentieren mit Vokabular und Sprachnormen beschrieben werden, was ihren spielerischen Charakter ausmacht. Da sich werbliche Kommunikation zuweilen der Jugendsprache bedient, diese für Image- oder wirtschaftliche Zwecke instrumentalisiert, können auch für die Wirtschaftskommunikation entsprechende Erprobungen mit jugendsprachlichem Textmaterial beschrieben und untersucht werden. Als Ergebnis bleibt, dass die Abweichungen jugendlicher Kommunikation in ihrer Kreativität, Spontanität, Direktheit und Flexibilität liegen und häufig auch regelrechte Spiele mit der Sprache und „Basteleien" mit dem Sprachstil zu finden sind. Junge Menschen erweisen sich

---

3 Zugegeben: Es findet sich auch massenhaft Beklagenswertes in Online-Textwelten. Die Autorinnen des vorliegenden Bandes bekennen sich aber zu einer Positivselektion von Textbeispielen aus der Wirtschaftskommunikation, was durch die Suchfilter „Spiel", „Norm und Abweichung" sowie „Kreativität" bedingt ist.

als weniger regelfixiert in ihrem Sprachgebrauch, auch nehmen sie sich Freiräume für Innovationen, um soziale und kommunikative Kompetenzen auszuprobieren. Dies lässt einen grundsätzlich hohen Spielcharakter der Jugendsprache erkennen. So kann Werbung, die sich jugendsprachlich orientiert, durchaus mit Zielgruppennähe punkten, sie tut dies aber nicht ohne Reaktanzrisiko.

2.4.2 Leseerwartungen und -offerten im Teil „Neue Spiele in der Erprobung"

Vergleichsweise neu im Einsatz für die Wirtschaftskommunikation sind die in Kapitel *II. Hauptrunden II. Neue Spiele in der Erprobung* betrachteten Textsorten Comics, Stories und Gedichte. Im Beitrag *II.II.1 Comic Strips für eine ernste Sache? Spielerischer Umgang mit Text und Bild in der Wirtschaftskommunikation* untersucht *Susanne Femers-Koch* den Einsatz der Text-Bild-Geschichten zunächst in einem historischen Rückblick, der zeigt, dass Comics für Zeitungen und Zeitschriften keineswegs neu sind. Als unterhaltende Zugabe dieser Medien journalistischer Provenienz blickt der komische Streifen auf eine 120-jährige Geschichte zurück. Zuerst in den USA und später auch in Europa hat er einen Siegeszug angetreten und mit seinen gezeichneten Handlungsabläufen, deren Sinn sich nur aus beiden Komponenten Text und Bild ergibt, ein breites Publikum erfreut. Längst hat er die leichten Themen hinter sich gelassen. Heute gibt es so gut wie kein Thema, das nicht in diesem Format publiziert wird.[4]

Mit der Themenausdehnung legt der Comic auch sein übles Image als Schmuddelheftchen, zumindest aber Trivialliteratur, Stück für Stück ab. Allerdings ist diesbezüglich Deutschland noch eine Art Entwicklungsland. Dennoch hat die Unternehmenskommunikation den Comic für sich entdeckt. Der zur Kunstform geadelte, ursprünglich komische Streifen wird als originäre Kreation auch für die Vermittlung von ernsten oder schwierigen Wirtschaftsthemen genutzt. Außerdem werden Comics oder ihre Elemente in die Kommunikation von Organisationen, Unternehmen wie gesellschaftlichen Institutionen, integriert. Gern setzt man da auf Bekanntes und Bewährtes. So können sich viele der Faszination von Superman

4 So ist es keinesfalls ein Tabu, z. B. über den Syrienkrieg im Comic zu berichten (vgl. http://yearsoflivingdangerously.tumblr.com/post/86898140738/) oder das Thema Magersucht im interaktiven, digitalen Comic-Format zu präsentieren (vgl. www.ninette.berlin).

nicht entziehen und es ergibt sich die Frage, ob dieser Einsatz paradigmatisch für die Wirtschaftskommunikation sein könnte.[5]

Weit etablierter bereits als das Spiel mit dem neuen Hybridmedium Comic ist unter den spielerischen Varianten in der Wirtschaftskommunikation das Storytelling, das in dem Beitrag von *Christina Vaih-Baur* in Kapitel *II.II.2 Storytelling als Textmuster auf dem Weg zur Etablierung* einer näheren Analyse unterzogen wird. Auffällig ist, dass in Zeiten knapper Ressourcen, starker Konkurrenz um Aufmerksamkeit und dem Entwerten von Text, der überall jedermann am besten unentgeltlich verfügbar und schnell konsumierbar sein soll, die Zahlen und das Zählen weniger attraktiv als das Erzählen geworden zu sein scheinen. Man kann sogar sagen, wir erleben in der Wirtschaftskommunikation eine Renaissance des Narrativen. Zumindest drängt sich dieser Eindruck auf, weil Storytelling & Co. seit Jahren regelrecht gefeiert werden. Vielleicht hat das zu tun mit der Kraft, die das Erzählen für den „modernen" Menschen ganz allgemein hat, wie der Philosoph Odo Marquard meinte (1986, S. 105, 114): „Denn die Menschen: das sind ihre Geschichten. Geschichten aber muss man erzählen. […] und je mehr versachlicht wird, desto mehr – kompensatorisch – muss erzählt werden: sonst sterben die Menschen an narrativer Atrophie."

Das Geschichtenerzählen hat auf jeden Fall wichtige Funktionen in der Sozialisation und kann auch das Community Building in und um Unternehmen mit identitäts- und imagebildenden Stoffen unterstützen. Vaih-Baur diskutiert in ihrem Beitrag auch die Frage, ob Storytelling und Wirtschaftskommunikation generell eine gelungene Symbiose darstellen. Denkt man an den Boom des Content Marketing, in dem Storytelling eine beliebte Textgattung ist, könnte man die Frage bejahen. Allerdings sind eine Reihe von Spielregeln einzuhalten, die anhand von Beispielen verdeutlicht werden, damit Storytelling in der Praxis so erfolgreich ist, wie es die Theorie annimmt.[6] Es zeigt sich auch, dass die digitale Welt faszinierende Varianten des Storytellings bietet, in denen Leser zu Zuschauern oder Mitspielern

---

5 So präsentiert z. B. das Bundesministerium für Wirtschaft und Energie aktuell in seinen Effizienztipps Superman im Bild und im Imperativ „Werden Sie mit neuen Fenstern zum Energiespar-Helden." (vgl. http://www.deutschland-machts-effizient.de/KAENEF/Navigation/DE/Kampagne/kampagne.html). Aber die Karriere der Superheldin Wonder Woman, einer etablierten Comicfigur, als UN-Botschafterin zur Stärkung von Frauen und ihrer Gleichberechtigung, fand nach nur zwei Monaten Ende 2016 ein jähes Ende, da ihr Auftritt zu viele Proteste auslöste (o. V. 2016, S. 24).

6 Da im Beitrag vor allem die „Segnungen" des Content Marketing ihren Raum haben, soll an dieser Stelle doch auf das Generalrisiko, den Glaubwürdigkeitsverlust, zumindest verwiesen werden. Harte Kritiker sprechen sogar von „gewerbsmäßiger Täuschung" oder „Teufelswerk" (Lotter 2017, S. 42).

werden, die also die Interaktion und Mitautorenschaft der Rezipienten erlauben. Wesentlich ist dabei, dass das Unternehmen die souveräne Steuerung der Storys behält, die auf diese Weise entstehen und verbreitet werden. Und wesentlich ist auch, dass Unternehmenskommunikation via Storytelling nur wahre und empirisch belastbare Geschichten kommuniziert und nicht in den Verdacht gerät, das englischsprachig verwandte „story-telling“ zu betreiben, denn dies bedeutet auf Deutsch so viel wie „das Geflunker“.

Die letzte Textgattung, die während der Hauptrunden dieses Buches in der Kategorie „neue Spiele“ vorgestellt wird, ist die Lyrik. Selbstverständlich ist Lyrik an sich nicht neu. Lyrik blickt auf eine lange Tradition zurück und ist so alt, dass sie für viele Menschen in der heutigen Gesellschaft richtiggehend „out“ ist. Also darf man annehmen, dass Gedichte insbesondere in der Unternehmens- und Marktkommunikation nicht als Attraktion oder Innovation gelten können. Überraschend ist es daher, dass man tatsächlich auf alte und neue Poeten in der heutigen Wirtschafts- und Organisationskommunikation trifft.[7] Das wirft Fragen der Funktion von Lyrik für zeitgenössische Wirtschaftskommunikation auf, die in dem Beitrag „*II.II.3 Lyrik als Erwartungsbruch in der Wirtschaftskommunikation*“ von *Susanne Femers-Koch* behandelt werden.

Anhand exemplarischer Analysen kann hierbei auch der Spielcharakter von Poesie herausgearbeitet werden: Eingangs war die Orientierung an Regeln und der Wandel, die Variation, die Erprobung von Möglichkeiten als typisch für das Spiel genannt worden. Gedichte reflektieren genau dieses. Im Wandel der Zeiten sind bestimmte Facetten von Gedichten mehr oder weniger intensiv bearbeitet worden (z. B. das Versmaß) und konventionelle Textmuster wurden gepflegt, gewandelt, vergessen und wiederbelebt. Die Kulturgeschichte der Textform Gedicht zeigt sehr viele unterschiedliche Spielarten, in denen das Ausprobieren quasi einen kulturell geschützten Raum nutzt. In der Gattung Lyrik kann man eine stetige Entwicklung kreativer Ausdrucksformen finden, in denen Spiele mit der Sprache im Fokus stehen. Die Untersuchung von lyrischen Formen zeitgenössischer Wirtschaftskommunikation zeigt die Reaktivierung klassischer Dichtung auf und die Eigenkreation von Poesie auf Unternehmensseite bis hin zur Einladung von Konsumenten zur Kreativität und lyrischen Selbstäußerung. Lyrik vermag es, für Organisationen in ihrer Kommunikation mittels Dichtung grundlegende persuasive Funktionen

---

7 So wartete das Bundesumweltministerium im Winter 2016/2017 mit gereimten Bauern-Regeln in Kampagnenform auf. Sprüche wie „Steht das Schwein auf einem Bein, ist der Schweinestall zu klein“ gefielen allerdings nicht jedem (vgl. http://www.bmub.bund.de/service/buergerforum/haeufige-fragen-faq/faq-detailansicht/. Zugegriffen 8. März 2017).

zu erfüllen, sie kann belehren (docere), sie kann erfreuen (delectare) und sie kann pathetisch bewegen (movere). Gerade in diesem Zusammenhang sei noch erwähnt, dass der heutige Begriff „Spiel" sich vom althochdeutschen „Spil" ableitet, was so viel bedeutet wie „Tanz" (Duden 2017, o. S.). Und damit weist der Begriff eine Wesensidentität zum Begriff Lyrik auf, der in einer pointierten Charakterisierung von Thalmayr (2014, S. 13) zum Ausdruck kommt, für den in der Poesie charakteristisch ist, „dass die Wörter und die Sätze zu tanzen anfangen".

2.4.3 Leseerwartungen und -offerten im Teil „Spielregeln und Abweichungsprinzipien"

Mit dem hier auf seinen Spiel- und Abweichungscharakter untersuchten Konzept der Intertextualität in Kapitel *II.III.1 Intertextualität als „Beziehungsspiel" von Texten in der Wirtschaftskommunikation"* von *Susanne Femers-Koch* wird die Tatsache näher untersucht, dass sich Texte häufig auf andere Texte beziehen. (Dies ist auch bei anderen Sprachhandlungen und nicht nur in der Wirtschaftskommunikation der Fall.) Bei Headlines von Zeitungsartikeln oder Copy-Texten von Werbeanzeigen z. B. versteht man die Botschaften erst vollständig, wenn man mögliche Verflechtungen und Beziehungen zu anderen Texten betrachtet. Diese Bezugstexte können bekannte Sprichwörter, Buchtitel oder auch nur einzelne Worte sein.[8] Hieraus ergibt sich, dass der Sinn der Botschaft auf der Entschlüsselung eines zweifachen Dialogs beruht, auf dem Dialog des Texters mit dem Leser (bzw. dessen Vorwissen) und dem Dialog der beiden Texte, die in Bezug gesetzt werden.

Die Intentionen intertextueller Referenzen können ausgesprochen vielfältig sein. Ihr Ziel ist oft die Referenz auf eine Norm oder regelhafte Erfahrungen und die Abweichungen davon. Intertextualität stellt oft eine Spielart bewusster Ambiguisierung dar – es wird absichtsvoll auf Mehrdeutigkeit gesetzt und mit den Erwartungen von Rezipienten gespielt. Die Abweichung von inhaltlicher Eindeutigkeit oder formaler Richtigkeit soll einen Mehrwehrt für den Rezipienten haben, z. B. Aufmerksamkeit schaffen oder komisch wirken. Im Rahmen der Untersuchung von Intertextualität findet man beispielsweise Unternehmen, die im Rollenspiel mit ihren Kunden Liebesbriefe schreiben, oder Konsumenten, die Abschiedsbriefe nach langjährigen Liebesbeziehungen zu ihrem Auto verfassen. Aber: Beziehungsspiele im Kreativitätsraum der Intertextualität haben auch Grenzen. Nicht jede Textsorte

8 So liest man z. B. im Winter 2016/2017 auf Straßenbahnen Werbeaufschriften der Berliner Verkehrsbetriebe (BVG) mit dem Text „Weine nicht, wenn der Regen fällt… Tram, Tram."

kann für jeden Zweck instrumentalisiert werden.[9] Und vor der „Wortspielhölle“[10] (Laudenbach 2017, S. 76) ist Vorsicht geboten.

Der zweite Beitrag, der Spielregeln in den Blick nimmt, *II.III.2 Rhetorik in der Unternehmenskommunikation – Vom strategischen Gebrauch der Sprache,* zeigt anhand zahlreicher Beispiele der Kommunikation von Finanzdienstleistern, welche Strategien wie angewendet werden, um persuasive Botschaften zu vermitteln. Dabei hilft ein Verständnis von Rhetorik, das hauptsächlich auf Sprach- und Stilmittel fokussiert ist. Aber der Beitrag geht in der Betrachtung von Überzeugungsstrategien über Sprachspielereien mit Doppeldeutigkeiten, Wendesätzen u. v. m. weit hinaus.

Anhand von Reden, Finanzberichten und Werbeanzeigen demonstriert die Autorin *Stefanie Molthagen-Schnöring*, dass neben dem kreativen Einsatz sprachlicher Mittel Sprachhandlungen auf einer übergeordneten Ebene als dem einzelnen Wort oder Satz betrachtet werden müssen. Es kommt vielmehr auch auf das Zusammenspiel von Unternehmenskultur, Kommunikationssituation und Kommunikator an, dem man eine ganzheitliche Betrachtung widmen muss. Gestützt auf das Konzept des „Dialogischen Handlungsspiels“ von Weigand (2010), das den strategischen Einsatz von Sprachhandlungen modelliert, wird so ein umfassendes Verständnis persuasiver Unternehmenskommunikation ermöglicht, die ihre Grenzen dort findet, wo Überzeugungsversuche sich als nur „pseudo-argumentativ“ erweisen.

2.4.4 Leseerwartungen und Leseofferten im Teil „Endspiel"

Im letzten Teil des Buches kommen im Interview drei ausgewählte Experten zu Wort, um ihr Wissen zu neueren Entwicklungen von Texten in der Wirtschaftskommunikation zu teilen. In diesen Gesprächen werden folgende zuvor theoretisch betrachtete Textkonzepte aus der Praxisperspektive bewertet: Online-Texte (in Abgrenzung zu Print-Texten), Texte für das Corporate Publishing in der Unternehmenskommunikation und Scrolly-Telling-Formate als Weiterentwicklung des Storytellings im Journalismus.

9 So sind Gardinenpredigten, die man seiner lästigen Kundschaft hält, wohl ein Tabu und von Beileidsbekundungen ist, wenn nicht am Grab, sowieso pietätvoll Abstand zu nehmen.

10 Zur Illustration sei an dieser Stelle auf ein bekanntes Beispiel verwiesen: „Es ist in deutschen Innenstädten kaum noch möglich, den Lieferando-Plakaten mit Scherzen aus der ‚Wortspielhölle‘ (‚Ich will ein Rind von Dir.‘) zu begegnen.“ (Laudenbach 2017, S. 76)

Im Laufe der Lektüre des vorliegenden Bandes wird der Leser viel über die Möglichkeiten des Spiels mit Text und Sprache erfahren. Dass diese Spiele riskant sein können, wird bei einzelnen Textvarianten im Detail erläutert. Dennoch soll hier abschließend einmal generell nach den Grenzen der vorgestellten Textkreationen gefragt werden. Worin sind also Beschränkungen zu sehen bzw. wann ist der Verzicht auf Kreativität dem Spiel mit Text und Sprache vorzuziehen?

- Verzicht ist dann angeraten, wenn Entwicklung bzw. Veränderung keinen Sinn macht, wenn Möglichkeitsräume ausgeschöpft, Zielgruppen übersättigt und/oder Budgets aus strategischen Gründen sinnvoller anderen Kommunikationsmaßnahmen vorbehalten sein sollten. Denn Texten für die Wirtschaftskommunikation wird hier grundsätzlich nutzenorientiert betrachtet und nicht als l'art pour l'art.
- So ästhetisch, humorvoll und/oder aufmerksamkeitsstark auch immer spielerisch gestaltete Textprodukte sind, müssen sie sich doch immer im Rahmen der Tonalität, des Stils oder des strategischen Korridors der Corporate Identity einer Organisation bewegen, für die sie kreiert worden sind.
- Grenzen sind auch da auszuloten, wo das Spiel und seine Leichtigkeit missbraucht werden, um verdeckt die „falschen" Absichten zu verfolgen. Ethische Grenzen der Instrumentalisierung des Spiels sind in jedem einzelnen Fall und individuell vom Texter auszuloten.
- So verführerisch manche Entwicklungen, insbesondere im narrativen Hype des Storytellings auch sind, ist immer zu bedenken, dass die Unternehmenskommunikation in der Regel non-fiktionale und keine fiktionalen Textprodukte präsentiert. Glaubwürdigkeit, nicht Aufmerksamkeit über alles ist die wesentliche Orientierungsmarge. Kein Spiel mit Form und Inhalt darf die Glaubwürdigkeit gefährden.
- Grenzen finden Textentwicklungen selbstverständlich auch dort, wo Spielverderber als Entscheider anzutreffen sind, wo die Freiheit der Entfaltung eingeschränkt wird, da wo Gewohntes dem Neuen vorgezogen wird und Sicherheit vor Risiko geht. Solche Kreativitätsbremsen können Budgetverantwortliche, konservative Auftraggeber oder auch ängstliche Vorgesetzte sein.
- Nicht zuletzt muss auch der Konsument, der Leser oder Rezipient in den Blick genommen werden, für den ein guter Text nicht schwer verdauliche Kost darstellen sollte. Daher geht es immer um die Abwägung zwischen dem Gewohnten, der Norm, und dem Neuen, der Abweichung. Texter als „Spielwütige" sind gut beraten, sich an diese Spielregel zu halten.

Literatur

Döppler, Doris (2012). *Starke Webtexte. So texten Sie Ihre Website selbst.* Innsbruck: CreateSpace Independent Publishing Platform/Eigenverlag Doris Döppler.

Falkenberg, Viola (2013). *Pressemitteilungen schreiben: In 10 Schritten zum professionellen Pressetext. Mit Übungen und Checklisten: Zielgerichtete Medienarbeit. Das Praxisbuch für Ein- und Aufsteiger.* Frankfurt: Frankfurter Allgemeine Buch.

Femers, Susanne (2011). *Textwissen für die Wirtschaftskommunikation.* Konstanz: UVK/Lucius bei UTB.

Gaede, Werner (2002). *Abweichen von der Norm. Enzyklopädie kreativer Werbung.* München: Buchverlage Langen Müller Herbig.

Göttert, Karl-Heinz (2009). *Einführung in die Rhetorik: Grundbegriffe – Geschichte – Rezeption.* München: Wilhelm Fink Verlag bei UTB.

Göttert, Karl-Heinz & Jungen, Oliver (2004). *Einführung in die Stilistik.* München: Wilhelm Fink Verlag bei UTB.

Huizinga, Johan (2004) *Homo Ludens. Vom Ursprung der Kultur im Spiel.* Rowohlt: Reinbek.

Hüther, Gerald & Quarch, Christoph (2016). *Rettet das Spiel! Weil Leben mehr als Funktionieren ist.* München: Carl Hanser Verlag.

Janich, Nina (2005). *Werbesprache. Ein Arbeitsbuch.* Tübingen: Narr Verlag.

Laudenbach, Peter (2017). Das große Fressen. Firmen wie Lieferando oder Lieferheld liefern sich eine Reklame-Schlacht. Denn auf dem hart umkämpften Bringdienstmarkt kann nur einer überlegen. *Brand eins. Wirtschaftsmagazin.* 19 (2) Februar 2017: 74-77.

Lotter, Wolf (2017). Der harte Kern. Wo alles nur Marketing ist, lässt sich nichts mehr richtig erkennen. Das kann man nur ändern, wenn man aufhört, nur noch sich selbst zu sehen. *Brand eins. Wirtschaftsmagazin.* 19 (2) Februar 2017: 38-46.

Marinkovic, Daniel (2009). *Die Mitarbeiterzeitschrift.* Konstanz: UVK-Verlagsgesellschaft.

Marquard, Odo (1986). Über die Unvermeidlichkeit der Geisteswissenschaften. In: Odo Marquard (Hrsg.), *Apologie des Zufälligen. Philosophische Studien.* (S. 98-116). Ditzingen: Reclams Universalbibliothek.

o. V. (2016). Superheldin Wonder Woman nicht mehr länger UN-Botschafterin. *Der Tagesspiegel.* 14.12.2017, S. 24.

Stücheli-Herlach, Peter & Perrin, Daniel (Hrsg.) (2013). *Schreiben mit System: PR-Texte planen, entwerfen und verbessern.* Wiesbaden: Springer VS Verlag für Sozialwissenschaften.

Thalmayr, Andreas (2014). *Lyrik nervt!* München: Karl Hanser Verlag.

Weigand, Edda (2010). *Dialogue. The Mixed Game.* Amsterdam/Philadelphia: John Benjamins.

Online-Quellen

Duden (2017). *Spiel.* http://www.duden.de/rechtschreibung/Spiel. Zugegriffen: 1. März 2017.

Koneffke, Jan (2012). *Warum sich Fee und Brause reimen. Über die Freiheit poetischer Sprach-Spiele.* http://www.poetenladen.de/jan-koneffke-poetische-sprachspiele.htm. Zugegriffen: 23. Februar 2017.

II

Hauptrunden

I Etablierte Spiele im Wandel

Abweichungen etablierter journalistischer Textsorten in der Dualität von Online- und Printmedien 1

Stefanie Molthagen-Schnöring

Zusammenfassung

„Online First" hat sich mittlerweile zum Motto selbst etablierter Verlage entwickelt. So werden Nachrichten als erstes online publiziert und Online-Quellen dienen als erster Anhaltspunkt für eine journalistische Recherche. Der Beitrag fragt danach, was dies für die journalistischen Textsorten bedeutet. Unterliegen sie dem Diktat der 140 Zeichen einer Twittermeldung? Oder bildet sich gerade eine gegenläufige Tendenz heraus (so werden in einigen Verlagshäusern Redaktionen für investigative Recherche ausgebaut)? Journalisten bestreiten heute zunehmend, dass sich das Schreiben für das Print- und Onlinemedium wesentlich unterscheidet. Lässt sich dies an empirischen Beispielen belegen?

1.1 Journalismus heute – zwischen Lügenpresse und Oscarreife

2015 wird das Wort *Lügenpresse* von der Initiative „Sprachkritische Aktion Unwort des Jahres" zum Unwort des Jahres 2014 gewählt. Es ist kein Wort, das erst 2014 entstanden wäre, sondern eines mit Geschichte: Seit Anfang des 20. Jahrhunderts stellt es unabhängige Medien an den Pranger, zunächst im Ersten Weltkrieg, vor allem aber in der Zeit des Nationalsozialismus (vgl. Sprachkritische Aktion UNWORT DES JAHRES 2015, S.1). Dass das Wort am Anfang des 21. Jahrhunderts wieder auftaucht, ist der zunehmenden Nutzung durch rechtspopulistische Kreise im Rahmen von Kundgebungen der *Pegida* sowie der *AfD* geschuldet. In der Pressemitteilung zur Wahl des Unworts des Jahres heißt es (ebd.):

> „Gerade die Tatsache, dass diese sprachgeschichtliche Aufladung des Ausdrucks einem Großteil derjenigen, die ihn seit dem letzten Jahr als ‚besorgte Bürger' skandieren und auf Transparenten tragen, nicht bewusst sein dürfte, macht ihn zu einem besonders perfiden Mittel derjenigen, die ihn gezielt einsetzen."

Und die Medienschelte setzt sich fort: Nach den Angriffen auf Frauen in der Silvesternacht in Köln stehen die Medien erneut in der Kritik, zu spät und nicht objektiv berichtet zu haben. Bevölkerung und Politiker stimmen unisono in den Klagegesang ein und sogar die Medienhäuser selbst fragen sich, „warum Medien Glaubwürdigkeit verlieren und wie sich diese zurückgewinnen lässt" (Fiedler 2015, o. S.).

Szenenwechsel: 2016 gewinnt der Film „Spotlight" die begehrte Oscar-Trophäe für den besten Film. Spotlight erzählt die wahre Geschichte des gleichnamigen Investigativteams der Zeitung „Boston Globe". Dieses hat nach einer langen, intensiven Recherche im Jahr 2002 eine Reihe von Missbrauchsfällen in der Erzdiözese Boston aufgedeckt. Diese erste Veröffentlichung war der Beginn der Aufklärung der weltweiten und zahlreichen Fälle von Kindesmissbrauch durch katholische Geistliche und damit der größte Skandal in der jüngeren Geschichte der katholischen Kirche. Der Film zeichnet detailliert nach, wie das Team sich dem Druck einer schnellen Berichterstattung nicht beugt, sondern abwartet, bis so viele Fakten zusammengetragen sind, dass die Geschichte nicht nur Einzelfälle, sondern ein systemisches Versagen der Institution Kirche aufzeigt.

Stellt man diese Geschichten nebeneinander, so scheinen sie symptomatisch für das aktuelle Reden und Nachdenken über Journalismus zu sein: Auf der einen Seite gibt es viel (Selbst-)Kritik und Zweifel an den Medien, ihren Inhalten und Produktionsbedingungen.[1] Auf der anderen Seite steht eine neue Aufbruchsstimmung, die u. a. journalistische Formate wie *Perspective Daily*, *Piqd* oder *Merkurist* widerspiegeln. Sie werben mit einem zukunfts-, lösungs- und relevanzorientierten Journalismus (vgl. piqd.de, perspective-daily.de). Damit kreisen auch sie um die Frage: Was wollen eigentlich unsere Leser? Denn eines ist klar: Menschen können sich Informationen heute über soziale Medien schnell selbst beschaffen und die Topmeldung von gestern wirkt in der Zeitung von heute wie ein Anachronismus.

Niemand kann bestreiten, dass es gerade für die schreibende Zunft der Journalisten – und um diese soll es in dem folgenden Beitrag im Wesentlichen gehen – weiterhin Veränderungen geben wird, die auf verschiedene Faktoren (Entwicklung des Marktes, technologische Innovationen, Leserbedürfnisse, etc.) zurückzuführen sind. Diese vermeintlichen „Rahmen"-Bedingungen haben entscheidenden Einfluss auf die journalistische Arbeit – von der Recherche bis hin zur Verbreitung des ferti-

1 Viele Journalisten setzen sich durchaus selbstreflexiv mit ihrem Tun auseinander, so z. B. Rohrbeck und Kunze (2010), Sittinger (2005).

gen Textes. Das eigentliche journalistische Produkt, der Text, kann nicht losgelöst von diesem komplexen Handlungsspiel betrachtet werden. Aus diesem Grund wird zu Anfang dieses Beitrags ein kurzer Blick auf den Markt für journalistische Printerzeugnisse geworfen und dabei insbesondere der Frage nachgegangen, wie dieser sich durch technologische Innovationen in den letzten Jahren verändert hat.

1.2 Rahmenbedingungen für den modernen Journalismus

Laut der ARD-/ZDF-Langzeitstudie „Massenkommunikation 2015" entfallen von der täglichen Mediennutzungsdauer von rund 9,5 Stunden ca. 23 Minuten auf die Lektüre der Tageszeitung (vgl. Media Perspektiven 2015, o. S.). Das Internet liegt dagegen bei einer durchschnittlichen Nutzungsdauer von 107 Minuten, von denen 26 Minuten auf den medialen Konsum zurückzuführen sind (ansonsten Spiele, Kommunikation, Shopping usw.).

Blickt man auf die Generation der 14- bis 29-Jährigen, ergibt sich ein differenzierteres Bild: Die klassische Tageszeitung nimmt im Durchschnitt 9 Minuten der täglichen Lektüre ein, im Internet werden dafür aber 48 Minuten für die Aufnahme von medialen Inhalten verwendet. Davon entfallen 6 Minuten auf die Tageszeitung und 16 Minuten auf weitere Nachrichten, die vermutlich über Facebook und Co. konsumiert werden. (Vgl. ebd.) Die Daten zeigen zweierlei: Erstens, dass die klassische Tageszeitung offenkundig ein Auslaufmodell ist und zweitens, dass die Menschen weiterhin einen Informationsbedarf verspüren, den sie heute vermehrt über das Internet decken.

Medienhäuser reagieren auf diese Entwicklung seit Jahren mit Personalabbau und Redaktionsschließungen einerseits sowie neuen Geschäftsmodellen andererseits. Der Arbeitskontext in den Redaktionen wird laut den Journalismusforschern Weichert et al. (2015, S. 27) „zunehmend dominiert von den beiden Narrativen *Krise* (sic.) und *Aufbruch* (sic.)". Die Krise zeigt sich am Rückgang von Auflagen sowie rückläufigen Werbeeinnahmen, die die Verlagshäuser unter Druck setzen. Als Branche, die traditionell stark von konjunkturellen Auf- und Abschwüngen betroffen ist, wurde die Medienbranche von der Finanz- und Wirtschaftskrise besonders hart getroffen (vgl. Novy 2013, S. 17):

> „Lagen ihre Werbeumsätze in Deutschland 2000 noch bei mehr als 6,5 Milliarden Euro, konnten die Verlage 2011 gerade noch 3,6 Milliarden Euro erlösen. [...] Jahrzehnte lang finanzierten sich die Tageszeitungen in Deutschland etwa zu zwei Dritteln aus Werbeeinnahmen und nur zu einem Drittel aus dem Zeitungsverkauf. Heute muss

> der Leser mit seinem Abonnement oder Kauf am Kiosk mehr als die Hälfte (52 Prozent) der Erlöse finanzieren. Gleichzeitig ging die kumulierte tägliche Auflage der deutschen Tageszeitungen zwischen 2000 und 2011 um über 7 Millionen auf knapp 21,4 Millionen Exemplare zurück. Das bedeutet einen Rückgang um ein Viertel der gesamten Auflage." (ebd., S. 22 f.)

Die Rede ist hier von der klassischen Tageszeitung, für deren Niedergang neben ökonomischen auch soziologische und psychologische Aspekte verantwortlich gemacht werden. Der Kommunikationswissenschaftler Andreas Vogel nimmt in einer Studie für die Friedrich-Ebert-Stiftung daher auch demographische Faktoren wie Haushaltsgrößen, Familienstrukturen und Migration sowie gesellschaftliche Entwicklungen wie Mobilität, Erwerbszeit und Bildung als Ursachen für die Krise der Tageszeitung in den Blick (vgl. Vogel 2014). Diese sind Indikatoren dafür, dass sich die Informationsbedürfnisse sowie der Medienkonsum wandeln. In einer heterogenen Gesellschaft kommt es zu einer zunehmenden Ausdifferenzierung und Ausbildung von Partikularinteressen, der eine Tageszeitung nicht mehr gerecht werden kann. „Die vielzitierte Krise des Journalismus ist vor allem eine Krise der Massenmedien", konstatiert Leonard Novy (2013, S. 28), für den die neue Konkurrenz aus Google, Facebook und Co. „nicht nur bestehende Strukturen, sondern auch gewohnte Routinen und soziale Identitäten in Frage stell(t)" (ebd.).

Das Gegenteil zu dem pessimistisch gefärbten Krisendiskurs bildet ein Narrativ des Aufbruchs, das eher optimistisch angelegt ist und Chancen in einem digital experimentierenden Journalismus erkennt (vgl. Weichert et al. 2015, S. 35). Dieser nimmt Portale wie *Google* oder *YouTube* nicht mehr nur als Bedrohung wahr, sondern versucht, deren Innovationsleistung nutzbringend auf eigene Geschäftsmodelle zu transferieren. Im Folgenden soll dies beispielhaft an drei Plattformen aus dem deutschsprachigen Raum aufgezeigt werden: Krautreporter, Piqd und Daily Perspective.

Das Online-Magazin *Krautreporter* wurde 2014 gegründet. Es handelt sich um ein klassisches Crowdfunding-Projekt: Mehr als 15.000 Abonnements zu 60 Euro wurden verkauft, bevor die Journalisten zu schreiben begannen. Die Tagesschau titelte damals: „Hoffnungsprojekt für den Journalismus" (Norddeutscher Rundfunk, o. S.), denn es war die bis dahin größte Crowdfunding-Kampagne in Deutschland für ein journalistisches Projekt. Auf der Homepage von Krautreporter finden sich die folgenden zehn Grundsätze (Krautreporter 2016, o. S.):

„1. Gemeinsam sind wir Krautreporter.
2. Täglich die Geschichten hinter den Nachrichten.
3. Keine Werbung.
4. Aus erster Hand.
5. Autoren mit Haltung.

6. Neugier ohne Grenzen.
7. Transparenz.
8. Gemacht für das Internet.
9. Persönlich.
10. Ein journalistisches Experiment."

Seit 2016 sind die Krautreporter in Form einer Genossenschaft organisiert, an der sich auch die Leser beteiligen können. Diese Änderung des Geschäftsmodells scheint auch Folge einer gewissen Ernüchterung zu sein, die sich bei dem anfangs hoch gelobten Projekt schnell einstellte. Ein User teilt seine Erfahrungen im Netz (Notizfunk 2015, o. S.):

> „Tja, warum habe ich nicht geteilt? Was ist aus meiner Mitgliedschaft geworden? Dabei hatte ich wirklich einige gute Stories dort gelesen, allerdings eben nur einige. Ich wurde sehr schnell zum stillen Mitglied, allein der Newsletter hat mich manchmal dazu veranlasst, auf den Link zu klicken. Doch warum?"

Als Gründe für seine Unzufriedenheit nennt er außerdem: „Unsexy Plattform – von Usability keine Spur", „Gute Stories machen kein Magazin aus." sowie „Online ist und bleibt ne Bitch" (ebd.). Letzteres bedarf sicherlich einer besonderen Erklärung (ebd.):

> „Ich ich (sic.) hätte mir mehr gewünscht – mehr Mut, nicht nur bei der Recherche, bei den Geschichten (denn da hattet ihr ihn), sondern auch wie sie online erzählt werden. Multimediales Storytelling, das nicht immer ein Snowfall sein muss. Aber mehr Bilder, mehr Videos, mehr Grafiken. Es gibt zig Apps und Features da draußen, die man hätte einbinden können. Stattdessen gab es größtenteils Text, Text, Text und dazu noch auf einer unsexy Plattform. Schade."

Als eine Forderung für gelungenen Online-Journalismus lässt sich somit die *multimediale Aufbereitung* ableiten. Sturm (2013) spricht in diesem Zusammenhang von „digitalem Storytelling", wobei eine gute digitale Geschichte seiner Meinung nach über folgende Eigenschaften verfügt (S. 23):

- Redaktionelle Unabhängigkeit
- Originelle Recherche
- Relevante Aktualität
- Dramaturgie und Emotionalität
- Informationstiefe und Nutzerführung
- Technische Interaktivität und Nutzwert
- Crossmedialität

Viele der genannten Kriterien wurden von dem Online-Projekt Krautreporter offensichtlich umgesetzt, wobei technische Interaktivität und Nutzwert von den Kritikern am stärksten bemängelt werden (vgl. auch Medienzukunft 2014, o. S.).

Mit 60 Experten (Fachjournalisten, Wissenschaftler, Politiker) ist Ende 2015 die Plattform *piqd* an den Start gegangen. Ein piq steht für einen Link, verbunden mit einer Begründung, warum dieser gelesen werden sollte. „piqd ist dein Weg aus der Filterblase" (piqd 2016, o. S.) wirbt der Online-Dienst unter dem Slogan „Schneller schlauer" auf der Website. Damit stellt die Plattform sich in Konkurrenz zu Facebook, wo der User auch über seine *Timeline* Nachrichten empfangen kann – allerdings nur diejenigen, die ihm der Algorithmus aufgrund seiner Vorlieben und Freunde vorgibt. Stand August 2016 gibt es auf piqd 20 Themenkanäle – von Arbeit und Bildung über Politische Ökonomie bis hin zu Zeit und Geschichte – in denen die Experten ihre Beiträge posten können. Ein Leser kann für drei Euro im Monat beliebig viele Themenkanäle abonnieren, die piqs lesen und kommentieren. Die Hauptfinanzierung des Projekts liegt derzeit noch bei dem Medieninvestor Konrad Schwingenstein. Piqd geht es vor allem darum, dem Leser einen Weg aus dem Informationsdschungel zu bieten, indem Experten relevante Stories heraussuchen und vermitteln. Damit kommt die Plattform einer Forderung des amerikanischen Journalistikprofessors Jeff Jarvis nach, der auf der Newsgeist-Konferenz 2015 „Relevance" als eines der zentralen Paradigmen des zeitgenössischen Journalismus benannt hat (vgl. Shipley 2015, o. S.).

Darüber hinaus führt Jarvis die Kriterien *Context*, *Utility* sowie *Community* auf, die allesamt als Indikatoren für eine stärkere Ausrichtung an den Bedürfnissen des Lesers betrachtet werden können. Im Falle von piqd liefern die Experten Kontextinformationen und Argumente, warum ein Text relevant ist. Inwiefern er nützlich ist, müssen die Leser selbst entscheiden und auch der Community-Gedanke ist davon abhängig, inwiefern der Leser sich als Teil einer Gemeinschaft versteht und daraus einen Nutzen für sich zieht.

Als neuestes Online-Journalismus-Projekt in Deutschland gilt zum Zeitpunkt des Verfassens dieses Beitrags *Daily Perspective*. Von Anfang an wurde in der Medienbranche über dieses Projekt ähnlich diskutiert, wie es bei den Krautreportern der Fall war. Grund dafür ist der innovative Ansatz, den Mitgründerin Maren Urner folgendermaßen beschreibt: „Wir möchten gemeinsam mit den Lesern Zusammenhänge in der Welt besser verstehen und erreichen, dass Menschen weniger über Probleme und mehr über Lösungen diskutieren" (Endert 2015, o. S.).

Dieser Ansatz eines konstruktiven Journalismus liegt für den Journalismusforscher Torsten Schäfer im Trend der Zeit: „‚Die journalistischen Rollen beginnen sich nachhaltig zu ändern [...] Als Journalist will ich zukünftig auch dazu beitragen, dass Gesellschaft sich ändert'" (ebd.). Für einen Jahresbeitrag von 60 Euro erhält der Leser einen Beitrag pro Tag, der „Zusammenhänge statt Einzelereignisse" (Perspective Daily 2016, o. S.) verspricht. Der Ansatz ist insofern interessant, als er sich explizit gegen einen der bekannten Nachrichtenfaktoren, den Negativismus, wendet. Dass sich negative Nachrichten besser verkaufen, steuert auch heute noch eine Vielzahl von Nachrichten, insbesondere im Boulevardjournalismus. Dagegen setzen immer mehr Nachrichtensender auf die Idee der „constructive news".

Der dänische Rundfunkjournalist Ulrik Haagerup hat darüber ein Buch geschrieben. Er wird mit den Worten zitiert: „‚Zuerst finden es die Menschen deprimierend, negative Nachrichten zu konsumieren, dann kommt der Punkt, an dem sie meinen, dass wir ihnen die Wahrheit vorenthalten. So kam es zur Medienkrise'" (Baurmann 2016, o. S.). Die Verschiebung der Perspektive hat für ihn nicht nur gesellschaftliche, sondern auch ökonomische Folgen: Beim Dänischen Rundfunk ist die Zuschauerquote gestiegen, seitdem man immer mindestens einen konstruktiven Nachrichtenbeitrag sendet (vgl. ebd.).

Die drei vorgestellten Projekte zeigen, dass der Journalismus in Deutschland nicht ausschließlich einem Krisen-Narrativ folgt, sondern – insbesondere getrieben durch technologische Innovationen – die Chance besteht, eine vor allem jüngere, internetaffine Leserschaft zu erreichen. Der Anspruch, den die Betreiber der Portale formulieren, entstammt dabei einem journalistischen Selbstverständnis, wie es auch weiterhin von Redakteuren klassischer Medien formuliert wird. So kommen die Journalismusforscher Weichert et al. in ihrer Befragung von 126 Redakteuren, vornehmlich aus lokalen und regionalen Tageszeitungen, zu dem Schluss:

> „Der Aspekt der sozialen Verantwortung ist dabei mitgedacht: Eine sich im Sinne der Demokratie engagierende Zeitungsredaktion scheint ihre elementaren Hauptfunktionen demnach weiterhin in der Einordnung, Bewertung und Kommentierung von Geschehnissen zu sehen und hält sich somit weiterhin für unverzichtbar im gesellschaftlichen Gesamtgefüge." (Weichert et al. 2015, S. 174)

Die Einordnung, Bewertung und Kommentierung von Geschehnissen erfolgt dabei über verschiedene journalistische Textsorten, die im Folgenden im Hinblick auf gestalterische und sprachliche Merkmale betrachtet werden sollen.

1.3 Ausgewählte journalistische Textsorten

Journalistische Textsorten werden häufig in zwei Kategorien unterteilt. Dabei unterscheidet man *tatsachenbetonte, informierende* Darstellungsformen einerseits und *meinungsäußernde* bzw. *kommentierende* Darstellungsformen andererseits (vgl. La Roche 2013, Neuberger und Kapern 2013). Femers (2011, S. 57) weist darauf hin, dass sich „zwischen den [...] Darstellungsformen [...] eine Art Grauzone der Klassifikation“ ergibt: „Texte mit unterhaltender, narrativer, argumentierender oder dialogischer Eigenart bilden neben der Basisdifferenz von Information und Meinung weitere Klassen von Darstellungsformen“ (ebd.). Sie nimmt daher eine Einteilung in drei Kategorien vor: Informierende und tatsachenbetonte Darstellungsformen, informierende und unterhaltende Darstellungsformen sowie meinungsbetonte und meinungsäußernde Darstellungsformen (vgl. ebd.). Im Folgenden wird dieser Einteilung gefolgt, wenn ausgewählte Textsorten in ihren Off- und Online-Varianten analysiert werden.

1.3.1 Informierende und tatsachenbetonte Textsorten

Zu den informierenden Textsorten zählen Nachricht und Bericht. Die *Nachricht* kann als die am besten analysierte journalistische Darstellungsform gelten (vgl. z. B. Weischenberg 2011, Meckel und Kamps 1998). Dies mag damit zusammenhängen, dass eine Nachricht Grundprinzipien des Journalismus erfüllt: Sie berichtet objektiv über aktuelle, neue und interessante Ereignisse (vgl. Liesem 2015). Gemeinsam mit ihrem „großen Bruder“, dem *Bericht*, macht die Nachricht so einen Großteil der journalistischen Berichterstattung aus.

In Bezug auf die sprachliche Gestaltung bieten die informierenden und tatsachenbetonten Textformen das geringste Potential für Abweichungen. Kennzeichnend für Nachrichtensprache sind *Klarheit*, *Einfachheit* und *Prägnanz* (vgl. Femers 2011, S. 61), so dass kein Raum für Sprachspiele und stilistische Varietät bleibt. „Die Nachricht soll aus schlichten, geläufigen, unmissverständlichen Wörtern in unverschachtelten, durchsichtigen Sätzen bestehen“ (Schneider und Raue 2016, S. 150): So lautet die unmissverständliche Empfehlung von zwei „Großen“ des Journalismus. Ein Großteil der Nachrichten mag diesen Prinzipien folgen, insbesondere die klassischen knappen Zeitungsmeldungen, die in so gut wie jedem Ressort zu finden sind. Wie im Folgenden gezeigt werden soll, gibt es aber auch hier Grauzonen und Spielräume, was einerseits den Eigenarten des jeweiligen Mediums, andererseits dem Rezipientenverhalten geschuldet ist: In Anbetracht der Informationsfülle, mit der der moderne Leser konfrontiert ist, sucht er nach Anhaltspunkten, die sein Interesse wecken.

Von der streng objektiven Berichterstattung und Textgestaltung weichen am ehesten Boulevardmedien ab, zumal diese viele so genannte „Soft News“ beinhalten, bei denen der Unterhaltungswert im Vordergrund steht (vgl. Mast 2012, S. 272). Ein Beispiel hierfür stellt der folgende Beitrag auf der Plattform bild.de dar:

> „Kim ist Heidis neues Topmodel!
> Es war ein harter Kampf in der Stierkampfarena in Palma. Heidis Top 5 gab noch einmal alles. Kim (20), Elena C. (19), Jasmin (20), Fata (21) und Taynara (19) wollten gewinnen. Aber es ist wie es ist: Am Ende kann es nur eine geben. Und das ist 2016 die schöne Blondine aus Bad Homburg." (Bild-Zeitung 2016, o. S.)

Zwar werden hier die Kriterien Einfachheit und Prägnanz beachtet, gleichzeitig werden umgangssprachliche Wendungen („gab noch einmal alles", „Am Ende kann es nur eine geben.") und Wertungen („schöne Blondine") verwendet. Dies kennt man auch vom gedruckten Boulevardmedium, der Bild-Zeitung.

Auf bild.de scheint der Text allerdings ohnehin die Zugabe zu sein: Auf der Seite dominieren acht große Bilder, die die Atmosphäre während der Wahl zu Germanys Next Topmodel einfangen. Zudem kann der Leser die Seite bewerten, auf sozialen Medien teilen oder über Links auf Seiten mit verwandten Artikeln gelangen. Damit werden Möglichkeiten des Onlinemediums ausgeschöpft, die Abweichung im Sinne einer *Erweiterung* bedeuten und die von Neuberger und Karpen (2013, S. 55f.) in folgenden drei Bereichen gesehen werden:

> „*Multimediale* Formen können Text, Foto, Video, Audio und (animierte) Grafiken umfassen. Das Internet vereint also das, was zuvor Presse, Fernsehen und Hörfunk nur getrennt vermochten.
> *Partizipative* Formen erlauben den Nutzern, sich selbst an der Kommunikation zu beteiligen. Sie können beispielsweise in einem Forum mitdiskutieren oder an einer Abstimmung teilnehmen. [...]
> Und in *selektiven* Formen kann sich der Nutzer durch Anklicken selbst fortbewegen, z. B. in Bildergalerien, Slideshows (mit und ohne Tonspur) oder in animierten Grafiken."

Interessant ist in diesem Zusammenhang die Frage, wie es um den Nachrichtenwert bestellt ist, wenn Online-Nachrichten durch Bilder, Videos u. a. aufgewertet werden. Müssen klassischen Nachrichtenfaktoren – etwa Bedeutsamkeit, Personalisierung oder Negativismus – neue Nachrichtenfaktor hinzugefügt werden, die da *Multimedialität* oder *Interaktivität* bzw. *Partizipation* heißen? Die Süddeutsche Zeitung, die mit dem Slogan „Neueste Nachrichten. Jederzeit. Überall" wirbt, ist beispielsweise mittlerweile Partner des Debattenmonitors rivva.de, über den die User verfolgen können, welche Reaktionen ein Text bei den anderen Nutzer ausgelöst hat. Und viele Menschen erhalten ihre Nachrichten ohnehin über soziale Medien wie Facebook, wo allerdings nur noch die Nachrichten ankommen, die Freunde mit ähnlichen Interessen liken bzw. für die ein Algorithmus errechnet hat, dass sie den Vorlieben des Nutzers entsprechen.

Fakt ist, dass ein informierender Text wie ein Bericht in seiner Online-Variante ganz andere Möglichkeiten bietet, Zusatzmaterial und Hintergrundinformationen einzubinden. Der Text dient dabei nach wie vor als Aufhänger, womit vor allem der *Headline* und dem *Leadtext* eine besondere Bedeutung zukommen. Um sich in der Vielzahl von Nachrichten durchzusetzen, sind gewisse Spielregeln für diese Gestaltungselemente sowohl offline als auch online zu beachten.

„IG Metall setzt 4,8 Prozent durch" (Tagesspiegel vom 14. Mai 2016), „4,8 Prozent mehr Geld für Metallbeschäftigte" (Frankfurter Allgemeine Zeitung vom 14. Mai 2016), „Dreimal mehr Geld" (Süddeutsche Zeitung vom 14./15./16. Mai 2016) – drei Überschriften zu einem Ereignis, den Lohnerhöhungen, die die IG Metall im Mai 2016 für die Beschäftigten der Branche erzielt hat. Die ersten beiden Beispiele aus dem Tagesspiegel und der FAZ enthalten auf den ersten Blick die Information, um die es in den folgenden knappen Nachrichtentexten geht. Die Headline der Süddeutschen Zeitung weicht ab, insofern sich hier nicht sofort erschließt, wer betroffen und was genau passiert ist. Zu diesem Zweck wurde jedoch eine Unterüberschrift genutzt: „Für die 3,8 Millionen Beschäftigten in der Metall- und Elektroindustrie gibt es ein Lohn-Plus von gut 4,8 Prozent". Eine solche *Subheadline* wird insbesondere bei der Textform des Berichts – und um einen solchen handelt es sich in diesem Beispiel – gerne verwendet. Der Bericht ist länger, er nimmt mehr Raum im Medium ein, und entsprechend lässt sich über die zwei, drei Spalten problemlos noch eine Unterüberschrift einfügen. Auch diese klärt den Leser darüber auf, was ihn bei der folgenden Lektüre erwartet.

Ein solches Erwartungsmanagement leisten bei journalistischen Textsorten im Allgemeinen und bei informierenden Darstellungsformen im Besonderen die Überschrift(en) sowie der Texteinstieg. Letzterer ist häufig in Form eines so genannten Leadtexts (auch Vorspann, Teaser) gestaltet, der den Nachrichtenkern zusammenfasst. Insbesondere Online-Texte nutzen diesen Leadtext gerne, weil er durch die typographische Gestaltung (Fettdruck, Bullet Points o. ä.) auffällt und die Aufmerksamkeit des Lesers auf sich zieht. Im Falle der Lohnerhöhung heißt es z. B. auf der Online-Seite des Manager Magazins:

> „Der Tarifstreit in der Metall- und Elektroindustrie ist beigelegt. Nach einer Marathonsitzung einigten sich Arbeitgeber und Gewerkschaft in den Morgenstunden auf einen Abschluss in NRW. Er gilt als wegweisend für die gesamte Branche." (manager magazin 2016, o. S.)

Bei Spiegel Online fällt der Lead kürzer aus:

> „Tarifeinigung in der Metallindustrie: In der wichtigsten deutschen Industriebranche sollen die Beschäftigten in zwei Stufen mehr Geld bekommen." (Spiegel 2016, o. S.)

Bei beiden Online-Beispielen fällt auf, dass die Headline zugespitzter formuliert ist als im Fall der Print-Berichterstattung über dieses Ereignis. Spiegel online titelt: „Tarifverhandlungen: IG Metall und Arbeitgeber einigen sich auf kräftige Lohnerhöhung“, auf manager-magazin.de heißt es: „IG Metall und Arbeitgeber einigen sich auf dickes Lohn-Plus“. Es stellt sich die Frage, ob dies nur ein Zufallsbefund ist oder eine breiter angelegte Stichprobe zu demselben Ergebnis kommen würde, dass nämlich die Online-Plattformen noch stärker darauf angewiesen sind, ihre einzelnen Meldungen schon durch die Wahl der Wörter in der Überschrift zu „bewerben“. Dies kann einerseits dazu dienen, den Lesern im Informationsdschungel des World Wide Web Orientierung zu geben, andererseits werden auf diese Art und Weise die Klickzahlen erhöht. Nicht unschuldig daran sind somit Suchmaschinen wie Google & Co. Es ist bekannt, dass diese Überschriften höher gewichten als den Fließtext (vgl. Liesem 2015, S. 160), so dass auf die Gestaltung der Headlines besonders viel Wert gelegt wird.

Dabei verlangen Suchmaschinen vor allem, dass in Überschriften möglichst viele so genannter *Keywords* verwendet werden (vgl. ebd.). Hierbei handelt es sich um Schlüsselbegriffe, nach denen die Nutzer suchen. Wer sich also für den Ausgang der Tarifverhandlungen der IG Metall interessiert, wird mit hoher Wahrscheinlichkeit nach dem Wort „Tarifverhandlung“ suchen. Dies werden sich auch die Texter bei Spiegel Online gedacht haben, so dass sie dieses Wort noch einmal explizit vor der eigentlichen Headline platzieren (s. o.).

Für die „Urform“ des journalistischen Texts – die Nachricht – bestehen also klare Kriterien, die einen guten Nachrichtentext ausmachen. Dennoch hat der Autor auch hierbei einen gewissen Gestaltungsspielraum, erst Recht, wenn eine Nachricht in der etwas längeren Berichtsform vermittelt wird sowie durch das Zusammenspiel von Text, Bild und Interaktion vor allem in Online-Medien.

1.3.2 Informierende und unterhaltende Textsorten

Während der Fokus von Nachrichten und Berichten auf der Information liegt, die so objektiv wie möglich vermittelt werden soll, zielen Textsorten wie Reportage, Feature, Interview oder Porträt zugleich darauf ab, den Leser zu unterhalten. Damit weisen sie in Bezug auf Inhalt und Gestaltung mehr Freiräume auf als die oben skizzierten rein informativen Textsorten und es ist anzunehmen, dass es auch zu mehr spielerischen Variationen – offline wie online – kommt. Dies soll im Folgenden vor allem anhand der Textformen Reportage bzw. Feature dargelegt werden.

„Tatsachenbetont, aber persönlich gefärbt“ – so charakterisiert Mast (2012) die *Reportage*, die als Prototyp der unterhaltenden Textsorte gelten kann. Gute

Reportagen stechen aus der „Flut des Gewöhnlichen" hervor (vgl. den Titel des gleichnamigen Ratgebers von Hermann und Sprecher 2001), sie heimsen Preise wie den Henri-Nannen-Preis oder den Deutschen Reporterpreis ein. Voraussetzung für den Einsatz von Reportagen ist für Mast (2012, S. 280) zum einen „genügend Platz für ausführliche Schilderungen", zum anderen, dass der Nutzerkreis des Mediums bereit ist, „längeren, auch schwierigeren Ausführungen zu einem Thema zu folgen" (ebd.).

Dabei sollen die Themen jedoch nicht abgehoben sein, sondern die Leser oder Zuhörer möglichst intensiv teilhaben lassen (vgl. ebd.). Burkardt (2009, S. 197) konstatiert: „Leser wünschen häufig eine Unterfütterung trockener Nachrichten mit Geschichten aus dem wahren Leben". Es geht also um sehr konkrete, nachvollziehbare Geschichten, in die sich der Rezipient hineinversetzen kann. Dabei bringen Reportagen nicht selten das Ferne/Fremde nahe, wie auch zwei zuletzt ausgezeichnete Beispiele zeigen. So wurde der Deutsche Reporterpreis 2015 an Jana Simon für ihren Text „Der Junge, der in den Krieg ging" vergeben, in dem die Autorin das Leben eines jungen Mannes nachzeichnet, der sich dem „Islamischen Staat" angeschlossen hat. Und den Nannen-Preis in der Kategorie „Reportage" hat 2016 Jan Christoph Wiechmann gewonnen, der in „Drei Krieger" über drei Soldaten berichtet, die vor fünf Jahren auf unterschiedlichen Seiten in Gefechte in Afghanistan involviert waren. Beide Geschichten geben dem Leser Einblicke in eine ungewöhnliche Welt und schaffen es, dass „Bilder in den Köpfen […] entstehen" (Mast 2012, S. 283).

Ein ähnliches Ziel verfolgt auch das *Feature*, wobei diese Textform menschliche Handlungen und Schicksale nutzt, um komplexere Zusammenhänge konkret und anschaulich zu machen (vgl. Haller 2008, S. 107). Es steht also nicht das Einzigartige im Vordergrund, sondern das *Typische* einer Situation. Man kann sich vorstellen, dass dies vor allem für den Bereich der Wirtschaftsberichterstattung interessant ist, bei der beispielsweise komplexe Zusammenhänge aus dem Börsengeschehen erläutert werden sollen. Ein Beispiel dafür ist der Text „Bis zum letzten Tropfen", der 2014 in der Rubrik „Geld und Börse" der Wirtschaftswoche erschienen ist. Auf neun Seiten wird darin anschaulich dargestellt, wie aus dem Mangel an einem natürlichen Gut, nämlich Wasser, ein Geschäftsmodell entsteht. Informationen über Wasseraktien-Fonds und Wassertechnologieunternehmen sind dabei das eine. Der Artikel beginnt allerdings anders, nämlich mit einem so genannten „szenischen Einstieg", der mit der Welt der Börse erst einmal wenig zu tun hat:

> „Der Rasensprinkler platzte, kurz nachdem Claudia Amling auf eine Geschäftsreise gegangen war. Als die 52-jährige Marketingmanagerin Tage später ins kalifornische Santa Cruz heimkehrte, waren bereits etliche Tausend Liter Wasser im Erdreich versickert. Neben der Rechnung dafür trudelte wenig später auch noch eine Strafe

> über 300 Dollar ein, die ihr der US-Bundesstaat Kalifornien auferlegte – der Wasserzähler hatte den Behörden signalisiert: Verschwendung. Um der Strafe zu entgehen, besuchte Amling eine zweistündige Schulung im Loudon Nelson Community Center in Santa Cruz, wo sie im sparsamen Umgang mit Wasser unterrichtet wurde." (Gerth et al. 2014, S. 82)

Die Geschäftsfrau Claudia Amling interessiert hier nicht als Figur, deren Geschichte im Anschluss vervollständigt würde. Sie soll an dieser Stelle „nur" ein Anschauungsbeispiel sein, wie im weiteren Verlauf dann auch ein 28-jähriger Arbeiter in Shanghai oder die dreijährige Sahra im Gazastreifen. Und trotzdem sorgen sie dafür, dass der Leser eine Vorstellung davon gewinnt, dass Wasser essentiell für das Leben aller Menschen auf diesem Planeten ist. Und so schwingt ein moralischer Anspruch mit – insbesondere, wenn es um das Schicksal derer geht, die unter akutem Wassermangel leiden.

Ein zweites Beispiel aus der Wirtschafts- bzw. Finanzberichterstattung stellt ein Text mit dem im Kontext von Wirtschaftsnachrichten überraschenden Titel „Die Johannes-Passion" dar. Dieser ist in einem Fachmagazin der Finanzbranche, dem Magazin „Portfolio Institutionell", erschienen. Erzählt wird die Geschichte eines Vermögensverwalters, „der durch ein Übermaß an Gier sein Lebenswerk und seine Reputation selbst zerstört" hat (vgl. Eisele 2015, S. 37). Der Text beginnt wie ein Kriminaltheater: „Vorhang auf für ein Schauspiel, in dem Streit, Gier und Betrug tragende Rollen spielen" (ebd., S. 38). Der Autor deckt Schritt für Schritt auf, in welche Machenschaften der Vermögensverwalter verwickelt war, wofür er offensichtlich intensiv in dessen Umfeld recherchiert hat. Zwar haben wir es in diesem Text nicht mit ausgeklügelten Sprachspielen zu tun, doch ist dies angesichts des gewählten Erzählduktus auch gar nicht nötig – spannend liest sich der Text allemal.

Haller 2008 (S. 40) charakterisiert den *modernen Reportagetyp* als „schillernd, erzählend, beschreibend". Das Schillernde findet sich vielleicht noch am ehesten bei Milieureportagen oder Trendthemen, wie zum Beispiel Mode. Eher selten schafft es eine solche Reportageform in die klassische Wirtschaftsberichterstattung – es sei denn es geht um Skandale. Als ein Beispiel hierfür kann der Text „Nachhaltig ist nur die Sünde" von Sophie Crocoll und Michael Gatermann aus dem Wirtschaftsmagazin „Bilanz" gelten, der dafür unter anderem den PSD Journalistenpreis gewonnen hat. Ins Auge stechen bei dieser Reportage als erstes die Bilder des amerikanischen Fotografen David Lachapelle: Mit Reminiszenzen an die Pop-Art werden hier Szenen aus der Unterwelt dargestellt – nicht gerade typisch für eine Börsenzeitung. Der Artikel erzählt, wie Haschisch, Alkohol und Glücksspiel zu begehrten Anlageformen wurden. Die Sprache des Artikels korrespondiert dabei mit Inhalt und Gestaltung: Die Autoren nutzen Begrifflichkeiten wie „benebelt" (Crocoll und Gatermann 2015 S. 68), sprechen von einem „Markt mit heißer Nachfrage" (ebd.)

oder verwenden sprichwörtliche Wendungen wie: „Richtig Zaster bringt nur das Laster“ (ebd.). Der Artikel – der Textform nach wieder in die Kategorie Feature einzuordnen – sticht durch die gewählten Text-Bild-Zusammenhänge wahrlich aus klassischen Wirtschaftstexten heraus, zumal hier die Balance zwischen Information und Unterhaltung vortrefflich gelingt.

Die drei Beispiele – so unterschiedlich sie auch sein mögen – zeigen, dass Wirtschaftsberichterstattung alles andere als trocken sein muss. Sie haben eine persönlichere Note als die rein informativen Berichte, erzählen Geschichten und lassen somit Bilder in den Köpfen der Leser entstehen. Zudem weisen sie häufig noch eine zusätzliche Bedeutungsebene auf und implizieren – wie am Beispiel des Wasser-Features gezeigt – moralische Konflikte. Deren Bewertung ist den Lesern vorbehalten, die die Texte möglicherweise als Anstoß für weitere Diskussionen nehmen, wovon der Autor gar nichts mehr erfährt. Dies sieht im Falle von Online-Texten anders aus, denn plötzlich bekommt der Leser eine Stimme. Er kann Texte kommentieren, Diskussionen anfachen und nicht zuletzt auch Kritik äußern. Insbesondere letzteres mag für viele altgediente Print-Journalisten eine große Umstellung sein, zumal die Kritik häufig polemisch, beleidigend oder sogar bedrohend ist. Im Folgenden sollen jedoch weniger Leserkommentare analysiert werden, sondern vielmehr der Blick auf die Spielräume einer digitalen, crossmedialen Reportage gelenkt werden.

„Was brauchen Online-Journalisten, die mehrmedial arbeiten wollen? Die Zeiten, als Block und Stift ausreichten, sind vorbei“ konstatiert Gabriele Hooffacker (2010, S. 132). Dementsprechend gehören Mikrofon und Digitalkamera zur Ausrüstung vor Ort dazu und für die Nachbearbeitung sind Software für Bearbeitung und Schnitt erforderlich (vgl. ebd.).

Virtuos eingesetzt werden die verschiedenen Medienformate in den Projekten der Produktionsfirma Follow the Money. Hierbei handelt es sich um ein Team von Wirtschaftsjournalisten, die als „Labor für neue Recherche- und Finanzierungswege im digitalen Journalismus“ (Kultur- und Kreativpiloten Deutschland 2016, o. S.) gelten. Ihr Ziel ist es, das Publikum schon ab der Recherche einzubeziehen, so wie dies bei den beiden Projekten „Die Kunstjagd“ (http://www.kunstjagd.com) sowie „Schrottfernseher“ (http://www.schrottfernseher.de) geschehen ist. Für „Schrottfernseher“ haben die Journalisten im Jahr 2014 ausrangierte Fernseher mit GPS-Trackern ausgerüstet, sie bis nach Westafrika verfolgt und illegale Exporttechniken aufgedeckt. 77 Tage lang folgt der Leser dem Weg des Fernsehers, dann „endet die Jagd“, an einem Stausee:

> „Das Signal aus Agbogbloshie war falscher Alarm. Es gibt dort auch einen Busbahnhof. Unser Fernseher bewegt sich nun die Küste entlang nach Osten, dann biegt er ab in Richtung Norden, ins Landesinnere. 350 Kilometer nördlich von Accra kommt er zum Stehen. In Dambai, einer kleinen Stadt am Oti-Fluss, deren Bewohner haupt-

> sächlich vom Fischfang leben. Der 34-jährige Ibrahim Umar betreibt hier einen kleinen Laden. Vom Wellblechdach hängen T-Shirts. Darunter stehen Ventilatoren. Weiter hinten hat er die Fernseher aufeinander gestapelt. Von hier kam unser letztes Signal.“ (Follow the Money 2014, o. S.)

Anschaulich berichten die Journalisten von ihren Erlebnissen. Die Sätze sind kurz und verständlich, die Sprache folgt einem Erzählduktus, wie er für mündlich tradierte Geschichten typisch ist. Der Leser verfolgt die Reportage, indem er auf der Website immer weiter nach unten scrollt oder sich unten auf der Seite über einen Zeitstrahl bewegt. Im Hintergrund läuft eine Weltkarte mit und zu den einzelnen Stationen werden Bilder oder kurze Videosequenzen eingebunden. Somit ist dies auch ein gelungenes Beispiel für die Verbindung von Text, Bild und nutzeranimierenden Elementen, die typisch sind für Online-Reportagen.

Das zweite Projekt „Kunstjagd“ ist aufgebaut wie ein Kriminalroman zum Mitmachen. Episode 1 steht unter der Überschrift „Der Auftrag“. Der Text dient letztendlich nur als Teaser:

> „Eigentlich muss der neunjährige Edward in der Schule sein, aber schon auf dem kurzen Weg dorthin sieht er überall zerbrochene Scheiben. Scherben überall. Und Hakenkreuze an den Wänden. Als er um die Ecke biegt, sieht er die zerstörte Synagoge Ohel Jakob, zu der seine Schule gehört. Ein Lehrer hält den Jungen auf, sagt ihm, er solle keine Fragen stellen, sondern rasch nach Hause laufen. Edward versteht nicht, was los ist, aber er rennt, so schnell er kann. Kaum ist er wieder zu Hause, klopft es an der Tür.“ (Gareis 2015, o. S.)

Passend dazu gibt es einen Video-Trailer, der die Hintergründe der Geschichte erläutert: Die Mutter des damals neunjährigen Edward Engelberg hat im Dritten Reich mit einem Gemälde das Haus verlassen und daraufhin ein Visum erhalten, das die jüdische Familie gerettet hat. Was mit dem Bild passiert ist, hat Paula Engelberg mit ins Grab genommen. Das Journalistenteam von Follow the Money macht sich daraufhin auf den Weg, das Rätsel zu lösen, die Zuschauer/Leser können live dabei sein und sich selbst an der „Kunstjagd“ beteiligen. Die „offene Recherche“, bei der auch die Leser Hinweise geben konnten, wo sich das Bild befinden könnte, geht über sechs Wochen. Jede Woche werden ein kurzer Text, dazu eine Audiodatei sowie Bildmaterial hochgeladen. Sowohl in den Podcasts als auch in der Bildergalerie werden geschichtliche Hintergründe aus den 1930er Jahren eingebunden, die die Flucht der Familie Engelberg erzählen. Dazu gibt es den Hashtag #kunstjagd sowie eine Whatsapp-Gruppe, an der sich mehr als 1.000 Menschen beteiligt haben. Somit wurde eine crossmediale Verbreitung der Geschichte in verschiedenen sozialen Netzwerken erreicht. Das ungewöhnliche Projekt hat zu viel Resonanz, auch in den etablierten Medien, geführt: So berichtete u. a. die Süddeutsche Zeitung und der Bayerische Rundfunk präsentierte Recherche und Ergebnisse in einer Fernsehdokumentation.

Ohne Zweifel werden in Projekten wie der „Kunstjagd" Journalismus neu gedacht und die aus den Printmedien bekannten Grenzen von Reportagen bzw. Features gesprengt. Der Text fungiert einerseits als Teaser und erzählt andererseits Geschichten: Nicht ohne Grund wird von „crossmedialem Storytelling" gesprochen (vgl. zu Storytelling Kapitel II.II.2). Der Nutzen für den Leser liegt nach wie vor in der Information und Unterhaltung, wobei Interaktion/Partizipation ein zusätzliches Nutzungsmotiv darstellen dürfte. Manchmal ist dies nur ein Klick, durch den der User „seine" Auswahl trifft, beispielsweise in Bezug auf die Darstellung von Grafiken. Manchmal kann er sich umfassend beteiligen und möglicherweise gar den Ausgang einer Geschichte beeinflussen. Online-Journalismus schafft also weit mehr Interaktionsmöglichkeiten als das bloße Kommentieren von Artikeln.

1.3.3 Meinungsbetonte und meinungsäußernde Textsorten

„User lieben Meinungsforen. Sie möchten ihrem Ärger über dies oder jenes Luft machen, der Welt ihre Meinung zu allem möglichen mitteilen und die Kommentare anderer zu ihren eigenen Äußerungen lesen." (Hooffacker 2010, S. 157) Mehr noch als die zuvor besprochenen informativen bzw. unterhaltenden Textsorten animieren meinungsbetonte journalistische Texte den Leser, seine Meinung zu einem Text oder zu einem in einem Text besprochenen Ereignis zu äußern.

Zu den so genannten *Meinungsbeiträgen* zählt Mast (2012, S. 300ff.) den Kommentar, den Leitartikel, die Glosse, die Kolumne, Kritik bzw. Rezension sowie die Karikatur. Häufig wird diese Differenzierung zugunsten der allgemeinen Klassifizierung eines journalistischen Meinungstextes als „Kommentar" vernachlässigt und entsprechend kann der Kommentar auch als Prototyp des meinungsäußernden Textes gelten. „Mit einem *Kommentar als Darstellungsform* (Hervorhebung im Original) kann der Journalist zu einem aktuellen Thema oder Ereignis Stellung beziehen. Er reflektiert, erklärt und/oder bewertet Nachrichteninhalte bzw. Fakten und ordnet sie in größere Zusammenhänge ein." (ebd., S. 301) Im Folgenden werden einige aktuelle Beispiele vorgestellt, um anhand ihrer der Textform *Kommentar* näherzukommen.

Einmal im Vierteljahr ist Zeit für die Quartalsberichterstattung, darin äußern an der Börse notierte Unternehmen sich zu Gewinnen und Verlusten im abgelaufenen Quartal. „Bremst die Quartalsjunkies" fordert Max Hägler (2016, S. 23) in der Süddeutschen Zeitung und argumentiert für mehr „Entschleunigung" (ebd.).

> „Es ist verstörend. Die Fixierung der Wirtschaft auf kurzfristige Gewinne erinnert an das Lechzen eines Junkies nach dem nächsten Schuss. Diese Kritik stammt nicht etwa von einem marktkritischen Marxisten – sondern von Paul Polman, der als Unilever-Chef Herr über Marken wie Bifi, Rama, Domestos und Duschdas ist. Doch so recht er hat, war er bisher eine einzelne Stimme in der atemlosen Wirtschaftswelt, bei der im Vierteljahrestakt über Wohl und Wehe von Konzernen entschieden wird." (Ebd.)

Was sich schon bei der Analyse eines Features (vgl. Teilkapitel 1.3.2) angekündigt hat, wird im Falle des Kommentars noch deutlicher: Die Sprache ist bildhaft und anschaulich (z. B. der Vergleich mit einem Junkie), Dramatisierung (z. B. in Form von Adjektiven wie „atemlos") ein oft gewähltes Stilmittel. Trotzdem wird nicht an Argumenten gespart, wie vor allem der letzte Teil dieses Kommentars zeigt. Demnach schützten Quartalsberichte nicht vor Fehleinschätzungen – in manchen Branchen gebe es traditionell starke und schwache Zeiten und langfristige Investitionen, etwa in Forschung und Entwicklung, die dem kurzfristigen Fokus auf die Quartalszahlen geopfert würden. Der Kommentar schließt mit einem Plädoyer und verbindet dabei den bildsprachlichen Einstieg des Textes mit der zentralen Schlussfolgerung seiner inhaltlichen Analyse:

> „Also nehmen wir den Junkies ihren Stoff weg und lassen die Manager ein wenig in Ruhe arbeiten. Es wird selten schaden, gilt doch: Gut Ding braucht Weile." (Ebd.)

Der Text von Max Hägler ist nicht nur in der Samstagsausgabe der Süddeutschen Zeitung direkt auf der ersten Seite des Wirtschaftsteils erschienen, er wurde auch online veröffentlicht und zum oben bereits erwähnten Debattenportal rivva.de verlinkt. Hier wurde er innerhalb der ersten 16 Stunden einmal retweetet und dabei wie folgt kommentiert: „Schöner Artikel zum Thema Nachhaltigkeit und Entschleunigung. Pfluchtlektüre (sic.) für jeden Chef und jeden Investor" (Westphal 2016, o. S.). Die geringe Resonanz mag sich vor allem damit erklären, dass zeitgleich ein politisches Thema – der Amoklauf eines jungen Mannes in München – die mediale Agenda bestimmt hat. Intensiv diskutiert wurde daher ein Artikel von Claus Kleber, Moderator des heute-journals, der sich am Tag zuvor unter der Überschrift „Was tun, wenn's brennt" (Kleber 2016, o. S.) über „seriöse Nachrichten in erschütternden Zeiten" geäußert hatte. Kleber bezog sich dabei vor allem auf einen Terroranschlag in Nizza am 14. Juli 2016 sowie den gescheiterten Putschversuch in der Türkei einen Tage später. Zugleich passte dieser Artikel eben auch noch am Tag nach einem weiteren erschütternden Ereignis, so dass der Nachrichtenwert des Beitrags nach wie vor gegeben war. Dies zeigt sich auch an der Resonanz: Viele User teilten den Artikel in den sozialen Medien, die meisten lobend, andere aber auch kritisch bis diffamierend. Zitiert werden dabei vor allem zugespitzte Formulierungen Klebers wie „ein Rattenrennen mit Social Media" (ebd.).

Diese Beispiele zeigen eine doppelte Fokussierung: Zum einen werden jeden Tag nur wenige Ausschnitte des medialen Angebots tatsächlich von einer größeren Anzahl von Personen wahrgenommen. Zum anderen wird der wahrgenommene Kommentar – in diesem Fall der von Claus Kleber – nochmals verknappt, so dass nur einzelne Formulierungen in den sozialen Netzwerken für Gesprächsstoff sorgen. Moderne Kommunikationsformen wie Twitter oder facebook leben von dieser Zuspitzung, da entsprechende Kommentare Aufmerksamkeit erregen – und diese ist bekanntlich knapp bemessen. Vielen Kommentaren wird es daher gehen wie dem Text von Max Hägler, der zwar inhaltlich und sprachlich zu überzeugen vermag, letzten Endes aber vermutlich von nur wenigen Lesern zu diesem Zeitpunkt als relevant erfahren wird.

Kommentare sollten sich zwar auf aktuelle Ereignisse beziehen, wie die beiden eben diskutierten Beispiele, können aber auch eine allgemeine Stimmung aufgreifen. Dies tut der Kommentar unter dem Titel „Wie herrlich ist es, in dieser Stadt mies drauf zu sein!" (Müller 2016, o. S.) aus dem Berliner Tagesspiegel, der das in Berlin weitverbreitete Schimpfen auf die angebliche Unfähigkeit der Verwaltung zum Thema hat. Ausgehend von einem aktuellen Ausfall von Ampelanlagen im Straßenverkehr schreibt der Kommentator über den Umgang der Berliner Bürger mit Pannen der Verwaltung, benennt dabei aber auch die Vorzüge der daraus entstehenden Freiräume und schließt ironisch: „Wie herrlich ist es, in dieser Stadt mies drauf zu sein! […] Ein Horror wäre nur, wenn um einen herum plötzlich alles besser würde." (ebd.) Dieser Kommentar gewinnt seine Relevanz für den Leser aus dem Bezug auf alltägliche Erfahrungen und typische Diskursthemen, bei denen vermeintlich jeder mitreden kann. Dies war auch das Ergebnis der Veröffentlichung, die zahlreiche Reaktionen nach sich zog, wie Abbildung 1.1 zeigt.

Die Kommentatoren des Kommentars werden hier selbst sprachspielerisch tätig, indem sie in den typischen Berliner Dialekt verfallen oder sich in Reimform äußern. Der Bezug zum eigentlichen Text geht dabei allerdings immer mehr verloren; am Ende der Diskussion tauschen sich die User darüber aus, ob Schleswig-Holstein den besseren Altersruhesitz darstellt.

von [redacted] | 02.07.2016, 17:26 Uhr

Wenn de Zille verstanden hast biste en Berliner
Link

antworten

von [redacted] | 02.07.2016, 12:49 Uhr

Wie wirksam ist doch eine *„Impfung"*
Mit solcher *„Publikunsbeschimpfung"* !

Huiuiui! – Diese vehemente Philippika wirft mich als indigenen Berliner hoch & runter wie einst eine Achterbahnfahrt im Plänterwald. – Hauptsache, es rumpelt!

Abb. 1.1 Kommentare von Lesern
Quelle: Müller 2016, o. S.

Auch wenn in diesem Beispiel der eigentliche Kommentator immer mehr in den Hintergrund rückt, gilt im Falle des Kommentars, dass die Person des Autors stärker im Vordergrund steht als bei den tatsachenbetonten Textsorten (vgl. Mast 2012, S. 300). Daher werden Kommentare häufig von Chefredakteuren oder Ressortleitern verfasst, was wiederum den Anspruch unterstreicht, gesellschaftliche Meinungsbildung (vgl. Burkhardt 2009, S. 200) zu betreiben. Diese hat allerdings da ihre Grenzen, wo Menschen bspw. aufgrund ihrer religiösen Herkunft diffamiert werden. Ein Journalist, der diese Grenze überschritten hat, ist der ehemalige stellvertretende Chefredakteur der Bild am Sonntag, Nicolaus Fest, der 2014 in einem Kommentar den Islam als „Integrationshindernis" bezeichnete. Dieser Kommentar ist ein Beispiel dafür, dass die Worte eines Kommentars durchaus sehr reale Wirkung entfalten können: Direkt nach seiner Veröffentlichung rief der Kommentar harsche Proteste hervor. Über mehrere Tage wurde über den Text diskutiert und so wurde der Kommentar selbst zum berichtenswerten Medienereignis. Fests Kommentar wurde vom Deutschen Presserat gerügt und der Autor verließ die Zeitung kurze Zeit später, nachdem sich mehrere seiner Vorgesetzten von seinem Text distanziert hatten.

Journalistische Kommentatoren, so kann man festhalten, tragen eine noch größere Verantwortung als der reine Nachrichtenjournalist und dies sollte sowohl die Inhalte als auch die Wortwahl ihrer Texte bestimmen. Auch wenn es sich im Kommentar – ebenso wie im Leitartikel oder in einer Glosse – um einen klar erkennbaren Meinungsbeitrag handelt, ist der Autor nicht völlig frei in seiner Textgestaltung, sondern muss den Kontext seines Mediums sowie der laufenden Debatte, in der ein Kommentar Stellung bezieht, berücksichtigen.

1.4 Fazit

Journalismus ist schnell geworden. Nachrichten werden getwittert, Menschen rezipieren die für sie relevanten (oder zumindest dafür gehaltenen) News via Facebook. Über die Frage, was dies für die Informationsgewinnung und Meinungsbildung bedeutet, wird trefflich gestritten. Hat es indes auch Auswirkungen auf den Text, seine Struktur und die eingesetzten sprachlichen Mittel?

„Alte Regeln, neuer Nutzen" (Schneider und Raue 2016, S. 28) – so umschreiben zwei Granden des Print-Journalismus ein Teilkapitel ihres neuen Handbuch des Journalismus. Was hier für den Teaser als aufmerksamkeitsbindenden Einstieg angenommen wird, gilt durchaus für den zeitgemäßen journalistischen Text im Allgemeinen. So lassen sich nach wie vor verschiedene Textsorten gemäß ihrer Funktionen Information, Unterhaltung und Meinungsbildung unterscheiden – auch wenn Mischformen häufiger geworden sind. Dementsprechend ist auch die sprachliche Gestaltung je nach Textsorte mehr oder weniger variantenreich. Insbesondere unterhaltende und meinungsäußernde Textformen nutzen bspw. Sprachbilder, um Aufmerksamkeit zu erzeugen und Bilder in den Köpfen der Rezipienten entstehen zu lassen. Der User, der nicht mehr nur passiver Konsument ist, nimmt diese Kreationen gerne auf und verwendet sie beim Teilen sowie im Rahmen von Kommentaren und/oder entwickelt seine eigenen Texte auf Basis des vorhandenen Sprachmaterials.

Einen klaren Mehrwert bieten audiovisuelle Medienformate, insofern sie ergänzende Informationen und/oder Spannungsmomente liefern und Geschichten mit unterschiedlichen Sinnen erfahrbar machen. Es ist jedoch realitätsfern, einen Online-Journalismus auszurufen, der ohne Texte auskommt. Im Gegenteil gewinnen heute journalistische Produkte Preise, bei denen eine sorgfältige Recherche mit einer durchdachten, treffenden Wortwahl einhergeht. Weder kann man feststellen, dass der Text dabei viel kürzer, noch viel länger geworden ist – es gibt im Netz genau so häufig beide Extreme zu finden, wie in den klassischen Printmedien.

Dass Journalisten dabei nicht unter traumhaften Bedingungen arbeiten, weil es immer weniger feste Stellen gibt und die Medienhäuser noch keine nachhaltigen

Geschäftsmodelle für die Finanzierung von Online-Formaten gefunden haben, ist gleichwohl eine nicht zu leugnende, traurige Wahrheit. Es bleibt daher zu hoffen, dass das eingangs beschriebene „Aufbruchs-Narrativ" nachhaltig ökonomische Effekte zeigt, so dass der Journalismus mit guten Texten auch weiter seinem gesellschaftlichen Auftrag nachkommen kann.

Literatur

Burkhardt, Steffen (2009). *Praktischer Journalismus.* München: Oldenbourg Wissenschaftsverlag.

Crocoll, Sophie & Gatermann, Michael (2015). *Nachhaltig ist nur die Sünde.* BILANZ, 24.04.2015, S. 68-72.

Eisele, Patrick (2015). *Die Johannes-Passion.* Portfolio Institutionell. Ausgabe 6. Juni 2015, S. 36-45.

Femers, Susanne (2011). *Textwissen für die Wirtschaftskommunikation …leicht verständlich.* Konstanz, München: UVK.

Gerth, Martin, Hohensee, Matthias, Mattheis, Philipp & Milz, Kristina (2014). *Bis zum letzten Tropfen.* Wirtschaftswoche. Nr. 44, 27.10.2014, S. 82-90.

Haller, Michael (2008). *Die Reportage.* 6. Aufl. Konstanz: UVK.

Hooffacker, Gabriele (2010). *Online-Journalismus. Texten und Konzipieren für das Internet. Ein Handbuch für Ausbildung und Praxis.* 3., vollständig aktualisierte Aufl. Berlin: Econ.

Hermann, Kai & Sprecher, Margrit (2001). *Sich aus der Flut des Gewöhnlichen heraushaben. Die Kunst der Großen Reportage.* Wien: Picus Verlag.

La Roche, Walther von (2013). *Einführung in den praktischen Journalismus. Mit genauer Beschreibung aller Ausbildungswege Deutschland – Österreich – Schweiz.* 19., neu bearbeitete Aufl. von Gabriele Hoofacker und Klaus Meier. Wiesbaden: Springer VS.

Liesem, Kerstin (2015). *Professionelles Schreiben für den Journalismus.* Wiesbaden: Springer VS.

Mast, Claudia (Hrsg.). (2012). *ABC des Journalismus. Ein Handbuch.* 12., völlig überarbeitete Aufl. Konstanz und München: UVK Verlagsgesellschaft.

Meckel, Miriam & Kamps, Klaus (1998). *Fernsehnachrichten: Prozesse, Strukturen, Funktionen.* Wiesbaden: Springer.

Neuberger, Christoph & Kapern, Peter (2013). *Grundlagen des Journalismus.* Wiesbaden: Springer VS.

Novy, Leonard (2013). Vorwärts (n)immer? Normalität, Normativität und die Krise des Journalismus. In: Kramp, Leif, Novy, Leonard, Ballwieser, Dennis & Wenzlaff, Karsten Hrsg.), *Journalismus in der digitalen Moderne. Einsichten – Ansichten – Aussichten* (S. 17-32), Wiesbaden: Springer VS.

Rohrbeck, Felix & Kunze, Anne (2010). *Journalismus nach der Krise. Aufbruch oder Ausverkauf?* Köln: Herbert von Halem Verlag.

Schneider, Wolf & Raue, Paul-Josef (2016). *Das neue Handbuch des Journalismus und des Online-Journalismus.* 2. Auflage. Reinbek bei Hamburg: Rowohlt.

Sittinger, Ernst (2005). *Das Ende des Journalismus: Plädoyer für einen bedrohten Beruf.* Graz: Leykam

Sturm, Simon (2013). *Digitales Storytelling. Eine Einführung in neue Formen des Qualitätsjournalismus.* Wiesbaden: Springer VS.

Vogel, Andreas (2014). *Talfahrt der Tagespresse: Eine Ursachensuche.* Bonn: Friedrich Ebert Stiftung.

Weichert, Stephan, Kramp, Leif & Welker, Martin (2015). *Die Zeitungsmacher. Aufbruch in die digitale Moderne.* Wiesbaden: Springer VS.

Weischenberg, Siegfried (2001). *Nachrichten-Journalismus. Anleitungen und Qualitäts-Standards für die Medienpraxis.* Opladen: Westdeutscher Verlag.

Online-Quellen

Baurmann, Jana Gioia (2016). *Alles wird gut! Das Medien-Start-up „Perspective Daily" sammelt Geld für konstruktiven Journalismus im Netz.* Zeit Online, 16.03.2016. http://www.zeit.de/2016/09/perspective-daily-medien-start-up-konstruktiver-journalismus. Zugegriffen: 23. März 2016.

Bild-Zeitung (Hrsg.). (2016). *„GNTM"-FINALE 2016. Kim ist Heidis neues Topmodel! Warum war es eigentlich so leer in der Arena?* Bild-Online. http://www.bild.de/unterhaltung/tv/germanys-next-topmodel/das-finale-im-bild-live-ticker-45753216.bild.html. Zugegriffen: 13. Mai 2016.

Endert, Julius (2015). *Jede Nachricht eine Chance.* Zeit-Online, 20.10.2015. http://www.zeit.de/kultur/2015-10/konstruktiver-journalismus-perspectives-daily-kampagnen/komplettansicht. Zugegriffen: 23. März 2016.

Fiedler, Maria (2015). *Warum verlieren Medien an Glaubwürdigkeit?* Tagesspiegel-Online, 08.12.2015. http://www.tagesspiegel.de/medien/luegenpresse-warum-verlieren-medien-an-glaubwuerdigkeit/12691124.html. Zugegriffen: 22. März 2016.

Follow the money (Hrsg.). (2014). *Die GPS-Jagd! Was passiert mit unserem Schrott?* http://www.schrottfernseher.de. Zugegriffen: 20. Juli 2016.

Gareis, Fredy (2015). *Die Kunstjagd.* http://www.kunstjagd.com. Zugegriffen: 20. Juli 2016.

Sprachkritische Aktion UNWORT DES JAHRES (Hrsg.). (2015). *Pressemitteilung: Wahl des 24. „Unworts des Jahres".* Pressemitteilung, 13.01.2015. http://www.unwortdesjahres.net/fileadmin/unwort/download/pressemitteilung_unwort2014.pdf. Zugegriffen: 22. März 2016.

Kleber, Claus (2016). *Was tun, wenn's brennt?* http://www.sueddeutsche.de/medien/claus-kleber-ueber-fernsehjournalismus-was-tun-wenns-brennt-1.3090346. Süddeutsche-Online. Zugegriffen: 23. Juli 2016.

Krautreporter (Hrsg.). (2016). *Grundsätze.* https://krautreporter.de/pages/ueber_uns. Zugegriffen: 23. März 2016.

Kultur- und Kreativreporter Deutschland (Hrsg.). (2016). *Follow the money. Erlebnis Recherche.* http://kultur-kreativpiloten.de/portfolio/follow-the-money/. Zugegriffen: 20. Juli 2016.

manager magazin (Hrsg.). (2016). *IG Metall und Arbeitgeber einigen sich auf dickes Lohnplus.* manager magazin new media, 13.05.2016. http://www.manager-magazin.de/politik/artikel/ig-metall-und-arbeitgeber-sind-sich-einig-a-1092154.html. Zugegriffen: 15. Mai 2016.

Medienzukunft (2014). *Krautreporter: Gescheitert an sich selbst.* http://www.blog-cj.de/blog/2014/06/10/krautreporter-gescheitert-an-sich-selbst/. Zugegriffen: 23. März 2016.

Media Perspektiven. (2015). *ARD/ZDF-Studie Massenkommunikation 2015.* Zusammenfassung der Ergebnisse. http://www.ard-werbung.de/media-perspektiven/projekte/ardzdf-studie-massenkommunikation/. Zugegriffen: 22. März 2016.

Müller, Kai (2016). *Wie herrlich ist es, in dieser Stadt mies drauf zu sein!* Tagesspiegel-Online. http://www.tagesspiegel.de/berlin/missmanagement-in-berlin-wie-herrlich-ist-es-in-dieser-stadt-mies-drauf-zu-sein/13819088.html. Zugegriffen: 23. Juli 2016.

Norddeutscher Rundfunk (Hrsg.). (2016). *Krautreporter.* Tagesschau-Online. https://www.tagesschau.de/inland/krautreporter-108.html. Zugegriffen: 23. März 2016.

Notizfunk (2015). *Der Fall Krautreporter: Ein Haufen guter Geschichte ist noch lange kein Magazin,* 19.07.2015. http://www.notizfunk.de/der-fall-krautreporter-ein-haufen-guter-geschichte-ist-noch-lange-kein-magazin/. Zugegriffen: 23. März 2016.

Perspective Daily (2016). *Zukunftsorientiert. Verständlich. Werbefrei. Für einen Journalismus, der fragt, wie es weitergeht.* https://perspective-daily.de. Zugegriffen: 23. März 2016.

Piqd (2016). Über uns. https://www.piqd.de/about. Zugegriffen: 23. März 2016.

Shipley, Chris (2015). *Newsgeist 2015 Ignite Talk by Jeff Jarvis.* YouTube-Video, 30.11.2015. https://www.youtube.com/watch?v=eFIuBKFi9_U. Zugegriffen: 23. März 2016.

Spiegel (Hrsg.). (2016). *Tarifverhandlungen: IG Metall und Arbeitgeber einigen sich auf kräftige Lohnerhöhung.* Spiegel-Online. http://www.spiegel.de/wirtschaft/unternehmen/tarifverhandlungen-ig-metall-und-arbeitgeber-einigen-sich-a-1092145.html. Zugegriffen: 15. Mai 2016.

Westphal, Frank (2016). *Bremst die Quartalsjunkies.* http://rivva.de/274123313. Zugegriffen: 23. Juli 2016.

Die Rede: Es gilt (nicht nur) das gesprochene Wort

2

Annette Uphaus-Wehmeier

Zusammenfassung

Das Zusammenspiel vieler unterschiedlicher Faktoren lässt die Rede zur Königsdisziplin werden. Die Herausforderungen an die klassische Form der personalen Kommunikation sind im Zeitalter des Web 2.0. weiter gewachsen. Alles bleibt sichtbar, hörbar, nachprüfbar und endlos wiederholbar. Der originäre Moment aber bleibt denen, die die Reden direkt vor Ort erleben und sie zu Mythen werden lassen, wie Beispiele aus der Politik belegen. Auch im Rahmen der CEO-Kommunikation spielen öffentliche Auftritte eine zunehmend wichtigere Rolle. Die Manager an der Spitze prägen das Gesicht der Unternehmen. Die Hauptversammlungen stellen die große Bühne dar, auf denen sich die Vorstände bewähren müssen – mit begrenztem Spielraum. Mehr Chancen für Individualität, Empathie und persönlichen Mut nutzten prominente Rednerinnen aus unterschiedlichen Anlässen (wie Preisverleihung, Predigt oder Parteitag), deren Botschaften bewegten und medial diskutiert wurden. Dass Authentizität und Inszenierung zusammengehören, wissen auch externe Redenschreiber nur allzu gut. Deren Identität bleibt oft ein Geheimnis; Diskretion ist das oberste Gebot. Hierauf vertrauen die Auftraggeber ebenso wie auf deren Kompetenzen. Kreativität und die Fähigkeit, aus komplexen Sachverhalten prägnante Botschaften zu entwickeln, gehören dazu. Denn nur sie sind es oft, die in Erinnerung bleiben.

2.1 Mythen und historische Momente: Botschaften, die überzeugten

Es gilt das gesprochene Wort – ein einfacher Satz, der auf allen Manuskripten und Dokumenten steht, die im Vor- oder Umfeld einer Rede ausgehändigt oder publiziert werden. Oft verbunden mit einer Sperrfrist dient dieser Hinweis auch der medialen und justiziablen Absicherung: Das de facto Gesagte ist relevant.

Es gilt das gesprochene Wort – dieser Satz weist aber auch unmissverständlich auf das Charakteristikum einer jeden Rede hin: Gesagt ist gesagt. Worte sind nicht rückholbar. Botschaften sind nicht irreversibel oder reparabel. Ein gutes Manuskript gibt Halt und größtmögliche Sicherheit – dennoch bleibt immer der Faktor X. Für rhetorisch Begabte und Geübte birgt er Chancen, zu brillieren und zu extemporieren, für andere bleibt ein Restrisiko.

> „Bei dem Redner hingegen muß man den Scharfsinn der Dialektiker, die Gedanken der Philosophen, die Worte fast der Dichter, das Gedächtnis der Rechtsgelehrten, die Stimme der Tragödienspieler, das Gebärdenspiel beinahe der größten Schauspieler fordern." (Cicero 1873, S.73)

Es ist dieser *Echtzeit-Faktor*, der den Druck auf den Redner ausmacht. Gleichzeitig trägt er zur Faszination von großen Reden bei – aus beiderlei Perspektiven: Die des Publikums und desjenigen, der spricht. Auch die von Cicero hier so wortgewaltig beschriebenen Anforderungen an einen Redner erhöhen die Rede zur *Königsdisziplin*. Der Respekt davor ist bei allen Charakteren und Berufsgruppen anzutreffen, Journalisten und Publizisten inbegriffen. So heißt es über Rudolf Augstein, Gründer und Herausgeber des „Spiegel": „Wie stets, wenn Rudolf eine Rede zu halten hatte, war er in den Tagen zuvor sehr nervös. Er stellte sich alle möglichen Fehler vor, die ihm dabei unterlaufen könnten." (Nelles 2015, S.258) Als Tucholsky in seinen „Ratschlägen für einen guten Redner" 1930 warnte: „Ein Podium ist eine unbarmherzige Sache – da steht der Mensch nackter als im Sonnenbad." (Tucholsky 1975, S.293) war die öffentliche Berichterstattung auf Presse und Hörfunk beschränkt. Für die Wahrnehmung und Verbreitung von Reden hat sich seither vieles verändert. Waren es zunächst Mitschnitte oder Live-Übertragungen in Hörfunk und Fernsehen, eröffneten Internet und Social Media neue Wege.

Heute lassen sich via Livestream z. B. viele Veranstaltungen, Foren und Hauptversammlungen der großen Unternehmen verfolgen und später als Podcasts abrufen. Über YouTube ist fast alles zu finden, was öffentlich präsentiert wurde. Über Facebook, Twitter & Co. werden Kommentare und Bilder nahezu grenzenlos und zeitgleich ins Netz gestellt. Alles bleibt sichtbar, hörbar, nachprüfbar – endlos wiederholbar. Der originäre Moment aber bleibt denen, die die Rede direkt „vor Ort" erleben – im wahrsten Sinne des Wortes. Und dieses Moment ist es dann auch, das die Rede zum *Dialog* werden lässt. Stimmung, Aktion und Reaktion entwickeln sich zwischen Redner und Zuhörer. Sie motivieren oder provozieren, begeistern oder enttäuschen, lassen Denkmäler wackeln oder schaffen Legenden.

Zu einem *Mythos* geworden ist die Ansprache des jungen, charismatischen Präsidenten der USA in Berlin am 26. Juni 1963: John F. Kennedy hatte sich entschieden, einen Satz – wie es ihm sein Bruder Robert noch in Amerika empfohlen hatte – auf Deutsch zu sagen. Mit den in Lautschrift geschriebenen Worten „Ish bin ein Bearlener" schloss er seine auf Englisch gesprochene Botschaft: „Alle freien Menschen, wo immer sie leben, sind Bürger Berlins, und deshalb bin ich als freier Mann stolz darauf, sagen zu können: Ich bin ein Berliner!" Jubel und Begeisterung schienen kein Ende nehmen zu wollen: „Kennedys Kalkül geht auf. Sein Satz sitzt. Er brennt sich in die Herzen seiner Hörer." (Sentker 2016) Seine Rede veranlasste seine Amtsnachfolger bei ihren Besuchen in Berlin ähnliche Botschaften zu formulieren, wenn möglich auch in deutscher Sprache. Doch das Besondere, das aus dem damaligen Zusammenspiel von Erwartungen und Hoffnungen der Bürger und dem Auftritt des auch in Deutschland populären Präsidenten erwuchs, war nicht reproduzierbar. Mythen entstehen nur dann, „wenn Personen prototypisch Sehnsüchte und Wunschbilder einer Zeit verkörpern" (Avenarius 2000, S. 175).

Für Deutschland hat wohl keine andere Rede das Prädikat „historisch" so verdient wie die Rede des damaligen Bundespräsidenten Richard von Weizsäcker am 8. Mai 1985. Vierzig Jahre nach Ende des zweiten Weltkrieges fand er die richtigen Worte: „Der 8. Mai ist auch ein Tag der Befreiung. Er hat uns alle befreit von dem menschenverachtenden System der national-sozialistischen Gewaltherrschaft." (Bundespräsidialamt 1985, o. S.) Weizsäckers Ausführungen beeindrucken auch heute noch und setzen Maßstäbe. Er habe nichts gänzlich Neues gesagt, doch: „Sein Verdienst war und bleibt es, es auf die richtige Weise zusammenzufassen, versöhnlich nach außen und nach innen und ohne Pathos vorzutragen und den Augenblick zu nutzen, der sich ihm in seiner Funktion als Bundespräsident bot." (Schulte von Drach 2015, o. S.) Ein Beispiel dafür, wie auch eine kurzfristig konzipierte, von Überzeugung und Leidenschaft getragene Rede eine politische Weichenstellung beeinflusst, ist die Rede des CDU-Politikers Wolfgang Schäuble in der Hauptstadtfrage. Die fraktionsübergreifende Debatte im Deutschen Bundestag 1991 war geprägt von Emotionen und einem wechselnden Meinungsklima: „Morgens hatte ich noch gar nicht die Absicht zu reden", sagt der heutige Bundesfinanzminister rückblickend auf den 20. Juni 1991. (Die Welt 2011, o. S.) Die Chronisten sind sich einig, dass seine Worte es waren, die eine knappe Mehrheit der Parlamentarier für Berlin als Hauptstadt stimmen ließ:

> „Es geht heute nicht um Bonn oder Berlin, sondern es geht um unser aller Zukunft, um unsere Zukunft in unserem vereinten Deutschland, das seine innere Einheit erst noch finden muß, und um unsere Zukunft in einem Europa, das seine Einheit verwirklichen muß, wenn es seiner Verantwortung für Frieden, Freiheit und soziale Gerechtigkeit gerecht werden will." (Schäuble 1991, o. S.)

Die Beispiele aus der Geschichte verdeutlichen das wesentliche Unterscheidungsmerkmal zum Vortrag: Reden wollen etwas bewirken. Anlassbezogen folgen sie ihrer im Vorfeld überlegten Strategie oder einer bestimmten Linienführung, um das Publikum ihrer Intention gemäß zu erreichen und zu überzeugen.

Die Rede ist eines der ältesten Kommunikationsmittel. Die Theorie dazu basiert im Wesentlichen auf der Lehre und den Lehrern der Antike. Der griechische Philosoph Aristoteles benannte als Überzeugungsmittel die Elemente *ethos* (der Charakter des Redners), *pathos* (die Fähigkeit, das Publikum in eine gewisse Stimmung zu versetzen) und *logos* (das Beweisen). (Vgl. Wachtel 2003, S. 60)[1]

Während Aristoteles die Argumentation priorisierte, setzte Cicero, der größte Redner Roms, auf Emotionen:

> „Es ist nämlich nötig, daß man sich eine umfassende Sachkenntnis aneigne, [...] daß man den Vortrag selbst nicht allein durch die Wahl, sondern auch durch die Anordnung der Worte passend gestalte, dass man alle Gemütsbewegungen [...] gründlich erforsche, weil die ganze Kraft und Kunst der Rede sich in der Beruhigung oder Aufregung der Gemüter unserer Zuhörer zeigen muß." (Cicero 1873, S.44)

2.2 Reden und Reputation: CEOs im Blickpunkt

Die Kommunikation von Managern und Führungskräften allgemein hat in den letzten Jahren einen wachsenden Stellenwert bekommen. Das hat zum einen mit der (geforderten) größeren Transparenz zu tun, aber auch mit den verschiedenen Formen der Präsenz und medialen Verbreitung. Der Mann oder die Frau, die an der Spitze eines Unternehmen stehen, prägen schlussendlich dessen Gesicht. Sie verkörpern seine Botschaften und werden mit ihnen verbunden – im positiven wie auch im negativen Sinn. Die Auftritte und Ansprachen nach innen, die sich in erster Linie an Führungskräfte und Mitarbeiter richten (bspw. Mitarbeiterversammlungen, Veranstaltungen o. ä.) entziehen sich zumeist der öffentlichen Wahrnehmung und Bewertung. In internen Reden – so Wachtel – sei jedoch am

1 Für weitere Ausführungen bzgl. der drei Überzeugungsregeln, s. auch Kapitel II.III. 2 „Rhetorik in der Unternehmenskommunikation".

ehesten die Antwort auf seine selbst gestellte Frage zu finden: „Warum sind dann viele Reden von Spitzenmanagern so schlecht?“ Sie seien zum einen die „oft am heikelsten, oft am dürftigsten“ vorbereiteten, zum anderen aber auch die durch viele Instanzen gehenden, geglätteten und mehrfach geprüften Texte. (Wachtel 2015, o. S.)

Corporate Reputation entsteht durch die Leistungen und die Selbstdarstellung eines Unternehmens im Verhältnis zu den Erwartungen der Stakeholder. Während Unternehmensimages als „Außenwahrnehmungen der Identität eines Unternehmens“ bei den einzelnen Stakeholdern beschrieben werden, ist Reputation das daraus resultierende, auf Wahrnehmungen und Empfindungen basierende, Vorstellungsbild des Unternehmens (vgl. Köppl 2005, S.159). In den letzten Jahren ist auch in diesem Bereich eine klare Entwicklung zur Personalisierung erkennbar. Unternehmen werden verstärkt mit ihrem CEO identifiziert, er wird zur „Projektionsfläche für den Erfolg oder Misserfolg eines Unternehmens“. (Deekeling und Arndt 2014, S.1239)

Auch die Manager selbst sind davon überzeugt, dass Ruf und Sichtbarkeit von Vorstand und Geschäftsführung in entscheidendem Maße die Reputation eines Unternehmens beeinflussen. Dies ist eines der Ergebnisse der internationalen Studie „The CEO Reputation Premium: Gaining Advantage in the Engagement Era“. Vorträge und Präsentationen innerhalb und außerhalb der Branche stehen an erster Stelle derjenigen Aktivitäten, die laut Ansicht der Führungskräfte am besten geeignet sind, extern aufzutreten und ihre Strategien zu erläutern. (Weber Shandwick 2015, o. S.)

Ansprachen und Grußworte, Dinner Speeches und Laudationes haben gegenüber den Reden in Hauptversammlungen den großen Vorteil, dass sie den Akteuren wesentlich mehr Spielraum bieten, sich zu präsentieren oder vielleicht auch unternehmensfremde oder weniger -affine Themen anzusprechen und Position zu beziehen. Sie ermöglichen so auch mehr Emotionen im Sinne Ciceros.

2.2.1 Die große Bühne: Hauptversammlungen

Doch die große Bühne – im wahrsten Sinne des Wortes – auf denen sich die Vorstände bewegen und bewähren müssen, das sind die *Hauptversammlungen*. Hauptversammlungen müssen sich an einer Vielzahl von Regeln orientieren, die Abläufe sind klar strukturiert. Sie sind Teil der *Investor Relations* und gelten als „hochgradig regulierte, unternehmerische Kommunikationsdisziplin“, die man nicht frei ausüben kann, sondern die eine Fülle von unterschiedlichen gesetzlichen und privatrechtlichen Vorschriften und Terminsetzungen zu beachten hat (vgl.

Piwinger 2005, S. 587). Investor Relations sollen aber auch Vertrauen aufbauen und glaubwürdig kommunizieren (vgl. Kirchhoff 2015, S.150 ff.).

Hinter dem Manuskript für die Vorstandsrede bei einer Hauptversammlung steht ein Team von Mitarbeitern aus unterschiedlichen Unternehmensbereichen. Aus den zugelieferten Teilen ein Ganzes zu formen, die Daten, Zahlen und Fakten verständlich aufzubereiten, einen roten Faden zu spinnen und ihn nicht zu verlieren und dann noch Regularien wie Dank an Gremien, Mitarbeiter, Aufsichtsratsmitglieder und natürlich die Aktionäre nicht zu vergessen – das allein ist schon eine Herausforderung. Aber damit ist es nicht genug: Persönlichkeit soll gezeigt werden, ein Profil geschärft und Reputation für das Unternehmen gewonnen werden. Dass und wie es gelingen kann, zeigt das aktuelle Beispiel des Vorstandsvorsitzenden der Deutschen Telekom AG, Timotheus Höttges

„55 Cent." – kurz und knapp mit Verweis auf die positive Dividende – begann Timotheus Höttges seine Rede zur Hauptversammlung der Deutschen Telekom am 25. Mai 2016.[2] Er spricht die Aktionäre direkt an, er fängt sie ein und sagt, was sie von seiner Rede „Antworten für die digitale Zukunft" erwarten können. Nach den guten Zahlen des Geschäftsjahres 2015 lässt Höttges unmittelbar im Anschluss daran den Dank an die Mitarbeiter folgen: „Ihr Einsatz hat sich gelohnt. Sie sind zu Recht stolz. Es ist Ihr Erfolg." Er spricht Klartext und vermeidet Worthülsen. Ein Beispiel: „Der Erfolg ist einmalig. Er hat unsere Wettbewerber kalt erwischt." (O-Ton) Und immer wieder die Ansprache an die Aktionärinnen und Aktionäre:

> „Sie sehen: Wir haben für jedes Segment eine Antwort für die digitale Zukunft. Wir liefern Innovationen. Wir haben eine klare Strategie und wir setzen sie um. Die Erfolge sind sichtbar: Der Umsatz steigt. Das Ergebnis steigt. Die frei verfügbaren Mittel steigen. Und dadurch Ihre Dividende." (ebd.)

Was noch zu tun ist, zählt er Punkt für Punkt auf und gibt dem Ganzen so eine Struktur. Er benutzt konsequent kurze Sätze und eindringliche Metaphern: „Jammern baut kein Netz. Besser investieren als kritisieren", sagt er mit Blick auf die Wettbewerber. Sein Plädoyer für mehr Optimismus im Umgang mit der Digitalisierung endet so: „Natürlich wird vieles schneller. Weniger planbar. Aufregender. Anstrengender. Aber wir können lernen, damit umzugehen. Reden reicht da nicht. Wir müssen es machen." (ebd.)

Der Claim der Telekom („Erleben, was verbindet") bietet offenkundig die Vorlage für den Schluss: „Wir verbinden Menschen. Wir verbinden Unternehmen.

---

2 Die Rede ist als PDF und in Auszügen als Video über telekom.com in der Kategorie Investor Relations abrufbar.

Und in Zukunft verbinden wir alles mit allem." Was folgt, sieht wie ein „typischer" Redenschreiberschluss aus:

> „Mir ist wichtig, dass die Telekom bei allem Wandel bleibt, was sie ist: bodenständig und anständig. Dass wir verbinden und verbindlich sind. Dass sich Menschen uns verbunden fühlen. Und, dass unsere Kunden bei uns erleben, was verbindet." (ebd.)

Das waren dann doch einige Verbindungen zu viel. Doch insgesamt gesehen war es nicht nur ein sehr guter Redetext, sondern auch ein sehr guter Vortrag,[3]von einem CEO, der mit Empathie, Nachdruck und Betonung gesprochen hat.

Während Timotheus Höttges noch einen sehr eingängigen und bereits bekannten Slogan aufgreifen konnte, war es in anderen Fällen etwas schwieriger. Joe Kaeser, Vorstandsvorsitzender der Siemens AG, präsentierte erst zum Schluss seiner über 40-minütigen Rede (im Rahmen der Hauptversammlung der Siemens AG am 26. Januar 2016, abrufbar und nachlesbar über die Webseite) den, wie er ihn nannte, „Schriftzug" unter der Marke Siemens. Bewusst in englischer Sprache, da Siemens weltweit tätig sei. Mit „Ingenuity" verbänden die Menschen Einfallsreichtum, Brillanz und Kreativität, außerdem sollten aber auch Begriffe wie Ingenieurskunst, Genius und „unity", also Einheit und Zusammengehörigkeit, anklingen. Etwas belehrend ging es dann weiter mit der Erklärung, dass sich „for life", zu Deutsch „für das Leben", auf den Beitrag für die Gesellschaft und den Mehrwert bezöge.

„Wir verwirklichen, worauf es ankommt. Für Mitarbeiter und Kunden – und für die Gesellschaft als Ganzes. Jeden Tag, jeden Monat, jedes Jahr, das ganze Leben lang, ‚for life' sozusagen. Das ist ‚Ingenuity for life'!" Leider nicht frei vorgetragen, konnte dies nicht so recht überzeugen. Nicht glücklich auch die Eingrenzung des „Wir" auf den Vorstand dieses Hauses, wie Kaeser in der wörtlichen Rede sagte. Als Vision, dass man der nächsten Generation ein besseres Unternehmen übergeben wolle, wäre das „Wir" allumfassend wesentlich stärker gewesen.

Auch bei ThyssenKrupp sollte ein neuer Claim die Veränderungen aufzeigen, die das Gute aus der „Tradition in die Zukunft tragen" sollte. Drei Worte, die verdeutlichen, „wer wir sind, was wir machen und wie wir es machen." „engineering.

---

3 Seit fünf Jahren untersucht ein Team an der Universität Hohenheim in Kooperation mit dem Handelsblatt, wie verständlich die Vorstandsvorsitzenden der DAX-30-Unternehmen im Rahmen der Unternehmens-Hauptversammlungen sprechen. Mithilfe einer speziellen ‚Verständlichkeits-Software' berechnet Frank Brettschneider formale Kriterien, wie bspw. die durchschnittliche Satzlänge, der Anteil an Sätzen mit mehr als 20 Wörtern oder den Anteil an Passiv- und Schachtelsätzen. Bei der diesjährigen Untersuchung wurde eine „Verbesserung bei fast allen Rednern" mittels dieser Software festgestellt. Spitzenreiter in diesem Jahr ist Timotheus Höttges. (Vgl. Universität Hohenheim 2016, o. S.)

tomorrow. together." wird erläutert, aber zum Glück nicht übersetzt. Aufgegriffen wird der gesamte Claim nur einmal in der Rede, er steht aber natürlich auf dem Schluss-Chart. Auch erst spät – eigentlich zu spät – kommt hier vom CEO Heinrich Hiesinger der Dank an die Mitarbeiter.

Wenn Hauptversammlungen verschoben werden, geschieht dies nur aus wichtigem Grund. So geschehen in 2016 bei der Volkswagen AG. Hintergrund und prägendes Thema waren die Software-Manipulationen an Dieselmotoren und die entsprechenden Sanktionen. Insgesamt also keine guten Vorzeichen für die Veranstaltung im Juni 2016 und Konzernchef Matthias Müller. Doch: „Die Menschen in den grauen Hallen haben ihm nach dieser Rede Applaus gespendet, mehr als zu erwarten gewesen wäre an so einem Tag." (Doll et al. 2016, S.16)

Für Müller ist es – so beginnt er auch – seine erste Hauptversammlung als Vorstandsvorsitzender der Gesellschaft. Müller gelingt ein guter Anfang. Es schmerze „Sie, uns und auch mich ganz persönlich" (Müller 2016, S. 2), was passiert sei: Damit verbindet er die unterschiedlichen Anspruchsgruppen. „Dieses Fehlverhalten widerspricht allem, wofür Volkswagen steht. Es hat unser höchstes Gut beschädigt: Das Vertrauen der Menschen in unser Unternehmen und unsere Produkte." (ebd.) Und er bittet mit klaren Worten die Aktionärinnen und Aktionäre um Entschuldigung dafür, dass das Vertrauen enttäuscht worden ist. Hierbei wird *Emotionalität* bei Müller sichtbar. Ihm gelingt der selbstkritische Blick zurück und ein zuversichtlicher Blick nach vorne. Jeder kann nachvollziehen, wenn er sagt: „Wenn man von Erfolg zu Erfolg eilt, ist der Drang, sich zu hinterfragen, oft geringer ausgeprägt." (ebd., S. 8) Natürlich fehlt auch hierbei nicht, dass die Krise auch gleichzeitig eine Chance biete. Aber es sind schon deutliche Worte, wenn er sagt: „Zu glauben, man könne einen Weltkonzern wie unseren in all seinen Verästelungen aus der niedersächsischen Ebene lenken, ist eine Illusion." Und weiter: Man solle sich weniger mit sich selbst und mehr mit dem Kunden und dem Wettbewerb beschäftigen. „Dazu streichen wir Berichte, die niemand liest, und Gremien, die keinen Mehrwert bringen." (ebd.)

Das von ihm als Zeichen formulierte Veränderungsmoment, die Funktion „Vorstandsfahrt" in den Aufzügen der Verwaltung abzuschaffen, fand hinterher starken Eingang in die Medienberichterstattung. Vielleicht, weil es selten ehrlich war? Die „Together – Strategie 2025" wird erläutert. Rhetorisch gut legt er punktuell die neue Mission als „neuen Auftrag" dar: Das „Wir" in vierfacher Handlungsaufforderung: „Wir begeistern unsere Kunden. Wir erfüllen die vielfältigen Bedürfnisse. Wir übernehmen Verantwortung. Wir handeln integer."

Mit seinen letzten Absätzen schlägt er den Bogen zu seinem Anfang, wenn er sagt:

> „Am Ende meiner ersten Hauptversammlungs-Rede würde nun eigentlich die Bitte um Ihr Vertrauen stehen. Für uns gilt aber mehr denn je: Vertrauen wird einem

nicht geschenkt. Vertrauen muss man sich verdienen. Daran arbeiten wir. Mit großer Ernsthaftigkeit und mit ganzem Einsatz."

Es war eine sowohl vor dem skizzierten Hintergrund als auch im aktuellen Kontext gute Rede, sehr gut vorgetragen, aber vor allem auch ernsthaft – was in diesem Zusammenhang ja die eigentliche Maßgabe sein sollte.

2.2.2 Spielraum mit engen Grenzen

So festgesteckt der Rahmen für die Hauptversammlungsreden auch ist, jeder CEO hat dennoch Spielräume für persönliche Akzente. Den Dank an die Mitarbeiter oder an scheidende Kollegen zum Beispiel, das ist durchaus auch ohne ausformulierte Textvorlage möglich oder zumindest ohne abzulesen. Und wenn jemand den Aktionären versichert, dass man „optimistisch und begeistert in die Zukunft schaue", dann sollte man es auch tun: Schauen, in das Publikum.

Oliver Bäte, CEO von Allianz S.E., lenkte zum Schluss noch den Blick der Aktionäre auf seine roten Sportschuhe, die auf die mobile Umsetzung der „Neuerungsagenda" als AllianzWorldRun aufmerksam machen sollte. „Ihre Allianz ist bereit für den nächsten Marathon" (Bäte 2016, o. S.) bewegte sich als letzter Satz im gleichen Sprachbild.

Mehr Aufmerksamkeit auf die Anfangs- und Schlussteile zu legen, ist einigen Managern dringend zu empfehlen. Es wirkt oft spröde und wenig verbindlich, sofort „in medias res" zu gehen. Auch sollte man die Chance nutzen, mit persönlich geprägten Sätzen zu schließen: Mehr Empathie, Mut zur Spontaneität und keine Scheu vor Emotionen – wünschenswerte Eigenschaften, die sich an alle Redner richten, die sich jedoch wahrscheinlich am wenigsten im Rahmen von Hauptversammlungen realisieren lassen.

2.3 Profiliert und persönlich: Frauen, die etwas zu sagen haben

„Es sind so viele berühmte Reden berühmter Männer bekannt. Hatten Frauen denn nichts zu sagen? Oder wurde nur einfach nicht überliefert, was sie zu sagen hatten?" (Brückner 1984, o. S.) fragt Christine Brückner einleitend zu ihrem Buch „Wenn du geredet hättest, Desdemona: Ungehaltene Reden ungehaltener Frauen".

Auf der Suche nach Beispielen großer Rednerinnen in der Geschichte fällt unisono nur der Name Rosa Luxemburg. Doch: Die Zeiten haben sich geändert.

Blicken wir in die Gegenwart: Auf Frauen, die etwas zu sagen haben – und die es auch öffentlich tun. Individuell aus unterschiedlichen Anlässen, mit unterschiedlichen Zielen und Botschaften. Dass Dankesreden wichtige beachtete Inhalte vermitteln, ist nicht unbedingt zu erwarten, dass sie großen Nachhall finden, noch weniger. Zwei Journalistinnen ist es 2016 gelungen.

2.3.1 Wahrheit braucht Zeit

Dunja Hayali, Journalistin und Fernsehmoderatorin, wurde am 06.02.2016 mit der Goldenen Kamera in der Kategorie „Beste Information" ausgezeichnet. Die Veranstaltung, ein Event mit Prominenz und großem Publikum, wurde im öffentlich-rechtlichen Fernsehen übertragen. Als sie begann, unter anderem mit dem Hinweis auf ihre Sch***-Aufregung und mit dem Dank unter anderem an ihren Hund, war es ein Auftakt wie so viele. Doch was dann folgte, war ebenso be- wie aufrührend. Millionenfache Klicks bei Facebook, über 400.000 Aufrufe bei YouTube bis Ende Juni 2016.

Was hat Dunja Hayali gemacht? Sie hat klare Worte gesprochen, keine Floskeln benutzt. Sie hat Emotionalität zugelassen und gezeigt, welche Persönlichkeit sie hinter ihrer Professionalität darstellt. Sie hat das zum Ausdruck gebracht, was die Jury bei der Vergabe des Preises hervorgehoben hat: Ernsthaftigkeit und Leidenschaft. „In einem Land, in dem die Meinungsfreiheit so ein hohes Gut ist, darf und muss jeder seine Sorgen und seine Ängste äußern, ohne gleich in die rechte Nazi-Ecke gestellt zu werden." Und dann der Kernsatz: „Aber wenn Sie sich rassistisch äußern, dann sind Sie verdammt noch mal ein Rassist. Fertig. Und das müssen Sie auch ertragen können." Eine ebenso präzise wie prägnante Aussage, eine direkte Anrede an jene, die sich sonst nicht so gern entlarven lassen. Und sie sprach auch ebenso direkt ihre Kritiker an.

> „Legen Sie doch gerne den Finger in die Wunde und streiten Sie mit uns, diskutieren Sie mit uns, weisen Sie auf Fehler hin. Wir sind Journalisten, wir sind keine Übermenschen, wir machen Fehler. Deswegen sind wir aber noch lange keine Lügner. […] Seien Sie offen, bleiben Sie fair, differenzieren Sie. Wahrheit braucht einfach Zeit."

Rückblickend sagt Dunja Hayali in einem Interview mit dem Stern (Hoidn-Borchers und Wolf-Doettinchem, 2016, S. 52), dass sie eigentlich im Vorfeld nur überlegt habe, sich zu bedanken und dann ein oder zwei Sätze habe „loswerden" wollen… Jedoch habe sich offensichtlich bei ihr etwas aufgestaut. Dass es ein besonderer

Moment auch in der TV-Geschichte war, hat auch die Regie erkannt, die ihr mehr Zeit gab als regulär eingeplant gewesen ist. Hayalis Rede überzeugt durch eine seltene Verbindung von Spontaneität, Emotionalität mit inhaltlicher Aussage und Argumentation.

„Ich weiß nicht, was ist." (Reschke 2016, o. S.) Dies erklärte Anja Reschke, Leiterin der Abteilung Innenpolitik beim NDR, als sie die Auszeichnung als „Journalistin des Jahres 2015" entgegennahm. Ihr Kompass sei durcheinander geraten. Und diese Verwirrung, das Erkennen ihrer nicht klaren Positionierung, ist das Leitmotiv ihrer 15-minütigen Dankesrede vom 15.02.2016.

Zu Beginn beschreibt sie ihre Rolle in prägnanten Ich-Sätzen. „Ich bin kein Akteur; ich bin kein Politiker; ich habe nichts entschieden; ich habe nicht gesagt, dass Flüchtlinge kommen sollen oder dass sie nicht kommen sollen. Ich habe eigentlich nur berichtet – oder in diesem Fall: kommentiert." (ebd.) Danach spricht sie die anwesenden Journalistenkollegen an, die sich so oft auf das berühmte Zitat von Rudolf Augstein berufen, Journalisten sollten einfach „sagen, was ist". „ Aber ganz ehrlich: Was ist denn? Was heißt denn eigentlich: Sagen, was ist?" (ebd.) Sie beschreibt das Flüchtlingsproblem und beendet diese Passage mit dem einfachen und doch so gewichtigen Satz: „Ich weiß nicht, was ist." (ebd.)

Vom Ich auf das Wir. Sie schildert die Arbeit der Redaktion von Panorama mit Aneinanderreihung von kurzen Sätzen oder Aufzählungen. Und als konkretes Beispiel für die schwierige journalistische Abwägung zwischen Schnelligkeit und Sorgfalt nennt sie die Übergriffe in der Kölner Silvesternacht 2015. Und sie greift den Satz wieder auf: „Sagen, was ist." (ebd.) Sie erläutert ihre Entscheidung, nichts zu senden, weil noch nichts Konkretes vorhanden war. Und sie wiederholt die Frage, ob Journalisten etwas bewerten sollen, wenn sie es aufgrund der Informationslage nicht können. Sehr selbstkritisch und mit weiteren ganz klaren Botschaften:

> „Wir haben uns lange darauf verlassen, dass wir eine elitäre Stimme sind. Wir sind die, die zu Ministern gehen können und fragen, wir sind die, die vor Ort reisen können, wir wissen, wie es ist. Wir wissen's, wir senden's, wir schreiben's." (ebd.)

Die Ethik des Journalismus, in der Theorie so oft diskutiert, wird bei Anja Reschke fest gemacht an den Herausforderungen des Alltags und der redaktionellen Arbeit. Dies verbindet ihre Rede mit der von Dunja Hayali.

2.3.2 Mut und Klarheit

Die Auszeichnung „Rede des Jahres „ ging 2010 an die Theologin Margot Käßmann für ihre Predigt[4] im Neujahrsgottesdienst der Dresdner Frauenkirche am 1. Januar 2010. (Das Seminar für Allgemeine Rhetorik an der Universität Tübingen 1998 würdigt damit Reden, die politische, soziale und kulturelle Diskussionen entscheidend beeinflusst haben.) In Erinnerung geblieben ist vor allem der Satz: „Nichts ist gut in Afghanistan." (Käßmann 2010, o. S.) Nicht nur in der Politik, sondern auch in der breiten Öffentlichkeit hat er zu großen Diskussionen geführt. Es war einer von insgesamt sechs Punkten und Situationen, die sie schildert:

> „Nichts ist gut in Sachen Klima [...] Nichts ist gut in Afghanistan [...] Nein, es ist nicht alles gut, wenn so viele Kinder arm sind im eigenen Land [...] Es ist nicht gut, nein, es ist entsetzlich traurig, wenn ein Spitzensportler Angst hat, seine Depression offiziell behandeln zu lassen." (ebd.)

Ihre Aufzählung schließt sie mit der Wiederholung: „Nein, es ist nicht alles gut." (ebd.) Damit kommt sie auf ihren Anfang zurück, auf die vielen Wünsche zum Jahreswechsel: „Neu. Vorfreude. Neugier auch. Der Neubeginn als Chance. Wir dürfen gespannt sein, was kommt. Voller Hoffnung und Erwartung. Alles ist gut." (ebd.) Und dann erläutert sie das auch schon erwartete „aber".

Die Predigt enthält (neben ihren inhaltlicher Aussage) alle Facetten, die eine gute Rede braucht: Eine zentrale Botschaft mit dem Satz „Alles wird gut" oder „Alles ist gut", den sie dann später dekliniert. Sie schildert eigene Begegnungen, stellt Bezüge zu dem Ort und aktuellen Ereignissen her. Sie zeigt Mut und bezieht klare Position. So heißt es in der Begründung der Jury:

> Im „Spannungsfeld zwischen Illusionslosigkeit und der Forderung nach unbeirrbarer Zuversicht entwickelt sie ihre Rede. [...] Die Rede zeichnet sich durch einen klaren und verständlichen Stil aus, besticht durch eine anschauliche Sprache mit für jedermann anschlussfähigen und dennoch persönlichen Beispielen und einen so deutlichen wie versöhnlichen Ton." (Universität Tübingen 2016, o. S.)

Der früheren Ratsvorsitzenden der Evangelischen Kirche Deutschlands wird immer wieder ein außergewöhnliches rhetorisches Talent attestiert: Sie sei eine „Magierin des Wortes". (Brauer 2015, o. S.)

4 Der Predigttext ist abrufbar unter www.ekd.de/predigten/kaessmann/100101_kaessmann_neujahrspredigt.html.

Bei Bundeskanzlerin Angela Merkel ist dies ganz anders. So waren auch die Erwartungen an die Rede, die sie als CDU-Vorsitzende auf dem Parteitag der CDU am 14. Dezember 2015 halten sollte, nicht sonderlich groß. „Was die Kanzlerin sagen wird, ist nicht so spannend wie das, was sie nicht sagen wird“, hieß es in einem Vorbericht. Sie habe „generell wenig Ehrgeiz, rhetorisch zu beeindrucken.“ (Alexander und Sturm, 2015, S. 6.)

Es kam jedoch anders. Angela Merkel erinnert zu Beginn an ein „unglaubliches Jahr“, „letztlich schwer zu fassen“ (Merkel 2015, S.1), und führt dann in einer Chronologie die Ereignisse des Jahres auf. Wenige Minuten später wiederholt sie ihre viel zitierten und diskutierten Worte vom 31. August 2015 zur Flüchtlingsfrage mit dem zentralen Satz: „Wir schaffen das!“ (ebd., S. 8) Auf die Debatte geht sie direkt ein: „Wie kann sie sagen: ‚Wir schaffen das!‘? Ich antworte ihnen: Ich kann das sagen, weil es zur Identität unseres Landes gehört, Größtes zu leisten.“ (ebd.) Sehr geschickt verweist sie auf die früheren (CDU-)Kanzler mit uneingeschränkten Versprechen. Konrad Adenauer habe 1952 nicht gesagt, „Wir wählen etwas Freiheit“, sondern „Wir wählen die Freiheit“ (ebd., S.9).

Vor dem Hintergrund der deutschen Wiedervereinigung vor 25 Jahren stellt Angela Merkel die Frage nach der Zukunft in 25 Jahren. Wieder mit dem rhetorischen Mittel der Wiederholung gibt sie ihre Antworten: „Deutschland soll in 25 Jahren ein Land sein, das […]“ (insgesamt sieben Mal, ebd. S. 22). Dann entwirft sie ihre Vorstellung von ihrem Deutschland und formuliert:

> „Ich möchte, dass Deutschland auch in 25 Jahren immer noch mein Deutschland, unser Deutschland ist, ein Deutschland, das alle seine liebenswerten Eigenschaften und Stärken bewahrt und an die nächste Generation weitergibt, ein Land mit einer eindrucksvollen kulturellen Tradition, weltoffen und vielfältig, ganz unverkennbar Deutschland, unser Deutschland, das schönste und das beste Deutschland, das wir haben.“ (ebd. S. 28.)

Nicht klug ist es jedoch, dass sie diese sprachlich sehr gut gestaltete Passage dann auch noch mit Blick auf die nächsten Landtagswahlen und für das Land Baden-Württemberg umwandelt.

Für Angela Merkel war es eine vergleichsweise durchaus emphatische und emotionale Rede. „Es ist eine gute Rede, streckenweise für die Verhältnisse der Kanzlerin eine mitreißende.“ kommentiert auch die Presse mit der bezeichnenden Headline „Merkels humanitärer Imperativ“. (Schmitz 2015, o. S.) Kritisch wird es dann, wenn Worte, die ursprünglich als empathische Botschaft konzipiert und worden sind, später (unter anderen Bedingungen) als Formel oder Phrase gewertet werden. „'Wir schaffen das', löst heute Kopfschütteln, immer öfter nur noch Hohn und Spott aus.“ (Vitzhum 2016, S.5*)* war ein typischer Kommentar.

2.4 Authentizität und Inszenierung und die Kunst des Anfangs

Jeder, der eine Rede hält, vermittelt Botschaften und Signale jenseits der Sprache. Vieles geschieht unbewusst: Wenn die Körpersprache etwas ganz anderes ausdrückt als die Worte; wenn Empathie fehlt, wo sie angebracht wäre; aber auch, wenn Emotionen oder Unsicherheit gezeigt werden, wo Nüchternheit und „Coolness" angestrebt worden war. Eine schlecht vorbereitete, formulierte und vorgetragene Rede bringt aber auch zum Ausdruck: Der Anlass oder die Person, um die es geht, sind nicht wichtig genug. Bei dem Auftritt selbst steht natürlich der Redner im Fokus, Absender und Botschaft sind wie bei keinem anderen Kommunikationsinstrument untrennbar miteinander verknüpft. (Vgl. dazu auch Uphaus-Wehmeier 2012)

Authentizität, ein fast schon inflationär gebrauchter Begriff, ist hierbei nicht immer der Schlüssel zum Erfolg, wenn er als „Ich zeige mich wie ich bin" verstanden wird. Authentizität wird nicht als Gegenteil von Inszenierung begriffen, sondern als deren Spielart, wie Bergmann und Pörksen (2007, S. 19) es formuliert haben. Spontaneität, das Lösen vom Manuskript und freie Rede werden beim Publikum sehr geschätzt. Natürlich werden auch spontan wirkenden Elemente geplant und inszeniert, pseudo-spontan gewissermaßen, was durchaus legitim ist. Der amerikanische Präsident Barack Obama gilt als Meister darin. (Vgl. Sentker 2016, S.35)

> „Um eine gut improvisierte Rede halten zu können, braucht man mindestens drei Wochen." Mark Twain

Bei einer Rede spielt der Beginn eine ganz besondere Rolle. Er soll einfangen und einstimmen auf das, was kommt – aber zunächst einmal das Publikum für sich gewinnen. „Captatio benevolentiae" heißt es in der Rhetorik. Dieses Prinzip wird oft angewandt. Am einfachsten (aber sehr einfallslos) ist natürlich der Bezug zu dem Ort, an dem alles stattfindet. Es geht aber auch anders.

„Was für ein schöner Sonntag." (Gauck 2012a, o. S.) Mit diesem Satz, der dann eine doppelte Bedeutung gewann, begann der soeben zum Bundespräsidenten gewählte Joachim Gauck seine Rede vor der Bundesversammlung am 18. März 2012. Er erinnerte an den 18. März 1990, ebenfalls ein Sonntag, als er – nach Ende der DDR – erstmals hätte wählen dürfen. Sichtbar bewegt schilderte er seine damaligen Gefühle und Gedanken: „Neben der Freude war die Sicherheit in mir: ‚Ich werde niemals, niemals eine Wahl versäumen.'" (ebd.) An den Anfang seiner ersten Grundsatzrede im Amt stellte Gauck eine rhetorische Frage: „Wie soll es nun aussehen, dieses Land, zu dem unsere Kinder und Enkel ‚unser Land' sagen sollen?"

(Gauck 2012b, o. S.) Die Frage gab zugleich die Linie vor, der die Rede folgt – die zuversichtliche Antwort setzt den Schlusspunkt.

Ungewöhnlich begann Olaf Scholz, Hamburgs Erster Bürgermeister, seine Rede zum Staatsakt für den verstorbenen früheren Bundeskanzler Helmut Schmidt am 23. November 2015:

> „Hamburg trauert. Und nicht nur Hamburg – Deutschland, Europa, ja die ganze Welt beklagt den Verlust eines großen Politikers und Bürgers. Es ist kaum vorstellbar, dass wir künftig gesellschaftliche und politische Debatten ohne ihn werden führen müssen." (Scholz 2015, o. S.)

Dies ist gewissermaßen schon die Essenz einer beeindruckenden Ansprache in einem ganz besonderen Umfeld. Erst danach folgte die Anrede der anwesenden Trauergäste. Helmut Schmidt, selbst ein brillanter Redner, hätte diese Rede, persönlich und staatsmännisch zugleich, sehr gut gefallen. (Diese Anmerkung sei an dieser Stelle erlaubt.)

In den Vereinigten Staaten, insbesondere wenn es um Veranstaltungen zu Wahlkampfzeiten oder bei Parteitagen geht, spielen Reden und deren Inszenierungen eine ganz andere Rolle. Deutlich sicht- und hörbar wurde dies beim sogenannten Nominierungsparteitag der Demokratischen Partei in Philadelphia am 26. Juli 2016. Mit Spannung wurde der Auftritt des früheren US-Präsidenten Bill Clinton erwartet. „Im Frühling 1971 traf ich ein Mädchen", begann Clinton seine Rede, „und eigentlich hat er schon mit diesem feinen Satz den Saal für sich eingenommen", schreiben Beobachter (Medick 2016, o. S.). First Lady Michelle Obama erntete ein geradezu überschwängliches Feedback. Die Frankfurter Allgemeine Zeitung hat online auch die Tweets dokumentiert, die unmittelbar auf ihre Rede folgten. „Wo Hillary Clintons Natürlichkeit inszeniert wirkt, wirkt Michelle Obamas Inszenierung natürlich." Einer ihrer ersten Sätze war: „I wake up every morning in a house that was built by slaves." (Obama 2016, o. S.). Gemeint war das Weiße Haus, der Amtssitz des Präsidenten.

Diese Worte riefen Erinnerungen an eine andere Rede wach, die vor mehr als fünfzig Jahren in Washington gehalten wurde und bis heute unvergessen ist. Martin Luther Kings Appell für Rassengerechtigkeit ist auch ein Vorbild dafür, wie ein Redner die Stimmung der Zuhörer erkennt und seine Rede spontan ändert.

> „Das ist das, was lauten Beifall und Bewunderung der Redner hervorruft, und niemand wird dies erreichen, wenn er nicht lange und viel geschrieben hat. […] Wer hingegen von der Übung im Schreiben zum Reden kommt, bringt die Fertigkeit mit, daß, wenn er auch aus dem Stegreif redet, doch das Gesagte dem Geschriebenen ähnlich zu sein scheint." (Cicero 1873, S. 78)

„Es ist jetzt die Zeit, sich aus dem dunklen und trostlosen Tal der Rassentrennung zum sonnenbestrahlten Pfad der Rassengerechtigkeit zu erheben." (Schmitt 2013, S.8) Wer kann sich an diesen Aufruf erinnern? Anders ist es bei dem Satz „I have a dream". Legendär die Worte, historisch die Rede von Martin Luther King am 28.08.1963. Sie ging durch die Welt. Live in Amerika übertragen, per Satellit auch nach Europa. Diese Worte waren nicht im Manuskript niedergeschrieben. Er habe – so wird King zitiert – es einfach gefühlt und den Satz aus seinen früheren Predigten angewandt. Den berühmten Schlussteil mit der Erzählung seines Traums von einem Amerika ohne Rassentrennung sprach er frei vor den 250.000 Menschen. (ebd.)

Und so werden manchmal nicht nur Redner und Rede, sondern auch deren Geschichte zum Mythos.

2.5 Von Geistern und Gedankenlesern und Köpfen, die dahinterstecken

„Dahinter steckt immer ein kluger Kopf" – Persönlichkeiten aus Wirtschaft, Kultur, Sport und Politik lassen sich für diese Kampagne der „Frankfurter Allgemeine Zeitung" seit vielen Jahren in Szene setzen. Nicht wenige dieser Prominenten werden sich auf mindestens genauso kluge Köpfe verlassen, die ihnen durch Redeentwürfe bei öffentlichen oder wichtigen privaten Anlässen zur Seite stehen. Dass Ministerien, Kanzler- und Bundespräsidialamt über Referate und Abteilungen verfügen, die Reden schreiben, ist bekannt und akzeptiert. Gleiches gilt für die Spitzen von Verbänden und Organisationen. Wenn überhaupt wird frühestens nach Ausscheiden des Auftraggebers über die Identität von Redenschreibern geredet. So sei auch der damalige Bundeskanzler Helmut Schmidt nicht begeistert gewesen, als sich Thilo von Trotha[5] als sein Redenschreiber outete. (vgl. Dorner 2012, o. S.)

Eine Ausnahme machte der frühere Bundeskanzler Gerhard Schröder, der im Vorfeld einer Rede an die Nation über seinen Chef-Redenschreiber sagte: „Er kennt meine Sprache und Denkweise." (Kummer 2003, o. S.) In den USA wird offener mit dieser Form der kommunikativen Unterstützung umgegangen. Dort müssen *Ghostwriter* nicht unsichtbar bleiben. Doch das letzte Detail bleibt auch dort oft ein Geheimnis. Der Ruhm muss immer dem Redner gelten, nicht dem speechwriter im Hintergrund. So wird auch bis heute nur darüber spekuliert, ob es Redenschreiber

---

5 von Trotha wurde 1998 Mitbegründer und erster Präsident des Verbandes der Redenschreiber deutscher Sprache, VRdS, der sich für die Förderung der Redekultur und die Interessen von Redenschreibern einsetzt.

Jon Favreau war, der Obamas berühmtes „Yes, we can" im Wahlkampf 2008 kreiert hat. Jon Favreau gilt auch als Koautor der Rede, die Barack Obama zu seinem Amtsantritt gehalten hat. Obama selbst habe ihn, einer der jüngsten Chefredenschreiber im Weißen Haus, einmal als seinen „Gedankenleser" bezeichnet (vgl. PR-Journal 2009, o. S.). Wenig bekannt ist darüber, ob und wie kleinere Unternehmen und auch Persönlichkeiten, die qua Funktion und Amt „etwas zu sagen haben", sich externer Kompetenz bedienen. Auch deshalb, weil jene, die Reden schreiben, nicht darüber reden dürfen und wollen. *Wer schreibt, schweigt.* Diskretion ist das oberste Gebot, die Einsamkeit des Redenschreibers eine Tatsache.

Es ist eine Umkehrung des marktwirtschaftlichen Denkens: Je besser ein Redenschreiber ist, desto seltener wird er weiterempfohlen. Auftraggeber sind sogar ängstlich darauf bedacht, dass von der Kompetenz ihrer Auftragnehmer nicht auch andere profitieren. Wer steckt also hinter großen Reden, wenn nicht die Redner selber? Eine Frage, die das Publikum oft gar nicht stellen mag oder beantwortet wissen will.

Zu Identität und Image des Menschen, der spricht, sollten doch auch die kenntnis- und geistreichen Worte originär gehören. Die wahrgenommene Realität wird kongruent zum Vorstellungs- und Wunschbild gemacht. Externe Redenschreiber, die von Unternehmen oder einzelnen Persönlichkeiten beauftragt werden, haben den Vorteil, dass sie den „Blick von außen" mitbringen. Und der kann immer offener und kritischer sein als der in der Hierarchie behaftete. Im besten Fall hat ein Redenschreiber auch die Funktion eines Beraters auf Augenhöhe. Mögliche Reaktionen des Publikums müssen antizipiert und Formulierungen vermieden werden, die missverstanden oder fehlinterpretiert werden können. Gute Reden zu schreiben bedeutet mehr als „Texte für's Hören" anzufertigen. Es gilt, die Persönlichkeit so zu erfassen, dass die Rede ihr entspricht, der Vortragende sich darin wiederfindet und sich damit identifiziert. Nur so vermögen beide zu überzeugen.

> „Bei der Abfassung einer Rede hat der Redner nach der Lehre der Alten folgende Grundsätze zu beobachten: Er soll ausfindig machen, was zu sagen ist; er soll den Stoff richtig anordnen; er soll seine Gedanken und Sachen gut darstellen; er soll seine Rede dem Gedächtnis anvertrauen; er soll endlich die Rede gut vortragen."
> (Cicero 1873, S.10)

Die fünf Produktionsstufen „nach der Lehre der Alten": Invento, dispositio, elocutio, memoria und pronontiatio verdeutlichen, dass Konzeption und Komposition einer Rede nicht nur ein bestimmtes Maß an Wissen, sondern auch Zeit erfordern. Kreative Kompetenz ist durch die beschleunigte Verbreitung von Reden und die Konzentration auf einzelne Begriffe wichtiger denn je. Denn: Es sind oft nur die in einprägsame Sätze gekleideten Botschaften, die erinnert werden. Nicht unerwähnt bleiben darf in diesem Zusammenhang Willy Brandts „Jetzt wächst zusammen, was zusammen gehört". Ein komplexer Sachverhalt aus der Geschichte wird mit der Zuversicht für die Zukunft eines Landes in einen kurzen Satz gefasst. Eine Botschaft, die Mission und Vision zugleich ist. (Auch hier gibt es eine Geschichte um Entstehung und Überlieferung dieses Satzes, vgl. Drösser 2009.)

Die Sehnsucht nach „schönen Sätzen", nach Menschen, die durch ihre Worte, ihre Präsenz und Persönlichkeit begeistern und bewegen, ist unvermindert. Und jetzt: Goethe? Der so oft zitierte? Selbstverständlich: „Der Worte sind genug gewechselt [...]".

> „Denn ein guter Redenschreiber vereinigt eine Reihe von Talenten, die in dieser Kombination knapp und entsprechend teuer sind: Sicherheit im Umgang mit hochstehenden Persönlichkeiten, Gewandtheit im Ausdruck, Einfühlungsvermögen in die Persönlichkeit und Ausdrucksweise des Redners, hohes wirtschaftliches Grundverständnis, [...], einen weiten Bildungshorizont". (Hülsbömer, zitiert nach Wachtel 2003, S.126)

Literatur

Alexander, Robin & Sturm, Daniel Friedrich (2015). *Verstehen Sie Parteitag?* Welt am Sonntag, 13.12.2015, S.6.

Avenarius, Horst (2000). *Public Relations. Die Grundform der gesellschaftlichen Kommunikation.* 2. überarb. Aufl. Darmstadt: Primus Verlag.

Bergmann, Jens & Pörksen, Bernhard (Hrsg.) (2007). *Medienmenschen. Wie man Wirklichkeit inszeniert.* Münster: Solibro Verlag.

Brückner, Christine (1984). *Wenn du geredet hättest, Desdemona. Ungehaltene Reden ungehaltener Frauen.* 8. Aufl. Hamburg: Hoffmann und Campe.

Deekeling, Egbert & Arndt, Olaf (2014). CEO-Kommunikation: Aufgaben und Strategien für Vorstände und Geschäftsführer. In Ansgar Zerfaß & Manfred Piwinger (Hrsg.), *Handbuch Unternehmenskommunikation* (S. 1237–1251). 2. Aufl. Wiesbaden: Gabler Verlag.

Doll, Nikolaus; Exner, Ulrich & Tauber, Andre (2016). *Ein deutscher Crashtest.* Welt am Sonntag, 26.06.2016, S.13-16.

Hoidn-Borchers, Andreas & Wolf-Doettinchem, Lorenz (2016). *Das Stern-Gespräch: „Ich war wund und angreifbar. Ich hab nicht mehr souverän auf den Hass reagiert."* Stern,18.02.2016, S.50-55.

Kirchhoff, Klaus Reiner (2015). Investor Relations. In: Markus Hundt & Dorota Biadala (Hrsg.), *Handbuch Sprache der Wirtschaft* (S. 151ff.). Berlin/Boston: De Gruyter.

Köppl, Peter (2005). Reputation. In: Marco Althaus, Michael Geffken & Sven Rawe (Hrsg.), *Handlexikon Public Affairs* (S.158-160). Münster: LiT Verlag.

Kummer, Jochen (2003). *Die Kanzlerflüsterer. Deutschand wartet auf einen Befreiungsschlag von Schröder in Sachen Irak und Arbeitsmarkt. Wer hilft beim Denken?* Welt am Sonntag, 02.03.2003, S. 3.

Nelles, Irma (2015). *Der Herausgeber.* 1. Aufl. Berlin: Aufbauverlag.
Piwinger, Manfred (2005). Investor Relations. In: Günter Bentele, Romy Fröhlich & Peter Szyska, (Hrsg.), *Handbuch der Public Relations* (S 587-588) Wiesbaden: VS Verlag für Sozialwissenschaften.
Sentker, Andreas (2016).Einfach überzeugen. Die Zeit, 04.05.2016, S.35-36
Tucholsky, Kurt (1975). Ratschläge für einen schlechten Redner. In: Ders.,*Gesammelte Werke in 10 Bänden* (S. 290-292). Bd. 8. Reinbek bei Hamburg: Rowohlt.
Uphaus-Wehmeier, Annette (2012). *Die Rede als Kommunikationsinstrument.* Verbändereport 09/2012. Bonn: Deutsche Gesellschaft für Verbandsmanagement e. V. (DGVM).
Vitzthum,Thomas (2016). *Sie hat es wieder getan.* Welt am Sonntag, 31.7.2016, S.5.
Wachtel, Stefan (2003). *Rhetorik und Public Relations.* München: Gerling Akademie Verlag.

Online-Quellen

Bäte, Oliver (2016). *Hauptversammlung 2016.* Aufzeichnung, 04.05.2016. .http://tv.online-congress.com/allianz/2016/160504_hv/?language=de. Zugegriffen: 01. September 2016.
Brauer, Markus (2015). *Magierin des Wortes.* Stuttgarter Nachrichten-Online, 04.06.2015 http://www.stuttgarter-nachrichten.de/inhalt.margot-kaessmann-auf-dem-kirchentag-magierin-des-wortes.36a6ade2-8723-4782-9806-93ed71416011.html . Zugegriffen: 01.Juli 2016.
Bundespräsidialamt (Hrsg.). (1985). *Gedenkveranstaltung im Plenarsaal des Deutschen Bundestages zum 40. Jahrestag des Endes des Zweiten Weltkrieges in Europa.* Rede des Bundespräsidenten, 08.05.1985. http://www.bundespraesident.de/SharedDocs/Reden/DE/Richard-von-Weizsaecker/Reden/1985/05/19850508_Rede.html. Zugegriffen: 31. August 2016.
Cicero, Marcus Tullio (1873). *Vom Redner. De Oratore.* Übersetzt, eingeleitet und erläutert von Raphael Kühner. 2. Aufl. Stuttgart: Hoffmann'sche Verlagsbuchhandlung. Auch online abrufbar unter: https://www.lmz-bw.de/fileadmin/user_upload/Medienbildung_MCO/fileadmin/bibliothek/cicero_de_oratore/cicero_de_oratore.pdf. Zugegriffen: 04. August 2016.
Die Welt (2011). *„Für mich war klar, Berlin muss Hauptstadt sein". Interview mit Wolfgang Schäuble.* Die Welt-Online, 19.06.2011. http://www.welt.de/politik/deutschland/article13438037/Fuer-mich-war-klar-Berlin-muss-Hauptstadt-sein.html. Zugegriffen: 04. Juli 2016.
Dorner, Carola (2012). *Geheimberuf Redenschreiber: Die Vordenker im Hintergrund.* Spiegel-Online, 03.05.2012. http://www.spiegel.de/karriere/berufsleben/0,1518,830720,00.html. Zugegriffen: 03 Mai 2012.
Drösser, Christoph (2009). *Geflügeltes Wort. „Sagte Willy Brandt: „Jetzt wächst zusammen, was zusammengehört"?", fragt Norbert Kuhn aus Wachtberg-Niederbachem.* Zeit-Online, 05.11.2009. http://www.zeit.de/2009/46/Stimmts-Brandt-Zitat. Zugegriffen: 08. Juli 2016
Gauck, Joachim (2012a). *Rede vom Bundespräsident Joachim Gauck.* YouTube-Video, 18.03.2012. https://www.youtube.com/watch?v=lz2CVfX4HT4. Zugegriffen: 15. Februar 2016.

Gauck, Joachim (2012b). *Gaucks Rede im Wortlaut: „Es ist möglich, den Mut zu wählen“*. Spiegel-Online, 22.03.2012. http://www.spiegel.de/politik/deutschland/rede-von-joachim-gauck-zum-vereidigung-im-wortlaut-a-823277.html. Zugegriffen: 15. Februar 2016.

Käßmann, Margot (2010). *Predigt im Neujahrsgottesdienst in der Frauenkirche Dresden*. Evangelische Kirche in Deutschland, 01.01.2010. http://www.ekd.de/predigten/kaessmann/100101_kaessmann_neujahrspredigt.html. Zugegriffen: 02. April 2016.

Medick, Veit (2016). In Liebe, Bill. Spiegel-Online,27.7.2016. http://www.spiegel.de/politik/ausland/bill-clinton-wirbt-fuer-hillary-clinton-ihr-bester-mann-a-1104883.html. Zugegriffen: 27.07.2016

Merkel, Angela (2015). *Bericht der Vorsitzenden der CDU Deutschlands, zugleich Einführung in den Antrag des Bundesvorstandes „Karlsruher Erklärung zu Terror und Sicherheit, Flucht und Integration“*. CDU-Online. https://www.cdu.de/system/tdf/media/dokumente/bericht-der-vorsitzenden-der-cdu.pdf?file=1. Zugegriffen: 01. September 2016.

Müller, Matthias (2016). *Es gilt das gesprochene Wort*. Redemanuskript anlässlich der Hauptversammlung am 22. Juni 2016. Zum Download unter: http://www.volkswagenag.com/content/vwcorp/info_center/de/talks_and_presentations/2016/06/HV_2016.bin.html/binarystorageitem/file/01+HV+Rede+Müller+formatiert_final.pdf. Zugegriffen: 22. Juni 2016.

Obama, Michelle (2016). First *lady Michelle Obama's full speech at the 2016 Democratic National Convention*. YouTube-Video, 25.07.2016. https://www.youtube.com/watch?-v=4ZNWYqDU948. Zugegriffen: 27. Juli 2016.

PR-Journal (Hrsg.). (2009). *Obamas Amtsantritt: Historische Worte ... angefertigt von einem 27-Jährigen*, 20.01.2009. http://pr-journal.de/nachrichten/medien/6926:Obamas-Amtsantritt-historische-Worte-angefertigt-von-einem-27-Jaehrigen.html. Zugegriffen: 30. Januar 2009.

Reschke, Anja (2016). *Anja Reschke – Journalistin des Jahres 2015*. YouTube-Video, 17.02.2016. https://www.youtube.com/watch?v=TjZ821o8x_s. Zugegriffen: 01. September 2016.

Scholz, Olaf (2015). *Rede zum Staatsakt für Helmut Schmidt*. SPD-Online, 23.11.2015. ww.olafscholz.hamburg/main/pages/index/p/5/2751. Zugegriffen: 29. November 2015.

Schäuble, Wolfgang (1991). *Berlin-Debatte / Wortlaut der Reden: Schäuble*. Online-Dienste des Deutschen Bundestages.http://www.bundestag.de/kulturundgeschich-te/geschichte/debatte/bdr_007/246540. Zugegriffen: 01. September 2016.

Schmitz, Gregor Peter (2015). *CDU-Parteitag. Merkels humanitärer Imperativ*. Wirtschaftswoche, 14.12.2015. http://www.wiwo.de/politik/deutschland/cdu-parteitag-merkels-humanitaerer-imperativ/12720940.html. Zugegriffen: 26.01.2016.

Schulte von Drach, Marcus C. (2015). *Richard von Weizsäcker zum Kriegsende 1945. Wie eine Rede die Deutschen befreite*. Süddeutsche-Online, 31.01.2015. http://www.sueddeutsche.de/politik/alt-bundespraesident-zum-kriegsende-wie-eine-weizsaecker-rede-die-deutschen-befreite-1.2329266. Zugegriffen; 04. April 2016.

Universität Hohenheim (2016).CEO-Reden unter der Lupe: Höttges am besten verständlich, Appel, Schneider und Krüger dicht auf.https://www.uni-hohenheim.de/uploads/tx_newspmfe/pm_CEO-RAnking_-_Abschluss_2016-07-11_status_10.pdfUniversität Tübingen (Hrsg.). (2016). *Rede des Jahres*. www.rhetorik.uni-tuebingen.de/portfolio/rede-des-jahres/. Zugegriffen: 12 Juli 2016.

Wachtel, Stefan (2015). *Rede und Antwort im Spitzenmanagement. Sind Texte, Q&A und Charts überhaupt zu gebrauchen?* manager-magazin, 23.08.2015. http://www.manager-magazin.de/unternehmen/karriere/wie-auftritte-von-spitzenmanagern-sabotiert-werden-a-1048992.html. Zugegriffen: 23. August 2015.

Weber Shandwick (Hrsg.). (2015). *CEO-Reputation Studie: Externes CEO-Engagement hilft Unternehmensruf und Recruiting*, 05.03.2015. http://webershandwick.de/press_release/ceo-reputation-studie-externes-ceo-engagement-hilft-unternehmensruf-und-recruiting/. Zugegriffen: 10. Mai 2016.

Digitale Medien – medialer Wandel und der Einfluss auf Textsorten und Sprache 3

Stefanie Molthagen-Schnöring

Zusammenfassung

Mit dem Siegeszug der digitalen Medien haben sich Prinzipien der Kommunikation und damit auch der Textproduktion fundamental verändert. Das klassische Sender-Empfänger-Modell wurde quasi auf den Kopf gestellt: Heutzutage haben die Rezipienten im Kommunikationsprozess eine stärkere Rolle denn je. Neue journalistische Beteiligungsformate und kreative Sprachspiele in Blogs werden gefeiert, während Kritiker zeitgleich einen zunehmenden Verfall der sprachlichen Kompetenz durch Verkürzungen und Zeichensprache, wie bspw. Emoticons, beklagen. Der Beitrag analysiert sowohl die Risiken als auch die Chancen, die sich mit den digitalen Medien für die Textproduktion und -rezeption ergeben. Anhand ausgewählter Textsorten wird exemplarisch untersucht, was digitale Texte auszeichnet und welche Kompetenzen von einem Texter im Zeitalter des Web 2.0 verlangt werden.

3.1 Texte im Internet – eine Erfolgsstory?

Wie viele Wörter sollte ein Roman haben? Darüber streiten Autoren, offline wie online. Auf der Website www.schriftsteller-werden.de schreibt der User *freakingmuse*: „In Woche drei habe ich nun also die berüchtigten 50K geschafft", User *Me* kontert: „50.000 Wörter wollen schließlich geschrieben werden." *freakingmuse* rudert zurück: „Es geht um eine Geschichte und nicht um die Worte. Was nützen einem 50.000 Worte, wenn damit nur ein Teil der Geschichte abgedeckt ist oder wenn man dafür die Geschichte unnötig strecken muss und sie damit quasi verwässert? Ein Roman ist so lang, wie er eben ist und da ist die Wortzahl egal."

In der Anfangszeit des Internet hieß es häufig: Der Text auf einer Website sollte nur so lang sein, dass der Leser nicht scrollen muss. Heute sind wir das Scrollen gewohnt. Aber wie lange möchte man scrollen? 1.000 Wörter lang? 10.000? Sicherlich nicht 50.000. Und doch umfasst eines der viel zitierten Beispiele für guten Online-Journalismus 38.000 Wörter! Die Lektüre kostet rund 80 Minuten, was sich deshalb so genau sagen lässt, weil der Artikel quasi mitzählt, wie lange der Leser dafür benötigt. Gefesselt ist er dabei wie von einem guten Roman. Bloomberg Businessweek hat den Text des amerikanischen Autors und Programmierers Paul Ford „What is Code?" im Juni 2015 veröffentlicht. Über den Link http://www.bloomberg.com/graphics/2015-paul-ford-what-is-code/ gelangt der Leser auf eine poppig gestaltete Website (Ford 2015, o. S.), auf der ihn eine kleine animierte Figur begrüßt, vgl. Abbildung 3.1. Unterbricht man die Lektüre, wird man beim nächsten Mal erneut willkommen geheißen und eingeladen, die Lektüre dort fortzusetzen, wo man sie zuvor beendet hat:

Abb. 3.1 Persönliche Ansprache auf bloomberg.com
Quelle: Ford 2015, o. S.

Im ganzen Text finden sich Bilder und animierte Grafiken, die der User selbst verändern kann, um die abstrakte Computerlogik, die der Text inhaltlich behandelt, besser zu verstehen, vgl. Abbildung 3.2.

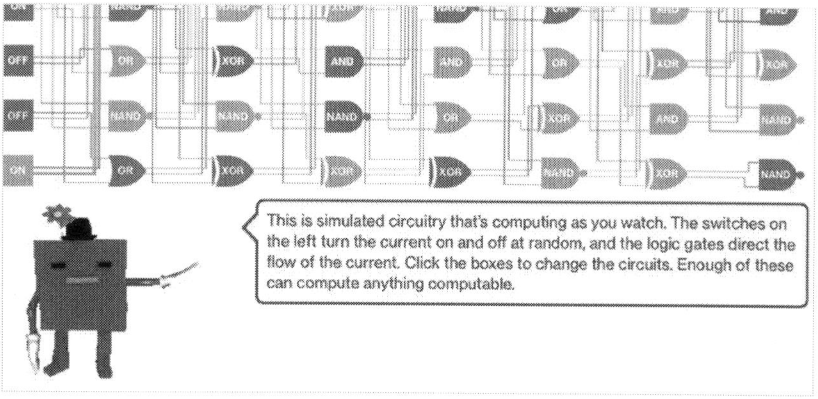

Abb. 3.2 Animierte Erklärungsgrafiken auf bloomberg.com
Quelle: Ford 2015, o. S.

So ist die Lektüre trotz der Textmenge nie langweilig, wozu auch verschiedenste sprachliche Mittel beitragen: Der Leser wird direkt angesprochen, er wird aufgefordert, sich in eine detailliert geschilderte Situation hineinzuversetzen, ihm werden Fragen gestellt, usw. Kaum war der Artikel veröffentlicht, überschlugen sich Kommentatoren mit Lob. So schreibt Matt Rosoff auf uk.businessinsider.com:

> "It takes something both very important and hard to understand, and makes it understandable to an audience of smart but nonexpert readers. It does this incredibly well. It mostly feels like fun, not work.
> It also contains the best use of interactive elements in a story that I've ever seen. The demos aren't just there to show off. They're embedded in the story and make it better – anybody who lived through desktop computing in the 1990s will laugh out loud at the Java 'demo'." (Rosoff 2015, o. S.)

Und Alexander Howard ergänzt auf huffingtonpost.com:

> "To publish a 38,000-word article online in an era where capturing and holding attention has become more challenging than ever might seem like a risk, but it was clearly a calculated one, based in no small part on Ford's writing history. Three days after launch, it looks worth it: the code story was the most popular article on Bloomberg's website on Thursday and Friday, with people spending much more time on it than the average article." (Howard 2015, o. S.)

Es scheint, als hätte der Text das Internet zurückerobert – und wäre stärker denn je. Der folgende Beitrag will erkunden, ob und wie Texte sich verändert haben und was die neue Textkultur im Internet auszeichnet. In Anbetracht der Materialfülle (mittlerweile gibt es weit über eine Milliarde Websites weltweit) muss zwangsläufig eine Auswahl getroffen werden, insbesondere was neue Textsorten betrifft. Zunächst sollen jedoch grundlegende Eigenschaften des Onlinemediums und ihr Einfluss auf Texte sowie konzeptionelle Strategien der Textgestaltung herausgearbeitet werden.

3.2 Implikationen des Onlinemediums für das Texten im Netz

Mit dem Internet wurden in den letzten Jahren sowohl euphorische Hoffnungen als auch apokalyptische Befürchtungen verbunden. Immer wieder ist von einem *Heilsbringer* die Rede – vor allem wenn es um das demokratische Potential des Mediums geht. Eine herausragende Rolle kam dem Internet beispielsweise während des so genannten Arabischen Frühlings zu, als durch die Nutzung von Facebook & Co. zeitnah Information und Mobilisation der Menschen in der Arabischen Region möglich war und Demokratisierungsprozesse in Gang gesetzt wurden.

Es gibt aber auch diejenigen, die vor einem Kulturverfall und Gefahren für die Werteordnung warnen, wie der Kulturwissenschaftler Byung-Chul Han. Han schreibt 2012 im Tagesspiegel:

> „Heute stellt sich die Frage, ob das Netz ein demokratisches Medium sein kann. Sie ist identisch mit der Frage, ob im Netz ein respektvolles Miteinander möglich ist. Schaut man sich die Diskussionskultur im Netz an, so wird man diese Frage verneinen müssen. Wer heute im Netz eine abweichende Meinung äußert, versinkt schnell im Shitstorm. Andererseits fallen im Netz alle Tabus. Alles kann gesagt und gezeigt werden. Durch Anonymität geschützt äußert man dort auch jede unsinnige Meinung, ja jeden Bullshit. So entstehen im Netz unterschiedliche Arten von Shitstorm. Das ist ein Kulturverfall. Und die totale Beliebigkeit macht Verantwortung und Verbindlichkeit unmöglich, nämlich Werte, die wesentlich sind für die politische Kultur." (Han 2012, o. S.)

Für Han führt das Internet mit seiner Masse an Informationen zur Abstumpfung und Verkümmerung des eigenen Urteilsvermögens, er sieht da, wo andere die größten Chancen sehen, zugleich die größten Risiken für die gesellschaftliche Entwicklung.

Man mag das Internet feiern oder verdammen, eines hat es auf jeden Fall geschafft: im Alltag der Menschen anzukommen. So konstatiert einer der renommiertesten Medienwissenschaftler unserer Tage, Stefan Münker (2009, S. 10): „mit dem Web

2.0 [ist] zum historisch ersten Mal eine massenhafte Nutzung gemeinschaftlich geteilter, interaktiver Medien nicht nur möglich, sondern wirklich". Wenn Münker von der „massenhafte[n] Nutzung" spricht, weist er bereits auf die Paradoxie hin, die dem Internet innewohnt: Knapp drei Milliarden Internetnutzer ermittelte die *International Telecommunication Union* (ITU) im Jahr 2014 und damit eine Verdoppelung im Zeitraum von nur fünf Jahren (vgl. International Telecommunication Union (ITU) 2015, o. S.).

Die bloßen Zahlen sprechen also auf der einen Seite durchaus dafür, das Internet als *Massen*medium zu bezeichnen. Auf der anderen Seite weist es Eigenschaften auf, die sich mit der klassischen Definition eines Massenmediums nicht mehr vereinbaren lassen. So war für Gerhard Maletzke (1963) ein Massenmedium ein solches, das sich an ein disperses Publikum wendet und keine Rückkoppelung zulässt. Dies trifft für das Internet, wie wir es heute kennen, nur noch in Teilen zu. Seit den 2000er Jahren ist es von einem klassischen Massenmedium im Sinne eines Distributionskanals, der keine Rückkoppelung zulässt, immer mehr zu einem kommunikativen Medium geworden (vgl. Bedijs und Heyder 2012, S. 7f.). Und auch das „disperse" Publikum im Sinne von Maletzke ist mit einem Fragezeichen zu versehen: Die erwähnten drei Milliarden Internetnutzer sind zwar heterogen und nur ein Bruchteil unterhält direkte Beziehungen untereinander. Aber genau diese direkten, persönlichen Beziehungen sind es, die das Internet, vor allem in seiner aktuellen Form, gegenüber traditionellen Massenmedien auszeichnet. Jenen war es allein aufgrund der technischen Gegebenheiten gar nicht möglich, die Gelegenheit zu Reaktion und Austausch zu geben. Zwar konnte man sich telefonisch in Fernseh- oder Radiosendungen einwählen oder Leserbriefe verfassen – aber entweder galt dies für einen begrenzten Kreis und/oder war nur zeitversetzt der Fall.

Im Zuge des Vergleichs mit Massenmedien wie Radio oder Fernsehen stellt sich die Frage, wie das Internet als Medium überhaupt zu klassifizieren ist. Klaus Beck plädiert dafür, es zunächst als ein *Medium erster Ordnung* zu verstehen, das heißt als ein „komplexes technisches System mit bestimmten Potentialen für die Speicherung, Bearbeitung und Übertragung von digitalen Daten über ein Netz von Kommunikationsnetzen" (Beck 2010, S. 17). Diese Sicht teilt Stefan Münker, für den das Internet selbst auch kein Medium, sondern eine technische Infrastruktur ist, auf die sich andere Medien aufsetzen können (vgl. Münker 2009, S. 20). Daraus resultierend wird auch der Begriff des *Hybridmediums* verwendet, das Funktionen der interpersonalen, vorwiegend privaten, der gruppeninternen und der öffentlichen Kommunikation vereint (vgl. Beck 2013, S. 86). Tageszeitungen und Fernsehen informieren über das Internet die Bevölkerung, daneben existieren geschlossene Gruppen und Foren zum exklusiven Austausch einiger Weniger und Social Media wie WhatsApp ergänzen die bisherigen Formen der privaten Kommunikation.

Eine Systematisierung nach Funktionen und Zielgruppen, wie Beck sie anstrebt, erscheint wesentlich differenzierter als die allerdings weitaus häufiger zitierte Unterscheidung in das Web 1.0 einerseits und das Web 2.0 andererseits. Zurückzuführen ist diese diachrone Betrachtungsweise auf Tim O'Reilly, einen Softwareentwickler, der mit seinem Artikel zum Web 2.0 den Terminus populär machte. Während das Web 1.0 als eine *Publishing*-Plattform beschrieben wird, die zum Beispiel personalisierte Websites enthält, aber auch Lexika wie die Britannica Online, ist das Web 2.0 durch Partizipation, Blogs und neue Nachschlagewerke wie Wikipedia geprägt (vgl. O'Reilly 2015, S. 1). Für O'Reilly sind die Grenzen zwischen dem Web 1.0 und dem Web 2.0 fließend. Was erfolgreiche Akteure im Web 2.0 auszeichnet, ist für ihn die Nutzung kollektiver Intelligenz:

> "The central principle behind the success of the giants born in the Web 1.0 era who have survived to lead the Web 2.0 era appears to be this, that they have embraced the power of the web to harness collective intelligence." (Ebd., S. 2)

So beziehen Unternehmen wie Google ihre User als Co-Entwickler ein; Konzepte wie Crowdsourcing und Crowdfunding machen sich die *Weisheit der Vielen* (vgl. Surowiecki 2005) zunutze. Auch wenn wir inzwischen längst im Web 3.0[1] bzw. Web 4.0[2] angekommen sind, der Grundgedanke des Web 2.0 prägt weiterhin die kommunikativen Beziehungen: Aus dem passiven Rezipienten, wie er für die traditionellen Massenmedien typisch war, ist der aktive Mit-Produzent von Inhalten geworden.

Damit scheint die Kommunikation in ihrem Herzen angekommen zu sein: Linguisten wie Edda Weigand haben schon immer hervorgehoben, dass Kommunikation stets dialogisch ist (vgl. Weigand 2003). Doch anders als bei einer Website, bei der die Ansprüche der Zielgruppe vielleicht mitgedacht werden, aber keine direkten Reaktionen zu erwarten sind, kann die Zielgruppe sich in den Sozialen Medien[3] wirklich zu Wort melden: Partizipation und Interaktion sind die am häufigsten erwähnten Eigenschaften der Web 2.0-Kommunikation.

Damit entstehen jedoch nicht nur Chancen, wie O'Reilly & Co. sie betonen. Gerade im Bereich der institutionalisierten Kommunikation von Unternehmen

---

1 Charakteristisch für das Web 3.0 ist die intelligente Verknüpfung von Informationen. Man spricht in diesem Zusammenhang auch vom *semantischen Web*.

2 Im Web 4.0 verschmelzen reale und virtuelle Welt. Ein Beispiel ist die so genannte *Augmented Reality*.

3 Der Begriff des Sozialen Mediums, der häufig synonym zum Web 2.0 verwendet wird, muss an dieser Stelle wohl nicht mehr ausführlich erläutert werden. Es handelt sich dabei um einen Kanal der digitalen Kommunikation, der den direkten Austausch der Kommunikationspartner ermöglicht.

oder Parteien wächst die Sorge, Kontrolle über die eigenen Botschaften zu verlieren (vgl. Schach 2015, S. 12). Die Akteure sind aus diesem Grund immer noch vorsichtig, was zum Beispiel eigene Blogging-Formate betrifft. Dies spiegelt auch eine Studie zum Corporate Blogging von DAX-Unternehmen wider: Nur jedes zweite DAX-30-Unternehmen unterhält demnach einen eigenen Blog, auf dem zudem wenig Kommunikation stattfindet. Zwei von drei Blogs erzielen keinerlei Kommentare auf ihre Artikel, der Rest enthält im Schnitt zwei Kommentare und damit erheblich weniger als etwa die Kommentarfunktionen von Nachrichtenportalen. (Vgl. Mai 2014, o. S.) Offenbar können weder die Themen noch die sprachliche Gestaltung der Blogs die Leser überzeugen. Der Autor der Studie, Social-Media-Berater Jochen Mai, kommt zu dem Schluss: „Blogleser – und nur dann kommen sie wieder – erwarten Inhalte, die ihre Bedürfnisse befriedigen und nicht die des Unternehmens.“ (Ebd.)

Die Bedürfnisse der Zielgruppe als Ausgangspunkt zu nehmen, empfiehlt sich off- wie online, wobei Onlinemedien die Chance bieten, mehr über den Leser zu erfahren als jemals zuvor. Denn er ist nicht zum Schweigen verurteilt, sondern kann seine Interessen aktiv einbringen. Dies nahm beispielsweise das Journalismusprojekt „Krautreporter“, das in Kapitel II.I.1 behandelt wird, zum Anlass, eine *Community* zu bilden, deren Wünsche und Kommentare mehr zählen sollen als die Vorstellungen einer klassischen Redaktion.

Nicht immer ist ein partizipatorisches Prinzip aber die richtige Lösung. Unternehmen können nicht jede Strategieentscheidung mit ihrer Öffentlichkeit diskutieren und sollten sich daher der Ziele und Funktionen ihrer Kommunikation bewusst sein. Der Beteiligungsgrad variiert, je nachdem, ob es sich um eine imagebildende Unternehmensdarstellung handelt oder im Karriereblog potentielle Mitarbeiter angesprochen werden. Unabhängig von der konkreten Textsorte können jedoch folgende zentrale Eigenschaften von erfolgreichen Online-Texten zusammengefasst werden (vgl. Keel 2013, S. 133f.):

1. Die Information muss nützlich sein.
2. Aufgrund der Zeitknappheit muss schnell publiziert und reagiert werden.
3. Interaktivität ist das Gebot der Stunde.
4. Wir haben es mit einer chaotischen Kommunikationskultur zu tun, in der sich die Unterscheidung zwischen spezialisierten Kommunizierenden einerseits und dem Publikum andererseits aufgelöst hat.
5. Das Internet integriert bisherige Kommunikationsformate (Multimedialität) und schafft neue Verknüpfungsmöglichkeiten.
6. Kommunikation im Internet ist nie abgeschlossen: Der Prozess zählt mehr als das Produkt.

Diese Regeln sind hinreichend allgemein und erlauben es Schreibenden einerseits zu experimentieren, sich andererseits auf bekannte Spielregeln zu besinnen. Oder, mit den Worten von Liesem und Kränicke (2011, S. 136): „Wir können Sie beruhigen. Sie brauchen das Rad nicht neu zu erfinden." Viele Prinzipien des Textens bringt das Internet ihrer Meinung nach nur noch stärker zur Geltung: „Um es auf den Punkt zu bringen: Die Formel ‚kurz, klar und bildhaft' gilt auch und ganz besonders für Internet-Texte." (Ebd.) Dies ist vor allem den veränderten Rezeptionsgewohnheiten geschuldet: Die Tageszeitung wird nicht mehr am Frühstückstisch gelesen, News lassen sich überall und jederzeit auf dem Mobiltelefon verfolgen. Erstens ist hier aber der Bildschirm viel kleiner, zweitens sind Aufmerksamkeits- und Konzentrationsspanne geringer. Das heißt, dass dem Leser auf den ersten Blick klar werden muss, warum er den Text lesen sollte. Dies ist insbesondere eine Herausforderung, weil ihm im Netz unendlich viele alternative Informationsangebote zur Verfügung stehen.

Um sich hier erfolgreich durchzusetzen, empfehlen einschlägige Quellen vor allem *Klarheit und Strukturierung* (vgl. ebd., Keel 2013). So sollte schon die Überschrift die wichtigsten Informationen enthalten und nicht durch unverständliche Sprachspiele in die Irre führen. Zur Klarheit gehört auch, dass die Informationen bildschirmadäquat aufbereitet werden: „Geht man bei gedrucktem Text von einer Zeilenlänge von bis zu 90 Zeichen aus, die einen problemlosen Zeilensprung ermöglichen, sind es bei Bildschirmtexten nur maximal 60 Zeichen." (Keel 2013, S. 135)

Das Lesen von Online-Texten folgt nicht dem Prinzip der Linearität, wie es bei Print-Quellen der Fall ist. Die Leser *scannen* den Text eher, als ihn Zeile für Zeile zu lesen. Daraus folgt, dass strukturierende Absätze und Teilüberschriften noch wichtiger werden, denn an ihnen orientiert sich der Rezipient, wenn er sich einen Eindruck von den Inhalten des Textes verschaffen will. Es ist dabei auch nicht selbstverständlich davon auszugehen, dass der Text von Anfang bis Ende gelesen wird. Vielmehr sorgen Verlinkungen dafür, dass der Leser jederzeit auf andere Seiten bzw. zu anderen Texten wechseln kann. Diese so genannte *Hypertext*-Struktur hat Chancen wie auch Risiken: Einerseits kann sich der Leser so leichter die Informationen beschaffen, die ihn interessieren, andererseits besteht die Gefahr, dass er nicht zum eigentlichen Text zurückkehrt. Um dies zu vermeiden, werden Links häufig ganz ans Ende eines Artikels gesetzt.

Klarheit ist beim Texten für das Internet auch noch aus einem anderen Grund als der Leserfreundlichkeit geboten. Um sich in dem erwähnten Informationsdschungel zu behaupten, müssen Texter heute darauf achten, dass ihre Produkte von den wesentlichen Suchmaschinen aufgefunden werden. Die dabei zugrunde liegenden Algorithmen sind weder vollständig transparent noch unveränderlich. Gleichwohl haben sich für die *Suchmaschinenoptimierung* auf Textebene einige Regeln herausgebildet. So sollten Keywords – Begriffe, die die Suchgewohnheiten der User abbilden – einen gewissen Anteil eines Textes (hier streiten sich die Experten über einen genauen Wert, zwischen 3 und 5 Prozent des gesamten Textes werden angenommen) ausmachen.

Klarheit, Suchmaschinenoptimierung, dazu Schnelligkeit bei der Textproduktion – wo bleibt da die Kreativität? Bekommen wir ein Text-Einerlei oder machen Texte auch noch Spaß? Trotz aller Regelhaftigkeit sprechen Liesem und Kränicke (2011, S. 141) immer noch von der „Kunst, zu verführen" und Keel (2013, S. 132) konstatiert: „Trotzdem hat die Nutzung des Internets ihren kreativen Charakter nicht verloren: Online-Kommunikation ist nach wie vor experimentell, also eine Frage der Anwendung des ‚Trial-and-Error'-Prinzips." So gibt es immer wieder auch Überschriften, die überraschen und vielleicht erst auf den zweiten Blick zu verstehen sind, wie die Schlagzeile „Yes, we scan", mit der bild.de 2013 den Datenerfassungs-Skandal in den USA kommentierte. Oder die Lektüre wird wie bei dem anfangs zitierten Beispiel zum Tour-de-force-Ritt, weil der Leser durch ein intelligentes Zusammenspiel von Text- und Bildkomponenten sowie eine direkte Ansprache gleichsam in den Text hineingesogen wird.

Auch der kreative Sprachgebrauch wird dabei zum Balanceakt, bei dem das Zusammenspiel von Absender, Empfänger und Thema zu berücksichtigen ist. So unterliegt eine journalistische Nachricht anderen Regelhaftigkeiten als ein persönlicher Blogbeitrag. Um den Online-Sprachgebrauch differenzierter zu erfassen, werden daher im folgenden Kapitel verschiedene Textsorten detaillierter betrachtet.

3.3 Textsorten im Online-Universum

Mit dem Heranreifen des Mediums Internet hat auch die Vielfalt der Textformen und -funktionen zugenommen. Gemäß der Bühlerschen Sprachfunktionen kann ein Text sowohl der Darstellung/Bezeichnung als auch dem Ausdruck/der Kundgabe oder dem Appell dienen (vgl. Bühler 1934/1999). Texte der Massenkommunikation werden häufig nach den Zielen *Information*, *Instruktion*, *Persuasion* und *Unterhaltung* (vgl. Zappala und Carden 2009, S. 8) unterschieden. Ebenso wie die Barrieren zwischen Print, Radio und Fernsehen durch das neue Medium aber eingerissen wurden (vgl. Liesem und Kränicke 2011, S. 133), weil Mischformen existieren, die nicht mehr nur von den traditionellen Akteuren angeboten werden, erlaubt das Internet eine Verbindung und Vermischung der genannten Kommunikationszwecke (vgl. Keel 2013, S. 135). Es entstehen neue Möglichkeiten, die diejenigen der traditionellen Medien überschreiten: Ein Online-Geschäftsbericht integriert interaktive Elemente, Schulungen werden multimedial durchgeführt und durch den Karriereblog können Bewerber sich schon vor dem eigentlichen Bewerbungsgespräch mit dem Personalleiter des Unternehmens austauschen. Das zeigt, dass traditionelle Textsorten wie der Geschäftsbericht nicht einfach verschwinden, sondern den Möglichkeiten des Mediums angepasst werden und so in gut umgesetzter Form sogar an Wert gewinnen.

Auch wenn in der Praxis der Unternehmenskommunikation immer mehr Mischformen existieren, die verschiedene Textmuster kombinieren (vgl. Schach 2015, S. 29), hilft die Annäherung an Texte anhand einer Klassifikation nach Textfunktion, sprachlichen Merkmalen und situativen Rahmenbedingungen, bestimmte Regelhaftigkeiten zu erkennen, die in der praktischen Textproduktion aber höchstens als Schablone fungieren, da jede Kommunikationssituation so komplex ist, dass sie individuelle Lösungen erfordert. Da ein Textname üblicherweise eine Textsorte widerspiegelt, werden im Folgenden unterschiedliche Textsorten im erläuterten Sinne vorgestellt, die insbesondere für die Online-Kommunikation von Unternehmen relevant sind. Verzichtet wird in diesem Kapitel auf journalistische Darstellungsformen, da diese ausführlich in Kapitel II.I.1 behandelt werden.

3.3.1 Traditionelle Textsorten der Unternehmenskommunikation in der Online-Variante

Zu den traditionellen Texten der Unternehmenskommunikation zählen vor allem diejenigen, die der Information oder der Selbstdarstellung/Imagebildung eines Unternehmens gelten. Im klassischen Printformat besteht dabei eine raum-zeitliche Trennung zwischen Sender und Empfänger, so dass es zu keinem direkten Dialog kommen kann. Im Sinne einer Push-Kommunikation liegt die Entscheidungs- und Verfügungsgewalt bei den Unternehmen, die zum Beispiel den Zeitpunkt der Aussendung einer Pressemitteilung oder der Versendung eines Geschäftsberichts steuern können. Was passiert nun mit diesen Textsorten, wenn sie für die Online-Welt adaptiert werden? Werden sie ohne Änderungen eingebunden oder findet eine wesentliche Umwandlung statt? Um dies herauszufinden, wurden die beiden Textsorten *Pressemitteilung* und *Geschäftsbericht* ausgewählt. Während erstere das Instrument der Presse- und Öffentlichkeitsarbeit schlechthin ist, besitzt der Geschäftsbericht als Instrument der Finanzkommunikation eine strategische Bedeutung für ein Unternehmen, weil er u. a. als Grundlage für die Bewertung des Unternehmens dient.

3.3.1.1 Die Pressemitteilung

Pressemitteilungen gehören zum Standardrepertoire der Presse- und Medienarbeit, durch die fremde Medien, also die Reaktionen von Tageszeitungen, Fernsehsendern, usw., Informationen über ein Unternehmen erhalten, um diese öffentlich zu verbreiten. Die klassische Pressemitteilung geht über einen Verteiler an eine Vielzahl von Redaktionen, von denen üblicherweise nur ein kleiner Teil damit weiterarbeitet – sie also verändert oder sogar unverändert ins Medium übernimmt. Laut Schach (2015, S. 207) erzielen rund 20 % der Pressemitteilungen eine Resonanz – entsprechend werden also 80 % der Presseinformationen direkt aussortiert. Einerseits sind Redaktionen durchaus angewiesen auf die PR von Unternehmen, andererseits tragen mangelnde Schreibqualität und übermäßige Werbung zur Skepsis von Journalisten gegenüber Pressemitteilungen bei (vgl. Femers 2011, S. 115).

Durch das Internet haben Unternehmen nun die Möglichkeit, ihre Pressemitteilungen (zusätzlich) online, und damit öffentlich, zu verbreiten. „Dadurch wird die Pressemitteilung – oder besser: die Medienmitteilung – zu einem wichtigen Bestandteil eines erfolgreichen Content-Marketings und prägt entscheidend die Online-Sichtbarkeit von Unternehmen." (Schach 2015, S. 213)

So weisen klassische und Online-Pressemitteilung folgende Merkmale auf:

Tab. 3.1 Gegenüberstellung der klassischen Pressemitteilung und der Online-Meldung

Klassische Pressemitteilung	Online-Meldung
Presseinformation	Medien- und Kundeninformation
Geschlossener Presseverteiler	Öffentlich zugänglich
Reichweite = einzelne Medien	Reichweite = gesamtes Internet
Arbeitsvorlage für Redaktionen	Fertiges Leseformat für das Internet
Medialer Aufhänger benötigt	Allgemeine Topics
Veröffentlichung durch Redaktion	Selbstveröffentlichung auf Presseportalen
Berichterstattung durch Redaktion	Inhalte werden selbst bestimmt
Medienbruch	Hyperlink als direkte Verbindung
In aktueller Ausgabe verfügbar	Dauerhafte Speicherung im Web

Quelle: Löffler 2014, S. 387

Neben den Regeln, die für das Schreiben einer Pressemitteilung generell zu beachten sind (nicht werblich, die wichtigsten Informationen an den Anfang, Beachtung der Nachrichtenfaktoren) (vgl. u. a. Femers 2011, Liesem und Kränicke 2011), nennt

Schach (2015, S. 213) als Erfolgsfaktor für Online-Pressemitteilungen die Integration von Keywords, Textbausteinen und Verlinkungen, um die Auffindbarkeit in den Suchmaschinen zu erhöhen. So könnten auch andere Zielgruppen, wie Kunden oder Mitarbeiter, auf die Meldung aufmerksam werden. Gerade letzteres ist nicht zu unterschätzen: Viele Mitarbeiter haben einen Google Alert zum eigenen Unternehmen abonniert und verfolgen, wie dieses sich präsentiert bzw. von anderen Medien präsentiert wird. Im Hinblick auf die Zielgruppen ist außerdem hinzuzufügen, dass viele Unternehmen ihren Pressebereich inzwischen explizit als Informationsplattform nicht mehr nur für Journalisten, sondern auch für Blogger und Online-Multiplikatoren definieren und damit einer neuen Informationselite Rechnung tragen.

Als ein wesentliches Kriterium eines Online-Textes wurde in Kapitel 3.2 die Strukturierung erwähnt. In Pressemitteilungen wurden schon immer so genannte *Teaser* eingesetzt, die die wichtigsten Inhalte des Textes am Anfang zusammenfassen. Der Teaser soll „Appetit-Machen" (Liesem und Kränicke 2011, S. 142) und zum weiteren Lesen anregen. Manchmal wird dazu ein ganzer Absatz fett hervorgehoben, manchmal mit Bullet-Points gearbeitet, die die Kernaussage enthalten, so wie bei der Mitteilung der Münchener Siemens AG in Abbildung 3.3 dargestellt.

Siemens AG

Siemens in der Spitzengruppe bei Nachhaltigkeit

München, 10. September 2015

- **Auszeichnung mit Top-Noten in neun Kategorien im Dow Jones Sustainability Index**
- **Unternehmen erzielt 90 von 100 möglichen Punkten**

Abb. 3.3 Pressemitteilung der Siemens AG vom 10.09.2015
Quelle: Siemens 2015, o. S.

Auch Zwischenüberschriften sind der Struktur und dem „scannenden" Lesen dienlich und werden online gerne eingesetzt.

Darüber hinaus bietet das Web vielfältige Möglichkeiten, die textlichen Informationen anzureichern und zu ergänzen. Nahezu jedes Unternehmen hat seine Pressemitteilungen inzwischen in einem eigenen Media- oder Newsroom abgelegt, in dem der Nutzer beispielsweise nach Produkten, Themen oder Daten filtern kann. Der Text lässt sich durch Fotos und Grafiken anreichern, die direkt heruntergeladen und dann z. B. in einen redaktionellen Artikel integriert werden können. BMW bietet beispielsweise zu den jeweiligen Presseinformationen AV-Medienmaterial wie Fotos, Audio- oder Videodateien und weist schon an der Spitze der Mitteilung mit kleinen Icons darauf hin, welches Material vorhanden ist. Außerdem werden dem Leser weitere Artikel angeboten, die ihn interessieren könnten.

Eine individuelle Ansprache schaffen darüber hinaus Formate wie *My Press Club* (vgl. BMW 2015, o. S.), für die sich der Nutzer registrieren muss, um dann die Informationen zu erhalten, die ihn interessieren – sei es auf einer persönlichen Startseite, über Mail oder einen RSS-Feed. Dies stellt einen besonderen Service für Journalisten dar, die aufgrund der Flut an Presseinformationen ein besonderes Interesse haben, vorsortierte Informationen zu erhalten.

Selbstverständlich sind dabei in einem Newsroom heute nicht mehr nur die klassischen Pressematerialien wie -meldungen oder -fotos enthalten, sondern auch Verlinkungen in die unternehmenseigenen Blogs, zu YouTube-Videos, etc. Die *Porsche AG* beurteilt die Qualität der eigenen Seite im Rahmen der Nominierung für den „Digital Award 2014" in der Kategorie *Newsroom* wie folgt: „Its quality lies not in a single extraordinary special feature but rather in the successful orchestration of a variety of sources at one site." (Quadriga Hochschule Berlin 2015, o.S).

Die Online-Pressemitteilung steht somit mehr denn je im Dienste ihrer Nutzer und bietet Services, die ohne die technische Plattform des Internets nicht möglich wären. Spielerische Abweichungen in der Textform lassen sich nicht beobachten, was der Informationsfunktion geschuldet ist, die hier weiterhin dominiert. Ausgezeichnete Beispiele bestechen vor allem durch eine klare Struktur – sowohl im Hinblick auf den Text selbst als auch die umgebende Website und die Vernetzung mit anderen Medien. Trotzdem spielt der Text keine untergeordnete Rolle, sondern bildet nach wie vor den inhaltlichen Kern, der ergänzt wird durch audiovisuelles Material. Interessant, an dieser Stelle aber nicht weiter zu diskutieren, ist die Frage, inwiefern die neue Zielgruppe der *Online-Multiplikatoren* die journalistischen Gepflogenheiten beherrscht bzw. ob hier nicht grundsätzlich neue Anforderungen gestellt werden, was z. B. die Gestaltung der Textform, die Auswahl der Nachrichtenfaktoren, etc. betrifft.

3.3.1.2 Der Geschäftsbericht

Der Geschäftsbericht gehört neben Kundenzeitschriften, Mitarbeiterzeitschriften, Nachhaltigkeitsberichten u. ä. zu den unternehmenseigenen Medien[4]. Seine primäre

4 Unternehmenseigene Medien, d. h. solche, die vom Unternehmen selbst produziert und erausgegeben werden (wie z. B. Geschäftsberichte, Kundenzeitschriften), werden auch als „owned media" bezeichnet.

Funktion liegt in der Information der *Financial Community* über die finanzielle und wirtschaftliche Lage eines Unternehmens. Zur Financial Community zählen Aktionäre, Investoren, Analysten und (Wirtschafts-)Journalisten. Aber auch eigene und potentielle Mitarbeiter können durch den Geschäftsbericht angesprochen werden, enthält er doch neben den Finanzdaten relevante Informationen zu Unternehmensstrategie, -kultur und -werten.

Ein Pflichtinstrument ist der Geschäftsbericht für börsennotierte Unternehmen, genutzt wird er aber auch von nicht-börsennotierten Unternehmen sowie von öffentlichen Institutionen wie Hochschulen, NGOs oder Vereinen, die damit den wachsenden Forderungen nach transparenter Kommunikation nachkommen. Für sie mag der Geschäftsbericht zur *Kür* der Kommunikationsmaßnahmen zählen, auch börsennotierte Unternehmen kommen aber weit mehr als ihrer Pflicht nach. Neben den obligatorischen und von Wirtschaftsprüfern zu genehmigenden Teilen des Lageberichts und des Jahresabschlusses enthalten die meisten Geschäftsberichte einen fakultativen *Imageteil*, der kreativer ausgestaltet ist als die zahlendominierten Pflichtteile. Er wird häufig genutzt, um die Unternehmensstrategie und -werte zu erläutern und auf einzelne Anspruchsgruppen wie Kunden oder Mitarbeiter einzugehen.

Für Silberschmidt (2013, S. 56) zeichnen einen guten Geschäftsbericht darüber hinaus folgende Aspekte aus:

- Erörterung des Business
- Vermittlung von Unternehmenswerten und -kultur
- Glaubwürdigkeit
- Personalisierung
- Emotionalität
- Verständlichkeit
- Lesegenuss
- Prägnanz
- Örtliche und zeitliche Flexibilität bei der Lektüre
- Fit zum Unternehmen.

Aus dieser Liste ergeben sich einige textliche Herausforderungen: Wie gelingt der Spagat zwischen Klarheit/Verständlichkeit und Emotionalisierung? Wie kann ein so reglementiertes Medium *Lesegenuss* schaffen? Gazdar und Kirchoff (2001, S. 105) sehen sprachliche Stärken eines Geschäftsberichts u. a. in der persönlichen Ansprache, in menschlichen Bezügen, Sprach- und Wortspielen – sprachlichen Mitteln, die die Lesefreude erhöhen sollen. Dabei ist klar zu differenzieren zwischen den verschiedenen Teilen des Geschäftsberichts – Sprachspiele würden im Lagebericht wohl eher für Verwirrung sorgen und die Glaubwürdigkeit mindern, während das Vorstandsvorwort dadurch aufgelockert werden kann und die persönliche Anrede in diesem Kontext als vertrauensbildende Maßnahme eingesetzt wird.

Inhaltlich überzeugen vor allem die Geschäftsberichte, die eine konsequente Storyline verfolgen, in denen also der Versuch unternommen wird, „der Öffentlichkeit Unternehmensbotschaften in identifizierbarer und nutzerfreundlicher narrativer Form zugänglich zu machen" (Stücheli-Herlach und Perrin 2013, S. 20). Silberschmidt (2013, S. 58) bezeichnet diese Unternehmensbotschaft als „Dreh- und Angelpunkt der inhaltlichen Textplanung". In kondensierter Form ist sie bei gedruckten Berichten bereits auf dem Cover zu erkennen und zieht sich dann durch den Bericht, insofern Text und Bilder auf sie abgestimmt sind.

Als Mitte der 2000er Jahre das Onlinemedium als neue Plattform für den Geschäftsbericht entdeckt wurde, verbanden sich mit dem neuen Kanal viele Hoffnungen, aber auch Befürchtungen. So wurde diskutiert, ob die Wertigkeit des häufig aufwändig gestalteten und produzierten Print-Mediums leiden würde. Bis heute gibt auch ein Großteil der Unternehmen nach wie vor einen Geschäftsbericht in Printform heraus – reine Online-Berichterstattung ist noch eine Seltenheit. In einer von der *Kirchhoff Consult AG* durchgeführten Studie zur Online-Berichterstattung im Jahr 2013 zeigte sich, dass von den DAX- und MDAX-Unternehmen rund 36 % lediglich ein PDF zum Herunterladen bereitstellen, während ebenfalls rund 36 % eine Mischform aus HTML/Bild oder HTML/PDF wählen und rund 27 % einen vollwertigen HTML-Bericht (Kirchhoff Consult 2013, o. S.).

Die PDF-Variante ist sozusagen die einfachste Online-Variante, allerdings stellt ihre Umsetzung auch noch keine große Kunst dar. Zu den Potentialen, die das Onlinemedium darüber hinaus bietet, zählt in erster Linie die Personalisierung/Individualisierung der Informationen. Führt man sich vor Augen, dass nur die wenigsten Leser einen Geschäftsbericht von vorne bis hinten lesen, ermöglichen gut gemachte Online-Geschäftsberichte eine Informationsauswahl gemäß den Interessen und Bedürfnisse des einzelnen Nutzers. Die Kirchhoff-Studie kommt zu dem Ergebnis, dass 90 % der Online-Geschäftsberichte der Unternehmen aus dem DAX und MDAX einen Download vorgemerkter Dateien ermöglichen (vgl. ebd.). So können sich die Leser ihren Bericht individuell nach ihren Bedürfnissen zusammenstellen. Die eigentliche Servicefunktion geht aber noch weiter: So bietet der Geschäftsbericht der *BASF AG*, der auch in der Kirchhoff-Studie den ersten Platz belegte, unter dem Punkt *Service* einen interaktiven Kennzahlenvergleich, bei dem sich Umsatz- und Ergebniskennzahlen über einen Zeitraum von bis zu 10 Jahren in unterschiedlichen grafischen Formen darstellen lassen, vgl. Abbildung 3.4.

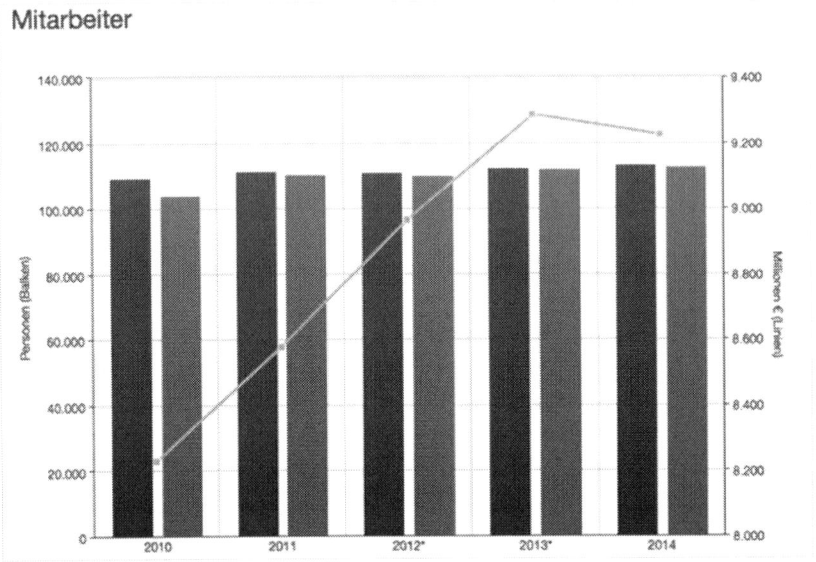

Abb. 3.4 Interaktive Mitarbeitergrafik aus dem Online-Geschäftsbericht 2014 der BASF AG

Quelle: BASF 2014, o. S.

Zu erwähnenswerten Servicefunktionen zählt darüber hinaus ein interaktives Glossar zur Begriffsklärung, das von über der Hälfte der Unternehmen eingesetzt wird (vgl. ebd.). Im Vorwort des Vorstandsvorsitzenden der *Hannover Re-Gruppe* sind bspw. erklärungsbedürftige Begriffe wie *Schaden-Rückversicherung* oder *Underwriting* mit einer kurzen Erläuterung hinterlegt.

Damit auch die erwähnte Unterhaltung nicht ausbleibt, binden viele Unternehmen inzwischen multimediale Formate in ihre Berichterstattung ein. Besonders beliebt ist es, den Vorstand in einem Video zu Wort kommen zu lassen (vgl. BASF 2014, o. S.) oder die Unternehmensgeschichte und -strategie audiovisuell zu erzählen (vgl. Vodafone 2014, o. S.). Die ein oder andere Kommunikationsabteilung traut sich aber auch kreativere Formate zu: So hat das belgische Krankenhaus *AZ Sint Lucas Gent* einen kleinen Hit auf der Videoplattform Youtube gelandet, als das Geschäftsjahr 2013 in Lego nachgespielt wurde (vgl. AZ Sint-Lucas Gent 2014, o. S.).

Was ändert sich durch den neuen Kanal mit seinen vielfältigen Möglichkeiten nun aber für den Texter? Zunächst einmal nicht so viel, da mindestens die vom Wirtschaftsprüfer genehmigten Texte aus dem Pflichtteil eins zu eins übertragen werden müssen. In der Online-Version des BASF-Berichts sind diese Teile auch mit einem kleinen Symbol „geprüft" versehen. Auch die Inhalte aus dem Image-Teil werden zumeist übernommen, was zum einen Effizienzgründen geschuldet ist, zum anderen aber auch für eine einheitliche Aussage sorgt.

Neu können Teaser-Texte sein, die in den Bericht als solchen oder auch in einzelne Berichtsteile einführen. Unternehmen wie BASF scheinen dies ebenfalls in ihrem Print-Format mitzudenken, da sich hier ebenfalls kurze einleitende Texte wie der folgende finden: „Unsere Innovationen haben beeinflusst, wie wir heute leben. Aber welche Bedürfnisse hat die Gesellschaft von morgen?" (BASF 2015, o. S.).

Das Frage-/Antwort-Spiel, das auf den ersten Berichtsseiten gespielt wird, lässt sich online noch besser umsetzen, da per Mausklick zwischen Fragen und Antworten gewechselt werden kann. Die im Geschäftsbericht erzählte Story kann z. B. online weitererzählt werden, indem auf der Microsite[5] des Online-Berichts Verlinkungen zu aktuellen Ereignissen vorgenommen werden. So bindet die *Deutsche Telekom* auf ihrer Seite zu den Finanzergebnissen 2014 auch den aktuellen Aktienkurs ein und verlinkt Videos zur Kapitalmarktlage.

Online-Geschäftsberichte haben sich, das kann man zusammenfassend sagen, als ein weiterer Kanal zur Kommunikation von unternehmensstrategischen Informationen etabliert. Aufgrund ihrer Funktion, vor allem aber gesetzlicher Rahmenbedingungen, bieten sie keine wesentlichen neuen Freiheiten für den Produzenten, dafür aber mehr Services für den Rezipienten. Der Trend zur Personalisierung/Individualisierung schreitet auch hier voran, Nutzerorientierung wird bei erfolgreichen Online-Geschäftsberichten bereits großgeschrieben. Und was will der Nutzer, wenn er sich zwischen drei Minuten und einer Stunde Zeit nimmt (denn darauf wird die durchschnittliche Lesedauer des Wenig- bzw. Viellesers geschätzt)? Verständliche Texte, die die Lage des Unternehmens transparent und glaubwürdig darstellen. Dazu eignen sich Online-Geschäftsberichte mit ihrer Einbindung von interaktiven Grafiken, Glossaren und persönlichen Videobotschaften vortrefflich.

3.3.2 Neue Textsorten der Unternehmenskommunikation

Mit der Kommerzialisierung des Internet in den 1990er Jahren entstanden neue Kanäle und damit auch neue Textformen, die im Folgenden Gegenstand der Be-

5 Als Microsite bezeichnet man eine Website mit wenigen Unterseiten und geringer Navigationstiefe innerhalb eines gesamten Internet-Auftritts, also bspw. die Seiten des Online-Geschäftsberichts, die eigenständige Seiten darstellen und in die allgemeine Website des Unternehmens integriert wurden.

trachtung sind. Die Website, wie wir sie heute kennen, ist mit ihren 25 Jahren als Klassiker zu verstehen und trotzt als solcher Design- und Gestaltungsmoden. Als weitestgehend unidirektionales Medium dient sie im kommerziellen Sinne vor allem zwei Hauptfunktionen: der Information/Selbstdarstellung einer Organisation einerseits und dem Verkauf von Produkten und Dienstleistungen andererseits.

Seit nunmehr auch schon wieder 20 Jahren hat sich daneben die interaktive Kommunikation über so genannte Social-Media-Kanäle durchgesetzt. Sie ermöglichen Austausch und Vernetzung und stellen Unternehmen dabei zugleich vor die Herausforderung, Inhalte nun nicht mehr ausschließlich selbst bestimmen zu können. Für den Texter entstehen einerseits neue Freiheiten, weil Blogs und andere Social-Media-Formate eine persönlichere Kommunikation zulassen, andererseits gilt es im Orchester der unterschiedlichen Stimmen, die Identität eines Unternehmens zu bewahren.

3.3.2.1 Die Website

Knapp eine Milliarde Websites weltweit buhlen um die Aufmerksamkeit der Nutzer; für Unternehmen ist die Website zur *Visitenkarte* geworden. Und wie bei Visitenkarten gilt: Sie muss aus dem Einerlei der Formen und Schriften hervorstechen, gleichzeitig die Handschrift des Unternehmens tragen. Darüber hinaus ist auch die Website Moden unterworfen: Mal sind Seiten gefragt, die möglichst viel Weißraum aufweisen, mal sind es großflächige Bilder, die einer modernen Visualität entsprechen. Unabhängig von diesen Modewellen haben sich auch für eine vergleichsweise junge Textsorte wie die Website Standards herausgebildet, die in einer Vielzahl von Ratgebern zu dem Thema reflektiert werden.

In seinem Standardwerk für Online-Texter weist Stefan Heijnk (2011) gleich zu Anfang darauf hin, dass über den Erfolg eines Textes im Web nicht nur der Text selbst, sondern zunächst die Web-Strategie entscheidet (vgl. ebd., S. 1). Beim Planen einer Website steht dabei wiederum der Rezipient im Vordergrund: Ihn gilt es vom ersten Kontakt mit einer Seite an zu interessieren, so dass er die Frage: „Mache ich jetzt den ersten Klick oder lass ich's?" (ebd., S. 7) positiv beantwortet. Dabei sind es für Hejnk die folgenden drei Aspekte, die den User dazu bewegen, auf einer Seite zu bleiben oder diese zu verlassen: das *Screendesign*, die *Navigation* und der *Inhalt* (vgl. ebd., S. 6).

Das Screendesign erfasst ästhetische, funktionelle und kommunikative Aspekte einer Website (vgl. Die Medialen 2015, o. S.). Internetagenturen wie *Die Medialen* führen folgende aktuelle Trends des Screendesigns auf (vgl. ebd.):

- Großzügiger Umgang mit Flächen
- Angepasste Layouts für verschiedene Endgeräte (Responsive Design)

- Großzügiger Einsatz von Bildern und Videos
- Dynamische Elemente zum Ein- und Ausklappen

Zunehmend beliebt sind auch das *One-Page-* sowie das *Split-Screen-Design*: Beim ersten werden alle Informationen auf einer Seite untergebracht, so dass keine aufwändige Seitenstruktur mit verschiedenen Unterseiten benötigt wird. In diesem Zusammenhang wird auch vom *Long-* bzw. *Infinite-Scroll* gesprochen. Beim zweiten werden die Inhalte (hauptsächlich auf der Startseite) in zwei Hälften dargestellt, der Nutzer kann sich für die eine oder andere entscheiden. Ein Beispiel hierfür ist die Homepage von Peugeot (www.peugeot.com), die einen eher technischen oder einen eher emotionalen Einstieg in die Produktwelt ermöglicht. Hat sich ein Trend etabliert, melden sich allerdings auch zunehmend kritische Stimmen, wie das Beispiel *Parallax Scrolling* zeigt. Parallax Scrolling beschreibt den Effekt, dass sich beim Scrollen einer Seite der Hintergrund weniger schnell als der Vordergrund bewegt. Umgesetzt wurde diese Technik maßgeblich von *Nike* in der *Better World-Kampagne* 2011 (vgl. Nike 2016, o. S.). Heute streiten sich bereits die Geister, ob dadurch wirklich nachhaltiger Geschichten aufgebaut werden oder ob das Scrollen nicht letzten Endes doch als ermüdend und ablenkend empfunden wird.

Für das Texten folgt daraus zweierlei. Erstens muss sich der Text gegenüber multimedialen Elementen behaupten. Zweitens ist der Trend zum Storytelling im Sinne einer interessanten Aufbereitung der Inhalte als eine neue Chance für den Text zu betrachten (vgl. Kapitel II.II.2). Zu berücksichtigen ist dabei, dass die emotionale Kraft, die in Geschichten steckt, oft nicht so sehr durch das Medium der Sprache, sondern vielmehr durch Bilder evoziert wird, was auch erfolgreiche Websites in diesem Bereich demonstrieren. So wird bspw. auf der mehrfach ausgezeichneten Website www.flatvsrealism.com der Antagonismus von flachem Screendesign einerseits und realistischen Anmutungen andererseits auf märchenhafte Art und Weise erzählt, wie in Abbildung 3.5 dargestellt. Animationen und Musik reichen fast völlig aus, um die Botschaft zu transportieren.

Abb. 3.5 Die Geschichte des Screendesign aus der Perspektive der Internetagentur intacto

Quelle: Intacto 2015, o. S.

Der zweite Punkt der Webstrategie, die *Navigation*, mag aus Sicht des Texters zunächst trivial erscheinen. Dabei ist auch das „Website-Wegenetz" (Hejnk 2011, S. 38) entscheidend, ob und wie lange ein Nutzer auf einer Seite bleibt. Die Nutzerfreundlichkeit wiederum bemisst sich unter anderem an der *Erwartungskonformität* sowie der *Selbstbeschreibungsfähigkeit* einer Seite (vgl. ebd.). Diese beiden Punkte können textlich durchaus gesteuert werden. So erwartet der Nutzer einer Medienwebsite ähnliche Rubriken wie er sie auch in Print-Zeitungen vorfindet, was erklärt, dass Websites wie zeit.de oder faz.net in der Hauptnavigation mit der bekannten Rubrizierung Politik – Wirtschaft – Sport, usw. aufwarten.

Auch auf Unternehmensseiten kommen die Nutzer mit einer bestimmten Erwartungshaltung bzw. einem spezifischen Interesse, das sie möglichst schnell befriedigen möchten. Wer einen Mercedes kaufen will, findet beispielsweise auf der Mercedes-Website als ersten Navigationspunkt „Fahrzeuge", dieser Punkt fächert sich weiter auf in Personenwagen, Reisemobile, etc. Möchte er dagegen seine Karriere bei der Daimler AG beginnen, wird er auf der Daimler-Konzernwebsite gleich in der Hauptnavigation unter „Karriere" auf die für ihn relevanten Unterseiten stoßen. Im Gegensatz zu der Website der Marke Mercedes finden sich auf der Konzernwebsite darüber hinaus Menüpunkte zu den Unternehmenswerten (als Menüpunkte „Innovation" und „Nachhaltigkeit") sowie für die Zielgruppe der Investoren und der Presse.

Wichtig ist es dabei, möglichst eindeutige Bezeichnungen zu finden, womit die Selbstbeschreibungsfähigkeit angesprochen wäre. Die meisten Websites lösen dies durch die Nutzung gängiger Schlagwörter wie bspw. Produkte, Karriere, etc. Andere versuchen möglichst intuitiv verständliche Symbole zu finden, wie die Firma *Bose*, die eine kreative Lösung mit Icons wählt, um für ihre neuen Kopfhörer zu werben, vgl. Abbildung 3.6.

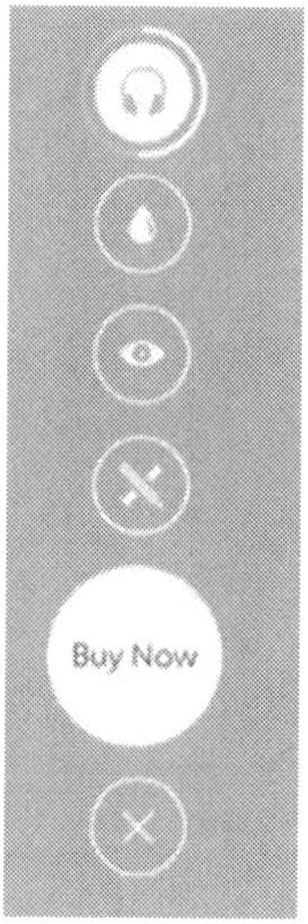

Abb. 3.6
Navigation der Bose-Website
Quelle: Bose 2016, o. S.

Bezogen auf die Navigation einer Website sollte zuletzt noch der Aspekt der *Verlinkungen* erwähnt werden. Hyperlinks können als Wegweiser auf einer Website gelten, da sie den Leser gezielt führen. Hejnk (2011, S. 48ff.) legt ausführlich dar, wie solche Links optimal gesetzt und betextet werden können, damit sie die Erwartungen der User erfüllen. Dabei geht es weniger um Sprachakrobatik, als vielmehr um präzise Formulierungen, die den inhaltlichen Kern der neu aufzurufenden Seite treffen.

Wie beeinflusst als drittes die *Inhaltsdimension* die Arbeit des Texters? Zum ersten über das Ziel, das die Seite erfüllen soll. Hierbei lassen sich im Kontext der Unternehmenswebsites Seiten unterscheiden, die entweder der Selbstdarstellung eines Unternehmens dienen oder dem Verkauf von Produkten in Online-Shops (vgl. Schach 2015, S. 107). Dabei lässt sich die Selbstdarstellung eher informativ oder eher emotional ausgestalten (vgl. ebd., S. 108), was sich entsprechend auf die Tonalität der Texte auf der Seite auswirkt. Viele der sprachlichen Grundanforderungen an eine Website wurden oben bereits genannt, daher soll hier nur auf zwei Aspekte noch einmal genauer eingegangen werden. Der erste ist der Nutzen von Teaser-Texten, der zweite das Prinzip der umgekehrten Pyramide.

Bei einem Teaser-Text handelt es sich um einen kurzen Text, der Lust machen soll, weiter in den Haupttext einzusteigen. Löffler (2014, S. 499) nennt folgende Kriterien, die ein guter Teaser-Text erfüllen sollte:

- „Er besteht aus einer Headline, zwei bis drei kurzen, werblichen Sätzen, einem weiterführenden, sprechenden Link und einem passenden Bild.
- Er ist immer nur so gut wie seine Headline.
- Er ist prägnant, unmissverständlich und interessant.
- Er darf nicht zu viel verraten, damit die Klickmotivation bleibt.
- Er sollte eine klare Handlungsaufforderung enthalten.
- Ein Teaser für eine Meldung!"

Löffler legt damit einen starken Fokus auf den werblichen Gehalt, der im Falle eines Online-Shops natürlich höher ist als bei einem eher informativen PR-Text. Auch wird die Handlungsaufforderung selten explizit formuliert; es geht eher darum Neugier für das zu entwickeln, was sich hinter dem Teaser verbirgt.

Während die Überschrift häufig durch sprachspielerische Anmutungen die Aufmerksamkeit auf sich zu ziehen versucht, ist der eigentliche Teaser-Text auf die Kernbotschaft konzentriert, die der dahinterliegende ausführliche Text vermitteln will. Ein gutes Beispiel dafür ist folgende Meldung auf der Homepage der Hochschule für Technik und Wirtschaft (HTW) Berlin, welche in Abbildung 3.7 illustriert wird.

Abb. 3.7

Teaser-Text auf der Homepage der HTW Berlin

Quelle: Hochschule für Technik und Wirtschaft HTW Berlin 2016, o. S.

Dieser Teaser-Text gibt bereits eine Antwort auf zwei wichtige W-Fragen: wer und was. Folgt man dem Link, gelangt man auf ein Video, das die Geschichte ausführlich erzählt (und dann auch das Bild erklärt, das auf den ersten Blick nicht zum Teaser passt).

Die Beantwortung der so genannten W-Fragen ist generell als ein Steuerungsprinzip für das Texten im Web zu betrachten. Dieses Prinzip drückt sich in der so genannten *Umgekehrten Pyramide* aus, die als ein Aufbaumuster für das Schreiben von Nachrichten gilt (vgl. u. a. Neuberger und Kapern 2013, S. 59f.). Demnach werden zu Anfang eines Textes die wichtigsten Fragen nach dem Was, Wer, Wo und Wie beantwortet, gefolgt von erklärenden und ergänzenden Informationen zum Weshalb und Warum. Ähnlich wie Journalisten eine Meldung von hinten her kürzen, wird davon ausgegangen, dass der User im Web die Lektüre jederzeit abbrechen kann (vgl. Löffler 2014, S. 474). Um dies zu verhindern, ist auch die grafische Textgestaltung nicht zu vernachlässigen. Löffler (ebd.) spricht in diesem Zusammenhang von „grafischem Schreiben", worunter sie sinnvolle Formatierungen, typografische Hervorhebungen, usw. versteht.

Grundsätzlich überzeugt bei einer Website nie ein Element allein, sondern das Zusammenspiel von Screendesign, Navigation und Inhalt, orientiert an den bereits erläuterten Erfolgsfaktoren Aktualität, Interaktivität und Nutzen. Eine Website, die dieses Zusammenspiel gekonnt in Szene setzt, ist die Seite des Fischlieferanten Deutsche See, die dafür 2015 mit dem Deutschen Digital Award ausgezeichnet wurde und in Abbildung 3.8 dargestellt wird. Hier findet der Nutzer sowohl Wissenswertes

Abb. 3.8 Homepage der Deutsche See GmbH
Quelle: Deutsche See 2016, o. S.

über das Unternehmen als auch viele Informationen zu den Produkten bis hin zu Rezeptvorschlägen. Großflächige Fotos, klare Menüpunkte und kleine Teaser-Texte laden ihn ein, das Produkt Fisch neu kennen und schätzen zu lernen und modernisieren darüber hinaus das Image des Traditionsunternehmens *Deutsche See*.

3.3.2.2 Blogs

Ebenso wie die Anzahl der Blogs selbst ist die Literatur zum Thema *Corporate Blogging* in den letzten Jahren nahezu explodiert, so dass im Rahmen des folgenden Abschnitts nur auf einen kleinen Teil eingegangen werden kann. Es wird zunächst eine Einordnung der Textsorte *Blog* vorgenommen, bevor sprachliche Besonderheiten von Blogs, insbesondere von Corporate Blogs, näher erläutert werden. Das Kapitel schließt mit einigen Best-Practice-Beispielen, wobei der Autorin wohl bewusst ist, dass diese so schnell veraltet sein können wie der Beitrag gedruckt ist. Gleichwohl gelten einige Corporate Blogs, wie z. B. der[6] Daimler Blog, seit Jahren als gelungene Vertreter ihrer Gattung, was für eine gewisse Tradition dieser noch jungen Textsorte spricht.

Doch zunächst zur Historie. Älter als die Kurzform *Blog* ist der Begriff *Weblog*, den Jorn Barger 1997 für seinen Weblog *Robot Wisdom* nutzte (vgl. Schildhauer 2014, S. 97). *Log* steht hier als Kurzform für *Logbook* – und eben ein solches Logbuch oder Fahrtenbuch kommt der Struktur eines Blogs sehr nahe. Aufgrund dessen wird es auch mit einem Tagebuch verglichen; Schmidt (2008, S. 98) definiert Blogs daher als „relativ regelmäßig aktualisierte Webseiten, auf denen Beiträge rückwärts chronologisch angeordnet und in der Regel separat kommentierbar sind". Für Schlobinski und Siever (2005, S. 9) ist „ein *Weblog* oder *Blog* […] medial in erster Linie ein Textmedium und technisch eine dynamische Website, die automatisch und mehr oder weniger periodisch neue Einträge entlang einer Zeitachse enthält".

Was motiviert einen Blog? Für Schlobinski und Siever (Ebd., S. 16) sind *Informieren*, *Publizieren* und *Vernetzen* drei Antriebsfaktoren für die Weblog-Entwicklung. Getrieben sind insbesondere viele Personal Blogs zudem von einem spezifischen thematischen Interesse, sei es an Mode, Kochen oder Finanzen. Jessica Weiß, eine der bekanntesten deutschen Modebloggerinnen, rät im Interview: „Allerdings muss jedem bewusst sein, dass man es [das Blog, Anm. d. Verf.] besser nicht als Business startet sondern aus Leidenschaft." (Wohlert 2015, o. S.). Gleichwohl verdienen viele Blogger mit ihren Blogs inzwischen nicht wenig Geld und sind zu relevanten Multiplikatoren und Meinungsführern geworden.

---

6 Gemeinhin finden sowohl „der" als auch „das" Blog Verwendung, da „der" Blog allerdings gebräuchlicher ist, wird in diesem Text einheitlich der männliche Artikel genutzt.

Neben Personal Blogs existiert inzwischen eine Vielzahl an Corporate Blogs, die von Bernet (2010, S. 110) in zwei Kategorien unterschieden werden: kurzfristig angelegte Kampagnenblogs auf der einen Seite sowie langfristig ausgerichtete Themen-Blogs auf der anderen Seite. Berücksichtigt man dazu noch die interne bzw. externe Perspektive, ergeben sich verschiedene Blog-Formen, die in Abbildung 3.9 dargestellt werden.

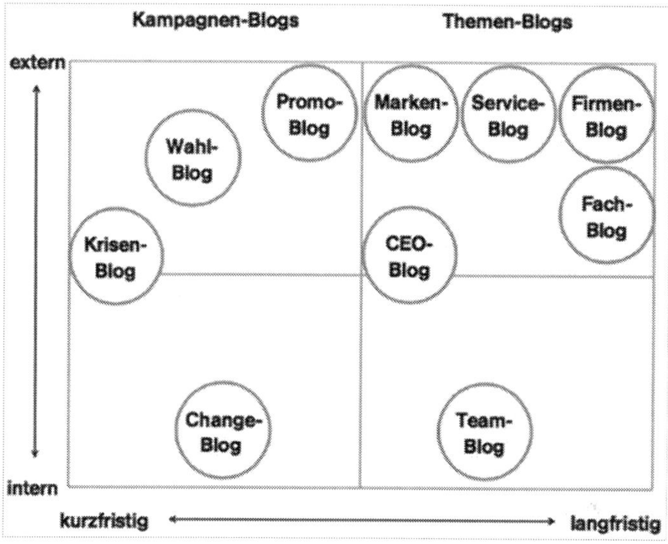

Abb. 3.9 Blog-Formen
Quelle: Bernet 2010, S. 111

Zerfaß und Boelter (2005, S. 127) differenzieren die externe Perspektive weiterhin in Marktkommunikation sowie *Public* Relations und unterscheiden nach den Zwecken *Information*, *Persuasion* und *Argumentation*. Demnach sind sowohl Kampagnen- als auch Themenblogs als *informativ-persuasive* Formen zu verstehen, die über die Wissensvermittlung hinaus vor allem der Imagebildung dienen und damit sowohl für das Marketing als auch für die PR genutzt werden können.

Corporate Blogs zählen zu den bereits erwähnten Owned Media. Gleichzeitig ist mit einem Blog die Erwartung eines nicht-werblichen, eher individuellen Schreibstils verbunden (vgl. Löffler 2014, S. 565f.). In einer empirischen Studie zu Lesererwartungen kommt Schmidt (2008, S. 106) zu dem Ergebnis: „Gerade Angebote, die von einzelnen Mitarbeitern oder Managern und nicht von einer zentralen Kommunikationsabteilung gepflegt werden, erfordern eine stärker personalisierte Ausrichtung der Themen." Damit einher geht eine erhöhte Glaubwürdigkeit und Authentizität (vgl. Löffler 2014, S. 565f.), was Corporate Blogs bspw. von einer Corporate Website unterscheidet.

Auch Schach (2015, S. 58) und Heijnk (2011, S. 194) nennen als sprachliche Kennzeichen eines Blogs den persönlichen Stil bzw. die eigene Tonart. Das Beispiel aus dem Metro Genussblog in Abbildung 3.10 soll dies veranschaulichen:

> Ich mache hier jetzt mal etwas, das ganz und gar nicht in den Neujahrstrend der guten Vorsätze zur supergesunden Ernährung passt: ich veröffentliche das Rezept einer meiner Lieblingsbeilagen zu deftigem Essen mit ordentlich Sauce! Denn es ist schließlich Winter – und da braucht man Soulfood, denn bis auf ein paar Ausnahmen ist es ja momentan schon eher kühl und dunkel.

Abb. 3.10 Post aus dem Metro Genussblog
Quelle: Friedhoff 2016, o. S.

Autorin ist Anna Friedhoff, eine von zwei Mitarbeiterinnen, die den *Metro Genussblog* betreiben. Auf der Seite „Über die Autoren" stellt Friedhoff sich persönlich als Mitarbeiterin vor, die sich redaktionell auf dem Metro Genussblog „austoben" kann und deren Lebensphilosophie lautet: „Life's too short for bad espresso." Auffällig ist, wie oft Friedhoff in dem Beispiel-Post das Personalpronomen „ich" verwendet. Damit unterstützt sie einen Befund der Medienwissenschaftler Moss und Heurich (2015, S. 25), die in einer aktuellen Untersuchung zu dem Ergebnis kommen: „Corporate Blogger stellen ihre Person gern in den Vordergrund. Autoren von Corporate Blogs nutzen das Personalpronomen ‚ich' am häufigsten – mehr als drei Mal so oft wie Journalisten in journalistischen Kommentaren in Onlinemedien und mehr als doppelt so oft wie Weblog-Autoren."

Außerdem finden sich in dem dargestellten Blogpost Formulierungen, die eher der oralen Alltagssprache entnommen sind, wie „ganz und gar", „supergesund", „ordentlich Sauce". Sie weisen auf das Spannungsfeld von Oralität und Literalität hin, in dem sich Blogs bewegen, da sie Elemente einer mündlichen Kommunikation einerseits und der Schriftsprache andererseits miteinander vereinen (vgl. Schlobinski und Siever 2015, S. 23). Letzteres unterstreicht im Beispiel die Formulierung „Denn es ist schließlich Winter […]", die an der Schriftsprache orientiert ist.

Blogs gelten dann als besonders erfolgreich, wenn sie eine Interaktion mit ihren Lesern herstellen. Betrachtet man vor diesem Hintergrund den Metro Genussblog, so sind es eher wenige Kommentare (rund zwei bis drei pro Beitrag), in denen sich

Leser aktiv zu Wort melden. In einer Studie zum Thema Corporate Blogging aus dem Jahr 2013 wurde deutlich, dass solche Blogs eine gute Leserinteraktion erreichen, die Nutzwert bieten und Produktinfos sowie persönliche Erfahrungsberichte und Hintergründe enthalten (vgl. Mai 2014a, o. S.).

An dieser Stelle sei erneut auf den Daimler Blog verwiesen, der bereits seit 2007 aktiv ist und immer wieder als Vorzeigebeispiel genannt wird. Das Besondere an diesem Blog ist neben der langen Laufzeit der Absender: „Hier bloggen Mitarbeiter" lautet die Headline auf der Unterseite „Über das Blog" (Daimler 2016, o. S.). Darüber hinaus können Gastautoren Beiträge veröffentlichen. Entsprechend bunt sind die Themen, angefangen bei Produktneuheiten über Tradition und Geschichte bis hin zu Entwicklungsmöglichkeiten im Konzern. Die Authentizität, die durch die rund 800 Autoren geschaffen wird, spiegelt sich im Schreibstil wider, der auch hier changiert zwischen Mündlichkeit und Schriftlichkeit. Es wird mit Zitaten gespielt, wie in Abbildung 3.11 dargestellt, indem der unterlegte Liedtext „Er ist weg, weg [...]" zugleich der Link zu dem entsprechenden Youtube-Video ist:

Er war weg; einfach verschenkt!

Eines Tages war er weg. Er ist weg, weg, und ich bin wieder allein, allein. Mein Vater hatte den Mercedes entsorgt, einfach verschenkt an einen jungen Mann, der angeblich Mechaniker war. Da er, mein Vater, selbst beim Daimler arbeitete, wollte er mir damit mitteilen, er hätte für mich eigentlich schon ein neues Modell bestellt, das auch immer anspringen würde und neu ist und schön und elektronische Fensterheber hat, statt diese Kurbeln, der schnittig aussieht und schick ist... Ich bin mir sicher: jeder andere Mensch auf der Welt hätte sich wahnsinnig gefreut. Ich habe nur geheult.

Abb. 3.11 Post aus dem Daimler Blog
Quelle: Iwan 2015, o. S.

Unter der Überschrift „She's Mercedes" berichtet hier eine Gastautorin über die Liebe zu ihrem alten Mercedes. In kurzen Absätzen, mit prägnanten Zwischenüberschriften und Bildern erzählt die Autorin eine Geschichte rund um ihren alten Mercedes, was ihr die Leser in der Kommentarspalte danken: „Einfach herrlich ... da kommen Erinnerungen hoch" postet ein Leser; „Eine wunderbare Liebesgeschichte!" kommentiert eine andere Leserin. Unter den Kommentaren, die es seit der Veröffentlichung am 7. Dezember 2015 gab, befand sich offenbar auch einer, der auf Wunsch des Kommentators gelöscht wurde, übrig geblieben ist nur noch eine Reaktion von einem User namens *Anti-Troll*: „An die Möglichkeit, dass eine großartige und sehr unterhaltsame Geschichte auch Elemente enthält, die möglicherweise nicht der Realität entsprechen haben Sie sicherlich gedacht?“, für die sich die Autorin mit „Lieber Anti-Troll, du verstehst mich wirklich!!!“ bedankt. Mit den zehn Kommentaren, die dieser Beitrag bis dato erzielt hat, kann man ihn der oben zitierten Studie nach als überdurchschnittlich bewerten: Demnach erzielen zwei von drei Corporate Blogs keine Kommentare, der Rest im Schnitt zwei (vgl. Mai 2014a, o. S.).

Ein interessanter Fall neben den klassischen Marken- und Firmenblogs, der hier noch kurz Erwähnung finden soll, ist der CEO-Blog. Einer der meist gelesenen CEO-Blogs ist der Blog von Richard Branson, Gründer der *Virgin Group*, zu der rund 400 Unternehmen, wie bspw. die Fluglinie *Virgin Airlines*, gehören. Branson ist das Gesicht der Marke und insofern ist es nur konsequent, dass er auch ein eigenes Blogformat unterhält. Beiträge wie „Remembering David Bowie“ oder „Never feel guilty about taking a break“ werden rege kommentiert und mehr als 10.000 Mal geteilt. Kennzeichnend für den Blog ist neben der Allgegenwärtigkeit der Person Branson die aktive Ansprache des Lesers, dem Branson quasi Lebenshilfe leistet, wie Abbildung 3.12 verdeutlicht.

> You should never feel guilty about taking a break from your work to enjoy some quality time with loved ones and friends. That is especially true during this festive period, but should also apply all year round.

Abb. 3.12 Post aus dem Blog des Virgin-CEO Richard Branson
Quelle: Branson 2015, o. S.

Dabei liegt es ihm – abgesehen von Posts wie dem obigen, der am 24. Dezember 2015 erschienen ist – häufig daran, Menschen zu motivieren und den Unternehmergeist in ihnen zu wecken.

Nur die wenigsten deutschen CEOs nutzen das Format des Blogs und kommen dann auch nicht so charismatisch wie Richard Branson daher. Das Blog von Jörg Ehmer, CEO von *Apollo Optik*, hat eine eher nüchterne Anmutung. Dabei gehört Ehmer zu den Pionieren: Er hat seinen Blog bereits 2012 gegründet, als er noch CEO der *ElectronicPartner Handel SE* war. Sein erster Post liest sich wie folgt, vgl. Abbildung 3.13.

Ich begrüße Sie auf meinem Blog und freue mich über Ihren Besuch.

Warum ich blogge? Medien, Plattform und Themen sind da, und ich möchte meine Meinung und Erfahrungen mit Ihnen teilen, gerne auch zu Widerspruch oder Zustimmung anregen.
Hier bei mir dreht sich schwerpunktmäßig alles um die Branchen Unterhaltungs- und Haushaltselektronik, IT und Telekommunikation, den Handel, den Verbraucher, die Wirtschaft und Gesellschaft.

Los geht's - ich wünsche Ihnen viel Spaß!

Ihr
Jörg Ehmer

Abb. 3.13 Post aus dem Blog von Jörg Ehmer
Quelle: Ehmer 2012, o. S.

Heute sind die Beiträge länger, durchsetzt von persönlichen Reflexionen, z. B. zum Thema „Gute Vorsätze". Was geblieben ist: Jörg Ehmer siezt seine Leser nach wie vor und hält damit einen respektvollen Abstand auch in einem eher persönlichen Kommunikationsformat.

Die hier zitierten Beispiele zeigen, dass Blogs von der Glaubwürdigkeit und Authentizität leben. Eine starke Marke – ob Unternehmen oder Person – zieht per se Leser auf die Seite. Damit diese sich aber aktiv einbringen, braucht es Geschichten, die ansprechend erzählt und aufbereitet sind und die den Leser fesseln und/oder ihm einen Mehrwert bieten.

3.3.2.3 Soziale Netzwerke

Jeden Monat verbringen Menschen über 300 Milliarden Minuten oder das Äquivalent von 600.000 Jahren auf Facebook; vier von fünf Internetnutzern besuchen soziale Webseiten (vgl. Standage 2013, S. 6f.). Mit diesen beeindruckenden Zahlen leitet Tom Standage seine überaus lesenswerte Geschichte der sozialen Medien „Writing on the Wall" ein, in der er argumentiert, dass es „Posts" bereits im Antiken Rom gegeben habe – da noch an Häuserwänden anstelle auf Computerbildschirmen.

Der aktuellen Kommunikation auf Social-Media-Plattformen wie Facebook & Co. kann sich kaum ein Unternehmen mehr entziehen. Eine Befragung des Branchenverbands *Bitkom* unter den Kommunikationsverantwortlichen in IT- und Telekommunikationsunternehmen zeigt bspw. auf, dass mehr als die Hälfte der Unternehmen eigene Teams darauf ansetzen, die Social-Media-Aktivitäten zu koordinieren (vgl. Bitkom 2016, o. S.).

Eine zunehmende Professionalisierung zeigt sich auch daran, dass man sich strategischer mit den Zielen, Zielgruppen, Inhalten und Kanälen im Web 2.0 auseinandersetzt. Dabei steht das Ziel, die Bekanntheit zu steigern, nach wie vor auf Platz eins der Unternehmensinteressen. Gleichzeitig möchten sich die Unternehmen aber auch als Experten positionieren sowie Bewerber und Kunden anziehen (vgl. ebd.). Dafür reicht längst nicht mehr nur ein Facebook-Kanal. So unterhält bspw. der Automobilhersteller *BMW* sowohl einen globalen Facebook-Auftritt als auch einen für BMW Deutschland, daneben gibt es u. a. die Seiten „BMW Karriere" sowie „BMW i" (für Produkte und Services). Zudem erkennen viele Unternehmen, dass soziale Netzwerke ihnen helfen können, den Kundenservice zu optimieren. Dazu gehört z. B. die *Deutsche Bahn*, die auf ihrem Account *Deutsche Bahn Personenverkehr* immer wieder mit Anfragen wie der in Abbildung 3.14 konfrontiert ist.

> [redacted] Also ich konnte das 1.-Klasse-Upgrade nicht buchen, mein Anschluss in Hof nach Dresden hat nicht geklappt, mein ICE wurde in Fulda von einem anderen ICE überholt un ab 23.00 Uhr gibts nicht mal mehr Bier im Bistro

Abb. 3.14 Post aus dem Facebook-Account der Deutschen Bahn Personenverkehr

Quelle: Deutsche Bahn Personenverkehr 2016, o. S.

Die Antwort erfolgt rund vier Stunden später (wobei der oben stehende Post auch mitten in der Nacht abgesetzt wurde) und wird in Abbildung 3.15 dargestellt.

> **Deutsche Bahn Personenverkehr** Hallo [redacted] haben Sie das Aktionsangebot von meinen Kollegen per E-Mail erhalten? Es gibt aktuell ein Problem, die Kollegen sind aber an der Behebung. Tut mir leid, dass Sie Ihren Anschluss in Hof verpasst haben und das Sie kein Bier mehr im Bistro erhalten haben. Sie können Ihre Fahrgastrechte bezüglich der Verspätung vom Servicecenter Fahrgastrechte prüfen lassen. Informationen zu den Fahrgastrechten finden Sie hier: www.bahn.de/Fahrgastrechte-DBBahn /di

Abb. 3.15 Antwort-Post aus dem Facebook-Account der Deutschen Bahn Personenverkehr

Quelle: Deutsche Bahn Personenverkehr 2016, o. S.

Die Herausforderung besteht hier vor allem darin, auch bei offensichtlich gefrusteten bis hin zu unsachlichen oder gar beleidigenden Kommentaren möglichst freundlich und zuvorkommend zu reagieren. Dabei spielt die persönliche Ansprache eine besondere Rolle. In diesem Rahmen gilt es nicht nur festzulegen, ob geduzt oder gesiezt wird, sondern auf möglichst individuelle Antworten zu achten, wie das Beispiel in Abbildung 3.16 zeigt.

Abb. 3.16 Posts aus dem Facebook-Account airberlin
Quelle: Air Berlin 2016, o. S.

Auch hinter dem vermeintlich anonymen Konzern wird eine Person mit Namen „David" sichtbar und damit ein vertrauensvolles Verhältnis zwischen Unternehmen und Kunden signalisiert. Der amerikanische Social-Media-Spezialist Dan Zarrella hat in diesem Zusammenhang herausgefunden, dass Posts, die aus persönlicher Sicht geschrieben werden und Personalpronomen wie „ich", „wir" oder „unser" gebrauchen, tendenziell mehr Likes bekommen (vgl. Löffler 2014, S. 564). Kommentiert werden demnach auch solche Beiträge eher, die eine klare Aussage formulieren und sich nicht hinter neutralen Formulierungen verstecken (vgl. ebd.).

Annika Schach (2015, S. 234) leitet aus dieser und anderen Empfehlungen für die Facebook-Kommunikation ab: „Prinzipiell gelten bei dieser Textsorte weniger starre Texter-Regeln als bei anderen PR-Texten." Zugleicht weist aber auch sie darauf hin, dass die Art der Kommunikation von Zielen und Inhalten abhängt. Dabei sollte stets auch die Schnittstellenfunktion der sozialen Netzwerke beachtet werden, denn sie bieten eine optimale Möglichkeit, um auf andere Plattformen, wie

Websites, aber auch Twitter, Instagram etc. zu verlinken. Text-Posts sind dabei nicht das alleinige Mittel der Wahl, denn sie werden in den allermeisten Fällen mit Fotos oder Videos verbunden. Interessanterweise erhalten solche Fotos oder Videos zwar weniger Kommentare als Text-Posts, sie werden aber insgesamt häufiger geteilt, was im sozialen Netz eine entscheidende Währung ist (vgl. Löffler 2014, S. 565).

Plattformen wie Facebook bekommen daher auch eine immer stärkere Konkurrenz durch soziale Netzwerke wie Instagram oder YouTube, die Storytelling jenseits des Textes betreiben. Das Modeunternehmen *Zalando* zählt Stand August 2016 um die 300.000 Follower auf Instagram, der Automobilkonzern *Volkswagen* rund 400.000. VW-Marketingleiter Anders-Sundt Jensen schätzt „Instagram als eine ideale Plattform für eine starke, visuell getriebene Kommunikation mit einer der jüngsten Zielgruppen in den sozialen Medien überhaupt. Durch mobile Nutzung geprägt, ist Instagram DER Kanal für visual storytelling“ (Bruhns 2015, o. S.).

Wird also der Text langfristig bedeutungslos im Social Web? Nicht, so lange weiter gezielt nach Informationen über Unternehmen und Produkte gesucht wird. Denn um auf die entsprechenden Inhalte zu stoßen, werden Suchbegriffe eingegeben, die sich auf den Seiten wiederfinden müssen. Social-Media-Experten verweisen vor diesem Hintergrund immer wieder auf die Bedeutung so genannter *Keywords*, also relevanter Schlüsselbegriffe, die das Suchverhalten der User abbilden. So sollte man schon bei der Benennung der Facebook-Fanpage an einen Namen denken, der mindestens ein relevantes Keyword enthält – zum Beispiel den Firmennamen oder eine Bezeichnung wie „Produkte“ oder „Karriere“ (vgl. Löffler 2014, S. 568).

Auch Fotos, Infografiken oder Bilder dürfen nach Meinung von SEO-Experte Lars Heinemann nie ohne aussagekräftige Beschreibung daherkommen (vgl. ebd.). Dabei wird immer mehr auf *Hashtags* zurück gegriffen, die der Verschlagwortung innerhalb eines Textes dienen. Hashtags dienen damit der Aufmerksamkeit und erleichtern die Suche innerhalb eines Netzwerks. So haben die *Berliner Verkehrsbetriebe* (BVG) im Jahr 2015 mit dem zu einem erfolgreichen Werbevideo gehörenden Hashtag #ismiregal einen viralen Hit gelandet und neben der Markenbekanntheit zugleich das Image des Unternehmens verbessert, was auch in Kapitel II.I.4 noch ausgeführt wird.

Das Phänomen Hashtag verweist auf einen Trend, der sich in Bezug auf die Online-Kommunikation zu verdichten scheint: den Trend der Verknappung. Deutlich wird dieser durch die zunehmende Nutzung von Diensten wie WhatsApp oder Snapchat, die aktuell vor allem für die private Kommunikation genutzt werden. In dem Maße, in dem sie aber Nutzer von Plattformen wie Facebook abziehen, dürften auch Unternehmen sich die Frage stellen, wie sie diese Formate für sich nutzen können. Die Herausforderung liegt in einer noch flüchtigeren Form der Kommunikation (auf Snapchat löschen sich die Inhalte innerhalb kurzer Zeit selbst), die Steuerung und Kontrolle zunehmend erschwert. Allerdings liegt in jeder neuen Form auch eine neue Chance für Texte als Medium für die Vermittlung von Inhalten.

3.4 Fazit: Der Text ist tot? – Es lebe der Text!

Folgen Online-Texte anderen Spielregeln als Offline-Texte? Diese Frage lässt sich grundsätzlich verneinen. Online-Texte scheinen bestimmte *Prinzipien* des Textens wie Prägnanz, Dialogorientierung oder Kontextgebundenheit eher noch stärker einzufordern als dies ihre Offline-Varianten tun.

Dies ist zunächst einmal als eine Chance für den Text zu verstehen, dessen Existenzberechtigung in Anbetracht der zunehmenden audiovisuellen Inhalte im Netz mehr denn je diskutiert wird. Dabei stehen Texte im Zentrum vieler Online-Applikationen. Und wenn sie nicht im Zentrum stehen, so ergänzen sie doch Bild, Ton und Video. Zudem werden sie – dies erscheint der Autorin ein bis dato wenig beachteter Gedanke – von den Usern selbst genutzt, die zumeist mit Texten auf die Posts, Videos, etc. von Unternehmen reagieren. Natürlich geht der Text dabei auch Kombinationen ein, z. B. mit Emoticons; er wird verknappt und nähert sich immer mehr oralen Formen an. Verliert er dadurch an Wertigkeit? Dies ist eine Frage, die sich Sprachkritiker stellen können und sollen, denn so lange darüber diskutiert wird, ist der Text nicht tot!

Blicken wir in die Historie, war seine Rolle indes immer schon umkämpft. So wehrte sich der französische Sprachphilosoph Jacques Derrida vor gut einem halben Jahrhundert gegen den Logozentrismus als Fixierung auf eine Bedeutung und die damit einhergehende Dominanz des gesprochenen Wortes gegenüber der Schrift (Phonozentrismus) (vgl. Derrida 1974). Für Derrida lag der Reiz der Schrift immer in den „Spuren", die diese hinterlasse und sich damit gegen jede Eindeutigkeit wehre. Dies ist auch insofern ein interessanter Gedanke, als der Schrift häufig das Moment des Fixierten anhaftet, die gesprochene Sprache demgegenüber eher flüchtig erscheint.

Mit dem „pictorial turn" wurde Anfang der 90er Jahre dann die Wende zum Bild verkündet und damit der Tatsache Rechnung getragen, dass Bilder in unserer heutigen Kultur zu einem zentralen Kommunikationsmedium geworden sind. Das Internet ist die perfekte technische Plattform für diese Art der Kommunikation und der Online-Texter sollte die Klaviatur von Text- und Bildsprache zweifellos beherrschen können. Dabei gilt es, je nach Ziel und Funktion zu entscheiden, ob eine Marke bildlich inszeniert werden soll, wie dies bspw. auf Instagram der Fall ist, oder ob eine Pressemitteilung wichtige Unternehmensbotschaften in klassischer Textform transportiert.

Unternehmen, die sich ins Netz und insbesondere ins Social Web begeben, sind dabei durchaus gut beraten, wenn sie Spielregeln für ihre Online-Kommunikation aufstellen. Diese sollen weniger Grenzen setzen als vielmehr ein Spielfeld markieren, auf dem sich der Texter frei bewegen kann. Hierbei helfen Social Media Guidelines wie die der Deutschen Post (Deutsche Post DHL 2016, o. S.). Sie reflektieren die Unternehmenswerte, rufen zu respektvollem Umgang miteinander auf und weisen letztendlich natürlich auch darauf hin, dass bestimmte Unternehmensinformationen vertraulich zu behandeln sind. Im Netz wird zwar in der Regel eine persönliche Kommunikation auf Augenhöhe präferiert. Handelt es sich bei dem Anbieter aber um ein Unternehmen, würde eine Anbiederung auf sprachlicher Ebene vermutlich eher schaden als nutzen. Der Glaubwürdigkeit ist es daher dienlich, einen Stil und eine Tonalität zu wählen, die zum Image des Unternehmens passen. Gleichzeitig ist den Akteuren im Netz wohl bewusst, dass die Kommunikation hier immer auch Inszenierung bedeutet – diese Kunst beherrschen erfolgreiche Blogger ebenso wie die Gründer von Mediendiensten wie Snapchat. Ihre Geschichten verbreiten sich wiederum vor allem über ein Medium: den Text.

Literatur

Beck, Klaus (2010). Soziologie der Online-Kommunikation. In: Wolfang Schweiger & Klaus Beck (Hrsg.), *Handbuch Online-Kommunikation* (S. 15-35). Wiesbaden: VS Verlag für Sozialwissenschaften.

Beck, Klaus (2013). *Kommunikationswissenschaft*. Konstanz: UTB.

Bedijs, Kristina & Heyder, Karoline Henriette (2012). Sprache und Personen im Web 2.0. In: dies. (Hrsg.), *Sprache und Personen im Web 2.0. Linguistische Perspektiven auf YouTube, SchülerVZ & Co* (S. 7-20). Münster: Lit-Verlag.

Bernet, Marcel (2010). *Social Media in der Medienarbeit. Online-PR im Zeitalter von Google, Facebook und Co*. Wiesbaden: VS Verlag.

Bühler, Karl (1934/1999). *Sprachtheorie. Die Darstellungsfunktion der Sprache*. 3. Auflage. Stuttgart: UTB.

Derrida, Jacques (1974): *Grammatologie*. Frankfurt am Main: Suhrkamp.

Femers, Susanne (2011). *Textwissen für die Wirtschaftskommunikation*. Stuttgart: UTB.

Gazdar, Kaevan & Kirchhoff, Klaus Rainer (2001). *Geschäftsbericht ohne Fehl und Tadel. Sprache, Gestaltung, Botschaft erfolgreicher Finanzkommunikation*. 2. Auflage. München: Hermann Luchterhand Verlag.

Heijnk, Stefan (2011). *Texten fürs Web: planen, schreiben, multimedial erzählen*. 2. Auflage. Heidelberg: dpunkt Verlag.

Keel, Guido (2013). Vernetzungsmuster: Schreiben fürs Internet. In: Peter Stücheli Herlach & Daniel Perrin (Hrsg.), *Schreiben mit System. PR-Texte planen, entwerfen und verbessern* (S. 131-150). Wiesbaden: Springer VS.

Liesem, Kerstin & Kränicke, Jörn (2011). *Professionelles Texten für die PR-Arbeit.* Wiesbaden: VS Verlag für Sozialwissenschaften.

Löffler, Miriam (2014). *Think Content!: Content-Strategie, Content-Marketing, Texten fürs Web.* Bonn: Galileo Computing.

Maletzke, Gerhard (1963). *Psychologie der Massenkommunikation.* Hamburg: Hans Bredow-Institut.

Moss, Christoph & Heurich, Jill-Catrin (2015). *Weblogs und Sprache. Untersuchung von linguistischen Charakteristika in Blog-Texten.* Wiesbaden: Springer Fachmedien.

Münker, Stefan (2009). *Emergenz digitaler Öffentlichkeiten. Die Sozialen Medien im Web 2.0.* Frankfurt am Main: Suhrkamp.

Neuberger, Christoph & Kapern, Peter (2013). *Grundlagen des Journalismus.* Wiesbaden: Springer VS.

Schach, Annika (2015). *Advertorial, Blog, Content-Strategie & Co. Neue Texte der Unternehmenskommunikation.* Wiesbaden: Springer Gabler.

Schmidt, Jan (2008). Weblogs in Unternehmen. In: Gianfranco Walsh, Berthold Hass & Thomas Kilian (Hrsg.), *Web 2.0. Neue Perspektiven für Marketing und Medien* (S. 97-108). 2. Auflage. Berlin, Heidelberg: Springer.

Silberschmidt, Kaspar (2013). Mehr über das Geschäft berichten: Schreiben in der Wirtschaftskommunikation. In: Peter Stücheli Herlach & Daniel (Hrsg.), *Schreiben mit System. PR-Texte planen, entwerfen und verbessern* (S. 53-63). Wiesbaden: Springer VS.

Standage, Tom (2013). *Writing on the Wall. An Intriguing History of Social Media, from Ancient Rome to the Present Day.* London et al.: Bloomsbury.

Stücheli-Herlach, Peter & Perrin, Daniel (2013). Schreiben mit System: Texte planen, entwerfen und verbessern für die medienkonvergente PR. In: dies. (Hrsg.), *Schreiben mit System. PR-Texte planen, entwerfen und verbessern* (S. 15-38). Wiesbaden: Springer VS.

Surowiecki, James (2005). *The Wisdom of Crowds.* New York: Anchor.

Weigand, Edda (2003). *Sprache als Dialog. Sprechakttaxonomie und kommunikative Grammatik.* 2., neu bearbeitete Auflage. Tübingen: Niemeyer.

Zappala, Joseph M., Carden, Ann R. (2009). *Public Relations Writing Worktext. A Practical Guide for the Profession.* 3. Auflage. New York, London: Routledge.

Zerfaß, Ansgar & Boelter, Dietrich (2005). *Die neuen Meinungsmacher: Weblogs als Herausforderung für Kampagnen, Marketing, PR und Medien.* Graz: Nausner & Nausner.

Online-Quellen

Air Berlin (2016). *Offizielles Facebook-Profil.* https://www.facebook.com/airberlin/?fref=ts/. Zugegriffen: 8. Februar 2016.

AZ Sint-Lucas Gent (2014.) *Jaarverslag 2013 in Lego – AZ Sint-Lucas Gent – Annual Report.* YouTube-Video. https://www.youtube.com/watch?v=tjyWnek_6Zs. Zugegriffen: 24. November 2015.

BASF (2014). *Online Bericht 2014*. http://bericht.basf.com/2014/de/serviceseiten/kennzahlenvergleich.html#/datasheet_ar_2014/vertbar/39,40,41/5,6,7,8,9,15,16,17,18,19/periods/0. Zugegriffen: 24. November 2015.

Bitkom (2016). *Jedes zweite Unternehmen setzt auf Social Media Teams*. https://www.bitkom.org/Presse/Presseinformation/Jedes-zweite-Unternehmen-setzt-auf-Social-Media-Teams.html. Zugegriffen: 8. Januar 2016.

BMW (2015). *Presseinformationen*. https://www.press.bmwgroup.com/deutschland/mypLogonForm.html. Zugegriffen: 12. September 2015.

Bose (2016). *Less noise. More relaxing*. http://special.bose.eu/en/quietcomfort/ov2. Zugegriffen: 4. Januar 2016.

Branson, Richard (2015). *Never feel guilty about taking a break*, 24.12.2015. https://www.virgin.com/richard-branson/never-feel-guilty-about-taking-a-break. Zugegriffen: 18. Januar 2016.

Bruns, Sandra (2015). *Die 10 besten Instagram-Auftritte deutscher Unternehmen*. Werben & Verkaufen-Online, 15.07.2015. http://www.wuv.de/digital/die_10_besten_instagram_auftritte_deutscher_unternehmen. Zugegriffen: 8. Februar 2016.

Daimler (2016). *Hier bloggen Mitarbeiter*. http://blog.daimler.de/hier-bloggen-mitarbeiter/. Zugegriffen: 18. Januar 2016.

Deutsche Bahn Personenverkehr (2016). *Offizielles Facebook-Profil*. https://www.facebook.com/DBPersonenverkehr/. Zugegriffen: 8. Februar 2016.

Deutsche Post DHL (2016): *Social Media Guidelines*. http://www.dpdhl.com/content/dam/dpdhl/presse/social_media/dpdhl_social_media_guidelines_de.pdf. Zugegriffen: 16. Februar 2016.

Deutsche See (2016). *Offizielle Homepage*. http://www.deutschesee.de. Zugegriffen: 5. Januar 2016.

Die Medialen (2015). *Screendesign. Innovative und individuelle Web-Layouts für Ihren Internetauftritt*. https://www.diemedialen.de/wEbdesign/screendesign.html. Zugegriffen: 3. November 2015.

Ehmer, Dr. Jörg (2012). *Ein herzliches Willkommen*. Ehmers Blog, 24.01.2012. http://www.ehmers-blog.de/2012/hallo-welt/. Zugegriffen: 18. Januar 2016.

Ford, Paul (2015). *What is Code?*, 11.06.2015. http://www.bloomberg.com/graphics/2015-paul-ford-what-is-code/. Zugegriffen: 10. September 2015.

Friedhoff, Anna (2016). *Serviettenknödel: Lieblingswinterbeilage*. Blogeintrag, 08.01.2016. http://www.metro-genussblog.de/serviettenknoedel-lieblingswinterbeilage/. Zugegriffen: 11. Januar 2016.

Han, Byung-Chul (2012). *Diskussionskultur im Internet. Im Reich der namenlos Nackten*. Tagesspiegel-Online, 29.04.2012. http://www.tagesspiegel.de/meinung/andere-meinung/diskussionskultur-im-internet-im-reich-der-namenlos-nackten/6569178.html. Zugegriffen: 11. September 2015.

Hochschule für Technik und Wirtschaft HTW Berlin (2016). *Offizielle Homepage*. https://www.htw-berlin.de. Zugegriffen: 5. Januar 2016.

Howard, Alexander (2015). *Behind The Scenes Of Bloomberg Businessweek's Epic Explanation Of Code*. The Huffingtonpost, 15.06.2015. http://www.huffingtonpost.com/2015/06/14/what-is-code_n_7576886.html. Zugegriffen: 10. September 2015.

Intacto (2015). *Flatdesign vs. Realism*. http://www.flatvsrealism.com. Zugegriffen: 3 November 2015.

International Telecommunication Union (ITU) (2015). *Statistik.* http://www.itu.int/en/ITUD/Statistics/Documents/publications/mis2014-/MIS2014_without_Annex_4.pdf. Zugegriffen: 11. September 2015.

Iwan, Alexandra (2015).*She's Mercedes.* Blogeintrag, 07.12.2015. http://blog.daimler.de/2015/12/07/shes-mercedes/. Zugegriffen: 18. Januar 2016.

Kirchhoff Consult (2013). *Studie Online-Geschäftsberichte 2013.* http://ranking.kirchhoff.de/2013/zusammenfassung.html. Zugegriffen: 14. September 2015.

Mai, Jochen (2014). *Studie Corporate Blogs 2014,* 17.01.2014. http://karrierebibel.de/studie-corporate-blogs-2014-falsche-themen-kaum-kommentare. Zugegriffen: 14. September 2015.

Mai, Jochen (2014a). *Corporate Blogs 2014. Eine quantitative und qualitative Analyse von DAX30 und weiterer Blogs.* http://karrierebibel.de/wp-content/uploads/2014/01/Studie-Corporate-Blogs-2014.pdf. Zugegriffen: 18. Januar 2016.

Nike (2016). *Nike Better World – offizielle Homepage.* https://web.archive.org/web/20110106031017id_/http://nikebetterworld.com/index. Zugegriffen: 5. Januar 2016.

O'Reilly, Tim (2005). *What Is Web 2.0. Design Patterns and Business Models for the Next Generation of Software,* 30.09.2005. http://www.oreilly.com/pub/a/web2/archive/what-is-web-20.html. Zugegriffen: 14. September 2015.

Rosoff, Matt (2015). *What I learned by reading Businessweek's incredible 38,000-word article on code.* Business Insider, 14.06.2015. http://uk.businessinsider.com/paul-ford-what-is-code-38-things-youll-learn-2015-6?r=US&IR=T. Zugegriffen: 10. September 2015.

Schildhauer, Peter (2014). *Textsorten im Internet zwischen Wandel und Konstanz. Eine diachrone Untersuchung der Textsorte Personal Weblog.* Dissertationsschrift. Online abrufbar unter http://d-nb.info/1054950644/34. Zugegriffen: 3. Januar 2016.

Schlobinski, Peter & Siever, Torsten (2005): Editorial. In: Dies. (Hrsg.): *Sprachliche und textuelle Merkmale in Weblogs. Ein internationales Projekt* (S. 8-29). Online abrufbar: http://www.mediensprache.net/networx/networx-46.pdf. Zugegriffen: 3. Januar 2016.

Siemens (2015). *Pressemitteilungen.* http://www.siemens.com/press/de/pressemitteilungen/index.php?content%5B%5D=Corp&search=Suchbegriff&date-1-dd=10&date-1-mm=09&-date-1=2014&date-2-dd=10&date-2-mm=09&date-2=2015&intern=1. Zugegriffen: 11. September 2015.

Quadriga Hochschule Berlin (2015). *Winnerliste 2015.* http://www.digital-awards.eu/shortlist2015/. Zugegriffen: 16. September 2015.

Vodafone (2014). *Vodafone Annual Report.* http://www.vodafone.com/content/annualreport/annual_report14/index.html. Zugegriffen: 24. November 2015.

Wohlert, Nora-Vanessa (2015). *Jessie: Wie man Deutschlands bekannteste Modebloggerin wird.* https://editionf.com/jessie-man-deutschlands-bekannteste-modebloggerin. Zugegriffen: 18. Dezember 2015.

Abweichung vom allgemeinen Sprachniveau: Jugendsprache als Varietätentyp in der Wirtschaftskommunikation

4

Susanne Femers-Koch

Zusammenfassung

Jugendsprache in Werbung und Social Media ist kein Garant für die Akzeptanz von Produkten und Unternehmen oder die „Verjüngung" älterer Zielgruppen. In Bezug auf den Varietätentyp Jugendsprache ist zu klären, welche sprachlichen Formen als Marker dieser Varietät dienen (z. B. Intensivierungen wie *hammer* oder typische Adjektive wie *geil* oder *cool*), in welcher Funktion diese Varietät eingesetzt wird (z. B. Nutzung des Prestigefaktors *Jugend*) und in welchen Produktbranchen diese Sprache Anwendung findet (z. B. Kosmetika wie das Deo „Axe"). Jugendsprache in der Wirtschaftskommunikation weist neben Chancen auch Risiken auf (z. B. mangelnde Authentizität und wahrgenommene Anbiederung), die vor dem Einsatz des Sprachtypus abzuwägen sind. Dies soll anhand von Elementen der Jugendsprache und Beispielen ihres Einsatzes insbesondere in der Werbung illustriert werden.

4.1 „Jugendsprech" – ein Varietätentyp von Sprache mit Wandel als Konstante

4.1.1 Abstraktes „Deutsch" und konkrete Varietäten

Von der „Sprache Deutsch" zu sprechen, ist eigentlich ungenau. Es gibt nicht die Deutsche Sprache an sich. Die Bezeichnung „Deutsch" abstrahiert vielmehr von einer ganzen Reihe von konkreten Varianten des Deutschen, die neben der Standard-Schriftsprache existieren (vgl. Neuland 2008, S. 66 ff.). Solche konkreten

Subformen hat die Linguistik als Subsysteme oder Varietäten unterschieden (vgl. Löffler 2010, S.94 ff.; Janich 2013, S.215). Zu den Sprachvarianten des Deutschen gehören beispielsweise die gesprochene und geschriebene Sprache, die Alltagssprache, die Literatursprache, die Wissenschafts- oder Fachsprache und auch die Sexlekte Männer- oder Frauensprache sowie Alterssprachen, d.h. Erwachsenensprache und Kinder- oder Jugendsprache.

Sprache kann als *soziale Institution* verstanden werden und dies impliziert, dass sie sich nicht von heute auf morgen komplett wandelt oder gar obsolet wird (Adamzik 2010, S.227). Allerdings können sich sprachliche Konventionen und Sprachgebrauch (unbeabsichtigt im Gebrauch der Sprache oder intentional veranlasst oder verhandelt) verändern. Dieser *Wandlungscharakter* gehört ganz selbstverständlich zur Sprache. Daher müssen sich Wörterbücher erneuern und können historische Wandlungsprozesse von Sprachgewohnheiten nachzeichnen. Normalerweise geht das ganz langsam. Für die Jugendsprache aber gilt: Hier bleibt nichts lange so wie es war. Jedes Jahr gibt der Langenscheidt Verlag sein Wörterbuch „100% Jugendsprache" korrespondierend zum Wettbewerb „Jugendwort des Jahres" heraus, d.h. diese Sprache ist von „echten" Jugendlichen als preisverdächtig nominiert worden (vgl. z.B. Langenscheidt 2014, 2016). Die jugendsprachliche Werbung für diese Wörterbücher illustriert das folgende Textbeispiel, das man – altersabhängig – verstehen kann, aber nicht muss:

Textbeispiel „Jugendsprache" Langenscheidt 2016

„100 Prozent Jugendsprache
Was geht, ihr Opfas? War'n freaky Bash gestern inne Disse. Nullkommanull verstanden? Chili milli und flauschig bleiben. Rettung naht: 100% Jugendsprache entschlüsselt den Jugendsprech und liefert authentische Übersetzungen in amerikanischem und britischem Englisch.
Bist du'n Alpha-Kevin oder doch mega bambus? Einwegtussi oder Tinderella? Omni oder Swaggetarier? Egal – du wirst dieses Wörterbuch krass feiern. Hier gibt's nämlich Enterbrainment, bei dem auch die Fliegenficker steil gehen" (Quelle: Langenscheidt Online 2016, o.S.).

Varietäten wie Dialekt, Umgangssprache, Fachsprache oder eben Jugendsprache als Subsysteme von Sprache gelten insbesondere aufgrund ihrer *qualitativen Abweichung* im lexikalischen Gebrauch von der Hochsprache und ihren *eigenen Sprachnormen* als relevante Kategorien des individuellen wie kollektiven Sprachbewusstseins

(Elfing 2012, S. 163). Unter einer solchen Varietät versteht man nach Adamzik (2010, S. 345) eine: „Kategorie zur Erfassung der Heterogenität der Sprache, d. h. der Tatsache, dass Sprecher abhängig von außersprachlichen Bedingungen wie regionaler Herkunft, Schulbildung, Beruf, Kommunikationssituation usw. die Sprache unterschiedlich benutzen".

Für die Jugendsprache ist typisch, dass sie sich mit jeder Generation, aber auch ontogenetisch, wandelt. Wenn einer Generation der Freiraum zur sprachlichen Entfaltung gegeben ist, wird er auch genutzt. Im Jugendalter entwickelt sich die Sprache nach Dittmar und Bahlo (2009, S. 302) „in Richtung Erwachsenensprache in konfigurativen sprachlichen Ablagerungen, die einen kognitiven Reifeprozess markieren wie die Jahresringe des Wachstums des Baumes". Jugendsprache oszilliert zwischen Abgrenzung und Adaption in Bezug auf die Erwachsenensprache. Denn sie unterliegt dem „Prinzip der Unabgeschlossenheit" (Dittmar und Bahlo 2009, S. 302), d. h. ihre Entwicklungsrichtung ist die Beherrschung der Erwachsenensprache, die aber zugleich durch das Einbringen neuer Muster aus der Jugendsprache selbst – paradoxerweise – verändert wird. Typisch für diesen unterschwelligen Modifikationsprozess ist das *identitätsstiftende Experimentieren mit Sprache*, das weiter unten im Rahmen der Analyse von Funktionen der Jugendsprache noch einmal ausführlicher betrachtet wird.

4.1.2 Jugendsprache als wissenschaftliches Konzept

Besondere Aufmerksamkeit hat Jugendsprache erst relativ spät in der Germanistik und Linguistik erfahren (Neuland 2008, S. 1). Nach Janich (2013, S. 215) ist erst zu Beginn der 2000er Jahre eine Art „Sprachwirklichkeitsmodell" entwickelt worden. Mit Heinrich Löfflers „Varietätenlinguistik des Deutschen" (Löffler 2010) werden Formen sprachlicher und kommunikativer Variationen untersucht, die der Wirklichkeit des Deutschen insofern gerecht werden sollen, als dass Sprache sich in vielfachen und unterschiedlichen Formen des Sprachgebrauchs manifestiert. Sein Varietäten-Modell des Deutschen setzt außersprachliche Faktoren mit innersprachlichen Formen in Beziehung und erfasst und systematisiert modellhaft das Deutsche. Jugendsprache gehört neben Fachsprache und Dialekt zu den am intensivsten untersuchten soziolinguistischen Varietäten – insbesondere auch, was ihren Einsatz in der Werbesprache angeht.

Bei der wissenschaftlichen Untersuchung von Jugendsprache erweist sich die *Ungenauigkeit des Begriffs Jugend* als eine große Herausforderung (Neuland 2008, S. 55 ff.). Man kann Jugend festmachen am Lebensalter, an der biologischen oder sozialen Reife, an der Ausbildungszeit oder dem Lebensgefühl von Menschen. Nach

Janich (2013, S. 239) sollte *Jugendsprache* „daher als abstrakter Überbegriff für eine Sammlung von Sprechstilen benutzt werden, die sich weniger durch ganz besondere lexikalische Merkmale als vielmehr durch *den spielerischen und experimentellen Umgang mit Sprache* auszeichnen und von einer bestimmten Altersgruppe bzw. verschiedenen auch sozial definierbaren Gruppen gesprochen werden" (Hervorhebung durch die Autorin). Eine etwas differenziertere Begriffsbestimmung von Jugendsprache, die diese allgemeine Konzeptualisierung ergänzt, geht auf Dittmar und Bahlo (2009, S. 302) zurück, in ihrem Verständnis

> „ist die Jugendsprache (oder der Juventulekt) eine generationsspezifische Übergangsvarietät, die den Aufbruch der Jugendlichen zum Erwachsenenstatus auf der Suche nach individueller und sozialer Identität in der Altersspanne zwischen 10 und 30 sprachlich zum Ausdruck bringt. Die überregionalen und kollektiv-sozialen Gemeinsamkeiten jugendsprachlicher Repertoires bezeichnen wir als ‚sekundäre Varietät' [...], die in der sekundären Sozialisation erworben, in der alltäglichen informellen Kommunikation im sozialen Alter der Jugend habituell verwendet und als solche identifiziert wird."

Seit den 1980er Jahren hat sich die Jugendsprachforschung gewandelt. Suchte man zunächst die Essenzen der Jugendsprache im Gebrauch eigener Lexik, die dann zu zeittypischen Lexika und Übersetzungswerken führte, wandte sich die jüngere Erforschung von Juventolekten komplexeren sprachlichen Handlungen zu, bspw. dem Gebrauch von Phrasen, der Syntax oder Sprachhandlungen in unterschiedlichen Verhaltenskontexten (vgl. hierzu im Überblick Neuland 2008, S. 21 ff.). Jugendsprache ist in erster Linie eine vor allem in der mündlichen Rede manifeste Varietät des Deutschen (Dittmar und Bahlo 2009, S. 302). Auch wenn sie in Briefen, E-Mails, SMS, Chats, Blogs usw. gepflegt wird, ist ihr Gebrauch in der gesprochenen Sprache und in der *Simulation bzw. Instrumentalisierung in der Wirtschaftskommunikation*, insbesondere der Werbung, noch am besten untersucht. Aus diesem Grund wird der vorliegende Beitrag diesen Anwendungsbereich in den Mittelpunkt der Betrachtung stellen.

Fraglich bleibt, wie die relative wissenschaftliche Zurückhaltung in der Erforschung der Jugendsprache zu erklären ist. Ein Grund dafür liegt sicherlich in der starken Durchmischung von Jugendsprache, Umgangssprache und Werbesprache. So sind die Nachweise darüber, ob Werbesprache Jugendsprache imitiert oder umgekehrt, schwer zu führen. Dies hängt wiederum nach Elfing (2012, S. 172) mit der „generellen medialen Inszenierung und Kommerzialisierung der ‚Fiktion' Jugendsprache [...] zusammen". Auf die Gemeinsamkeiten von Jugendsprache und Werbesprache wird weiter unten noch näher eingegangen. Zunächst sollen Funktionen und Eigenschaften näher betrachtet werden.

4.2 Sprachfunktionen und Eigenschaften von Jugendsprache

4.2.1 Jugendsprache und ihre Funktionen

Die Frage, wozu man Sprache braucht, klingt zunächst einmal banal. Bei näherer Betrachtung und im Kontext wissenschaftlicher Reflexion schwindet der Eindruck der Banalität und weicht einer Differenzierung, die der Funktionalität von Sprache im Allgemeinen und im Besonderen gerecht wird. Sprache hat, ganz allgemein gesagt, eine *Informations-, Kommunikations- und auch Kontaktfunktion* zwischen den Teilnehmern einer Interaktion. Sie dient auch der gesellschaftlichen Organisation und zeigt so ihre *soziale Funktion*. Im Selbstgespräch kann sie eine *kognitive Funktion* übernehmen oder in der Expression eine *emotionale Funktion* erfüllen, wenn Lautäußerungen dem Ausdruck eines Gefühls dienen (Adamzik 2010, S. 30 f.). Weitere vom Kontext unabhängige, allgemeine Funktionen von Sprache beschreibt beispielsweise Jacobsen (1979). In der Sprechakttheorie nach Austin und Searle (vgl. zusammenfassend Adamzik 2010, S. 231 ff.) werden Funktionen und Intentionen von Sprache als Sprechakte gefasst, dort werden noch weitere Differenzierungen vorgenommen.

In Anlehnung an das Organon-Modell von Bühler (1934, vgl. Bühler 1999) lassen sich *Darstellungs-, Ausdrucks-, Appell- und Beziehungsfunktion* in verschiedenen sprach- und kommunikationstheoretischen Modellen anführen (z. B. Watzlawick 1967, vgl. Watzlawick et al. 2011 und Schulz von Thun 2011), die insbesondere durch die Popularisierung im sogenannten „Vierebenen-Modell" der Kommunikation einen hohen Bekanntheitsgrad erlangt haben. Diese Funktionen sind für die Jugendsprache wie auch für andere Varietäten typische Kommunikationsfunktionen.

Auf der Sachebene spezifiziert sich Jugendsprache z. B. durch die ihr eigene Lexik. Neologismen sind auffällige Komponenten des Juventolekts. Im oben angeführten Werbetext des Langenscheidt Verlags für sein Wörterbuch „100 % Jugendsprache" findet sich z. B. der Begriff „Swaggetarier" für eine Person, die nur aus Imagegründen vegetarisch lebt. Wird dieser Begriff in der Kommunikation über jemanden verwendet, kann er nicht rein „sachlich" verstanden werden, sondern wird wegen der negativen Konnotation eine Selbstoffenbarungsbotschaft – wahrscheinlich in Form der eigenen Abgrenzung gegenüber dem Kommunikationsobjekt – mitkommuniziert. Viele typisch jugendsprachliche Ausdrücke dienen der Selbstdefinition und geben einem spezifischen Lebensgefühl Ausdruck. So bedeutet die unter Jugendlichen beliebte rhetorische Frage „Juckt?" so viel wie „Na und? Wen interessiert's?", was so viel bedeutet wie „Mir ist eh alles egal!" (Selbstoffenbarungsebene). Der Appell „Bleib flauschig!" für „Entspann' dich!", geht in eine ähnliche

Richtung des Ausdrucks eines in erster Linie unaufgeregten Lebensgefühls. Und wenn Jugendliche einen Gleichaltrigen ansprechen mit der Formel „Na, du Arsch, was geht ab?" ist das nicht analog der Bedeutung in der Erwachsenensprache als Beleidigung aufzufassen, sondern als eine coole kumpelhafte Anrede, vornehmlich unter männlichen Jugendlichen aufzufassen. Mit solchen Beziehungsbotschaften der Jugendsprache wird nicht nur Solidarität nach innen in Bezug auf die eigene Gruppe mitkommuniziert, sondern auch die Abgrenzung nach außen – Richtung Erwachsene – mitgemeint sein.

Neben diesen generellen Sprachfunktionen führt Janich (2013, S. 223) als spezielle Funktionen von Jugendsprache *soziale Identifikations-*, *Abgrenzungs-* und auch *Protestfunktionen* an und hebt außerdem mit Bezug auf Schlobinski den spielerischen Charakter von Jugendsprache mit Blick auf ihre Funktionalität hervor: „Der spielerische Umgang mit der Sprache hat weniger die Funktion, sich von anderen jugendlichen Gruppen oder Erwachsenen abzugrenzen, sondern ist vielmehr ein Experimentieren mit Themen, mit sprachlichen Regeln und Konventionen, ist ein Erproben der sozialen und diskursiven Kompetenz" (Schlobinski et al. 1993, S. 211 f. zitiert nach Janich 2013, S. 224).

In der *Werbung* wird Jugendsprache insbesondere für die Bewerbung von Produkten für spezielle jugendliche Teilkulturen eingesetzt und hat hier die Funktion, *Nähe zur Zielgruppe* herzustellen. Vor dem Hintergrund des hohen Status von „Jugendlichkeit" lassen sich aber noch weitere Funktionen identifizieren, die Elfing (2012, S. 173) anführt: Jugendsprache kann eine emotionale, direkte Ansprache realisieren, einen *„Aktualitäts- und Unterhaltungswert"* auch für Erwachsene realisieren, „Insiderkenntnisse" suggerieren, die *„Partizipation am Prestigefaktor Jugendlichkeit"* garantieren und ein „Gebrauchswertversprechen" beinhalten, „sich ein Stück der eigenen Jugendlichkeit zurückzuerobern". So kann Werbung in der Vereinnahmung von Jugendsprache und Jugend einen *Imagetransfer* anstreben, bei dem das „Unverbrauchte" der Jugend auf das beworbene Produkt projiziert werden soll.

4.2.2 Jugendsprache und ihre Eigenschaften

4.2.2.1 Typische Eigenschaften von Jugendsprache

Jugendliche Kommunikation zeichnet sich nach Dittmar und Bahlo (2009, S. 302) durch *Kreativität*, *Spontanität*, *Direktheit* und *Flexibilität* aus, die oft die Gestalt von *„Sprachspielen und Stilbasteleien"* annehmen. Mit ihr wird ein grundsätzlich lockerer Sprachgebrauch und ein Freiraum für Innovationen beansprucht, in dem soziale und auch diskursive Kompetenzen erprobt werden. Dem *Prinzip Abweichung* von der Erwachsenensprache folgen in der Jugendsprache nach der Analyse von Janich (2013, S. 224 f.) nicht standardsprachliche, jugendspezifische Abweichungen in Lexik und Phrasen, Abkürzungen (auch „SMS-Sprache"), die Verwendung von spezifischen Schreibweisen, die häufige Verwendung von Anglizismen, spezifische Anredeformen, Begrüßungen, Verabschiedungen und Aufforderungen, Neologismen wie auch comic-artige Lautmalerei. Beispiele dazu finden sich in Tabelle 4.1.

Tab. 4.1 Sprachliche Besonderheiten der Jugendsprache nach Janich (2013, S. 224) mit Beispielen nach Langenscheidt (2014) und Schulte (2015)

Besonderheiten der Jugendsprache	**Beispiele**
(Eigene) Lexik	Chum (Freund, Kumpel), abaxeln (jemandem hinterherlaufen), natzen (besiegen), möpen (nerven), endmadig (Ausdruck großen Missfallens)
Comic-artige Lautmalerei	Bäm! Ghettofaust! (Ausruf, der das Zusammenstoßen der Fäuste begleitet, wenn etwas gut, wie geplant, geklappt hat)
Phrasen	Back Dir ein Eis (Hau ab), Chill deine Nippel (Bleib locker), Besorg dir 'n Leben! (Du nervst), Aww… wie süß! (Entzücken ausdrücken)
Abkürzungen	BFF (Best Friend Forever), Bro (von Brother für Kumpel), aggro (aggressiv), MOF (Mensch ohne Freude), TMI-Hose (Too Much Information-Hose, knall eng sitzende Hose), Mopfer (Mobbing-Opfer)
Schreibweisen	Logan (Klar doch!), Weggoing (Ausgehen), n1 (für „nice one", gut gemacht!), korben (jemanden versetzen)
Anglizismen	Awsome (toll, cool), ausmoven (ausspielen), bashen (besiegen), battlen (konkurrieren), trashig (super, kultig), Crowd (Freundeskreis)
Anredeformen und Begrüßungen	Hey oder Hi, Alder, Alda (für Alter), Bella, Chica, Sweetheart (für Mädchen), Alles Hase? What goes? Und sonst so?
Verabschiedungen	Tschaussen! (Tschüss), Hauste! Ciao! Cescu! Bis dannimansky! Hau die Hühner! Tschüssing!
Aufforderungen	Fu! (Fick dich!), Yalla! (beeil dich) Yolo! (You only live once, Aufforderung, eine Chance zu nutzen), Write a book! (Reaktion auf nerviges Gelaber)
Neologismen	Abkrisen (sich aufregen), abmaulen (hinfallen), abschädeln (saufen), Achselterror (Schweißgeruch), Aknestäbchen (Pommes Frites), Omabonbon (Tablette), Muschidübel (Tampon)

Jugendsprache nimmt nach Ditmar und Bahlo (2009, S. 302) häufig den *Charakter einer „Battle"* an, wie die Begriffe „ausmoven" (ausspielen) oder „bashen" (besiegen) illustrieren. Es geht oft unterschwellig um Wettbewerb untereinander, das Provozieren des Gegenübers, aber auch *cooles Reagieren* (wie z. B. „Chill deine Nippel" (Bleib locker)). Der korrespondierende „Sprachkampf" verlangt Schnelligkeit, Erfindungsreichtum sowie Sensibilität für *Sprachspiele und Sprachwitz*. Gerne werden Redensarten oder bekannte Wörter in neue Kontexte gestellt (z. B. ist der Ausdruck „Muschidübel" für Tampon ein solches Kontextspiel). Jugendsprachliche *Wortneuschöpfungen* zeugen oft von kondensiertem Wissen (wie das Wort „Aknestäbchen" für Pommes Frites zeigt). In der Jugendsprache werden kurze, knappe Sätze bevorzugt, deren Präpositionen und Artikel fehlen können. Es geht insgesamt darum, *sich kurz zu fassen*, sich nicht „zutexten" zu lassen (siehe hierzu beispielsweise die Aufforderungen „Write a book!" als Reaktion auf „nerviges Gelaber"). Ein weiteres stilistisches Kennzeichen der Jugendsprache sind *Vulgarismen* (z. B. „ficken" oder „fuck") und die intensiv genutzte Fäkalsprache („scheiße", gerne auch in Wiederholungsfiguren). Jugendsprache ist diesbezüglich direkter und schamloser als die Erwachsenensprache.

Auffällig ist im Juventulekt auch der Einsatz von sogenannten „*Wertadjektiven*", wie „abgespaced, chillig, stressig, nervig, gefrustet, gedisst oder krass" (Ditmar und Bahlo 2009, S. 303), die gerne zum Ausdruck von Gefühlen genutzt werden, mit dem Suffix „-mäßig" *getuned* werden (z. B. „hammermäßig") oder im Zusammenhang mit Metaphern genutzt werden (z. B. „ätzend" oder „giftig"). Auch ist ihre jugendsprachlich geprägte Position im Satz bemerkenswert und weicht vom Einsatz in der Hochsprache und Erwachsenensprache ab, wie die Tabelle 4.2 zeigen kann.

Tab. 4.2 Wertadjektive und ihre syntaktischen Positionen im Satz in der Jugendsprache

Syntaktische Position des *Wertadjektivs*	Beispielsatz aus der Jugendsprache
Adverbial	Nun bleibt mal *chillig*.
Prädikativ	Die Muschi (Katze) ist aber voll *geil*.
Attributiv	*Korrekte* Arscherweiterung nach der Sitzung.
Fragment in Form eines Nachtrags	Wir finden euch scheiße … echt *megamäßig*.

Quelle: Dittmar und Bahlo 2009, S. 303

4.2.2.2 Kiezdeutsch zwischen Aufwertung und Abwertung

Konstitutiv für Jugendsprache ist nach Dittmar und Bahlo (2009, S. 302), dass die juventulektale Varietät sich je nach räumlich-situativen Vorgaben und soziokulturellen Orientierungen in unterschiedlichen Praktiken realisiert, die soziolinguistisch als *juventulektale Stile* bezeichnet werden. Insbesondere im Wortschatz unterscheiden sich verschiedene Peergroups, wie z. B. die Punk-Szene, Computernerds oder Migranten mit spezifischen Ausprägungen des Deutschen, die nur innerhalb der jeweiligen In-Group gänzlich verstanden werden. Mit dem sogenannten *Kiezdeutsch* wird seit Mitte der 1990er Jahre eine Jugendsprache speziellen Typs als „informelle, alltagssprachliche Varietät des Deutschen" (Wiese 2009, S. 305, Neuland 2008, S. 158 ff.) diskutiert, die vornehmlich in städtischen Wohngebieten mit hohem multiethnischen Migrantenanteil gesprochen wird. Seine Popularität verdankt dieser jugendsprachliche Stil vor allem dem Aufgreifen in der Comedy-Szene, im Rap und in der Literatur. Er unterscheidet sich vom Ethnolekt *Türkendeutsch* dadurch, dass er als Multiethnolekt in gemischten Gruppen von Jugendlichen sowohl mit als auch ohne Migrationshintergrund gesprochen wird.

Türkendeutsch als ethischer Stil wird ebenfalls von türkischen wie nicht türkischen Jugendlichen gesprochen. Es ist ein Stil unter anderen, den Jugendliche wählen, um z. B. bestimmte Passagen einer Erzählung hervorzuheben, ein Gesprächsthema abzuschließen, emotionale Anteilnahme auszudrücken, ihre Zugehörigkeit zu einer Subkultur zu demonstrieren oder sprachlich kreativ mit einem sozialen Typus umzugehen (z. B. dem „türkischen Macho" (Kern 2009, S. 309)). Berlin Kreuzberg und Berlin Neukölln stellen prototypische Stadtgebiete dar, die diese Stile repräsentieren. Lautliche Veränderungen von Sprache, neue Lexik oder neue Wendungen sowie grammatische Veränderungen, wie eine ungewöhnliche Wortstellung oder auffällige Verwendung von Artikeln und Pronomen, im Unterschied zu den Standardsprachen der Herkunftsländer von Jugendlichen prägen diesen Stil, den Tabelle 4.3 anhand einiger Beispiele illustriert.

Tab. 4.3 Kiezdeutsch und typische Sprachmodifikationen nach Wiese (2009, S. 306 f.)

Sprachmodifikation	**Beispiel aus dem Kiezdeutsch**
Sprachmischung, fremdsprachige Integration	Ey, rockst du, Ian, Alter? (Integration von Ian (türkisch für Mann, Typ))
Veränderung der Wortstellung im Unterschied zur Standardsprache	Morgen ich geh Arbeitsamt.
Abweichender Gebrauch oder Weglassen von Pronomen	Er hat schon eigene Wohnung.
Abweichender Gebrauch von Artikeln	Er chattet mit die.
Konstruktionen mit neuen Aufforderungswörtern	Musstu Doppelstunde fahren. (In der Fahrschule)
Gebrauch bloßer Nominalgruppen, ohne Artikel und Präpositionen als Orts- und Zeitangaben	Gehst du heute auch Viktoriapark? Ich werde zweiter Mai 15.

Nun kann man einerseits der *Kreativität* und der *Innovation* im Kiezdeutsch das Wort reden und seine sprachliche *Dynamik* schätzen (vgl. hierzu z. B. Marossek 2016), andererseits aber auch das erkennbar Gebrochene im Deutschen beklagen und darin eine Bedrohung der deutschen Sprache genauso wie die fehlende Integration der Sprecher sehen. Die *Sprachkritik* am Kiezdeutsch fokussiert das Defizitäre dieser Sprache, die Vereinfachung der Syntax und die „Notzucht an der Grammatik" (Wiese 2009, S. 306), die übrigens der Sprachkritik des früher selbstverständlicheren Sprechens von Dialekten gleicht. Festzuhalten bleibt: Der Einsatz von „Kiezsprache" oder „Türkendeutsch" geht aus der Perspektive der erwachsenen Vertreter einer Sprachgemeinschaft zumindest mit Ambivalenz einher.

4.2.3 Jugendsprache und ihr Imageproblem

Seit Jugendsprache existiert, gibt es auch Kritik an ihr. Dies hat nicht allein mit der Vorliebe für vulgäre Ausdrücke und der Verwendung von Fäkalsprache zu tun. Insbesondere in den Medien wurde die öffentliche Diskussion über Jugendsprache traditionell gerne als *bildungspolitische Kontroverse* geführt, in der sich Untergangsstimmung auszubreiten drohte. In solchen Kontexten wurde der Niedergang des Deutschen beschworen und der *Sprachverfall, die Nachlässigkeit und das Regressive im Sprachgebrauch* angeprangert (vgl. hierzu z. B. Neuland 2008, S. 3 ff. oder Dittmar und Bahlo 2009, S. 302). In der „analphabetischen Generation" – als die die Jugend mit jeder neuen Generation in „neuem Gewand" ihrer jeweiligen Jugendsprache diffamiert wurde – fürchtete man den „hemmungslos stammelnden Bildungsverweigerer", den empörte Pädagogen in Streitschriften und Debatten anfeindeten.

Als Konsequenz daraus muss der Einsatz von Jugendsprache in der Werbung kritisch gesehen werden. Das konstant negative Image von Juventolekten in der Erwachsenenwelt kann kaum entkräftet werden, selbst dann nicht, wenn man die Vorzüge von Jugendsprache – ihre Kreativität und Wandlungskraft – anführt. Senderunspezifsch dürfte Jugendsprache Ablehnung durch ihre *Regelwidrigkeit* und ihre kalkulierten *Sprachfehler* auch in der Wirtschaftskommunikation erfahren. Jugendsprache schafft aber auch Aufmerksamkeit und Nähe zum Zeitgeist, der durchaus für beworbene Produkte und Dienstleistungen einen attraktiven sprachlichen Nebeneffekt darstellen kann. Als Vorteil von Jugendsprache ist außerdem noch der ihr oft eigene Witz anzuführen sowie die Möglichkeit ihres parodistischen Einsatzes mit Unterhaltungswert (Neuland 2008, S. 15). Elfing (2012, S. 173) führt hierzu ein Beispiel aus der abwertend diskutierten „Kanaksprak" an: Mit der Aufforderung „he Alter, gehst mal Telefon?!" wird im ironisch-parodistisch jugendsprachlichen Ethnolektstil in der Werbung für den Klingelton „Döner Slang" geworben. Nur verstehen muss man diese Ironie – und dafür gibt es keine Garantie.

4.3 Jugendsprache in der Werbung

4.3.1 Jugendsprache und Werbesprache: Gemeinsamkeiten und Ambivalenzen

Vor dem Hintergrund der oben beschriebenen Imageprobleme der Jugendsprache kann man fragen, ob die Integration von Jugendsprache in die Werbung nicht grundsätzlich eine *Misalliance* darstellt. Diese Befürchtung relativiert sich aber etwas vor dem Hintergrund der Tatsache, dass Jugendsprache und Werbesprache sowieso eine ganze Reihe von sprachlichen Gemeinsamkeiten haben. Sie weisen nach Elfing (2012, S. 172) und Janich (2013, S. 224) zahlreiche sprachsystematische, stilistische und pragmatische Parallelen auf. Gemeinsam sind ihnen die *Stilprinzipien*

1. Hyperbolik (Übertreibung),
2. Bildhaftigkeit,
3. Normbruch (bzw. lockerer, spielerischer Umgang mit Sprachnormen),
4. Phraseologismen,
5. Anglizismen,
6. indirekte Sprechakte,

7. Ausdrücke mit weitem Assoziationsspielraum und
8. eine Art „Originalitätszwang".

Für Jugendsprache wie auch für Werbesprache ist es im Übrigen typisch, ständig *neue sprachliche Formen* auszuprobieren und damit vermutlich einen Beitrag zum *Sprachwandel* des Deutschen zu leisten. Das ehemals als *Tabulexem* der Jugendsprache eigene „geil" beispielsweise hat mittlerweile Eingang in die Alltagssprache gefunden und wird in unterschiedlicher Form (geil, ungeil, leider geil) auch von Erwachsenen in der Umgangssprache verwendet. Auch die Werbesprache hat sich hier bedient („Geiz ist geil", Media Markt). Eine ähnliche Wandlung erfuhr der Begriff „krank", der sich von der Bezeichnung für einen gesundheitlichen Status gewandelt hat zu einem allgemeinen Ausdruck für „Nicht in Ordnung sein" (Dittmar und Bahlo 2009, S. 302).

Die Nähe zur Werbesprache wird auch in der Verwendung einer speziellen Technik der Jugendsprache deutlich, der *Bricolage*: „Dabei werden signifikante Elemente verschiedener kultureller Bereiche aus der Matrix des Bestehenden selegiert, in einen neuen Kontext transformiert und zu einem subkulturtypischen Stilmuster zusammengefügt" (Neuland 2008, S. 149). Dittmar und Bahlo (2009, S. 302) identifizieren diese *Stilbastelei* bzw. das „Herumbasteln mit der Sprache" in der Jugendsprache beispielsweise in Fällen, in denen in eine laufende Äußerung ein Werbeslogan oder ein Filmzitat einfließt. Solche intertextuellen Referenzen suchen ihre Referenztexte im Unterhaltungsrepertoire, das für die Jugend bereitgehalten wird, wozu man auch die Werbung zählen kann. Nicht immer ist zwingend erkennbar, dass eine Wendung zuerst in der Werbung oder in Unterhaltungsmedien aufgetaucht ist und dann Eingang in die Jugendsprache gefunden hat oder umgekehrt. So wurde beispielsweise der jugendsprachliche Phraseologismus „Fuck you" für den Filmtitel der erfolgreichen Komödie von Bora Dagtekin „Fack ju Göthe" aus dem Jahr 2013 verwendet. Die bewusste orthographische Abweichung im Titel imitiert ebenfalls jugendsprachliche Muster.

Da Werbesprache anders als Jugendsprache grundsätzlich zweckgebundene Sprachinszenierungen vor dem Hintergrund wirtschaftlicher Interessen realisiert, stehen die beiden Varietäten aber auch in einer Art *Spannungsverhältnis* zueinander. Jugendliche Sprecher haben andere *Intentionen* als Protagonisten der Werbesprache: Sie wollen „nämlich originell, exklusiv und ungebunden in ihrem Sprachgebrauch sein" (Janich 2013, S. 225). Werbesprache ist nicht völlig ungebunden. Sie muss eine größere soziale Akzeptabilität garantieren, die Abweichungen von der Standardsprache dürfen nicht zu drastisch, provokant und auch nicht allzu vulgär sein. Denn Werbung wird nicht nur von genau denen wahrgenommen, deren Sprachniveau simuliert wird, sondern auch von einer breiteren Rezipientengruppe, die Abweichungen vom Sprachniveau der Hochsprache möglicherweise nicht goutiert. Der für Jugendsprache z. B. charakteristische „aggressiv-sexuelle oder vulgäre Extremwortschatz“ wird in der Werbung aus nachvollziehbaren Gründen gemieden, so dass der Einsatz von Jugendsprache als „entschärft, pseudoauthentisch“ auch aus der Erwachsenenperspektive verständlich und akzeptabel bleibt (Elfing 2012, S. 173).

Jugendlichkeit hat einen hohen gesellschaftlichen Stellenwert, daher verwundert die *Funktionalisierung von Jugendsprache* in der Werbung nicht. Werbetexte schmücken sich durchaus auch mit Jugendsprüchen, wenn sie sich an nicht-jugendliche Zielgruppen wenden, wie Elfing (2012, S. 172) aufgrund einer Auswertung einschlägiger Arbeiten feststellt. Aber empirische Studien zeigen, dass dies weit weniger in der Praxis vorkommt als man aufgrund von Plausibilitätsüberlegungen annehmen könnte. Ein exzessiver Einsatz von Jugendsprache in der Werbung ist empirisch eher selten zu finden, eine Ausnahme bilden Werbeaktivitäten mit ironisch-parodistischer Intention. Imitation von Jugendsprache wirkt leicht unauthentisch und aufgesetzt. Elfing (2012, S. 172) bemerkt dazu: „Schließlich droht bei der Verwendung von Jugendsprache die Gefahr, dass die Werbung als peinliche, unzulässige Anbiederung, als unglaubwürdig, unoriginell oder sogar unseriös empfunden wird.“.

Mit Jugendsprache kann selbstverständlich Nähe zu Jugendlichen aufgebaut werden, allerdings ist die Nähe-Distanz-Regulierung über den Sprachcode ein sensibles Unterfangen. Auch Janich (2013, S. 225) resümiert kritisch: „Jugendsprache ist sehr schwer nachzuahmen, wirkt in der Werbung fast nie authentisch und birgt die Gefahr, als peinliche Inszenierung […] empfunden zu werden […].“ Außerdem spricht auch die geringe soziale Reichweite gegen den Einsatz in der Werbung, die sich in der Regel an ein Massenpublikum richtet. Der Einsatz von Jugendsprache muss also nicht zwingend als Misalliance betrachtet werden, ist allerdings von Ambivalenz begleitet. Wer Jugendsprache in der Werbung einsetzt, muss klug kalkulieren und die Sprachangemessenheit für direkte und indirekte Zielgruppen, das beworbene Produkt selbst und auch den Charakter des Absenders von Botschaften einschätzen. Denn die Instrumentalisierung von Jugendlichkeit und der Einsatz von Jugendsprache birgt Reaktanzrisiken, wie weiter unten anhand ausgewählter Beispiele gezeigt wird.

4.3.2 Beispiele für Jugendsprache in der Werbung

4.3.2.1 Übernahmen aus der Jugendsprache in die Werbesprache auf der lexikalischen Ebene

Jugendliche haben enorme Kaufkraft, daher sind sie eine attraktive Zielgruppe für das Marketing. Allerdings stellen sie auch eine heterogene und veränderungsintensive Personengruppe dar, die nicht nur für die Kommunikationspolitik herausfordernd ist (Schmidt 2014, S. 17). Die Jugendstudie *Youth Economy* des Frankfurter Zukunftsinstituts charakterisiert *die* „Jugend von heute" als eine, die es nicht mehr gibt und prägt auf Basis ihrer extremen Wandelbarkeit für sie das Konzept der *„Liquid Youth"* (vgl. Schuldt und Ehret 2015, S. 7). Die Jugendmesse *YOU*, die 2015 in Berlin zum 17. Mal stattfand, versteht sich als Leitmesse für Jugendkultur, die mit Erlebnis-Events und Angeboten im Bereich „Bildung. Karriere. Zukunft." jedes Jahr jugendaffine Angebote macht, um die Integration auf dem Arbeitsmarkt zu befördern und nebenbei attraktive Produktwelten für junge Leute zu präsentieren. Auch hier wird Jugend von Jahr zu Jahr neu *vermessen*.

Jugendstudien wollen den jungen Konsumenten von heute (und morgen) skizzieren, damit das Marketing darauf aufbauende Anpassungsstrategien entwerfen kann. Die in Deutschland wohl populärste Vermessung von Jugendlichen stellt die bereits seit 1953 im Auftrag von Shell realisierte sog. Shell-Studie dar (Shell Deutschland 2015, o. S.). Die Befindlichkeit von Jugendlichen, ihr Konsumverhalten, ihre Produktpräferenzen und Vorlieben für spezifische Marken werden auch hier intensiv untersucht, um die Wirtschaftskommunikation immer wieder neu an die sich wandelnde Zielgruppe, ihre Szenen, Trends und natürlich auch an ihre Kommunikationskultur anschlussfähig zu machen.

Jugendsprache in der Werbung findet man häufiger bei Lifestyle-Produkten, Kosmetika, Pflege- und Hygieneprodukten, Unterhaltungsmedien, Handys oder Klingeltönen als etwa bei Versicherungen oder Banken (Elfing 2012, S. 174). Es ist einleuchtend, dass das Jugendlexikon beispielsweise für die Bewerbung eines banalen Reinigungsmittels wie Meister Proper oder der WC Ente eher Irritation und Befremden auslösen würde. Ein Satz wie „Willst Du geile Flasche an dein Bodenmasseuse (Putzhilfe) geben?!" würde sicherlich seinen Aufforderungscharakter verfehlen. Jugendsprache verbietet sich auch für viele Produkte aufgrund ihrer Obszönität. Betrachtet man beispielsweise die zart weiß-blauen Werbewelten von Damenhygieneprodukten – bspw. von o.b. –, so ist offensichtlich, dass hierzu drastische jugendsprachliche Lexik wie „Muschidübel" (Tampon) kontrastiert. Auch bei anderen jugendaffinen Produkten wird man auf der Suche nach Jugendsprache in der Werbung nicht unbedingt fündig. Eine eindeutige Klassifikation von Marken- und Sprachwelten in Anlehnung an Altersvarietäten der Soziolinguistik liegt bis heute nicht vor. Dies dürfte den Imageproblemen des Juventolekts und der Ambivalenz seines Einsatzes geschuldet sein.

Auf der Grundlage verschiedener Studien identifiziert Elfing (2012, S. 173) folgende, in der Tabelle 4.4 illustrierte, *(Pseudo-)Übernahmen der Werbesprache* aus dem Lexikon der Jugendsprache:

Tab. 4.4 Lexikalische Übernahmen der Werbesprache aus der Jugendsprache

Jugendsprachliche Übernahmen	**Beispiele**
Anglizismen	Easy, Girlies
Verbmodifikationen	Reinfetzen, absurfen
Jugendtypische Adjektive	Ätzend, kultig, cool
Neologismen	Super-Holidays-Out-School-In-Partys
Intensivierungen	Voll fett, Ratten-Klingelton
Jugendtypische Anredeformen	Hey, ciao, Bella, hallo Ladies, Alter

Quelle: In Anlehnung an Elfing 2012, S. 173

Das in der Jugendszene inflationär eingesetzte Adjektiv *cool* hat es bei vielen Werbern in die „Sprachschatzkiste" geschafft, sogar die Freiwillige Feuerwehr Tairnbach (Taunus) wirbt auf ihrer Internetseite damit: „Cool genug für ein heißes Hobby? Komm zur Feuerwehr-Jugend. Wir suchen Dich … mach mit!" (Feuerwehr Tairnbach 2015, o. S.). Was hier vielleicht für die Einen unfreiwillig komisch wirkt, ist für andere das Nadelöhr, um Zugang zu einer schwer zugänglichen, aber höchst attraktiven Zielgruppe – dem Nachwuchs – zu finden.

Auch andere setzen *Anglizismen bzw. Sprachimporte (-und mischungen)*, vornehmlich aus dem Englischen ein, um eine adäquate Ansprache für Jugendliche zu realisieren. Die Kampagne „Alkohol? Kenne dein Limit" der Bundeszentrale für gesundheitliche Aufklärung und des Verbandes der Privaten Krankenversicherungen stellt Jugendliche seit 2014 auf Plakaten vor Alternativen wie „gemeinsam chillen oder betrunken stressen" oder „anflirten oder abstürzen" (Bundeszentrale für gesundheitliche Aufklärung 2016, o. S.). Für die Kameramarke *GoPro*, die ihre Kameras „Hero" und ihre Drohnen „Karma" nennt, zählt in der Ansprache vor allem das Produktversprechen, dass das Leben mit seinen Abenteuern in GoPro Produkten den angemessenen Begleiter hat, der korrespondierende Appell in der Werbung lautet „This is your life. Be a hero." (GoPro 2016, o. S.). Die Bekleidungsmarke *Esprit* wirbt seit 2015 unter dem Label *#Imperfect* mit dem Doppelsinnwortspiel für Selbstakzeptanz und Toleranz, Werte, die für Jugendliche als Zielgrößen hohe

Relevanz haben. Das Leben genießen, etwas erleben und die Welt kennenlernen sind weitere Ziele, die Jugendliche anstreben. Der Jugendreiseveranstalter *JAM! Reisen* greift das gut korrespondierend zu seinem Dienstleistungsangebot auf und textet jugendsprachlich *denglisch* auf seiner Internetseite wie folgt:

> „Dein perfekter Sommer. Die beste Party deines Lebens. JAM! Rockt!
> Wir machen eure Jugendreise zum Mega-Event! Mit JAM! wohnt ihr in stylishen Hotels, chillt an traumhaften Stränden und feiert die fettesten Partys. Und das zu einem unvergleichlichen Preis-Leistungsverhältnis! Relaxen, Spaß und Action – Wir haben alle Hot Spots für euren perfekten Sommer 2016!"
> (Quelle: JAM! Reisen 2016, o. S.).

Das Deutsche selbst gibt aber neben dem Englischen auch einiges her für den jugendsprachlichen Einsatz. Für das Produkt *Rama Cremefine* wurde beispielsweise 2008 mit der *Intensivierung „voll fett"* im Werbespot gespielt. Man sieht in dem Film eine Mutter, die mit ihren Kindern, einem Jungen und einem Mädchen, beim Essen am Tisch sitzt. Der Sohn ist fast bis ins Parodistische als Teenager kostümiert (überweite Kleidung, Basecap, Rapperschmuck). Die jüngere Schwester dagegen ist eindeutig noch als Kind mit kindgerechter Kleidung und braven Zöpfen markiert. Der Spot entfaltet dann das nachfolgende Gespräch (Quelle: Rama 2008, o. S.):

Textbeispiel: Rama – Cremefine – „Voll fett, Mama!" – Werbespot 2008

Mutter: „Na, wie hat's euch geschmeckt?"
Sohn: „Voll fett, Mama!"
Tochter: „Stimmt doch gar nicht! Mama sagt, das ist gar nicht fett!"
Sohn: „Voll fett!"
Tochter: „Nein!"
Sohn: „Doch!"
Tochter: „Gar nicht fett!"
Sohn: „Nein!"
Während der Streit so weiter geht, die Mutter aber ganz entspannt und zufrieden wirkt, wird Musik eingespielt und eine Stimme aus dem Off verkündet: „Rama Cremefine zum Kochen. Halb so fett wie Sahne. Aber voll lecker! Aber bitte mit Rama."

Der Spot macht sich zunutze, dass die Schwester, das „Kind“, die Intensivierung „voll fett“ als Synonym für „gut“, „prima“ nicht versteht. Mutter, Sohn und die Off-Sprecherin von Rama hingegen bilden eine Sprachgemeinschaft. Rama Cremefine ist kein jugendexklusives Produkt, aber Jugendsprache „adelt“ hier quasi das Produkt als Vertreter einer modernen, gesundheitsbewussten Ernährungswelt, die „voll gut“ ankommt. Mit dem jugendsprachlich häufig strapazierten Ausdruck „voll“ spielte auch die Kommunikation von „Aktion Mensch“ im Jahr 2010. Ziel der Kampagne *Voll im Leben* war die Erreichung der *voll*ständigen und gleichberechtigten Teilhabe aller Menschen an gesellschaftlichen Prozessen und damit die Unterstützung der Ziele der UN-Behindertenrechtskonvention (Aktion Mensch 2010, S. 1). Die beiden Abbildungen 4.1 und 4.2 illustrieren zwei der thematischen und visuellen Motive der Sozialkampagne, die Integration bzw. Inklusion im Bereich Schule und Beruf. Eine Gesellschaft, die Inklusion nicht leistet, wird hier jugendsprachlich mit den Urteilen „Voll krank“ und „Voll gestört“ abgestraft.

Abb. 4.1 Jugendsprachliches Meinungsbild „Voll krank“ zur Inklusion von Aktion Mensch 2010

Quelle: Aktion Mensch 2016b, o. S.

Abb. 4.2 Jugendsprachliches Meinungsbild „Voll gestört" zur Inklusion von Aktion Mensch 2010

Quelle: Aktion Mensch 2016b, o. S.

Nach Janich (2013, S. 224 f.) gilt es auch als typisch für Jugendsprache, dass sie *spezifische Schreibweisen* verwendet. Diese können auch durch *lautsprachliche Abweichungen von der Hochsprache* motiviert sein – so wird das Wort „Mutter" beispielsweise in „Mudder" oder „Mudda" abgewandelt. Diese spezifisch jugendsprachliche Schreibweise nutzten beispielsweise die Berliner Verkehrsbetriebe (BVG) in ihrer Kampagne „weil wir dich lieben" im Jahr 2015 auf Plakaten in Berliner U-Bahnhöfen, wie die Abb. 4.3 illustriert.

Abb. 4.3 Jugendsprachliche Ansprache auf Plakaten der BVG 2015
Quelle: Deutsche Medienbeobachtungs Agentur 2015, o. S.

4.3.2.2 Übernahmen aus der Jugendsprache in die Werbesprache auf der pragmatischen Ebene

Eine entsprechende Übernahme der jugendsprachlichen Besonderheit der orthographischen Abweichung zeigt sich ebenfalls in der Plakatwerbung des Lieferservice *Lieferando* aus dem Jahr 2012, die die Abb. 4.4 wiedergibt. Kultureller Hintergrund dieser Kampagne sind die sogenannten *„Mutterwitze"*, die sich insbesondere in der Face-to-Face-Kommunikation und in sozialen Netzwerken äußerst großer Beliebtheit bei Jugendlichen erfreuen (vgl. z. B. Schröter 2011, o. S.). In solchen Witzen werden Mütter in der Regel beleidigt, man kann sie als „Königsklasse frühpubertärer Beschimpfungen" klassifizieren (Beispiel: „Deine Mutter ist so dumm! Sie guckt aus dem Fenster und ruft: „Boah! Full HD!", Vollmer 2016, o. S.). Die Bedeutung dieser „Demütigungsfloskeln" erläutert Kümmel (2011, o. S.) wie folgt:

> „Die doofe, lüsterne, dicke Mutter […] ist zweifellos eine Unterschichtsmutter, eine RTL-II-Tussi. Und der neue Mutter-Witz ist ein Spiel um den sozialen Abstieg […]. Wer über die Mutter Witze erzählt, schubst das Kind am Bungee-Seil in die soziale Tiefe. Mittlerweile hat sich das Genre des Mutter-Witzes im Slang der Jugendlichen zur Redensart zugespitzt. […] Sein aggressives Potenzial rückt ‚Deine Mutter' als Demütigungsfloskel in die Nähe des unter Jugendlichen nahezu unersetzlichen ‚Du Opfer'. […] Noch etwas anderes, Abgründigeres steckt im deutschen Mutter-Trashtalk,

nämlich die Anspielung auf allseits verfügbares Geheimwissen. Wer ,Deine Mutter' sagt, sagt eigentlich: Ich kenne deine wunden Punkte [...]"

Abb. 4.4 Deine-Mudda-kocht-Kampage von Lieferando 2012
Quelle: Netzkraft Berlin 2016, o. S.

Dass Lieferando sich tatsächlich auf die Mutterwitze unter Jugendlichen bezieht, beweist die Kampagnenerläuterung auf der entsprechenden Microsite von Lieferando:

Textbeispiel: „Deine Mudda kocht! Und Du bestellst bei Lieferando.de" 2012

„Wenn Deine Mudda das Essen mit dem Föhn warm macht oder dir das Frittierfett als Erfrischungsgetränk reicht, kannst Du einfach bei Lieferando. de bei über 10.000 Lieferdiensten in ganz Deutschland mit wenigen Klicks dein Lieblingsessen online bestellen. Damit alle hungrigen Menschen um diese Möglichkeit wissen, haben wir im Dezember 2012 deutschlandweit die Plakatkampagne ,Deine Mudda kocht!' gestartet – und das mit einigem Erfolg. Die Resonanz auf unserer Facebook-Seite war groß und zahlreiche Kommentare, wie:

- Wie geil is dat denn!
- Sorry aber das Plakat ist totaler Mist!
- Ich versteh den Slogan net…

zeigen, dass die Kampagne von der breiten Masse wahrgenommen wurde.
(Quelle: yd. yourdelivery 2016a, o. S.)

Da die Kampagne sehr wohl wahrgenommen, aber nicht von jedem verstanden oder für gut befunden wurde, ging Lieferando Anfang 2013 auf die Konsumentenkritik im Netz mit folgendem Text ein:

Textbeispiel: „Deine Mudda kocht! Und Du bestellst bei Lieferando.de" 2013

„Deine Mudda kocht und Du fragst Dich, was das mit Lieferando.de zu tun hat

Deine Mudda kocht Wasser nach Rezept? Und Burger brät sie auf dem Ceranfeld? Oder sammelt sie Laub für ihren Blätterteig, während Du die Smarties für den Schokoladenkuchen schälen musst?
Jetzt mal ernsthaft: Nichts gegen Deine Mutter!
Wir können ihre Kochkünste nicht beurteilen und das wollen wir auch gar nicht.
Wenn Deine Mama sowieso die Allerbeste ist, dann zeig's ihr doch: Lass die Küche mal wieder kalt und bestelle ihr Lieblingsgericht bei Lieferando.de!"
(Quelle: yd. yourdelivery 2016b, o. S.).

Lieferando hat in der deutschlandweiten Plakatkampagne damit letztlich eine sympathisch wirkende intertextuelle Referenz platziert, die die „Mutter" dann doch noch aus der „Trashtalk-Ecke" holt und ihre positiven Eigenschaften hervorhebt. Das kleine („offene") Geheimnis, das in dieser Kampagne am Ende gelüftet wird, ist, dass es zu Hause gut schmeckt und wer bei Lieferando Essen bestellt, hat somit die Qualitätsgarantie, dass das online bestellte Essen „wie bei Muttern" schmeckt. Durch die Konnotationsverschiebung der beliebten Mutterwitze „adelt" Lieferando sich somit selber – was vielleicht auch anbiedernd wirken könnte.

Neben der Übernahme einzelner Wörter oder Phrasen sind auch auf der *pragmatischen Ebene Übernahmen* aus der Jugendsprache in der Werbung empirisch nachweisbar (Elfing 2012, S. 173). Dabei wird der Zweck der Sprache in den Fokus gerückt. Eine entsprechende Nachahmung zeigte *Axe* von Unilever 2010 in der Werbung. Die Kosmetikprodukte der Marke wurden mit verschiedenen Slogans aus der Jugendsprache beworben. Die *„Wach"-Produkte* (Deo, Duschgel), die wach machen sollen, erinnerten auf Werbeplakaten daran, dass stereotype Ansprachen oder Sprüche bei Mädchen nicht gut ankommen. Damit wurde die „Vergesslichkeit" von Jungs auf die Schippe genommen, wie die beiden Werbemotive in Abbildung 4.5 zeigen. Hier geht das Körperpflegeprodukt also nicht nur mit seiner Frische gegen Müdigkeit am Morgen vor, es verhindert auch nicht nur „Achselterror", um den männlichen Jugendlichen für das andere Geschlecht attraktiv zu machen, sondern es rüttelt außerdem sozial „wach". Es sorgt für die Anpassung an soziale Normen und Erwartungen (u. a. an die Verwendung einer korrekten Ausdrucksweise und Ansprache der Mädchen wie der Gesellschaft), um die Akzeptanz des Konsumenten zu erhöhen. Das Produkt fungiert hier als „Sozialisationshelfer", in dem es Jungen daran erinnert, dass stereotype Ansprachen oder Sprüche bei Mädchen nicht gut ankommen. Damit wird die „Vergesslichkeit" von Jungs recht sympathisch auf die Schippe genommen.

Abb. 4.5 Axe Werbung für „Extra Wach Produkte" 2010
Quelle: Werbewoche 2010, o. S.

Auch *Lieder und Lyrik jugendlicher Herkunft oder jugendsprachlichen Stils* werden in der Werbung imitiert – insbesondere gilt das für Hip Hop bzw. Rap in Rekrutierungsvideos von Unternehmen oder in Werbesongs. Ein Beispiel stellt der populäre Rap „Is mir egal" von Kazim Akboga dar, der in modifizierter Form 2015 als Teil der Kampagne „Weil wir dich lieben" der Berliner Verkehrsbetriebe (BVG) auf YouTube sehr viele Abrufe generierte. Die Sprache im Liedtext ist der Rap-Sprache nachempfunden: Es gibt unvollständige Sätze, grammatikalische Abweichungen im Satz, Wendungen wie „Gar keine Geld“ oder „Keine Ticket“ erinnern an jugendsprachliche Inszenierungen des weiter oben beschriebenen „Kiez-“ oder „Türkendeutsch“. Außerdem preist der Rap die Toleranz der Jugendlichen bzw. ihr „Laisser-faire-Prinzip“ (wie eben auch das der BVG).

Textbeispiel „Mach mal Beat", Kazim Akboga, BVG-Kampagne „Weil wir dich lieben" 2015

„Montag morgen – is mir egal
Monatsticket – is mir egal
Keine Ticket – ist nicht egal
Ist nicht egal, egal

Mann mit Bauch – is mir egal
Musik laut – is mir egal
Hund mit Hai – is mir egal
Is mir egal, egal

Mann macht Umzug – is mir egal
Mann auf Pferd – is mir egal
Mann auf Mann – is mir egal
Is mir egal, egal

Striptease – is mir egal
Oma mit Gruftis – is mir egal
Bart an Ladies – is mir egal
Is mir egal, egal

Keine Kleingeld – is mir egal
Keine Trinkgeld – is mir egal
Gar keine Geld – ist nicht egal
Ist nicht egal, egal

Zwiebel schneiden – is mir egal
Käse reiben – is mir egal
Roboter mit Senf – is mir egal
Is mir egal, egal

So schmeckt Schal – is mir egal
Das ist Karl – keine Wahl
Stevens Regal – is mir egal
Is mir egal, egal

Mann mit Trommel – is mir egal
Frau mit Kartoffel – is mir egal
Kind mit Bommel – is mir egal
Is mir egal, egal

Das ist stark
Mendelssohn-Bartholdy-Park
Das ist Plagiat
Junge macht Spagat
Is mir egal, egal

Könnt ihr machen – ist mir egal
Solche Sachen – sind uns egal
Wir euch lieben – ist euch egal
Ist euch egal, egal“
(Quelle: Genius 2015, o. S.).

Media Markt hat 2015 im Rahmen der Kampagne *Hauptsache ihr habt Spaß* einen Werbespot mit einem jugendtypischen Song für „Das Traum Handy“ kreiert, das Träumen vom Superstar als YouTuber folgt. In dem Spot geht ein Vater mit seinem Sohn Elijah in den Elektronikmarkt, um ihm ein Smartphone zu kaufen: „Der Junge braucht ein Handy, er muss ja lernen damit umzugehen“. Während des Verkaufsgesprächs zwischen Vater und Verkäufer hängt Elijah seinen Träumen nach, ein Sänger zu werden, dessen Musikvideoauftritt, gefilmt mit dem Traum Handy, Millionen folgen (die korrespondierenden Phantasien des Jungen zeigt das Video) und singt dazu folgenden Text mit jugendsprachlichen Einsprengseln wie „Girls“, „Channel“, „battlet“, „Hit“ oder „Check“ in elliptischem Satzbau:

Textbeispiel „Traum Handy", Kampagne „Hauptsache ihr habt Spass" Media Markt 2015

„Sammel Millionen von Klicks. Danke sehr. (So wird es sein.)
Auf dem Schulhof schauen mir die Girls hinterher. (So wird es sein.)
Mein eigener Channel battlet alle andern weg. (So wird es sein.)
Nummer Eins Hit. Coverstory. Check. Check. Check. Check.
Riesen Fanclub hab' ich schon.
Interviews am Telefon.
Ausverkauftes Stadion.
Das ist. Mein Traum."
(Quelle: Media Markt2015, o. S.).

Die Brauerei *Veltins* hat im Sommer 2014 ihre Bier-Mix-Getränke *V+* für die junge Zielgruppe mit der Kampagne *Mach Sachen* beworben. Hier geht es darum, das eigene „Leben zur besten Zeit des Lebens" zu machen. Dazu sollten Jugendliche (über 16 Jahren) mit folgenden Einsichten und Imperativen animiert werden, deren jugendsprachliche Elemente klar erkennbar sind:

- „Das Leben ist eine fette Party und ich bin eingeladen."
- „Das Leben kannst Du nur bunt sehen, wenn Du es bunt machst."
- „Die beste Zeit meines Lebens ist die zwischen 0 und 24 Uhr."
- „An die besten Momente erinnerst Du Dich auch ohne Facebook Timeline."
- „Ruhetag? Ich bin doch kein Museum."
- „Du wirst Dich später nicht an einen tollen Tag am Schreibtisch erinnern."
- „Meine Lebensphilosophie? Weniger Philosophieren."
  (Quelle: Jacobsen 2014, o. S.).

Die *Redensart* „Mach Sachen!" ist ein Ausdruck von Erstaunen bzw. Ungläubigkeit. Die Phrase „Mach keine Sachen!", die ebenso Erstaunen ausdrückt, ist zugleich aber auch eine Warnung im Sinne von „Mach keinen Quatsch!" oder „Mach keinen Unsinn!". In Form einer *Verschiebung* dieser Warnung kehrt Veltins in dieser Kampagne die Ermahnung in ihr Gegenteil. Jugendliche sollen quasi Unsinniges tun, um Spaß zu haben und ihrem Leben damit seinen Sinn zu geben. Für jeden der Kampagnensprüche gab es ansprechende Photographien und einen Spot, um das attraktive Lebensgefühl – das sich Dank der Werbung und der Biermixgetränke einstellen könnte – zu illustrieren, wie die Abbildungen 4.6 und 4.7 zeigen. Junge

Erwachsene wurden in der Kampagne unter dem Slogan „Mach Sachen“ motiviert, mit anderen ihre „jungen“ Erlebniswelten zu teilen.

Abb. 4.6 Party-Motiv der Veltins V+-Kampagne „Mach Sachen“ 2014
Quelle: Brauerei C. & A. Veltins 2014, o. S.

Abb. 4.7 „Mantra“-Text der Veltins V+-Kampagne „Mach Sachen“ 2014
Quelle: Jacobsen 2016, o. S.

Im Kampagnentitel könnte auch eine *intertextuelle Referenz* in Form eines unmarkierten Zitats der amerikanischen Publizistin Susan Sontag gelesen werden, deren nachfolgende Aussage den Geist dieser Kampagne vorwegnimmt. Dass sich Veltins bzw. die beauftragte Kreativagentur von dieser Quelle hat inspirieren lassen, ist nicht nachgewiesen, aber auf Grund der Popularität dieses Textes von Susan Sontags keineswegs unrealistisch:

> „Mach Sachen. Sei bereit. Neugierig.
> Warte nicht, bis die Inspiration dich anstupst oder
> dir andere einen Kuss auf die Stirn drücken.
> Sei aufmerksam.
> Alles steht und fällt mir deiner Aufmerksamkeit.
> Sie macht dich lebendig.
> Sie verbindet dich mit anderen.
> Sie macht dich wach. Bleib gierig"
> (Quelle: Gwinner 2016, o. S.).

4.3.2.3 Reaktanz als Konsequenz auf Instrumentalisierungen von Jugend und Jugendsprache in der Werbung

Die Ansprache von Jugendlichen in der Wirtschaftskommunikation lohnt sich für viele Unternehmen, die jugendexklusive Produkte anbieten, sie als direkte oder indirekte Kaufentscheider ernstnehmen und im weitesten Sinne „ihre" Sprache sprechen. Wichtigstes Zugangskriterium und Garant für nachhaltigen Kommunikationserfolg in der Konsumzone Jugend dürfte aber die *Authentizität der Ansprache* sein. Dafür muss sich klassische Werbung nicht zwingend in der Kommunikation über Plakate oder Anzeigen üben. Soziale Medien bieten hierzu eine attraktive Alternative, denn wie Nolte (2015, S. 31) bemerkt, sind hier „von der Erwachsenenwelt noch unverbildete junge Menschen" in selbst produzierten Videoblogs zu finden: „Häufiges Gestaltungselement dieser Videos ist das Ausleeren von Shoppingtüten und das Besprechen der gekauften Produkte. Jugendliche zeigen in diesen Konsumwelten wenig Berührungsängste vor dem Kommerz, hier kann man vielmehr den Eindruck gewinnen: Die Jugend will, was man ihr gibt." (Nolte 2015, S. 31).

Und unter „man" sind Marketingleute zu verstehen, die YouTube-Stars mit Produkten für die Platzierung versorgen und bereit sind, für „authentische" Produktpräsentationen im Netz ansehnliche Honorare zu zahlen. Solche YouTube-Meinungsbildner bzw. Videoblogger werden auch „Kuratoren" (Scholz 2014, S. 166) genannt, sie navigieren die konsumfreudige „Generation Z“, d.h. die Generation der ab ca. 1995 Geborenen, durch die reale und virtuelle Welt, häufig auf der Suche nach Unterhaltung und Vergnügen, oft auf der Suche nach Konsum. Sie sind Kaufvorbereiter und beeinflussen Kaufentscheidungen: „Sie probieren Produkte aus, kommentieren diese und begeben sich dann mit ihrer Entscheidung in die Gunst derjenigen, die ihnen folgen.“ (Scholz 2014, S. 166). Aber die großen YouTube-Stars zeigen Degenerationserscheinungen bzw. wirken im Jahr 2015 zumindest angezählt. Dies illustriert das Voting der Zeitschrift *Mädchen* im Internet. Hier konnten „Mädchen“-Leserinnen über die populäre Bloggerin DagiBee abstimmen und zwischen verschiedenen Bewertungskategorien wählen („Ich liebe sie.“, „Geht so“ oder „Ultranervig“). Das Textbeispiel gibt einige kritische selbst verfasste Posts wieder:

Beispieltext: Jugendsprachliche Bewertungen eines YouTube-Stars auf der Internetseite der Zeitschrift „Mädchen“

„Wie findest du Dagi Bee? Dagi Bee zählt zu den erfolgreichsten YouTubern Deutschlands und konnte kürzlich sogar den Nickelodeon Kids Choice Award mit nach Hause nehmen! Die Halbpolin ist übrigens süchtig nach Nagellack – ohne gepflegte Fingernägel würde sie niemals aus dem Hause gehen!“
Post von Flowerbae 25.10.2015 – 16:22
„Sie ist ziemlich gestellt. Aber das ist jetzt auch kein Grund, sie zu haten.“
Post von Leonie2801 26.08.2015 – 18:03
„Ich hasse sie. Sie ist geldgeil, ultra hässlich und voll gemein. Ich hasse diese gestellte Art“
Post von itschrissy99 20.08.2015 – 12:54
„sie kommt richtig gestellt rüber & ist voll die copycat -.-“
Post von BlueAndFluffy 02.04.2015 – 16:50
„Ich kann ihre künstliche Art nicht leiden.“
(Quelle: Kirsten 2015, o. S.).

Egal, ob es sich um die erfolgreichen YouTuber Y-Titty, LeFloid, Bibi oder DagiBee handelt, der Zenit der „Zitatgeber der Pausenhöfe“ scheint zu Beginn des Jahres 2016 überschritten, nach Schwilden (2015, o. S.) danken die ersten ab und scheitern am eigenen hohen Authentizitätsanspruch und der kommerziellen Wirklichkeit der Offline- wie der Online-Welt: „Sie geben vor, in ihrer Sprache zu sprechen, sich in ihrem Stil zu kleiden. Sie wollen real sein – und lesen am Ende doch Presseerklärungen ab. [...] Die YouTuber sind die Hardcore-New-Economy-Kids des Internets geworden, deren Botschaft heißt: Wir tun es für den Spaß, lassen uns den Spaß aber noch geschickt finanzieren. Einzig und allein die Schminktutorial-Girls sind offensiv Werbefläche.“ Unternehmen, die auf diese „Markenbotschafter“ in Sozialen Medien setzen, um über „jugendaffine“ Kommunikation Absatz zu generieren, werden über kurz oder lang den Schaden haben und Glaubwürdigkeitsverluste erleiden. Zumindest aber werden sie nicht von allen Mitgliedern oder Subgruppen der „Liquid Youth“ ernstgenommen werden.

Abb. 4.8 Gegenkultureller Angriff auf Wirtschaftswerbung für Jugendliche 2016
Quelle: Tumblr 2016, o. S.

Reaktanzphänomene zeigen sich bei überreizten kommerz-aversen Jugendlichen, beispielsweise in der *Verunglimpfung von Werbung für Jugendliche bzw. der Verteufelung von Kultprodukten der Jugend*. Hierzu finden sich zahlreiche Beispiele in manipulierten Plakatwänden für die Außenwerbung genau wie auf einschlägigen Internetseiten. Zwei Beispiele, die für viele stehen, stammen von der lokalen Initiative „Halle/Saale 2.0", die für sich in Anspruch nimmt, „das einzig wahre Nachrichtenportal" zu sein. Wie die Abbildung 4.8 illustriert, zeigt sich in der *Gegenkultur* „Halle/Saale 2.0": Auch hier gilt das Spiel mit der Norm, denn das Typische der werbesprachlichen Erwachsenenwelt wird verballhornt und in der Fake-Telefonwerbung ins Gegenteil verkehrt. Das in Abbildung 4.9 gegebene Beispiel für einen kritischen Umgang mit Wirtschaftswerbung kann als eine Absage an die Konsumvorlieben einer speziellen Jugendszene, hier das „Szenegetränk" Club Mate, verstanden werden. Es ist Ausdruck einer Subkultur, die sich jenseits des jugendlichen Mainstreams zu Wort meldet und ob der schrankenlosen Kommunikationswelt des Internets auch Gehör bzw. Aufmerksamkeit findet.

Abb. 4.9 Absage an das Kultprodukt Club Mate
Quelle: Tumblr 2016, o. S.

Wer modern, jung und „hipp“ wirken will – und nicht so gesehen wird – läuft Gefahr, sich öffentlichem Spot auszusetzen (Häußler 2015, o. S.). So ist es u. a. zuletzt auch der Bundeswehr ergangen, die sich mit ihrer Rekrutierungskampagne 2015 unter dem Slogan „Mach, was wirklich zählt“ einer reaktanten Gegenwehr ausgesetzt sah: Auf einer der Homepage der Bundeswehr (www.machwaswirklichzaehlt.de) in Bild, Sprache und Symbolik zum Verwechseln ähnlichen Fake-Seite der Politaktivisten des Berliner Peng!-Kollektivs unter dem Twitter-Hashtag *#machwaszaehlt* wurde die Bundeswehrkampagne lächerlich gemacht. Die Werbung der Bundeswehr wollte als sprachkulturelle Spiegelung von Jugendsprache verstanden werden. Vielleicht ist sie auch von vielen so verstanden worden. Allerdings erhielt sie als „Lohn“ für ihre Mühe eine Art Bumerang, eine Gegenspiegelung, wie sie in Abb. 4.10 zu sehen ist. Grund dafür könnte sein, dass die Institution Bundeswehr als jugendsprachlicher Absender nicht akzeptiert wird oder aber in Gänze Ablehnung erfährt.

Abb. 4.10 Jugendsprachliche Antwort des Berliner Peng!-Kollektivs auf die Rekrutierungskampagne der Bundeswehr 2015

Quelle: Häußler 2015, o. S.

4.4 Fazit

Jugendliche nennen sich ganz selbstverständlich „Arsch", sie sprechen ihre Freunde mit „Bru" (für Bruder) an und sie chillen, wenn sie nicht gerade chatten. Das muss man wissen, wenn man sie verstehen will. Aber das bedeutet nicht, dass man das ABC der Jugendsprache gleich auch ohne weiteres als das eigene Vokabular beanspruchen kann. Werbung kann Jugendsprache nutzen, allerdings nicht ohne Reaktanzrisiko. Ihr Einsatz will vielmehr in Bezug auf Absender, Thema, Medium und Zielgruppe sehr sensibel geplant und gut dosiert sein. Aber das sollte für Werbung eigentlich generell gelten. Eine Kommunikationsdisziplin unter dem Generalverdacht der Manipulation kann immer Aufregungsschäden produzieren. Wahrscheinlich sind diese aber im hier betrachteten Fall des Einsatzes von Jugendsprache in der Werbung nicht von Dauer. Die Werbung liebt die Jugend, denn die wollen alle verkörpern. Aber umgekehrt ist das Verhältnis nicht so eindeutig. Zur Frage von Jugendsprache in der Werbung ist die Antwort der Jugend wohl häufig leidenschaftslos: „Könnt ihr machen – ist mir egal. Solche Sachen – sind uns egal."

Literatur

Adamzik, Kirsten (2010). *Sprache: Wege zum Verstehen*. Tübingen: Narr Francke Attempto Verlag/UTB.

Bühler, Karl (1999). *Sprachtheorie: Die Darstellungsfunktion der Sprache*. Stuttgart: UTB/Lucius & Lucius.

Dittmar, Norbert & Bahlo, Nils (2009). Die Sprache der Jugend. Historische Herausprägungen und sprachliche Besonderheiten. In Heidemarie Anderlik & Katja Kaiser (Hrsg.), *Die Sprache Deutsch. Eine Ausstellung des Deutschen Historischen Museums*. Katalog zur Ausstellung (S. 302-304). Dresden: Sandstein Verlag.

Elfing, Christian (2012). Werbekommunikation varietätenlinguistisch. In Nina Janich (Hrsg.), *Handbuch Werbekommunikation. Sprachwissenschaftliche und interdisziplinäre Zugänge* (S. 162-178). Tübingen: UTB/A. Francke.

Jacobson, Roman (1979). Linguistik und Poetik. In Roman Jacobson (Hrsg.), *Poetik. Ausgewählte Aufsätze 1921-1971* (S. 83-121). Frankfurt a. M.: Suhrkamp Verlag.

Janich, Nina (2013). *Werbesprache. Ein Arbeitsbuch*. Tübingen: Narr Francke Attempto Verlag.

Kern, Friederike (2009). Türkendeutsch. Ein ethnischer Sprachstil. In Heidemarie Anderlik & Katja Kaiser (Hrsg.), *Die Sprache Deutsch. Eine Ausstellung des Deutschen Historischen Museums*. Katalog zur Ausstellung (S. 309-310). Dresden: Sandstein Verlag.

Langenscheidt (2014). *100 % Jugendsprache 2014*. Deutsch Englisch. München: Langenscheidt.

Langenscheidt (2016). *100 % Jugendsprache 2016*. Deutsch Englisch. München: Langenscheidt.

Löffler, Heinrich (2010). *Germanistische Soziolinguistik. Grundlagen der Germanistik.* Bn. 28. Berlin: Erick Schmidt Verlag.
Marossek, Diana (2016). *Kommst du Bahnhof oder hast du Auto?: Warum wir reden, wie wir neuerdings reden.* Berlin: Hanser Verlag.
Neuland, Eva (2008). *Jugendsprache. Eine Einführung.* Tübingen: A. Francke Verlag/UTB.
Nolte, Barbara (2015). *Was wollt ihr denn!.* Der Tagesspiegel, 18.10.2015, S. 31.
Schmidt, Jennifer (2014). Jugendliche als Marketing-Zielgruppe - Besonderheiten, Konzepte und Beispiele. In Norbert Drees (Hrsg.), *Zielgruppenmarketing,* Heft 41 (S. 17-28). Erfurt: Fachhochschule Erfurt, Fakultät Wirtschaft - Logistik - Verkehr.
Scholz, Christian (2014). *Generation Z: Wie sie tickt, was sie verändert und warum sie uns alle ansteckt.* Weinheim: Wiley Verlag.
Schuldt, Christian & Ehret, Jana (2015). *Trendstudie Youth Economy.* Frankfurt: Zukunftsinstitut GmbH.
Schulz von Thun, Friedemann (2011). *Miteinander reden 1: Störungen und Klärungen. Allgemeine Psychologie der Kommunikation.* Rheinbeck bei Hamburg: rororo.
Watzlawick, Paul, Beavin, Janet H. & Jackson, Don D. (2011). *Menschliche Kommunikation. Formen - Störungen - Paradoxien.* Bern: Verlag Hans Huber.
Wiese, Heike (2009). Kiezdeutsch. Ein Neuling im Varietätenspektrum des Deutschen. In Heidemarie Anderlik & Katja Kaiser (Hrsg.), *Die Sprache Deutsch. Eine Ausstellung des Deutschen Historischen Museums.* Katalog zur Ausstellung (S. 305-308). Dresden: Sandstein Verlag.

Online-Quellen

Aktion Mensch (2010). *Voll im Leben trotz Behinderung.* Pressemitteilung, 08.12.2010. https://www.aktion-mensch.de/presse/pressemitteilungen/detail.php?id=455. Zugegriffen: 22. Februar 2016.
Aktion Mensch (2016a). *Pressemitteilung: „Ich werde mehr von Mitmenschen behindert“.* https://www.aktion-mensch.de/presse/pressemitteilungen/detail.php?id=451. Zugegriffen: 2. März 2016.
Aktion Mensch (2016b). *Pressemitteilung: Provokant und visionär: Aufklärungskampagne der Aktion Mensch schlägt neue Wege ein.* https://www.aktion-mensch.de/presse/pressemitteilungen/detail.php?id=446. Zugegriffen: 2. März 2016.
Brauerei C. & A. Veltins (2014). *Mach hinter jeden Tag ein +.* http://www.vplus.de/vplus/spot-motive/. Zugegriffen: 7. März 2016.
Bundeszentrale für gesundheitliche Aufklärung (2016). *Bewusst genießen - im Limit bleiben! Wir bieten Informationen und Tipps rund um risikoarmen Alkoholkonsum.* http://www.kenn-dein-limit.de/. Zugegriffen 4. März 2016.
Deutsche Medienbeobachtungs Agentur (2015). *weilwirdichlieben@BVG_Kampagne: #sieliebenmich, #sieliebenmichnicht, #sielie...,* 20.02.2015.https://www.ausschnitt.de/de/content/weilwirdichliebenbvgkampagne-sieliebenmich-sieliebenmichnicht-sielie%E2%80%A6. Zugegriffen: 7. März 2016.

Feuerwehr Tairnbach (2015). *Cool genug für ein heißes Hobby?*. http://www.feuerwehr-tairnbach.de/index.php/einsatzabteilung/aktuell/31-hobbycatid=11:info&Itemid=101. Zugegriffen: 3. März 2016.

Genius (2015). *Is mir egal. BVG. Featuring Kazim Akboga*, 11.12.2015. http://genius.com/Bvg-is-mir-egal-lyrics. Zugegriffen: 7. März 2016.

GoPro (2016). *Offizielle Homepage*. https://de.gopro.com/. Zugegriffen 4. März 2016.

Gwinner, Angela (2016). *Offizielle Homepage*. www.wunderwort.com. Zugegriffen: 7. März 2016.

Häußler, Erik (2015). *Peng!-Kollektiv. Warum Berliner Aktivisten die Bundeswehr blamieren*. Stern-Online, 24.11.2015. http://www.stern.de/panorama/protest-gegen-bundeswehr-werbung--wer-steckt-hinter--peng----6571790.html. Zugegriffen: 2. März 2016.

Jacobsen, Sven (2014). *Sven Jacobsen: Die Veltins+ „Mach hinter jeden Tag ein+"Kampagne direkt aus Chile*. Advertising news, 10.05.2014. http://www.gosee.de/news/advertising/sven-jacobsen-die-veltins-mach-hinter-jeden-tag-ein-kampagne-direkt-aus-chile-18892. Zugegriffen: 7. März 2016.

Jacobsen, Sven (2016). *GOSEE creative news services*. Illustration. http://www.gosee.de/image/553163/news/18892. Zugegriffen: 7. März 2016.

JAM!Reisen(2016).*OffizielleHomepage*.https://www.jam-reisen.de/?utm_source=google&utm_medium=cpc&utm_term=jam-reisen&utm_campaign=top-conversion-keywords&gclid=CLChmIKvp8sCFdUy0wodJIENFg. Zugegriffen: 4.März 2016.

Kirsten (2015). *Wie findest du Dagi Bee?*. http://www.maedchen.de/bildergalerien/wie-findest-du-dagi-bee-2706073.html. Zugegriffen: 22. Februar 2016.

Kümmel, Peter (2011). *Witzkultur. Deine dicke Mutter. Über die Zentralfigur der neuen deutschen Witzkultur*. Zeit Online, 13.11.2016. http://www.zeit.de/2011/03/Spitze?print. Zugegriffen: 7. März 2016.

Langenscheidt Online (2016). *100 Prozent Jugendsprache*. Büchervorschau. http://www.langenscheidt.de/100-Prozent-Jugendsprache. Zugegriffen: 17. Februar 2016.

Media Markt (2015). *Media Markt Werbung – „Hauptsache ihr habt Spaß! Das Traum Handy"*. YouTube-Video, 27.10.2015. https://www.youtube.com/watch?v=VyzQ6vADTsM. Zugegriffen: 4. März 2016.

Netzkraft Berlin (2016). *Deine Mudda kocht Lieferando*. Abbildung. http://www.netzkraft-berlin.de/wp-content/uploads/2012/12/deine-mudda-kocht-lieferando.png. Zugegriffen: 7. März 2016.

Rama (2008). *Rama-Cremefine.- Voll fett Mama! – TV-Werbung*. YouTube-Video, 23.04.2008. https://www.youtube.com/watch?v=Hu3k0y-Kz7Y. Zugegriffen: 3. März 2016.

Schwilden, Frédéric (2015). *Bibi, Dagi Bee & Co. Wenn YouTube selbst den YouTubern zu doof wird*. Welt-Online, 28.12.2015. http://www.welt.de/kultur/medien/article150381875/Wenn-YouTube-selbst-den-YouTubern-zu-doof-wird.html. Zugegriffen: 2. März 2016.

Shell Deutschland (Hrsg.). (2015). *Shell Jugendstudie 2015*. Zum Download unter http://www.shell.de/aboutshell/our-commitment/shell-youth-study-2015.html. Zugegriffen: 4. März 2016.

Schröter, Guido (2011). *Jugendsprache: Deine Mutter bringt Zwiebeln zum Heulen*. Spiegel-Online, 07.02.2011. http://www.spiegel.de/schulspiegel/jugendsprache-deine-mudder-bringt-zwiebeln-zum-heulen-a-784715.htm. Zugegriffen: 7. März 2016.

Tumblr (Hrsg.). (2016). Illustration. halle-saale.tumblr.com. Zugegriffen: 22. Februar 2016.

Vollmer, Michael (2016). *Deine Mutter-Witze*. http://www.spitzenwitze.de/witze/deine-mutter/. Zugegriffen: 7. März 2016.

yd. yourdelivery (2016a). *Deine Mudda kocht! Und Du bestellst bei Lieferando.de*. https://www.lieferando.de/deine-mudda-kocht-kampagne#! Zugegriffen: 7. März 2016.
yd. yourdelivery (2016b). *Deine Mudda kocht und Du fragst Dich, was das mit Lieferando.de zu tun hat*. http://www.deine-mudda-kocht.de/#! Zugegriffen: 7. März 2016.
Werbewoche (2010). *Axe: Weil kein Mädchen „Ey du" heisst*, 06.08.2010. http://www.werbewoche.ch/axe-weil-kein-maedchen-ey-du-heisst. Zugegriffen: 18. Februar 2016.

II

Hauptrunden

II Neue Spiele in der Erprobung

Comic strips für eine ernste Sache? Spielerischer Umgang mit Text und Bild in der Wirtschaftskommunikation

1

Susanne Femers-Koch

Zusammenfassung

Humoristische Text-Bild-Beiträge bieten für die Wirtschaftskommunikation vielfältige Akzentuierungsmöglichkeiten, indem sie unterhaltend informieren und kommentieren. Da Comics sich von der Diffamierung als Trivialliteratur zunehmend emanzipieren, können sie als literarisch-künstlerische Erzählung eine Bereicherung, z. B. im Corporate Publishing, darstellen. Ihre Geschichte zeigt, dass sie beispielsweise als Werbefigur von Zeitschriften („Mecki" in Hörzu) oder als Medium für den Archetypus des Großindustriellen (Dagobert Duck) bereits gut etabliert sind. Vielversprechend sind sie aber auch als inter- und transkulturelles Phänomen der Gegenwart (z. B. als Manga-inspirierte Darstellung wie in der Detox-Kampagne von Greenpeace). Da heute nahezu jedes Thema im Comic bearbeitet wird, soll untersucht werden, wo sinnvolle Einsatzmöglichkeiten für Comics in journalistischen Publikationen sowie in der modernen Unternehmens-, Produkt- und Marktkommunikation gegeben sind.

1.1 Comics und ihre Charakteristika

Comics erzählen Geschichten in einer *Folge von (mindestens zwei) gezeichneten Bildern mit kombiniertem Text.* Der Name Comic verweist auf den unterhaltenden, humoristischen, eben komischen Charakter und bezeichnet sowohl die Erzählform als auch die spezifische mediale Form (das Comicheft oder -album). Unabhängig von ihrem Inhalt, ihrer Zielgruppe und der spezifischen Umsetzungsform versteht man unter Comics heute „zu räumlichen Sequenzen angeordnete, bildliche oder andere Zeichen, die Informationen vermitteln und/oder eine ästhetische Wirkung beim Betrachter erzeugen sollen“ (McCloud 2014, S. 10). Ihr Charakter als *Hybridmedium* ist bedingt durch die Verflechtung zweier unterschiedlicher Sprachen, der des Wortes und der des Bildes, zweier Komponenten, die auf vielfältige Art *„ineinanderspielen“* (Groensteen 2014, S. 35): „Handlungsablauf und Sinn ergeben sich infolge eines dialektischen Vorgangs des Zusammenspiels zwischen Text und Bild, Wort und Symbol“.

Comics sind nach Stein et al. (2009, S. 12) eine Ausdrucksform, der man nicht ohne Würdigung ihrer *materiellen und medialen Beschaffenheit* gerecht werden kann. Sie werden mit Buntstiften, Stempeln, Stoff und/oder Fotos fabriziert, zumeist aber aus Tinte, Papier und Druckfarbe. Heute sind sie zudem auch in digitaler Form verfügbar. Anders als z. B. Zeichentrickfilme und Comic-Verfilmungen sind Comics „sequentiell in dem Sinn, dass sie klar trennbare Einzelbilder präsentieren, deren Leerstellen der Rezipient in der eigenen Imagination ausfüllen muss“ und sie sind „bimedial, d. h. allein aus geschriebenen Wörtern und gezeichneten Bildern bestehend“ (Stein et al. 2009, S. 12). Vor dem Hintergrund der außerordentlichen Vielfalt der Erscheinungsformen ist eine begriffliche Fixierung für Comics nicht leicht bzw. häufig wenig konsensfähig. Vier *Merkmale* sind nach Stein et al. (2009, S. 13ff.) sowie Hoppeler et al. (2009, S. 57ff.) für das populärkulturelle Medium Comic charakteristisch:

1. Die *Verschränkung von geschriebenen und/oder gezeichneten Worten* und *bewegungslosen gezeichneten Bildern* mit *Sprechblasen* als typische Darstellungsform, wobei Bilder und Worte sowohl gleichzeitig als auch gleichwertig erzählen. Dabei zeigt sich eine starke Tendenz zur Reduktion auf ikonische und indexikalische, hinweisende Zeichen, mit denen sowohl Bedeutung kommuniziert wird als auch Deutungsspielräume eröffnet werden.
2. Die Erzählung in *Sequenzen von gerahmten Einzelbildern* (Panels), die durch weiße Leerstellen (sog. Gutter) getrennt sind.
3. Das Erzählen *in Form eines seriellen Mediums*, denn zumeist werden episodische Geschichten oder Varianten einer sich wiederholenden Grundhaltung vermittelt.
4. Ihre Bestimmung durch *kulturelle Praktiken*, wie z. B. als Teil einer Zeitungsseite, Zeitungsbeilage, in Heftform, als Buch oder Album, was sie formal durch die modernen Massenmedien ab der zweiten Hälfte des 19. Jahrhunderts bestimmt hat und ihnen bis heute ihren *populärkulturellen Charakter* gibt.

Die oben erwähnten *„Gutter“* bilden im Comic eine Leerstelle, die vom Rezipienten gefüllt wird, der durch die naheliegenden, aber dennoch eigenen Inferenzen beim Lesen und Schauen zum Mitautor wird. McCloud (1993, S. 68) nennt diesen Prozess „*Closure*", durch die Schlussfolgerungen und Rückschlüsse auf die Inhalte der Bilderstrecke liest der Rezipient „zwischen den Panels", erschließt die Botschaften, die nicht explizit gemacht wurden, und erhöht so die *Kohärenz der Erzählung*.

Das erste der vier oben aufgeführten Merkmale ist für die diversen Spielarten des Comics ganz besonders relevant, weil sich *typische Varianten von Text-Bild-Kombinationen* in der Vielfalt der Comickreationen zeigen, die sich als Systematisierung sowohl in dem viel zitierten Klassiker der Comictheorie von McCloud „Understanding Comics" (1993, S. 152ff.) als auch in neueren theoretischen Arbeiten immer wiederfinden (vgl. z. B. Hoppeler et al. 2009, S. 64f.):

- *Wortspezifische Kombinationen:* Bilder haben hier nur die Funktion, Texte zu illustrieren.
- *Bildspezifische Kombinationen:* Das Bild steht im Mittelpunkt, der Text ist von untergeordneter Bedeutung, er hat eine Hintergrundfunktion.
- *Duospezifische Kombinationen:* Beide Elemente, Text und Bild, haben dieselbe Botschaft.
- *Additive Kombinationen:* Entweder verstärken Bilder die Wirkung von Texten oder umgekehrt.
- *Parallele Kombinationen:* Unabhängig voneinander scheinen Bild und Text eigene Strategien zu verfolgen.
- *Montage:* Worte sind Teil des Bildes, d. h. sie sind integriert.
- *Interdependente Kombinationen:* Die Bedeutung entsteht aus Bild und Text gemeinsam, sie sind aufeinander angewiesen, um die Bedeutung zu konstituieren.

Mit diesen Kombinationen sind vielfältige Spiele mit Text- und Bildmaterialien im Comic möglich und – je nach Thema, Zielgruppe und künstlerischer Eigennote – wird der Kreativität des Texters und Zeichners in der Textsorte Comic viel Raum für Individualität zugesprochen. Der Comic setzt generell auf das *Spiel mit Symbolen*, d. h. im Sinne von McCloud (2001, S. 35) Zeichen, die für eine Person, einen Ort, eine Sache oder eine Idee stehen. „Wörter, Bilder und andere Symbole sind das Vokabular der Sprache, die wir Comic nennen" so McCloud (2001, S. 55) und diese Sprache ist trotz ihrer künstlerischen Form eine vergleichsweise einfache Form der Verständigung.

Für die bildliche Darstellung typisch ist die *stilisierte Abstraktion des Cartoons*, die sich auf bestimmte Details konzentriert und deren Betonung sich in der Vereinfachung ausdrückt. Die Sprache des Comics ist aufgrund der genannten Stilelemente universell und damit für jeden verständlich. Das nutzen beispielsweise die Feuerwehr, die in Treppenhäusern einer vielsprachigen Bewohnerschaft Comic-Hinweise zum Verhalten beim Brand ins Treppenhaus hängt (Kurpjuweit

2016, S.7) oder Bäderbetriebe, die für den „Benimm am Becken" (Bellinghausen 2016, S. 11) Badegästen, insbesondere Flüchtlingen, mit Comics Verhaltensregeln kommunizieren, wie Abbildung 1.1 zeigt.

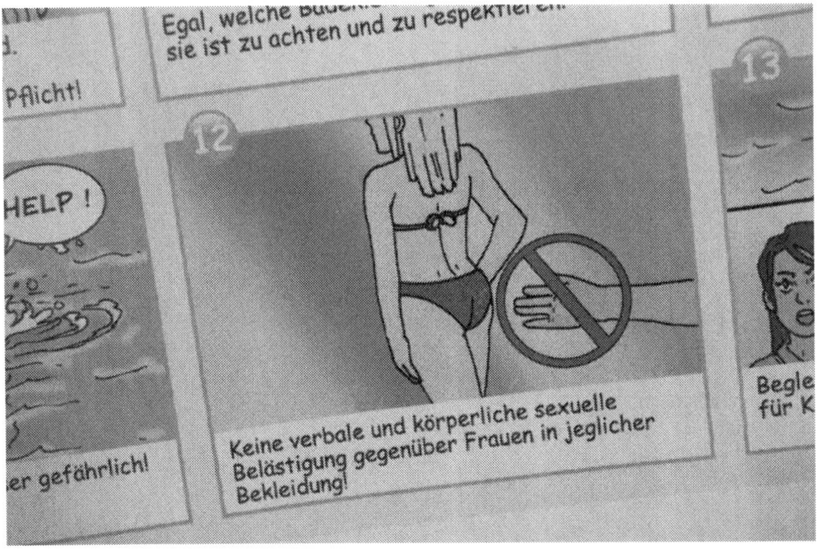

Abb. 1.1 Baderegeln im Comic-Format der Münchner Bäderbetriebe 2016
Quelle: Vorsamer 2016, o. S.

1.2 Entwicklung von Comics – Vom unterhaltenden Add-on zur ernstzunehmenden Textsorte

Comics sind heute keineswegs mehr nur als unterhaltende Bild-Text-Kreationen zu verstehen. Aber am Anfang der gut 120-jährigen Geschichte des modernen Comics waren sie eine humoristische Beigabe von Zeitungen, insbesondere am Wochenende, die das wenig anspruchsvolle amerikanische Massenpublikum erfreuen sollte. Am 25. Oktober 1896 erblickte *Yellow Kid*, ein Gossenjunge im gelben Nachthemd mit Segelohren und Unterhaltungsmehrwert, das Licht der medialen Welt als der Zeichner Outcault es zum Star seiner Geschichten in der *New York World* des Verlegers Joseph Pulitzer machte. Die Geburtsstunde des komischen Streifens war dem Wettbewerb um die Vorherrschaft auf dem amerikanischen Zeitungsmarkt zwischen den Verlegern Josef Pulitzer und William Randolph Hearst zu verdanken (Knigge 2014, S. 12).

Die neuartige Erzählweise entwickelte sich schnell zum beliebten *Unterhaltungsformat* in den USA, das in der multilingualen Einwanderungskultur sprachlich nicht zu anspruchsvoll war, um von jedem verstanden zu werden (Kelleter und Stein 2009, S. 92, 114). Comics wurden in diesem frühen Kontext keineswegs als Kunst verstanden, sie sollten die Leser zum Schmunzeln bringen und vom harten Alltag ablenken. Sie galten als ein erfolgreiches Mittel, um die Leser an das Blatt zu binden. Comics blieben in den USA fast 40 Jahre alleinige Disziplin der Tageszeitungen, bis sie im handlichen Heftformat, dem Comic Book, als Werbebeigabe von Verlagen für Industriekunden eine weitere erfolgreiche Verwendung fanden (Knigge 2014, S. 13f.). Comics erwiesen sich in den USA als taugliches Massenmedium und wurden als populärkulturelles Unterhaltungsmedium weithin akzeptiert.

In Deutschland knüpfte die Comictradition an die beliebten Bildergeschichten von Wilhelm Busch an. Allerdings haben Comics hierzulande lange Zeit wenige kulturelle Wurzeln, aber große *Akzeptanzprobleme* gehabt und sind nicht mit der gleichen Selbstverständlichkeit als Teil der Kultur verstanden worden, wie beispielsweise in den USA, Japan oder Frankreich (Törne 2014, S. 30). Das *Vorurteil, das Comics als Trivialliteratur* diffamiert, kann auch heute noch im Sinne eines Imageproblems eine Barriere für die Übernahme der Text-Bild-Werke in der Wirtschaftskommunikation darstellen.

Anders als in den USA, in denen sich die Strips an jedes Alter richteten, war das Medium Comic in Europa außerdem lange Zeit ein explizit für *Jugendliche* geeignetes Vergnügen (Knigge 2014, S. 14). Grünewald (2014, S. 42) spricht hier sogar vom *„Stigma des Schmuddelheftchens“*, das Mitte des 20sten Jahrhunderts, als die Comics aus den USA nach Deutschland importiert wurden, seine Begründung in pauschalen Ablehnungen fand: „Volkswartbund, Pädagoginnen und Pädagogen sowie die Politik überzogen Comics mit einer Schund- und Schmutzkampagne, verbrannten sie auf Scheiterhaufen und brandmarkten ihre Leserinnen und Leser als Analphabeten und potenzielle Kriminelle. ‚Anspruchsvolle‘ Verlage verweigerten sich einer Comicproduktion und überließen das Angebot der Importindustrie beziehungsweise ‚Trivial-Verlagen‘“.

Das älteste deutsche Comicheft widmete sich seit dem Jahr 1937 *Lurchi,* dem Salamander. Der Igel *Mecki* trat seit 1951 in der Fernsehzeitschrift *Hörzu* auf (Grünewald 2014, S. 46). Auch wenn einzelne deutsche Comics oder Importe, wie z. B. *„Mickey Mouse“*, durchaus als Serien in Zeitungen und Zeitschriften in Deutschland bekannt waren, etablierte sich vorerst hier keine Comicindustrie nach amerikanischem Vorbild. Die 68er Bewegung veränderte die Perspektive, Comics wurden nicht mehr pauschal verurteilt, ihr kultureller Wert geriet durchaus in den Blick und sie hatten zumindest eine marginale Stellung und Präsenz – allerdings war ihre Aufnahme in den Medien kaum vorhanden. Die Kritik am Comic konnte ideologischer als in dieser Zeit kaum noch werden. Vielen galten sie als „*ein manipulatives Angebot der Unterhaltungsindustrie* – ‚Massenzeichenware' im Geiste Max Horkheimers und Theodor W. Adornos Kritik der Unterhaltungsindustrie hinsichtlich ihres Warencharakters und einer heimlichen Erziehung im Sinne der Herrschenden im kapitalistischen System." (Grünewald 2014, S. 43, Hervorhebung durch die Autorin).

Bis heute allerdings haben Comics sich *einen Platz im deutschen Feuilleton* überregionaler und regionaler Zeitungen und Zeitschriften in Print- und digitaler Form erarbeitet. Sie sind dort als Thema der Reflexion und Rezension gefragt und werden nicht mehr nur in Comicfachzeitschriften oder auf spezifischen Internetseiten thematisiert. Der „amerikanische komische Streifen" selbst als Nachfahre des „Yellow Kid" aus dem Jahr 1896 gehört außerdem heute zur *gängigen Entertainmentausstattung deutscher Printmedien* – auch wenn dem harten Sparkurs der Zeitungen in diesen Tagen auch einmal die Comics erliegen müssen, wie jüngst bei der FAZ geschehen (Jurgeit 2014, S. 19). Das Image der schnöden Unterhaltungsliteratur mit zweifelhaftem Charakter legte der Comic Stück für Stück ab, indem er sich auch ernsten Themen auf eigene künstlerische Weise widmete. Erinnert sei in diesem Zusammenhang auch an Art Spiegelmann und seine Holocausterzählung „Maus" aus dem Jahre 1989 als besonderer Teil der deutschen Erinnerungskultur, für die er 1992 den Pulitzerpreis erhielt (Frenzel 2014). Kernenergie-bedingte Katastrophen sind beispielsweise das Thema einer ganzen Reihe von Comics, die 30 Jahre nach der Reaktorkatastrophe von Tschernobyl bereits eine traurige Tradition begründen (Piehler 2016, o. S.), wie ein Ausschnitt aus der Arbeit des japanischen Comic-Autors Kazuto Tatsuta in Abbildung 1.2 zeigt.

Comics haben sich von ihrer Diffamierung als Trivialliteratur also weitgehend emanzipiert. Es gibt Comicmuseen, -ausstellungen, und -clubs, Festivals, Wettbewerbe, Tauschbörsen und Messen, die von der Bedeutung und der Beliebtheit des Mediums und einer lebendigen Comicszene in Deutschland zeugen. Comics sind *Gegenstand in Lehre und Forschung* an Hochschulen und *Unterrichtsmedium* in Schulen. Sie vereinen heute in ihrer ganzen Bandbreite *Elemente von Kunst und Literatur* und haben sich als *eigenständige Kunstform („sequentielle Kunst")* sowie als Forschungsgegenstand in unterschiedlichen Disziplinen etabliert (Eder et al. 2011, S. 10): „So unterschiedliche Wissenschaftsdisziplinen wie Komperatistik, Medienwissenschaft, Soziologie, Cultural Studies oder Queerstudies, Geschichte, Romanistik, Skandinavistik, Anglistik oder Japanologie beschäftigen sich mit diesem Medium". Hier werden Fragen nach der Ästhetik von Comics gestellt, die mediale Repräsentation von Gewalt und Trauma wird erforscht oder beispielsweise den ideologischen Implikationen dieser populärkulturellen Erzählform nachgespürt.

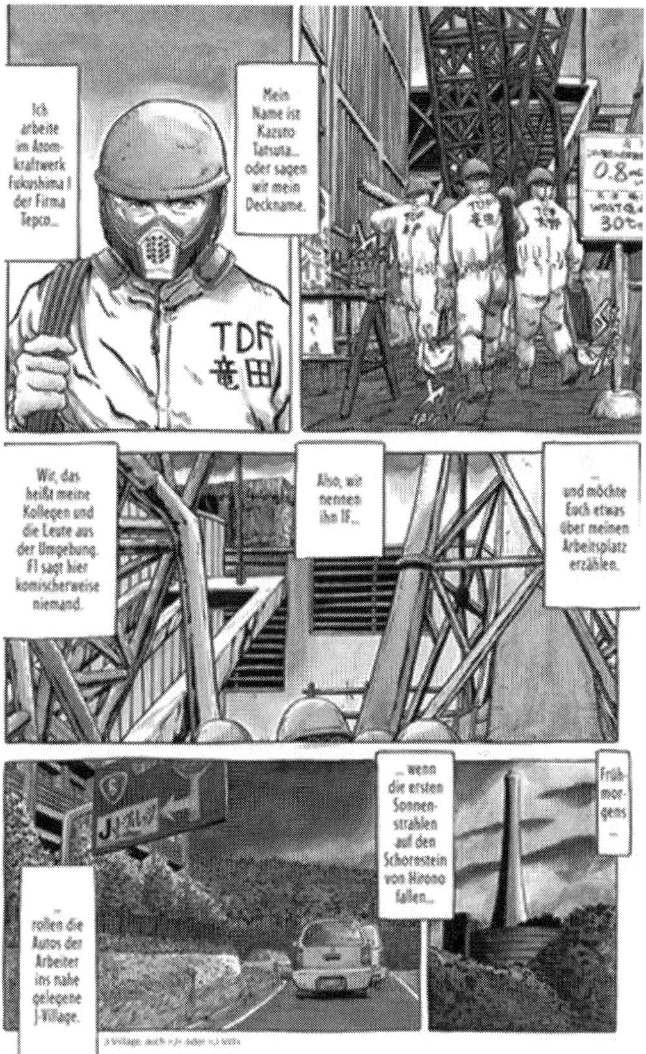

Abb. 2.1 Ausschnitt aus Kazuto Tatsutas Werk „Reaktor 1F“
Quelle: Spiegel Online 2016, o. S.

All dies weist ihre kulturelle Verankerung aus: „Nach Jahren der Ablehnung, Ignoranz und heimlichen Duldung sind Comics auch hierzulande auf dem Weg zur kulturellen Akzeptanz." (Grünwald 2014, S. 47). Nach Törne (2015, S. 22) ist der Markt für Comic-Fachliteratur heute größer denn je. Das zeigen die steigende Anzahl an Fach- und wissenschaftlichen Büchern und Magazinen zum Thema, das jährliche *Comic!-Jahrbuch*, der jährliche *Comic-Report* sowie die verschiedenen Fach-Websites (wie z. B. www.comicgate.de oder www.dreimalallesinfo.de.).

Heute gibt es Sachcomics, Werke zu naturwissenschaftlichen Themen, als Comic erzählte Biographien und Portraits (von Goethe über Elvis, den Beatles und Fidel Castro bis zu Loriot) und Romane sowie historische Arbeiten, die die *„Vielfalt der Bildgeschichte als eigenständige Kunstform"* (Grünewald 2014, S. 46) bzw. auch die große *„thematische Breite und methodische Vielfalt"* von Comics aufzeigen (Stein et al. 2009, S. 11).

Auch politische, sozialkritische und ökologische Themen bleiben dabei nicht ausgespart, wie die Arbeiten von Kazuto Tasutas nachweisen. Zu dem bearbeiteten Sujet gibt es auch interkulturelle Begegnungen und -adaptionen in der Erzählkunst: So erschien einige Monate nach der Reaktorkatastrophe von Fukushima in Japan ein landestypischer Manga mit dem Titel „Die unsichtbare Wolke", eine Comicadaption von Gudrun Pausewangs 1987 erschienenem „tschernobyl-inspirierten" Jugendroman „Die Wolke" (Berndt 2014, S. 49), der das fiktive Schicksal eines Mädchens erzählt, das durch einen Reaktorunfall zum Strahlenopfer wird.

In der Intention einer Sozialreportage greift der Comic „Superpenner" der Berliner Obdachlosenzeitung *Straßenfeger* den sozialen Status von wohnungslosen Menschen auf: Hier kämpfen Superpenner und Spätkauf-Man gegen verschiedene Bestien der Hauptstadt, was 2014 der Zeitung viel Aufmerksamkeit schenkte (Wenk 2014, S. 9) und den Machern von Scholz & Friends den Gewinn des Preises „Innovation des Jahres" beim Politikaward der Zeitschrift *Politik & Kommunikation* einbrachte. Weder Obdachlose noch Flüchtlinge sind als Comicthema tabu: In einer Comic-Reportage lies Reinhard Kleist 2014 die Menschen in Deutschland teilhaben am Leben der Flüchtlinge im Camp „Kawergosk", auf deren Odyssee aus Syrien in den Irak im Normalfall nur Nachrichtenmedien aufmerksam machen (Platthaus 2014, o. S.). 2014 wurde der Amerikanerin Ellen Forney für ihr Buch „Meine Tassen im Schrank. Depressionen, Michelangelo & ich", in dem sie ihr Leben mit einer bipolaren Störung im Comic aufbereitet, der Titel „Comic-Heldin der Woche" verliehen (Forney 2014).

Das Erinnerungsjahr 2014 war gleich einer ganzen Reihe von Zeichnern Anlass, den Ausbruch und Verlauf des ersten Weltkriegs im Comic nachzuvollziehen (Trommer 2014). Und zum 25-jährigen Jubiläum des Mauerfalls präsentierte die BILD-Zeitung am 9. November 2014 einen Comic zur Aufklärung der Frage „Wie

Angela Merkel den Mauerfalls verschwitzte“ (BILD 2014). Für nahezu kein Thema scheint der Comic heute tabuisiert zu sein. Und die *Unterhaltungsfunktion* ist nur noch eine der Funktionen, die Comics heute neben z. B. der *Nachrichten- und Aufklärungsfunktion* haben. Diese übernahmen Comics beispielsweise 2015 in der Berliner Ausstellung „Communicating Science through Comics“ der Helmholtz-Gemeinschaft und des Exzellensclusters der Berliner Humboldt-Universität (vgl. Hermann von Helmholtz-Gemeinschaft Deutscher Forschungszentren 2015, o. S.).

Hoppeler (2009, S. 53) spricht Comics sogar einen *Kultstatus* in der Gegenwart zu: „Der veritable Kultstatus von Comics zeigt sich u. a. daran, dass ‚Remediationen‘ stattfinden: Comic-Figuren haben längst andere Medien der Populärkultur vereinnahmt und sind auf Postern in Sitcoms vertreten, posieren auf T-Shirts, werden als Maskottchen von Subkulturen verwendet und tauchen in Kinofilmen und Videospielen auf.“ Sie übernehmen als Testimonials Meinungsbildnerfunktionen und sind als Merchandisingfiguren Kultprodukte zum Mitnehmen. Comics dienen so auch als *Vorlagen für Produkte*. Bei Tchibo ist z. B. Superman auf Socken, Boxershorts und T-Shirts zu finden, er ziert auch die Base Caps der Chicago Bulls im Denim Look, bei H & M kann man Mickey Mouse auf Schlaf-Shirts erwerben. Durch Merchandising finden Comic-Figuren ihren Platz auf Schulheften und Taschen. Und als Spiel- und Plüschtiere nehmen sie Schlüsselpositionen in der Kinderwelt ein.

Forscht man nach den Helden der seriellen Kunst und ihrer Phantasiewelt im Produktuniversum der Gegenwart, findet man die kuriosesten Vergegenständlichungen. Superman zum Beispiel gibt es als Seifenhalter auf Badezimmerkacheln. Auf der „New York Auto Show 2013“ wurde sogar das Chevrolet Camaro Turbo Coupé nach dem Dreamworks-Animationsfilm „Turbo“ auf die Räder gestellt: „700 PS laden auch abseits von Comics zum Träumen ein. Eine riesige Spoilerlippe an der Front, 23 Zoll Tiefbettfelgen und ein enormer Heckflügel runden das Tuning-Paket ab, das nach dem Kinobesuch als Traumwagen von so manchem großen und kleinen Kind fungieren könnte.“ kommentierte die Autozeitung (2013, o. S.) diese Comic-animierte Produktkreation. Solche Produkte sind nicht nur Botschafter aus einer anderen Welt, sie werden sogar Teil unserer Welt. Von diesem „veritablen Kultstatus“ könnte die Wirtschaftskommunikation profitieren.

1.3 Comics und Wirtschaftskommunikation – ein kultureller Widerspruch?

In der Kultur einer Gesellschaft drücken sich ihre Selbstverständlichkeit und ihr lebendiger Zeitgeist aus. Comics stellen heute ein globales Phänomen der *Populärkultur* dar, das eine große künstlerische und erzählerische Vielseitigkeit aufweist. Comics als menschliche Artefakte führen uns unsere Welt vor Augen: „Comics sind stets auch Spiegel gesellschaftlicher Befindlichkeit und konservieren Ängste, Nöte und die Träume ihrer Epoche" (Knigge 2014, S. 12). Umberto Eco (1996a, S. 223) spricht ihnen sogar mehr als eine *Spiegelungsfunktion*, nämlich eine *Verstärkerfunktion* zu: „Der Comic spiegelt in den meisten Fällen die implizite, innere Logik der Gesellschaftsordnung und fungiert als Verstärker der herrschenden Mythen und Werte".

Auf den ersten Blick spricht nichts dagegen, dass Wirtschaftskommunikation sich in diese Spiegelungsfunktion integriert. Allerdings muss man hier wohl differenzieren zwischen Werbung und anderen Formen der Wirtschaftskommunikation, wie der Unternehmenskommunikation bzw. den Public Relations. Denn im Sinne von Unternehmenskommunikation erfüllt Wirtschaftskommunikation durchaus auch ernste und faktenorientierte Vermittlungs- und Erörterungsaufträge, die im Kontrast zum Unterhaltungscharakter stehen, der der Werbung generell und auch den Comics in vielen Fällen anhaftet. Und begreift man Kultur im Sinne von *„Hochkultur"*, die sich u. a. in der Kunst der Rhetorik ausdrückt, so steht zu erwarten, dass es Vorbehalte gibt, in der gepflegten Welt von Sprache und Text im Wirtschaftsmonolog oder -dialog nicht auf rhetorische Kunst als Ausdruck von Hochkultur zu setzen, sondern sich in die Niederungen der Populärkultur zu begeben. Denn „trotz ihres riesigen Erfolges werden Comics nach wie vor als Produkte der populären Kultur stigmatisiert und marginalisiert" (Hoppeler et al. 2009, S. 53).

Somit kann auf den zweiten Blick gesagt werden, dass sich Comics mit der *Seriosität*, die Wirtschaftskommunikation in vielen Bereichen beansprucht, nicht so gut verträgt bzw. ihr Einsatz verlangt Mut oder ist mit einem Rechtfertigungsdruck verbunden, mit dem Comics auch in anderen thematischen „Einsatzgebieten" zuweilen assoziiert sind:

> „Gelegentlich scheint es, als stehe die Beschäftigung mit Comics unter einem besonderen Rechtfertigungszwang. Als müsse immer wieder die Seriosität des komischen Themas begründet werden. (…) Es sei nur an all die Formulierungen erinnert, die Comics im Laufe ihrer kurzen Geschichte bis zur Verrohung der Jugend vorgeworfen wurde." (Frahm 2011, S. 143)

Folge ist, dass man Comics wohl nicht für Alles und Jedes als die angemessene Ausdrucksform im System Wirtschaft „verschreiben kann" und man ihnen nicht pauschal in diesem System einen vielversprechenden Kultstatus zuschreiben kann. Wirtschaftskommunikation ist aber keine mono-, sondern eine multi-"kulturelle" Angelegenheit. Daher gilt es zu überlegen, in welcher Form, zu welchen Themen und für wen von welchem Absender das Medium Comic eine begrüßenswerte Textsortenvarianz darstellen könnte. Insbesondere muss auch reflektiert werden, welche spezifischen Funktionen Comics im definierten Anwendungskontext übernehmen könnten. Ohne eine solche differenzierte Betrachtung kann es wohl nicht gelingen, Comics in einer „bürgerlich dominierten Kultur" (Frahm 2011, S. 145) vom dort unterbewerten zum *salonfähigen Medium* zu machen.

Was die oben gezeigte Themenvielfalt von modernen Comics schon ahnen lässt, soll hier im Weiteren aufgezeigt werden: Comics können auch die Wirtschaftswelt, die Welt der „harten" Fakten, der „ernsten Angelegenheiten", der monetären „Ups and Downs", des Konsums und des Kommerzes zum Thema haben bzw. die Kommunikation in dieser Welt bereichern, sie können Innenwelten eines Unternehmens ins Bild setzen, einen Blick ins Herz der Wirtschaftswelt ermöglichen und zeigen, wie Wirtschaftssupermächte in Verhandlungen aufeinandertreffen und miteinander ringen oder aber Servicewüsten illustrieren, wie z. B. den täglichen „Bahnsinn" in der Abbildung 1.3.

Abb. 1.3 Täglicher „Bahnsinn" zeigt Mängel in deutschen Zügen der Deutschen Bahn 2016

Quelle: Schultz 2016, o. S.

Im Zusammenhang mit der Frage, ob Comics und Wirtschaftskommunikation eine mögliche und sinnvolle Verbindung oder aber eine Misalliance darstellen, ist auch ein Blick in die fiktive Welt hilfreich, die Walt Disney schuf: *Entenhausen* ist wohl eine der bekanntesten Metropolen der Welt (Bahners 2014), auf jeden Fall aber eine *Hochburg des Kapitalismus*, der sich nicht nur „Ententainment“ suchende Comicleser widmen, sondern derer sich auch zeitgenössische Kommentatoren der globalen Finanz- und Wirtschaftskrise bedienen. In Deutschland sind „Die tollsten Geschichten von Donald Duck“ unverändert beliebt und hatten 2015 im Jahr des 50. Jubiläums des Heftes eine monatliche Auflage von 30.000 Exemplaren, was auf diesem Markt als solider Top-10-Platz gilt (Jurgeit 2015, S. 30).

Der Onkel von Donald Duck, einer zentralen Figur Entenhausens, *Dagobert Duck*, gilt, gemessen an den Maßstäben von Entenhausen, als der reichste Mann respektive die reichste Ente der Welt mit einem riesigen Vermögen (Bahners 2014, S. 29). Onkel Dagobert ist Großbankier, Großindustrieller und Großhändler. Die Geschichten um ihn erzählen von seinem Geiz, wie die Abbildung 1.4 zeigt, und seiner Skrupellosigkeit, seine Rolle ist die des menschenverachtenden Großkapitalisten. Auf seine Sparsamkeit verweist die stets gleiche Kleidung, die er trägt. Sein Geiz wird an den mageren Löhnen illustriert, die er seinen Angestellten und Neffen zahlt. Nach Bölsche (2009, o. S.) galt er nicht wenigen Politikern, Wirtschaftswissenschaftlern und Journalisten als die *„Heuschrecke in Entengestalt“*. Das ungeheuer riesige Vermögen dieser Heuschrecke wurde häufig zitiert, um die Dimensionen der Finanzkrise am Ende des ersten Jahrzehnts dieses Jahrtausends in öffentlichen Debatten zu demonstrieren.

Abb. 1.4 Onkel Dagobert und sein Geiz
Quelle: o. V. (2016, o. S.

Auch wurde die geldgierige Ente bemüht, um Ursachen und Folgen des Finanzdestasters zu verdeutlichen. Nicht nur die Lenker der entgleisten Finanzwelt, die uns vielfach als gefallene Helden seit 2009 begegnet sind, auch Onkel Dagobert kennt das Scheitern. Und so wird er zur Symbolfigur für die Katastrophen, die auf unbegrenztes Wachstum folgen können, wenn für Märkte keine Bremsen vorgesehen sind. Wenn man mit der alten Ente nicht allzu streng umgehen und in ihr nicht zwingend den Erzkapitalisten sehen will, so könnte man sie aber zumindest als die *Verkörperung des Homo Economicus in der Comicwelt* betrachten: Sein wirtschaftliches Handeln zielt darauf ab, aus gegebenen Ressourcen so viel Nutzen wie möglich zu ziehen oder einen ganz spezifischen Nutzen mit einem Minimum an Ressourceneinsatz zu erwirtschaften.

Das tradierte wirtschaftswissenschaftliche Menschenbild ist nicht nur Leitbild für ökonomische Theorien, sondern auch Taktgeber für das für Wachstum und Gewinn schlagende Herz eines skurrilen Comic-Lieblings, dem alten Onkel Dagobert, über den zumindest die Comic-Leser schmunzeln können. Aus der „Entenhausen-Perspektive" betrachtet wird der Rezipient also nicht zwingend überrascht, wenn Comic und Wirtschaftsthemen gepaart werden. Comics und Wirtschaftskommunikation – das kann ein kultureller Widerspruch sein, muss es aber nicht, und manch ein Widerspruch löst sich bei näherer Betrachtung auf. Diese soll im Weiteren gepflegt werden.

1.4 Der zeitgenössische Einsatz von Comics in der Wirtschaftskommunikation

1.4.1 Comics als originäre Kreationen für die Vermittlung von Wirtschaftsthemen

Die *globale Finanz- und Wirtschaftskrise* hat es mit sich gebracht, dass Fragen gestellt werden, die das (Nicht-)Funktionieren von Wirtschaft grundsätzlich betreffen. Und da viele Menschen, die sich ansonsten nicht für Wirtschaft interessieren, durch die Ereignisse der letzten Jahre an ihr Desinteresse und auch Unverständnis erinnert worden sind, ist das 300 Seiten umfassende Comic-Buch von Goodwin und Burr aus dem Jahr 2013 mit dem Titel *Economix: Wie unsere Wirtschaft funktioniert (oder auch nicht)* eine leicht zugängliche und verständliche Antwort auf die krisenbedingten Informationsbedürfnisse. Selbst „Wirtschaftsanalphabeten" dürften sich an dieses Wirtschaftsbuch für Einsteiger heranwagen, das in acht Kapiteln die Geschichte der Ökonomie zusammenfasst und dem (Nicht-)Funktionieren grundlegender ökonomischer Theorien auf den Grund zu gehen versucht.

Im Frühjahr 2013, einem dramatischen Höhepunkt der Finanz- und Wirtschaftskrise, der sogenannten *Zypernkrise*, spitzten sich die Ereignisse um die Rettung Zyperns respektive der Eurozone und des Euros zu, und es ereignete sich ein regelrechter Wirtschafts- und Politkrimi, den die Reporter Albes, Heiny und Hoffmann für die Zeitschrift *Stern* in eine spannende Geschichte verpackt haben und von dem renommierten Comiczeichner Reinhard Kleist in eine sequenzielle Bildergeschichte übersetzen ließen (Albes et al. 2013, S. 48ff.). Diese *„Zwitter"-Textsorte zwischen Reportage, Krimi und Comic* erhielt beim Deutschen Reporterpreis des Jahres 2013 eine Nominierung in der neu geschaffenen Kategorie „Freistil", was darauf hinweist, dass hier im Spiel mit den Genres gängige Textkategorien gesprengt worden sind.

In dem in der Abbildung 1.5 gezeigten Ausschnitt aus dem ungewöhnlichen Textprodukt kann man mitverfolgen, wie Volker Wissing, im Stern als „Mister Euro der FDP" tituliert, gemeinsam mit Jörg Asmussen, Direktor der Europäischen Zentralbank (EZB), sowie Wolfgang Schäuble, Finanzminister und im Comic der „Zuchtmeister Europas", um Lösungen aus der Krise ringen und die politischen Folgen der Situation reflektieren (Albes et al. 2013, S. 51).

Im Hinblick auf die genannten Beispiele für die Bearbeitung von Wirtschaftsthemen im Comic lassen sich zwei *Hypothesen* aufstellen: Vielleicht war Wirtschaft ja vor der globalen Finanz- und Wirtschaftskrise unserer Tage nie so spannend, dass sie sich für einen Comic geeignet hätte, denn viele Leser erwarten von einem Comic, dass er Unterhaltung mit „Thrill" garantiert. Vielleicht wurden aber auch die komplexen wirtschaftlichen Zusammenhänge der globalen Finanzkrise noch nie als so undurchschaubar erlebt, dass die Übersetzung in eine *Bildergeschichte zum Verständnis* notwendig wurde. Zu bedenken ist schließlich, dass die Zeitschrift Stern ein Massenmedium darstellt und man von diesem Medium *massentaugliche „Textware"* erwartet.

Die Bilder im Comic transportieren nach außen, was *in* den Protagonisten der Handlung, hier der Eurorettung, vor sich geht. Sie können auch komplexes Krisengeschehen in eine Sequenz von parallelen Handlungsabläufen bringen und dadurch die undurchschaubare Dynamik auflösen. Und sie liefern Vorgänge in Portionen, die kognitiv „verdaut" werden können. Das ähnelt einer Technik des Textens, der sich Journalisten zur Verständlichmachung von stark verdichteten Inhalten generell bedienen, dem *Portionieren* (Häusermann 2005, S. 18): Man zergliedert Inhalte, um einen Überblick zu bekommen, um anschließend Sinneinheiten portionsweise zu servieren. Die dadurch gewonnenen Innen- und Einsichten können stückweise das Verständnis dafür schaffen, welche Motive den Hintergrund zu wirtschaftspolitischem Handeln liefern und wie welche Akteure auf der globalen Bühne der Finanzpolitik einzuschätzen sind. Selbstverständlich enthält dieser Comic neben non-fiktionalen auch fiktionale Inhalte, was für den Comic typisch, für einen journalistischen Bericht zur Finanzkrise allerdings untypisch ist. So sind die Sprechblasen mit den Gedanken der Protagonisten in der Geschichte Attributionen bzw. Unterstellungen, die der Comic als kreatives Element der seriellen Kunst nicht nur erlaubt, sondern ganz selbstverständlich beinhaltet.

Abb. 1.5 Zypernkrise und Eurorettung 2013
Quelle: Reporter-Forum 2013, o. S.

Die journalistische Bearbeitung des Themas Wirtschafts- und Finanzkrise enthält sich auch nicht der *Kritik an den Akteuren und am gesamten System*. Diese *Systemkritik* hat der belgische Ökonom und Wirtschaftskolumnist Paul Jorion zum Hauptthema seines Comics „Das Überleben der Spezies" gemacht, den er zusammen mit dem Zeichner Grégory Maklès Ende 2014 der Öffentlichkeit vorgestellt hat (Jorion und Grégory 2014). Hier wird die Schuldfrage gestellt, bei deren Beantwortung sich der Leser auch selbst als Teil des bösen Kapitalismusspiels begreifen kann.

Im Comic wird der Einzelne als austauschbares Lego-Männchen gezeigt, das die Arbeit leistet und so das kapitalistische System lebendig erhält. Der Arbeitgeber wird als General symbolisiert, der ohne Skrupel als Antreiber der Lego-Männchen fungiert, und dessen einziges Ziel das „Abkassieren" ist. Das Kapital selber wird in dieser gezeichneten Erzählung personifiziert und zum Antihelden der Geschichte gemacht: Das kleine Männchen mit weißem Schnauzbart und schwarzem Cut und Zylinder hat bei „Monopoly" sein Mission Statement „Ich will alles" erworben und treibt das Finanzgeschehen immer weiter voran, denn das Geld muss arbeiten, es darf keine Pause haben, bis unweigerlich die Katastrophe naht. Durch die Wahl bekannten Spielmaterials, die Anleihen bei Lego und Monopoly, zeigt sich, dass jeder die Spielregeln eigentlich gut aus der eigenen Unterhaltungsspielerei kennt, nach denen nun realiter die „Welt untergeht" bzw. der Zusammenbruch der Wirtschaftswelt nachvollziehbar gemacht wird. Der spielerische Comic hat neben der *Aufklärungsfunktion* damit eine implizite *moralische Funktion*, die den Leser zur unbequemen Identifikation und Reflexion anregen dürfte.

1.4.2 Übernahmen von Comics oder Comicelementen für die Wirtschaftskommunikation

Wirtschaftskommunikation kann von der Bekanntheit und Beliebtheit von Comics profitieren, indem sie:

1. Einzelne Elemente wie Lautmalerei, Sprechblasen oder Zeichnungen als *unspezifische Text-Bild-Zitate von Comics* in klassische Textsorten integriert oder aber
2. *Protagonisten bekannter Comics* in eine Werbeanzeige einbaut, als *Kampagnenbotschafter* einsetzt oder gar zum *Teil ihrer Corporate Identity* werden lässt.

So kombiniert beispielsweise die *DA direkt*, Deutsche Allgemeine Versicherungen, in einer Anzeige aus dem Jahr 2014 für die KFZ-Haftpflicht- und -Vollkasko-Versicherung Fotos vom erschrockenen Fahrer eines Unfallwagens und dessen platten

Reifen mit einem gezeichneten Car-Crash und dem gezeichneten Text „DA … KNALL … DA … QUIETSCH … DA … muss es nicht teuer werden.“. Und schafft es, den Unternehmensnamen DA in die Comicszene als „Retter in der Not“ gleich dreimal zu integrieren (Anzeige DA direkt (Deutsche Allgemeine Versicherungen) 2014, S. 7).

Die deutsche gesetzliche Unfallversicherung *DGUV* (2014, S. 6) nutzte die Bekanntheit der Protagonisten *Tom und Jerry* aus der gleichnamigen Zeichentrickserie, um mit einem Plakat in Form einer Comicadaption Unfallprävention zu leisten. Die Zeichentrickserie hat in unzähligen Folgen die wilden Verfolgungsjagden und Zweikämpfe des Katers Tom und der Maus Jerry inszeniert, in denen wider Erwarten die kleine Maus dem großen Kater entkam. Mit der Ansprache „Besonders an ECKEN achte auf Deinen Weg“ versuchte die Unfallversicherung, die bekannten Unfallszenarien des komischen Paars in Erinnerung zu bringen, um den Betrachter vor einem potenziellen Unfall zu bewahren. Hier dienen die Comicfiguren der *Aufklärung* und einem *pädagogischen Ziel*. Dieser Einsatz setzt voraus, dass sich der Betrachter der Anzeige an die programmatischen Verfolgungsjagden erinnert und eine *Identifikation* mit den Comicfiguren möglich ist.

Als Garant für das „kraftspendende“ Lebensmittel Erdnussbutter wird, wie die Abbildung 1.6 zeigt, *Spiderman* mit der Kommunikation des Produktversprechens auf der Verpackung beauftragt.

Abb. 1.6
Spiderman wirbt für Peanutbutter
Quelle: o. V. 2015a, o. S.

Spiderman ist auch jüngst für das Mineralwasser *Evian* im Einsatz gewesen, denn der französische Getränkehersteller *Danone* hat 2014 in der vierten Auflage seiner berühmten Live Young-Kampagne den erwachsenen Spiderman und dessen Baby-Ausgabe in allen sozialen Medien und am Point of Sale auftreten lassen (Lebensmittelzeitung 2014, o. S.). Hintergrund dieser Maßnahmen war der Kinostart des Blockbasters „The Amazing Spider-Man 2". Deshalb war Spiderman im Jahr 2014 für Marketingzwecke schwer beschäftigt. Der amerikanische Versandriese *USPS United States Postal Service* ließ Spiderman auf Versandkartons und Auslieferungsfahrzeugen in Aktion zeigen – wie in Abbildung 1.7 – und machte ihn zugleich zur Symbolfigur eines internen Programms zur Mitarbeitermotivation und -gratifikation:

> "The campaign also parallels with the beloved Super Hero by highlighting the courageous acts of the postal workforce. One such example is Isagani Ravelo, a letter carrier in Virginia who saved a person's life when he heard a customer in distress calling for help. He entered the home to find an elderly woman with severe head injuries resulting from a fall. He immediately performed first-aid to stop bleeding and called an acquaintance of the accident victim for assistance, as the victim requested. Last year, the Postal Service recognized 262 postal employees for heroic acts in the Postmaster General's heroes program." (USPS 2014, o. S.)

Die Werbeeinsätze von Spiderman basieren selbstverständlich auf der Bekanntheit des Helden, sie setzen *Spiderman als Kulturgut* voraus. Neben der *Aufmerksamkeit*, die Spiderman in einem neuen Kontext des beworbenen Produktes oder der beworbenen Dienstleistung schafft, sollen spezifische Eigenschaften transferiert werden. So soll vom Werberezipienten zum Beispiel die Schlussfolgerung gezogen werden, dass durch den Genuss von Erdnussbutter die eigene Kraft mythische Dimensionen annehmen kann. Und der Einsatz von Spiderman beim Postauslieferer USPS erlaubt dem Mitarbeiter, sich auch mal als (Alltags)Held zu fühlen. Das fühlt sich besser an, als einfach nur Pakete auszutragen. Der Auftritt von Spiderman bei USPS macht eine *Selbstwerterhöhung* möglich und schafft in der Außenkommunikation eine Bühne für Wertschätzung. Diese Transferprozesse setzen *eigene kognitive Prozesse* beim Rezipienten der Kommunikation voraus, denn die entsprechenden Inferenzen werden nicht explizit gezogen, sondern sind vom Rezipienten implizit zu ziehen. Dieser Unterschied ist wichtig, denn Werbung will ja nicht lügen, aber uns zu unseren Phantasien vom eigenen Heldentum oder Glück anregen.

Abb. 1.7 Spider-Man auf USPS-Lieferfahrzeigen
Quelle: USPS 2014, o. S.

Im Comic und in der Werbung können auch Frauen heroisch sein, das zeigt ein Beispiel aus den 1990er Jahren in Abbildung 1.8. *Tank Girl* ist die Titelheldin einer 1988 gestarteten britischen Comicreihe, die im Jahr 2033 in einer von Meteoriten zerstörten Wüste in Australien spielt. Sie durchlebt eine Odyssee und damit jede Menge Abenteuer. Ihr Zuhause ist ein Kampfpanzer. Dazu passend ist ihr Outfit gewählt: Tank Girl tritt mit halbrasiertem Schädel und in Punk-Kleidung auf, nach außen scheint sie hart und skrupellos, aber sozial und solidarisch ist sie ihren Freunden gegenüber. Der internationale Erfolg dieses Comics führte dazu, dass *Wrangler Jeans* die Rechte von Tank Girl erwarb und sie in die „individualistisch-anarchisch" (Vogler 2011, S. 63) angelegte Werbekampagne von 1991 integrierte und damit den Zeitgeist reflektierte. Subversives spricht Jugendliche an und davon nähren sich Gegenkulturen, deren Existenz aber mit der Kommerzialisierung ihrer Selbst und ihrer Requisiten in Frage gestellt wird. Für Wrangler dürfte das jedoch kein Problem darstellen, da Geld in der Regel mit Massenwaren verdient wird. Für die Jeans zielte Tank Girl als Teil der Jugendkultur eine *Aufwertungs- und Imagefunktion* an.

Abb. 1.8
Tank Girl im Auftritt für Wrangler 1991
Quelle: o. V. 2015b, o. S.

Inspiriert von der populären deutschen Comicfigur *Werner* ließ die Tankstellenmarke *Jet* vom Werner-Zeichner Rötger Feldmann (alias „Brösel") 2006 ihre gesamte Printkampagne im Comic-Stil der Werner-Figur, -Diktion und -Geschichten zeichnen (Horizont 2006, o. S.). Dadurch sollte eine bessere Abgrenzung vom Wettbewerb gelingen. Der kultige Comic-Rocker Werner (Markenzeichen „beinhart") fährt in den Comics, die auch erfolgreich verfilmt wurden, Wagenrennen, und zwar vom Kinderwagen bis zum ultimativen Duell im Porsche. Wer so viel fährt, braucht viel Sprit. Und da passt es gut, wenn dieser vergleichsweise günstig ist. Jet steht für sehr preiswerten Kraftstoff, der langlebige Slogan „Schlauer ist das" (Abbildung 1.9) verweist darauf.

Die Internetseite der Jet-Tankstellen des Mineralölkonzerns *Conoco Phillips Germany* weist 2015 eine große Vielfalt von Kampagnenmotiven im besagten Comicstil der letzten zehn Jahre aus (vgl. JET Tankstellen Deutschland 2015a, o. S.), die abwechslungsreich in den Bild- und Textmotiven sind, aber in den Aussagen doch monothematisch bleiben: Es geht immer um das Sparen, für das Jet steht. Mit Texten wie „Die Jet-Teuerwehr" oder „Wer teuer tankt, hat selber schuld" wird entweder das Sparen der Kunden durch die verlockenden Jet-Angebote thematisiert oder es werden Bezüge zu gesellschaftlichen Debatten über aktuelle Wirtschaftsthemen bzw. Finanznöte hergestellt (z. B. „Der Rettungsschirm für Ihre Euros" oder „Wirtschaftskrise? Bei Jet Sparen – besser schlafen", vgl. www.jet-tankstellen.de. Zugegriffen: 27. Februar 2015). Die Comicwelt der Jet-Kommunikation gehört heute quasi zu Jet wie der Kraftstoff selbst, sie ist Teil der Corporate Identity geworden. Comics können also auch eine *identitätsbildende Funktion* für Marken haben.

Abb. 1.9 Wirtschaftskommunikation à la Jet
Quelle: JET Tankstellen Deutschland 2015b, o. S.

1.4.3 Comics als originäre Kreation in der Wirtschaftskommunikation

Während die weiter oben aufgezeigten Beispiele für die Übernahme von bekannten und etablierten Comics und ihrer Elemente in die Wirtschaftskommunikation höchstwahrscheinlich in erster Linie Transfereffekte anzielen, kann für originäre Comickreationen in der Wirtschaftskommunikation angenommen werden, dass die Wahl dieser Textsorte vornehmlich durch die dem Comic zugesprochenen Charakteristika begründet ist. Diese Annahme soll anhand ausgewählter Beispiele im Folgenden überprüft werden.

Mit einem *Crowdsourcing-Comic* machte die Unilevermarke *Axe* Anfang 2012 auf sich aufmerksam. Hintergrund war der internationale Launch der Produktrange *Axe Anarchy*, die Body Spray, Duschgel und (erstmals) einen Duft für Frauen umfasste. Die digitale Kampagne startete mit dem Anfang einer Geschichte, die von den Internetnutzern weitererzählt werden sollte und von Axe als Comic umgesetzt wurde: In dieser Story hat eine Wissenschaftlerin experimentiert und zwei neue Düfte kreiert, woraufhin die Welt im Chaos versinkt und Anarchie herrscht. Internetnutzer konnten auf dem Youtube-Kanal von Axe über die Protagonistin der Hauptrolle entscheiden, den Ort des Geschehens festlegen und selber bei Bewerbungen über Twitter eine Rolle in dem Comic übernehmen (Mulch 2012, o. S.). Die Attraktivität des für die Kampagne gewählten Mediums ist ohne Zweifel groß: Comics sind Teil der Jugendkultur und „nirgendwo bieten sich adoleszenten Omnipotenzfantasien aufregendere Projektionsflächen" (Knigge 2014, S. 11). Trotz der durchaus zweifelhaften Attraktivität von Weltuntergangsszenarien darf dieses Vorgehen also als zielgruppenaffin bezeichnet werden. Außerdem ist das Begehren von Jugendlichen und jungen Erwachsenen, auf den Bühnen dieser und der virtuellen Welt eine Rolle zu spielen, ungebremst.

Das Mitgestalten des Comics wird dem Dialog-Medium der Kampagne gerecht und lädt den User zum Überschreiten einer Grenze ein: Er kann Teil des Comics und damit Teil der Produktwerbung werden. Unterhaltung ist immer ein Stück weit Flucht aus dem Alltag, die *Einladung zum Eskapismus* in dieser Kampagne reicht aber ungewöhnlich weit, denn nichts weniger als der Weltuntergang ist hier zu erwarten. Und bei diesem Szenario Teil der Inszenierung zu sein, stellt eine Identifikationsmöglichkeit und ein Commitment besonderer Art dar und impliziert am Ende auch noch die Möglichkeit, „ein bisschen die Welt zu retten". Comics eignen sich für das gewählte Sujet sehr gut, denn häufig sind in Comics „Welten zu retten", die aus den Fugen geraten sind und herausragender Figuren bedürfen, um zu retten, was zu retten ist und eine notwendige Ordnung wiederherzustellen. Dies gilt insbesondere für die Gattung der „Superman-Comics", die weiter unten noch näher spezifiziert wird.

Ebenfalls 2012 hat *Greenpeace* in seiner internationalen *Detox-Kampagne* gegen die Umweltverschmutzung der internationalen Textilindustrie den Aufruf „Detox your fashion" in einer Comic-Fassung vorgestellt, speziell einem *Manga-Style-Comic*, der unter Youtube in der Videofassung abrufbar ist (vgl. Greenpeace 2012, o. S.). Mangas sind in vielerlei Hinsicht anders als andere Comics, nur auf einige wesentliche Unterschiede soll hier verwiesen werden. Man kann sich bei Mangas leicht an das *Kindchen-Schema* erinnert fühlen, dem eine vornehmlich emotionale Wirkung nachgesagt wird. Das Stilmittel der *Suppenteller-Augen* im Manga zielt nach Nielsen (2009, S. 351) tatsächlich auf eine *Emotionalisierung* ab:

> „Die Augen sollen den Blick in die Tiefe zulassen, sie sollen das Publikum einladen, in die ‚Seele' der gezeichneten Figur zu schauen. [...]. Comic-Seiten westlicher Provenienz funktionieren aufgrund ihrer [...] stehenden Formsprache [...] wie Bildergalerien, in denen gerahmte, gereihte Gemälde voller ‚fruchtbarer Augenblicke' hängen, während sie im Osten ‚Fenster' sind – gerahmte Schlüssellöcher zum Gefühl."

– und diese „Augenfenster" können als offen in beide Richtungen gedacht werden.

Die Interaktion im Manga zwischen Comicfigur und Rezipient kann als eine emotionale verstanden werden, die emotionales Verstehen bzw. „Gefühlsgleichklang" ermöglicht. Die Comicwahl darf hier als strategisch begründet begriffen werden, denn die Zielgruppe Jugendliche soll durch emotionale Appelle zum Unterstützer der Kampagne werden. Dabei ist die Festlegung gerade auf den Manga-Comic sicher auch nicht zufällig. Mangas haben in den letzten Jahren europäische und amerikanische Comic-Märkte erobert. Insbesondere Jugendliche nutzen Mangas heute weniger im Sinne eines klassischen Lesers eines Printproduktes denn als *User*: Sie

> „interessieren [...] die gezeichneten Erzählungen nicht nur als Kontemplationsvorlagen. Bereits die cartoonesken Gesichter der Charaktere und der Verzicht auf detaillierte Hintergründe, die ‚organisierte Leere' laden zum imaginativen wie zum wortwörtlichen Ausmalen ein: Leser schreiben Geschichten um und werden mittels *fan art*, Online-Kommentaren und Cosplay (Mangarollenspiel) zu Mitgestalterinnen und Mitgestaltern. [...] Bei diesen Titeln geht es nicht nur um Bedeutungsgehalte und Lektüreerlebnisse, sondern mindestens im gleichen Maße um sinnlich-affektive, fankulturelle und marktwirtschaftliche Effekte." (Berndt 2014, S. 49f., Hervorhebung im Original)

Schon 2011 anlässlich *des 25. Jahrestages der Reaktorkatastrophe von Thernobyl* hat Greenpeace einen Schreibwettbewerb initiiert, in dem in einem Fortsetzungsroman von Jugendlichen des Unglücks und seiner Folgen gedacht werden konnte. Eine Kooperation mit der erfolgreichen Mangazeichnerin Anike Hage, Zeichnerin des eingangs erwähnten Comics „Die Wolke", gewährleistete die Umsetzung als *Manga-Comic*, der in sechs Kapiteln als Gemeinschaftsarbeit entstand (vgl. hierzu Steffens 2011, o. S.).

Nicht nur Jugendliche, auch Kinder sind typische Zielgruppen für Comics, daher soll zumindest *ein* zeitgenössisches Beispiel aus der Werbekommunikation für die Zielgruppe Kinder angeführt werden. Der *Vanillepudding mit Schoko-Flecken von Dr. Oetker*, der durch seine „kuhle Fleckenoptik" besticht, wird in der Werbung durch Paula vertreten, einer Kuh, gefleckt wie der Pudding, die auf der Verpackung lebt, aber auch als *Super Paula* auf einer eigenen Website von Oetker (www.paula-welt.de) Kinder als Comic-Figur zum Spielen einlädt. Das Pudding-Produkt wird hier zur Spielfigur, das ein Leben über den Verzehr des Puddings hinaus bekommt, als

Begleiter in den Alltag der Kinder integriert wird und so zum Konsum des Produkts animiert. Dies kann prinzipiell als Persuasionsversuch mit der Zielgruppe Kinder auch kritisch betrachtet werden, da die Spiel- und Konsumwelt sich vermischen.

Neben der Zielgruppe Kinder und Jugendliche finden sich auch *Comics für Erwachsene* in der Wirtschaftskommunikation. Diesbezüglich kann Zeitschriften und Zeitungen nach wie vor eine Vorreiterfunktion zugesprochen werden. Die im Folgenden angeführten Beispiele aus journalistischen Publikationen wären auch für unternehmenseigene Publikationen durchaus geeignet. Comics dienen zum Beispiel dazu, Abwechslung in das textliche Einerlei medialer Darstellungen zu bringen. So wählte das Süddeutsche Zeitung Magazin mit dem Titel „Probier doch mal" 2014 eine Mischung zwischen klassischen redaktionellen Texten und Comics, um die Langeweile beim Essen und beim Lesen zu vertreiben. Die konsumanregende Wirkung sollte sicher durch die ungewöhnliche, aufmerksamkeitsstarke Textsorte Comic gesteigert werden.

Ein ähnliches Beispiel für Stadtmarketingzwecke offerierte das Hamburger Stadtmagazin 2014: Die 350 bewegten Jahre von Hamburg Altona erzählte eine gezeichnete Geschichte von Sophia Martineck im Magazin (Martineck 2014, S. 22). Mit Comics ging die Schweizer Post in der Außendarstellung gegen Vandalismus vor (Friedli 2007, S. 8f). Auch im Rahmen von Corporate Publishing lassen sich Beispiele für den Einsatz von Comics finden: Das Züricher Kulturzentrum *Rote Fabrik* ließ im Geschäftsbericht des Jahres 2010 eine gezeichnete Geschichte über drei Freundinnen erzählen, die von einem Konzertbesuch handelt (Rickenbach 2015, o. S.). Der AbfallWirtschaftsBetrieb des Landkreises Karlsruhe ließ für sein Kundenmagazin und seine Internetpräsenz einen eigenen Comic kreieren (Machart Studios 2015, o. S.).

Die Sorgen und Nöte des Arbeitnehmers sind regelmäßig Themen, die die Süddeutsche Zeitung online im Comic unter der Rubrik „Dilbert, Peanuts & Co" mit viel Ironie und zu Unterhaltungszwecken thematisiert. So werden beispielsweise humorige Kundengespräche, Beziehungen unter Kollegen, unternehmensinterne Streitigkeiten, die Firmenkultur, die Einsamkeit der Führungskraft, die Überforderung im Job oder der Workoholic witzig präsentiert (vgl. hierzu http://www.sued-deutsche.de/thema/Comic. Zugegriffen: 3. März 2015). Und im Stern „Gesund leben", dem Magazin für Körper, Geist und Seele, wurde in der ersten Ausgabe des Jahres 2015 ein psychologischer Ratgeberbeitrag zum Thema Selbstsabotage als Bericht-Comic-Textsortenmischung offeriert (Schönberger, Coste 2015, S. 12ff.), der jenseits einer Unterhaltungsfunktion Aufklärungsabsichten verfolgte und sehr empathisch in verschiedenen gezeichneten Fallbeispielen (z. B. zu Leistungsdefiziten) aufzeigte, wie Coachingprozesse funktionieren. Die Comics unterstützten durch ihren illustrativen Charakter sehr gut die soziale Perspektivenübernahme des Lesers und überzeugten von der Chance der Prozessbegleitung in schwierigen Lebens- bzw. Arbeitsphasen.

Die genannten Beispiele zeigen, dass insgesamt ein breites Spektrum von Themen und Aufgaben denkbar sind, denen sich Wirtschaftskommunikation mit einem Comic widmen kann. Ob für Werbe-, Public Relations-, Investor Relations- oder Human Relations-Zwecke kann das Spiel mit Text und Bild in der seriellen Kunst eine attraktive Option neben klassischen Textsorten darstellen. Dabei kann Humor respektive Unterhaltung das Mittel der Wahl sein, muss es aber nicht. In der Werbe- und Unternehmenskommunikation geht es insbesondere darum, vom Nutzen eines Produktes oder der Güte einer Dienstleistung zu überzeugen bzw. das Image einer Organisation zu fördern. Eine spezielle Sorte von Comics mit langer Tradition, die Superman-Comics, scheinen dafür besonders attraktiv zu sein, was im Folgenden näher untersucht werden soll.

1.4.4 Superman – ein Paradigma für die Wirtschaftskommunikation?

Spiderman, der weiter oben im Dienste der Unternehmenskommunikation schon vorgestellt wurde, ist einer der vielen „Supermänner" amerikanischer Provenienz, die die Comicwelt hervorgebracht hat, und die eine ganze Gattung repräsentieren. Superman kann man heute als Teil amerikanischer Folklore verstehen. Superhelden wie Spiderman, Iron Man, Captain America, Hellboy, Watchman und Badman sind *die* Comic-Figuren Amerikas, sie stehen als Protagonisten von gezeichneten Erzählungen für das Medium Comic an sich. Und sie stehen für die gesellschaftlichen, politischen und moralischen *Ordnungen der Gesellschaften*, in denen sie ihre Superkräfte einsetzen, um diese Ordnungen zu schützen oder wiederherzustellen: Sie „handeln [...] heldenhaft, retten [...] anderen das Leben, stellen ihre Grundversorgung sicher, bekämpfen die Feinde der Gesellschaft – kurz: sichern die existenziellen Bedürfnisse anderer." (Ditschke und Anhut 2009, S. 135)

Als Bedrohungen der zu sichernden Systeme und ihrer Regeln weisen Superheldengeschichten zumeist Katastrophen oder Schurken auf, die die gut funktionierende Welt in Frage stellen. In diesen Szenarien wird die Notwendigkeit des Auftretens eines Beschützers oder Rächers dann offenbar. Umberto Eco (1996b, S. 187) stellt in seinem Essay „Der Mythos von Superman" einen Bezug der Abenteuer von Superhelden zur Mythologisierung einer Volkskultur her: Er spricht von einer „unbewußte[n] Symbolisierung als Identifikation des Objekts mit einer Gesamtheit von nicht immer bewußten Zielen, als bildliche Projektion von Neigungen, Hoffnungen, Ängsten". Anders als in anderen Mythen pflegen Superhelden-Comics das Phänomen der Wiederholung als Besonderheit der Comic-Ästhetik. D.h. ein Superman hat immer wieder ähnlich gelagerte Herausforderungen und Krisen zu meistern.

Zur Rettung haben die Helden *besondere Fähigkeiten*, zum Beispiel körperliche Kräfte, die über das normale Maß hinausgehen. Sie können fliegen, haben einen Röntgenblick und spezielle Kampftechniken und Hilfsmittel in der Superheld-Requisite, die sie alle Hindernisse auf ihrem Weg überwinden lassen. Zu ihrer Ausstattung gehören ebenso Doppel- oder Tarnidentitäten und besondere Kostüme (z. B. Bodysuit bzw. Strumpfhosen und Umhänge) als „ikonische Repräsentationen" (Ditschke und Anhut 2009, S. 137) ihrer Superheldenidentität. Auch spricht ihr Körper in besonderer Weise zu uns: „Die Sprache in Comics wird [...] zu einem großen Teil über den Körper ausgetragen, in diesem manifestieren sich Metaphern und Redewendungen. Wenn einer Figur im Comic die Augen herausfallen, können sie dies recht wörtlich tun. Ebenso können Comic-Figuren die Haare zu Berge stehen [...]" (Klar 2011, S. 226 f.). Die ungewöhnliche Körperlichkeit, die das menschliche Maß übersteigt, ist nach Klar (2011, S. 218) ein Kennzeichen von Comicfiguren überhaupt, denn: „Es stellt sich die Frage, ob nicht alle Comicfiguren auf ihre spezifische Art und Weise Superheldinnen sind, weil sie alle Körper besitzen, die über ungewöhnliche und übernatürliche Eigenschaften und Kräfte verfügen". Typisch für die Superhelden im Comic ist außerdem, dass sie ohne Rücksicht auf die eigenen Bedürfnisse handeln, sich selber also zurückstellen, und sie handeln *nicht* zum Zweck der *Eigennutzmaximierung* (Ditschke und Anhut 2009, S. 135).

Letzteres dürfte Repräsentanten von Wirtschaftsorganisationen, egal ob Produkt oder Mensch, wohl als durchgängige Attitüde schwerfallen bzw. die Realität trübt ihr Superman-Image. (So scheint es im Jahr 2016 wie die Ironie des Schicksal, dass VW – wegen der Diesel-Gate-Affäre international in Misskredit geraten – noch im Jahr 2014 mit einem Superman-Video „Superhelden trotzen den Gefahren der Korruption" für Regelkonformität geworben hat (Quelle: The Simple Show 2015, o. S.).

Grundsätzlich aber können an Comics und deren Helden nicht die gleichen Ansprüche an *Glaubwürdigkeit* gestellt werden wie an einen Pressetext oder eine Nachricht. Comics sind häufig Spiele mit Phantasien und den Wünschen und Sehnsüchten nach einer heilen Welt. Sie erfüllen das Bedürfnis nach Transzendenz und kommen unserem Wunsch nach, über uns hinauszuwachsen. Hätten wir keine Grenzen in Bezug auf geistige und körperliche Kräfte sowie Zeit, könnte die Welt wohl ganz anders aussehen. Solche Vorstellungen werden in Comics der Superman-Gattung gepflegt. Interessant in diesem Zusammenhang ist auch, dass Superhelden in der Regel nicht altern – also keine Begrenzung ihrer Verfügbarkeit als Held und Retter in Sicht ist. Motivationaler Hintergrund für Superman-Auftritte sind Gefährdungen der Moral: „Als quasi-mythische Mächte fungieren die Figuren amerikanischer Superheldenuniversen [...] als legitimierende Instanzen in jeweils aktuellen Debatten um Werte und Normen in der amerikanischen Gesellschaft, die in den Comic-Heften zur Disposition gestellt werden" (Stein et al. 2009, S. 22). Superheldenerzählungen bestätigen nach Ditschke und Anhut (2009, S. 149) meistens eine gesellschaftliche Ordnung, die „durch die dominanten Einstellungen der primären Comic-Leserschaft der jeweiligen Zeit beeinflusst scheint".

Historisch betrachtet sind Supermänner im Comic ein Reflex auf die Bedrohungen der Gesellschaft gewesen: Der Börsencrash und die Wirtschaftskrise in der ersten Hälfte des 20. Jahrhunderts und später die Kriegserklärung von Hitler an die USA forcierten „die Nachfrage nach starken Helden als Erlöser von den Problemen der Welt" und „der Comic wandelte sich mit seinen neuen Abenteuerwelten zur Fluchtliteratur, die die Spaßvögel von einst beinahe vollständig aus den Zeitungen verdrängte." (Knigge 2014, S. 13). Die Vertrauen erschütternde Finanz- und Wirtschaftskrise der letzten Jahre lässt also die Zeit reif erscheinen für die Geburt von Supermännern und auch -frauen in der Comic-Wirtschaftswelt. Die Nachfrage nach Superhelden der Finanz- und Bankenaufsicht ist groß.

Das bekannte *Mission Statement von Spiderman* „Aus großer Kraft folgt große Verantwortung" (im Original: „With great power comes great responsibility") liest sich wie das Leitbild für CSR-Programme moderner Wirtschaftsorganisationen. Auch die gesellschaftliche Debatte um Nachhaltigkeit wirtschaftlichen Handelns ist ein fruchtbarer Boden für Superman-Phantasien. Aber kann man sich wirklich den CEO als Superhelden inszeniert vorstellen? Ist es denkbar, die Vorstandsrepräsentanz für das Nachhaltigkeitsmanagement als Spiderwoman auftreten zu lassen? Kann der Compliance-Manager mit Tarnkappe durch's Unternehmen laufen und Regelverstöße ahnden, wie es der Supermarkethero des amerikanischen Zeichners Sam Backhouse in Abbildung 1.10 tut?

Solche Vorstellungen fallen schwer. Sie stehen mit der viel beschworenen Authentizität als Erfolgsgarant in der Kommunikation im Widerspruch. Und Retterphantasien werden in der Regel im Comic, nicht aber in der realen Welt befriedigt. Bei einer Übertragung des Superman-Paradigmas auf die Wirtschaftskommunikation ist also Vorsicht angebracht. Dazu gehört Mut, der Wille zum Witz und die Bereitschaft zum Spiel mit selbstironischer Distanzierung. Und auf Seiten des Publikums gehört die Bereitschaft dazu, sich auf Erwartungsbrüche einzulassen und den Dialog spielerisch zu pflegen und vor allen Dingen: Nicht alles so ernst zu nehmen! All das kann man wohl in den meisten Fällen vergessen. Und doch gibt es Auftritte von Helden in der Werbe- und Unternehmenskommunikation, die imponieren und ein Schmunzeln zulassen.

Vielversprechend ist zum Beispiel der Friseur *Cutman*, von dem es auf der Internetseite heißt: „Rettet die Welt vor schlechten Frisuren" (Cutman Friseur 2015, o. S.). Ob Gestaltung der Website, Corporate Language oder Ausstattung der

Filialen – alles ist im Super- respektive Cutman-Design gehalten. Und der smarte Cutman selbst begegnet dem interessierten Kunden als Comiczeichnung auf der Internetseite persönlich, spätestens aber im Schaufenster einer der Filialen – mit tadelloser Frisur natürlich. Der Superlativ steht hier für die *Dienstleistungskompetenz*, die dem Kunden Sicherheit für die Beurteilung der Leistung selbst wie auch des Versprechens gibt.

Abb. 1.10 Supermarketman in Aktion 2014
Quelle: Backhouse 2015, o. S.

Superman?

Betrachtungen über die Rolle, in die ein IT-Leiter vom Unternehmen gezwängt wird

Abb. 1.11 Der IT-Leiter als Superman
Quelle: Würth-Elektronic 2015a, o. S.

IT als Comic hat *Würth Elektronik* mit dem Buch „Wege aus der IT-Falle“ inszeniert. Hier wird auf ironische Weise der Weg in die Abhängigkeit von Softwarehäusern kommuniziert und für Eigenprogrammierung der unternehmensrelevanten Programme plädiert. Das Unternehmen zeigt damit seinen Kunden, dass es sich in die Lage von Organisationen hineinversetzen kann, die durch Erwartungsüberfrachtung an IT in schwierige Situation geraten können, aus denen nur der IT-Superman in Abbildung 1.11 sie retten kann. Den gibt es nicht wirklich, was es aber gibt, sind die hilfreichen Programmierexperten des Dienstleisters in Abbildung 1.12.

Im Rahmen des Supermann-Paradigmas können Mitarbeiter zu Helden werden, wie es das weiter oben geschilderte Projekt des amerikanischen Postauslieferers USPS gezeigt hat. Auch das Unternehmen *Bosch* zeigte in der Mitarbeiterzeitung „Boschzünder“ Nr. 2/2015 solche „starken Typen“, „Helden“, die „schnell, agil und präzise arbeiten: Das ist der Anspruch bei Bosch“ (Bosch 2015, S 8 ff.). Auch Dienstleister können sich in der Kommunikation mit Kunden selber ein Superman-Image geben, wie die beiden oben angeführten Beispiele der Liefer- und IT-Experten zeigen.

Abb. 1.12 Mitarbeiter und ihre Ansprüche an IT
Quelle: Würth-Elektronic 2015b, o. S.

Aber was ist eigentlich mit dem Produkt? Kann es auch zum Superman, zur Superwoman, zum Helden oder Retter stilisiert werden? Es kann. Das soll das letzte Beispiel illustrieren: *Dentiman* von Wrigley's Extra for Kids. Die *Inszenierung der Produktkompetenz* im Comic wird für das Zahnpflegekaugummi bereits seit 2007 praktiziert. Der Zeichner Dietwald Doblis hat Wrigtley's für Kinder ein Gesicht gegeben. Dentiman ist nämlich durch das Produkt selbst verkörpert, wie die Abbildung 1.13 zeigt. Der Kaugummi-Held hat die Aufgabe, Kindern beim Warten in der Zahnarztpraxis die Zeit zu verkürzen und in mehreren Comic-Bänden die Notwendigkeit der Zahnpflege (auch unterwegs per Kaugummi statt Bürste) zu vermitteln.

Im ersten Heft kämpft Dentiman gegen die Karies-Bande, im zweiten warnt er vor der Zuckerbrockenfalle, im dritten trifft er auf den Säurehai, im vierten vereitelt er die Pläne des finsteren Professors Übel. Auch die weiteren Folgen zeigen, Dentiman, dieser kleine Streifen zuckerfreien Kaugummis, hat jede Menge zu tun und lässt die kleinen Leser an Abenteuer reichen Reisen in die Welt der Zähne und der Mundhygiene teilnehmen. Wrigley bietet diese Comics exklusiv und kostenlos für Zahnarztpraxen an, die ihren Patienten durch die Auslage der Comics in den Praxen einen Mehrwert bieten können (Wrigley 2015, o. S.).

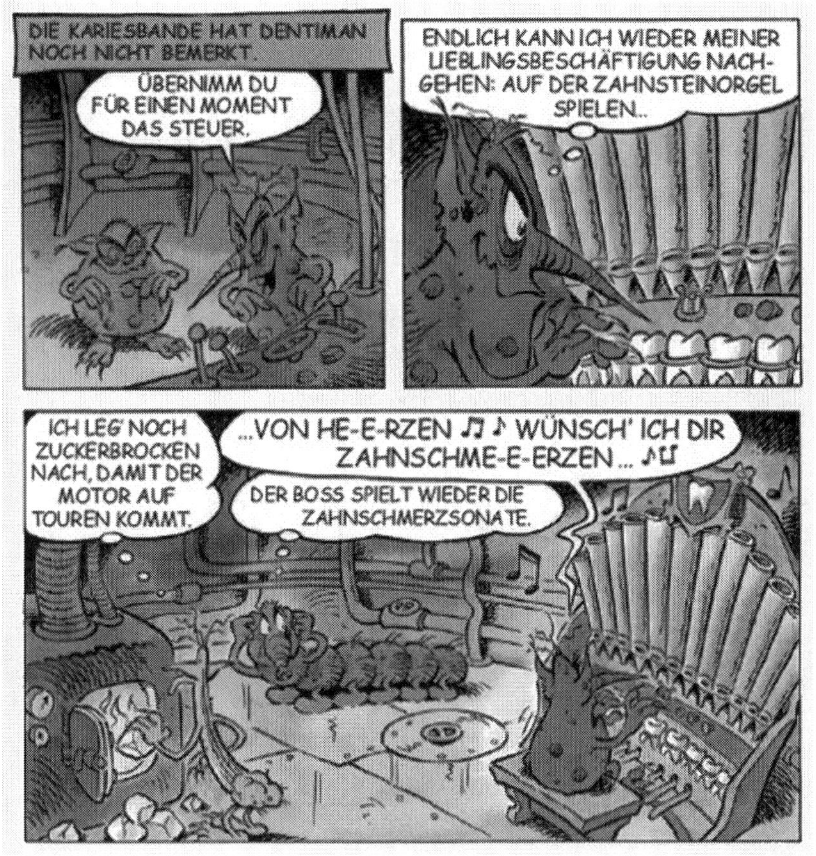

Abb. 1.13 Szene aus Dentiman Nr. 3, „Dentiman und der Säurehai"
Quelle: Doblies 2010, o. S.

1.5 Schlussfolgerungen für den Einsatz von Comics in der Wirtschaftskommunikation

Comics sind heute Teil deutscher Kultur und mit zunehmendem Selbstverständnis ist dieses Hybridmedium nicht mehr nur Folie für unterhaltsame Stoffe, sondern als Trägermedium für nahezu jedes Thema zu begreifen. Comicfiguren sind Teil der Produktwelt geworden. Popeye gehört zum Spinat wie Spiderman auf die Cornflakes Packung und in die McDonalds Happy-Meal-Tüte. Ebenso gehören zum süßen Genuss von *Hanuta* oder *Duplo* für viele die Sammelbilder von Asterix und Obelix. Und Fred Feuerstein durfte mit seiner Familie schon vor Jahren den Opel Corsa testen. Das zeigt die Alltagsdurchdringung der Comicfiguren als Produktbeigabe oder als Protagonisten im Werbespot. Nach Janich (2013, S. 234) sind solche bildlichen Anspielungen über den visuellen Code häufig als Strategie der Werbekommunikation zu finden. In dieser strategischen Variante des Comiceinsatzes werden unterschiedliche Funktionen des Mediums realisiert. Neben der Unterhaltungsfunktion geht es auch um Identifikation und Imagetransfer.

Im vorliegenden Text wurden einige weitere Einsatzgebiete aus der zeitgenössischen Wirtschaftskommunikation aufgezeigt. Dabei konnte herausgearbeitet werden, dass Comics, ihre Figuren und Bild-Texte-Elemente nicht mehr nur allein der Werbung vorbehalten sind. Auch in der Kommunikation des Unternehmens mit seinen Mitarbeitern und Kunden werden Comics als attraktive Textsorte mit vielfältigen Funktionen von der Aufklärung, der Information, der Kommentierung bis zur Unterhaltung eingesetzt. Archetypen der Comicwelt, Supermann & Co, erweisen sich dabei als besonders beliebte Vorbilder für den Transfer des Unterhaltungsmediums in die Welt der Wirtschaft. Voraussetzung dafür ist, dass Comics eben auch für ernste Themen kein Tabu mehr darstellen. Sie haben sich als Textsorte für anspruchsvolle Themen als geeignet erwiesen und erfreuen sich heute einer zunehmenden Beliebtheit. Comics stellen ein Spiel mit Text und Bild dar, das eine große Vielfalt in der kreativen Entfaltung von Textern und Zeichnern zulässt. Und somit wundert es auch nicht, dass nicht mehr nur bekannte Comicfiguren in der Wirtschaftskommunikation als Text-Bild-Zitat auftauchen, sondern dass eigens für die Vermittlung wirtschaftlicher Themen und Anliegen in Zeitungen und Zeitschriften, Büchern und im Internet Eigenkreationen auftauchen. Mit dem Einsatz von originär produkt- oder unternehmensspezifischen Comics folgt die Wirtschaftskommunikation der Vielfalt der Verwendungsformen, die Zeitungen und Zeitschriften für das Medium im Medium seit mehr als 100 Jahren ausweisen.

Dass dem Comic auch in Zukunft eine Bedeutung in der Wirtschaftskommunikation zukommen dürfte, kann auch mit seinem Eintritt in die digitale Welt begründet werden. Die sogenannten *e-comics* oder *webcomics* sind nicht einfach nur

Scans von gedruckten Vertretern dieser Textsorte, sondern weisen zwei markante Innovationen auf: „zum einen die Erweiterung um einen multimedialen Inhalt durch das Hinzufügen von bewegten Bildern und/oder Ton, zum anderen die Interaktivität. Der Comic wird so als interaktives Hypermedium neu definiert" (Groensteen 2014, S. 35). Seine Entwicklung im Kontext von Animationen, Videospielen und Internetanwendungen ist heute noch kaum auszudenken – sicher ist, er wird eine Zukunft auch in der Wirtschaftskommunikation haben. Denn die digitale Welt eröffnet Comics neue Möglichkeiten des spielerischen Erzählens.

Literatur

Albes, Andrea, Heiny, Lukas, Hoffmann, Andreas & Kleist, Reinhard (2014). *16. März, 4.30 Uhr – Europa macht ernst.* Stern, 22.08.2013, S. 48-57.

Bahners, Patrick (2014). *Entenhausen. Die ganze Wahrheit.* München: C.H. Beck.

Bellinghausen, Yves (2016). *Benimm am Becken.* Der Tagesspiegel, 15.02.2016, S.11.

Berndt, Jaqueline (2014). *Manga ist nicht gleich Manga: Plädoyer für eine Differenzierung.* Aus Politik und Zeitgeschichte. 64. Jg., Bd. 33-34, 11.08.2014, S. 49-54.

BILD (Hrsg.). (2014). *Wie Angela Merkel den Mauerfall verschwitzte.* BILD Sonderausgabe, 09.11.2014.

Bosch (2015). *Starke Typen.* BoschZünder. 06/2015, S. 8-19.

DA direkt (Deutsche Allgemeine Versicherungen) (2014). Anzeige KFZ-Haftpflicht- und -Vollkasko-Versicherung. ADAC Motorwelt. 11/2014, S. 7.

Ditschke, Stephan & Anhut, Anjin. (2009). Menschliches, Übermenschliches. Zur narrativen Struktur von Superheldencomics. In Stephan Ditschke, Katerina Kroucheva & Daniel Stein (Hrsg.), *Comics. Zur Geschichte und Theorie eines populärkulturellen Mediums* (S. 131-178). Bielefeld: transcript Verlag.

DGUV (2014). *Mitten im Leben. Die gesetzliche Unfallversicherung in Berlin.* Eine Sonderveröffentlichung des Spitzenverbandes der gesetzlichen Unfallversicherung, 02.12.2014.

Eco, Umberto (1996a). Die Welt von Charlie Brown. In Umberto Eco, *Apokalyptiker und Integrierte – Zur kritischen Kritik der Massenkultur* (S. 223-232). Frankfurt am Main: Fischer Verlag.

Eco, Umberto (1996b). Der Mythos von Superman. In Umberto Eco, *Apokalyptiker und Integrierte – Zur kritischen Kritik der Massenkultur* (S. 187-222). Frankfurt am Main: Fischer Verlag.

Eder, Barbara, Klar, Elisabeth & Reichert, Ramón (2011). Einführung. In Barbara Eder, Elisabeth Klar & Ramón Reichert (Hrsg.), *Theorien des Comics. Ein Reader* (S. 9-24). Bielefeld: transcript Verlag.

Forney, Ellen (2014). *Meine Tassen im Schrank. Depressionen, Michelangelo & Ich.* Köln: Egmont Verlag.

Frahm, Ole (2011). Weird Signs. In Barbara Eder, Elisabeth Klar & Ramón Reichert (Hrsg.), *Theorien des Comics. Ein Reader* (S. 145-159). Bielefeld: transcript Verlag.

Frenzel, Martin (2014). *Der Holocaust im Comic.* Aus Politik und Zeitgeschichte. 64. Jg., Bd. 33-34, 11.08.2014, S. 30-34.

Friedli, Hans-Ulrich (2007). *Mit Comics gegen Vandalimus.* Die Post. 10/2007, S. 8-9.

Goodwin, Michael & Burr, Dan E. (2013). *Economix: Wie unsere Wirtschaft funktioniert (oder auch nicht).* Berlin: Verlagshaus Jacoby & Stuart.

Groensteen, Thierry (2014). *Zwischen Literatur und Kunst: Erzählen im Comic.* Aus Politik und Zeitgeschichte. 64. Jg., Bd. 33-34, 11.08.2014, S. 35-42.

Grünewald, Dietrich (2014). *Zur Comicrezeption in Deutschland.* Aus Politik und Zeitgeschichte. 64. Jg., Bd. 33-34, 11.08.2014, S. 42-48.

Häusermann, Jürg (2005). *Journalistisches Texten. Sprachliche Grundlagen für professionelles Texten.* Konstanz: UVK Verlagsgesellschaft.

Hoppeler, Stephanie, Etter, Lukas & Rippl, Gabriele (2009). Intermedialität in Comics. Neil Gaimans The Sandman. In Stephan Ditschke, Katerina Kroucheva & Daniel Stein (Hrsg.), *Comics. Zur Geschichte und Theorie eines populärkulturellen Mediums* (S. 53-79). Bielefeld: transcript Verlag.

Janich, Nina (2013). *Werbesprache. Ein Arbeitsbuch.* Tübingen: Narr Francke Attempto Verlag.

Jorion, Paul & Grégory, Maklès (2014). *Das Überleben der Spezies.* Köln: Egmont Graphic Novel.

Jurgeit, Martin (2014). *Als das Zeichnen noch geholfen hat. Die „FAZ" stellt ihre Comic-Strips ein.* Der Tagesspiegel, 03.11.2014, S. 19.

Jurgeit, Martin (2015). *50 Jahre – und kein bisschen leise. „Die tollsten Geschichten von Donald Duck" sind unverändert beliebt.* Der Tagesspiegel, 25.01.2015, S. 30.

Kelleter, Frank & Stein, Daniel (2009). Great, Mad, New. Populärkultur, serielle Ästhetik und der frühe amerikanische Zeitungscomic. In Stephan Ditschke, Katerina Kroucheva & Daniel Stein (Hrsg.), *Comics. Zur Geschichte und Theorie eines populärkulturellen Mediums* (S. 81-117). Bielefeld: transcript Verlag.

Klar, Elisabeth (2011). Wir sind alle Superhelden! Über die Eigenart des Körpers im Comic und über die Lust an ihm. In Barbara Eder, Elisabeth Klar & Ramón Reichert (Hrsg.), *Theorien des Comics. Ein Reader* (S. 219-236). Bielefeld: transcript Verlag.

Knigge, Andreas C. (2014). *KLONK, BOING, WUSCH!!! Eine kurze Kulturgeschichte des Comics.* Aus Politik und Zeitgeschichte. 64. Jg., Bd. 33-34, 11.08.2014, S. 11-16.

Kurpjuweit, Klaus (2016). *Viersprachige Feuerwehr.* Der Tagesspiegel, 18.01.2016, S. 7.

Martineck, Sophia (2014). *Das freizügige Dorf.* Hamburg. Das Magazin aus der Metropole. August & September 2014/Nr. 31, S. 22-23.

McCloud, Scott (1993). *Understanding comics. The invisible art.* Northhampton: Kitchen Sink Press.

McCloud, Scott (2001). *Comics richtig lesen. Die unsichtbare Art.* Hamburg: Carlsen Verlag.

McCloud, Scott (2014). *Was sind Comics?* Aus Politik und Zeitgeschichte. 64. Jg., Bd. 33-34, 11.08.2014, S. 3-10.

Nielsen, Jens R. (2009). Manga – Comics aus einer anderen Welt? In Stephan Ditschke, Katerina Kroucheva & Daniel Stein (Hrsg.), *Comics. Zur Geschichte und Theorie eines populärkulturellen Mediums.* (S. 335-357). Bielefeld: transcript Verlag.

Schönberger, Birgit & Coste, Xavier (2015). *Sabotage! Warum wir uns selbst im Wege stehen.* Stern Gesund leben. Das Magazin für Körper, Geist und Seele. 1/2015, S. 12-19.

Stein, Daniel, Ditschke, Stephan & Kroucheva, Katerina (2009). Birth of a Notion. Comics als populärkulturelles Medium. In Stephan Ditschke, Katerina Kroucheva & Daniel Stein (Hrsg.), *Comics. Zur Geschichte und Theorie eines populärkulturellen Mediums* (S. 7-27). Bielefeld: transcript Verlag.

Törne, Lars von (2014). *Mit Superman und Donald im Lesesaal*. Der Tagesspiegel, 25.11.2014, S. 30.

Törne, Lars von (2015). *Auf den zweiten Blick. Der Markt der Comic-Fachliteratur ist größer denn je*. Der Tagesspiegel, 28.1.2015, S. 22.

Vogler, Thomas (2011). Tank Girl, Anodder Oddyssey. Joyce lebt (und stirbt) in der Populärkultur. In Barbara Eder, Elisabeth Klar & Ramón Reichert (Hrsg.), *Theorien des Comics. Ein Reader* (S. 61-87). Bielefeld: transcript Verlag.

Wenk, Erik (2014). *Arm, aber super*. Der Tagesspiegel, 10.01.2014, S. 9.

Online-Quellen

Autozeitung (2013). *Wie im Comic: Chevrolet Camaro Turbo*. Autozeitung-Online, 02.04.2013. http://www.autozeitung.de/blog/redaktions-blog/chevrolet-camaro-turbo-coupe-new-york-auto-show-2013-gn-399641. Zugegriffen: 23. Februar 2015.

Backhouse, Sam (2015). *Supermarket Man Comic Strip by Sam Backhouse*. Cartoon Comic Strip. http://sambackhouse.com/supermarket-man-comic-strip-by-sam-backhouse/. Zugegriffen: 16. Februar 2015.

Bölsche, Jochen (2009). *Absturz nach dem Boom. Das Ende der Ente* Spiegel-Online.http://www.spiegel.de/spiegelgeschichte/a-640630.html. Zugegriffen: 16. Februar 2015.

Cutman Friseur (2015). *Offizielle Homepage*. www.cutman-friseur.de. Zugegriffen: 5. März 2015.

Doblies, Dietwald (2010). *Ein Held und seine Widersacher*. http://www.dietwald-doblies.de/zahnpflegekaugummi-wrigley/dentiman-comics-zur-zahnpflege/die-figuren/. Zugegriffen: 5. März 2016.

Greenpeace (2012). *Detox Fashion*. Video, 28.11.2012. https://www.youtube.com/watch?v=XxFWo4sCzCs. Zugegriffen: 2. März 2015.

Horizont (2006). *Jet lässt Brösel zeichnen*. Horizont Net, 02.02.2006. http:// www.horizont.net/marketing/nachrichten/-Jet-laesst-Broesel-zeichnen-61616. Zugegriffen: 27. Februar 2015.

Hermann von Helmholtz-Gemeinschaft Deutscher Forschungszentren (2015). Ausstellung von Wissenschaftscomics im Oktober in Berlin. https://www.helmholtz.de/ueber_uns/presse_und_medien/veranstaltungen/veranstaltungsarchiv/2015/communicating_science_through_comics/. Zugegriffen: 11. Mai 2016.

JET Tankstellen Deutschland (2015a). *Offizielle Homepage*. www.jet-tankstellen.de. Zugegriffen: 27. Februar 2015.

JET Tankstellen Deutschland (2015b). *Werbemotiv Wirtschaftsgipfel* .https://www.jet-tankstellen.de/marke/kampagnenmotive/. Zugegriffen: 27. Februar 2015.

Lebensmittelzeitung (2014). *Live-Young-Kampagne. Das Evian-Baby hängt mit Spider-Man ab*. Lebensmittelzeitung, 04.04.2014, http://www.lebensmittelzeitung.net/business/mediathek/fundstuecke/Das-Evian-Baby-haengt-mit-Spider-Man-ab_2997_15460.html. Zugegriffen: 23. Februar 2015.

Machart Studios (2015). *Fotostrecke*. http://www.machart-studios.de/referenzen/illustrationen/awb-werbecomic/. Zugegriffen: 3. März 2015.

Mulch, Jessica (2012). *Crowdsourcing-Comic: Axe ruft die Anarchie aus*. Horizont Net, 03.01.2012. http://www.horizont.net/medien/nachrichten/-Crowdsourcing-Comic-Axe-ruft-die-Anarchie-aus-104769. Zugegriffen: 2. März 2015.

o. V. (2015a). *Spiderman Verpackung für Erdnussbutter.* http://media.al.com/bargain-mom/photo/screen-shot-2012-11-09-at-43509-pmpng-9bc2f1ce26704805.png. Zugegriffen: 23. Februar 2015.

o. V. (2015b). *Tank Girl in Wrangler-Outfit.* http://www.syfy.fr/dossier/tank-girl-une-icone-est-nee. Zugegriffen: 20. Februar 2015.

o. V. (2016). *Dagobert Duck.* http://www.savoy-truffle.de/zippo/donald/kapitalisten.jpg. Zugegriffen 11. Mai 2016.

Piehler, Moritz (2016). *Graphic Novels zu Atomkatastrophen: Vom Supergau gezeichnet.* Spiegel-Online. http://www.spiegel.de/kultur/literatur/graphic-novels-zu-atomkatastrophen-kazuto-tatsuta-franciso-sanchez-natacha-bustos-a-1088834.html. Zugegriffen: 11. Mai 2016.

Platthaus, Andreas (2014). *20 Seiten Einblick in ein Flüchtlingslager.* FAZ. http://blogs.faz.net/comic/2014/11/12/zwanzig-seiten-einblick-ein-fluechtlingslager-573/. Zugegriffen: 16. Februar 2015.

Reporter-Forum (2013). *Reporterpreis 2013. Freistil.* http://www.reporterforum.de/fileadmin/pdf/Reporterpreis_2013/Freistil/0162.pdf. Zugegriffen: 16. Februar 2015.

Rickenbach, Kati (2015). *Comiczeichnung.* http://www.katirickenbach.ch/comics/comicgb. Zugegriffen: 3. März 2015.

Schultz, Stefan (2016). *Mängel in deutschen Zügen: Der tägliche Bahnsinn.* Spiegel-Online, 29.01.2016. http://www.spiegel.de/wirtschaft/service/deutsche-bahn-das-zeigen-die-internen-maengellisten-a-1074162.html. Zugegriffen: 11. Mai 2016.

Spiegel Online (2016). *Graphic Novel von Kazuto Tatsuta: „Reaktor 1F".* Fotostrecke. Spiegel-Online, 26.04.2016. http://www.spiegel.de/fotostrecke/graphic-novel-von-kazuto-tatsuta-reaktor-1f-fotostrecke-136707.html. Zugegriffen: 11. Mai 2016.

Steffens, Beate (2011). *SCHREIB MIT AN EINER TSCHERNOBYL-GESCHICHTE!* Greenpeace e. V. (Hrsg.), 09.03.2011. http://www.greenpeace.de/themen/atomkraft/schreib-mit-einer-tschernobyl-geschichte. Zugegriffen: 2. März 2015.

The Simpleshow Company (2015). *Illustration.* http://simpleshow.com/wp-content/uploads/Screenshot_VW_8.jpg. Zugegriffen: 8. April 2015.

Trommer, Ralph (2014). *Der erste Weltkrieg im Comic. Im Westen viel Neues.* Tagesspiegel-Online. http://www.tagesspiegel.de/kultur/comics/der-erste-weltkrieg-im-comic-im-westen-viel-neues/9857688.html. Zugegriffen: 16. Februar 2015.

USPS (2014). *Priority Mail Gets Amazing Endorsement from Spider-Man. USPS and Sony Pictures Team Up to Cross-promote Priority Mail and 'The Amazing Spider-Man 2'.* United States Postal Service, 17.03.2014. http://about.usps.com/news/national-releases/2014/pr14_018.htm. Zugegriffen: 23. Februar 2015.

Vorsamer, Barbara (2016). *Klare Regeln statt pauschaler Verbote.* Kommentar. Tagesspiegel-Online, 17.01.2016. http://www.sueddeutsche.de/leben/schwimmbadverbot-fuer-fluechtlinge-klare-regeln-statt-pauschaler-verbote-1.2821667. Zugegriffen: 11. Mai 2016.

Wrigley (2015). *Praxismaterial.* http://www.wrigley-dental.de/shop/index.htm?shownewcat=50. Zugegriffen: 5. März 2015.

Würth Elektronik (2015a). *IT als Comic.* Buch 2. http://creativ-text.de/portfolio/it-als-comic/Comic_Buch_2. Zugegriffen: 5. März 2015.

Würth Elektronik (2015b). *IT als Comic.* Buch 4. http://creativ-text.de/portfolio/it-als-comic/Comic_Buch_4. Zugegriffen: 5. März 2015.

Storytelling als Textmuster auf dem Weg zur Etablierung

2

Christina Vaih-Baur

Zusammenfassung

Das Erzählen von Geschichten hat eine lange Tradition in der Kommunikation zwischen Menschen. Seit Beginn der Wirtschaftskommunikation wird der *Gründermythos* einer Organisation bewusst eingesetzt, um diese Organisation menschlich, emotional und überzeugend darzustellen. Aktuell wird die *Erzählkunst* in der Wirtschaftskommunikation wiederentdeckt. Storytelling ist eine wirkmächtige *Kommunikationsmethode*. Internen und externen Zielgruppen von Organisationen können dabei auf eine einprägsame, lebendige und glaubwürdige Art und Weise bedeutungsvolle *Botschaften* vermittelt werden. Welche Chancen Storytelling für die Wirtschaftskommunikation bietet und wo die Grenzen und Risiken liegen, dies wird im folgenden Kapitel sowohl theoretisch als auch in den angeführten Beispielen aus der Praxis aufgezeigt.

2.1 Was ist Storytelling?

Storytelling ist ein englischer Begriff, der mit „das Geschichtenerzählen" ins Deutsche übersetzt werden kann (Leo 2016, o. S.). Ein verwandter englischer Begriff ist „story-telling", der auf Deutsch allerdings „das Geflunker" bedeutet. Das Geschichtenerzählen ist eine elementare Form der *menschlichen Kommunikation*. Menschen erschließen seit jeher die Welt und ihr Inneres mittels Erzählungen. Erfahrungen und Erkenntnisse werden kulturübergreifend über Geschichten an andere weitergegeben: Beginnend von den Mythen, Legenden und Bibelerzählungen bis über Rittererzählungen, Märchen und andere Geschichten (vgl. Sammer 2014, S. 19 ff.).

Erzählungen können in Form von mündlicher oder geschriebener Sprache, in stehenden oder bewegten Bildern, in Gesten und im Zusammenspiel dieser Elemente transportiert werden (vgl. Barthes 1988, S. 102). Deshalb findet man Geschichten auch in einem gemalten Bild, in der Glasmalerei, in Filmen, Comics[1] oder im Gespräch (vgl. Barthes 1988, S. 102). Erzählungen prägen also die *menschliche Identität*. Jeder Mensch lebt sozusagen seine eigene Geschichte und wird von teils unbewussten Geschichten geleitet (vgl. Guber 2011, S. 91-93, van der Post 1976). Bereits Kinder bringen durch das Erzählen und Rezipieren von Geschichten eine Struktur in die Vielzahl der einströmenden Sinneseindrücke und Erfahrungen.

Zudem können unentdeckte Perspektiven von Wirklichkeit – und damit neue Lebensmöglichkeiten – durch Geschichten gefunden werden. Sie sind also für die *Sozialisation* jedes Menschen in jeder Kultur wichtig und allgegenwärtig (vgl. Albes und Saupe 2010, S. 7, 8, Barthes 1988, S. 102). Erzählungen initiieren und erhalten somit die Gemeinschaften auf den unterschiedlichen Teilebenen der Gesellschaft (vgl. Albes und Saupe 2010, S. 8, Gumbrecht 1980 S. 409). Der Psychologe Jung hat sogenannte „Archetypen" identifiziert, die bei allen Menschen, kulturübergreifend, im Unbewussten existieren und starke Gefühle auslösen (vgl. Kast 2014, S. 24ff.). Ein solcher Archetyp ist beispielweise der Held, der in unterschiedlichsten Ausformungen, in Träumen, aber auch in Erzählungen agiert.

Wissenschaftler aus anderen Disziplinen kommen zu ähnlichen Ergebnissen. So untersuchte der Literaturwissenschaftler und Mythenforscher Campbell insbesondere den *Mythos* als *universelles Erfahrungsmuster*, das sich in allen Mythologien der Welt erkennen lässt (vgl. Campbell 1989, 1993). Auch in Anlehnung an Jung beschreibt er beispielsweise das Abenteuer des Helden in unterschiedlichsten Kulturen. Er zeigt dabei, dass die Struktur von Heldengeschichten kulturübergreifend stark übereinstimmen (vgl. Campbell 1989, S. 149ff., 1993).

Einige Wissenschaftszweige und praktische Einsatzbereiche untersuchen Geschichten und setzen sie für ihre Ziele ein. Die Erzählforschung, die so genannte *Narratologie*, ist hauptsächlich in der Germanistik und Psychologie angesiedelt. Hier entstehen systematische Strukturen zur wissenschaftlichen Untersuchung von Erzählungen (vgl. Ettl-Hubert 2014, S. 13). In der *Narrativen Psychologie* wird Storytelling z. B. als *therapeutische Technik* verwendet. Das Gespräch zwischen Therapeut und Patient und deren Aussagen werden dabei als Erzählungen identifiziert und gestaltet (vgl. Littek 2011, S. 15). Dies ist deshalb so hilfreich, da die Patienten über die Geschichten, die sie dem Therapeuten erzählen, auch über ihre

1 siehe Kapitel II.II.1 *Comic strips für eine ernste Sache? Spielerischer Umgang mit Text und Bild in der Wirtschaftskommunikation.*

eigene Situation in ihrer sozialen Umwelt reflektieren und dadurch ihre eigene Identität erkennen (vgl. Spektrum der Wissenschaft 2016, o. S.).

In der Pädagogik steht Storytelling für eine Unterrichtsmethode, mittels derer Wissen aufgebaut werden soll, indem Unterrichtsstoff in Form von Geschichten kommuniziert und erarbeitet wird (vgl. Schekatz-Schopmeier 2009). In der Betriebswirtschaftslehre oder in den Kommunikationswissenschaften werden ferner Geschichten analysiert und eingesetzt, die sich beispielweise für die Erreichung von externen und internen Unternehmenszielen eignen.

An dieser Stelle sollen noch zwei weitere Begriffe genannt werden, die in Zusammenhang mit Storytelling verwendet werden: *Brand Journalism* und *Content Marketing*. Selbstproduzierte journalistische Geschichten werden unter dem Begriff *Brand Journalism* subsumiert. Das systematische Vermarkten derartiger Inhalte über unterschiedlichste Kanäle wird als *Content Marketing* charakterisiert. *Content Marketing* beinhaltet also professionell recherchierte und angefertigte Inhalte, die vom Unternehmen selbst distribuiert werden – und das online, offline, digital und gedruckt (vgl. Selbach, und Janßen 2013, o. S.). Kunden sollen folglich durch exklusive Themen und bedeutsame Inhalte für Organisationen, Produkte oder Dienstleistungen gewonnen und gebunden werden (vgl. Bürker 2016, S. 202).

2.2 Storytelling und Wirtschaftskommunikation – eine gelungene Symbiose?

Organisationen haben in den letzten Jahren zunehmend das Erzählen von Geschichten für sich entdeckt. Mittels Erzählungen wollen Unternehmen die Unternehmensziele und insbesondere die Kommunikationsziele erreichen. Ein gewünschtes Bild der *Unternehmenswirklichkeit* soll dabei initiiert, adaptiert und zielgerichtet gelenkt werden (vgl. Frenzel et al. 2004, S. 7). Mit Storytelling möchten Wirtschaftskommunikatoren also bewusst Botschaften steuern. Ziel ist es dabei, die Aufmerksamkeit der Stakeholder auf die gewünschte Story zu leiten und diese aufrechtzuerhalten (vgl. Lampert und Wespe 2013, S. 11, Herbst 2014, S. 11). Über den bewussten Einsatz des Storytellings im Kommunikationsmanagement soll also auch die *Identität* und die *Reputation* des Unternehmens gestärkt werden. Hierbei ist es notwendig, dass die verbreiteten Geschichten im Sinne der Organisation von den Zielgruppen gedeutet werden (vgl. Krüger 2015, S. 100).

Der Begriff Storytelling wird in der Literatur nicht einheitlich verwendet und geschrieben (vgl. Rohling 2014, S. 43-44). So verwendet Krüger den Begriff Story-Telling und erklärt ihn als einen Kommunikationsvorgang, also das Erzählen der Geschichte bzw. das Ausspielen fertiger Storys in verschiedenen Kanälen an Stakeholder auf diversen Meinungsmärkten (vgl. Krüger 2015, S. 199). Hillmann (2011, S. 63-64) äußert sich wie folgt: „Storytelling ist eine Methode, die systematisch geplant und langfristig angelegt Fakten über ein Unternehmen in Form von authentischen, emotionalen Geschichten vermittelt, die bei den wichtigen internen und externen Bezugsgruppen nachhaltig in positiver Erinnerung bleibt." Storytelling wird hier als eine Methode in der Wirtschaftskommunikation verstanden, bei der bedeutsame, teils sachliche Inhalte durch fiktive oder wirkliche Geschichten transportiert werden. Informationen werden in der Gestalt einer Geschichte anschaulich und gefühlsbetont verpackt, damit die anvisierten Botschaften von den Rezipienten verstanden, mit möglichst positiven Gefühlen besetzt und dadurch besser im Gedächtnis verankert werden. *Narrative Strukturen* erleichtern die Aneignung von Wissen. Außerdem unterstützen sie das Erinnerungsvermögen und erleichtern so die Speicherung und die Abfrage von Wissen (vgl. Lahn und Meister 2013, S. 159, Lampert und Wespe 2013, S. 11, Huck-Sandhu 2014, S. 661). Letztendlich sollen dadurch die gewünschten Einstellungen und Handlungen herbeigeführt werden, die den Unternehmenszielen zuträglich sind.

Damit die gewählten Geschichten von den Rezipienten akzeptiert werden, ist es auch wichtig, dass sie glaubwürdig sind und den Erwartungen und dem *Bedeutungskontext* (vgl. Reingruber 2004, S. 113) der Bezugsgruppen entsprechen. Geschichten können das ganze Unternehmen betreffen, aber auch lediglich in einzelnen Maßnahmen erzählt und auch in zeitlichen Abständen weiterentwickelt werden. Zu bedenken ist aber, dass auch unerwünschte Geschichten über Organisationen kursieren, die das zu erzielende *Vorstellungsbild* des Unternehmens bei den Zielgruppen schwächen. Solche Geschichten können beispielsweise anonym von (ehemaligen) Mitarbeitern, so genannten *Whistleblowern*, im Internet verbreitet werden. Oder Menschenrechts- oder Umweltschutzorganisationen veröffentlichen Geschichten über das Unternehmen, die aber den Ruf des Unternehmens schädigen.

Die Umweltschutzorganisation „Greenpeace" beispielsweise setzt für eigene Kampagnen häufig Geschichten ein, die an die biblische Geschichte „David gegen Goliath" erinnern. Greenpeace stellt dabei David dar und die mächtigen großen Unternehmen Goliath. Die vermeintlich schwächere und kleinere Umweltschutzorganisation bringt mächtige Weltkonzerne durch Aktionen zum Umdenken und zu neuen Ausrichtungen. Vor dem inneren Auge erscheint dabei das in den Medien häufig eingesetzte Bild vom kleinen Greenpeace-Boot, das auf dem offenen Meer gegen umweltschädliche Ölplattformen oder riesige Schiffe vorgeht. Greenpeace bewertet zudem Elektronikunternehmen nach verschiedenen Kriterien, z. B. ob gefährliche Chemikalien oder Mineralien aus Konfliktregionen wie etwa dem Kongo eingesetzt werden. Nach früheren negativen Äußerungen, lobt Greenpeace mittlerweile die neuen nachhaltigen Strategien von „Apple" (Frankfurter Allgemeine Zeitung 2015, o. S.). Hierzu ein Ausschnitt aus einem Text von Stelte (2014), der auf der Greenpeace-Website veröffentlicht ist.

Textbeitrag „Greenpeace lobt Apple"

„Apple ist auf dem richtigen Weg. Seit der Veröffentlichung des ersten Reports über Grüne Elektronik im Jahr 2006 hat sich in diesem Bereich einiges zum Positiven verändert. So haben Nokia, Sony Ericsson und Apple, die mehr als 50 Prozent des Handymarkts beherrschen, die gefährlichsten Chemikalien wie Polyvinychloridee (PVC) und bromierte Flammschutzmittel aus ihren Handys verbannt. Als einziges Unternehmen hat Apple diese Chemikalien aus allen seinen Geräten und externen Kabeln verbannt. Der Computerriese aus Kalifornien befindet sich damit auf dem richtigen Weg."

Zusammenfassend kann betont werden, dass Wirtschaftskommunikation und Storytelling eine gelungene Symbiose darstellen. Durch die Geschichten können Organisationen ihre *Botschaften* ansprechend und anschaulich vermitteln. Sie sind in der Lage, den Leser für die eigene Ziele zu faszinieren – und das oftmals so gut, dass es ihn manchmal sogar vergessen lässt, dass er es nicht mit einer journalistischen Reportage zu tun hat, sondern mit einem professionell erzeugten Unternehmensprodukt.

2.2.1 Gründermythos als Geschichte in der Wirtschaftskommunikation bei „The Body Shop"

Der so genannte *Gründermythos* wird seit Beginn der Wirtschaftskommunikation wirkmächtig eingesetzt. Dieser ist in vielen Organisationen, wie „The Body Shop", Ausgangspunkt für *Kommunikationsstrategien*. Anita Roddick gründete 1976 in Brighton in Südengland den ersten Body Shop: Sie verkaufte Kosmetikprodukte, die ausschließlich aus natürlichen Bestandteilen und ohne Tierversuche produziert sowie umweltfreundlich verpackt wurden. Um Kunden anzulocken, soll sie Stoffstücke mit gut duftenden Ölen getränkt und außen am Schaufenster angebracht haben. Sie gilt als Vorkämpferin des ethischen Einzelhandels und engagierte sich zeitlebens für soziale und ökologische Projekte. Dabei kooperierte sie u. a. mit Greenpeace und Amnesty International. Das fortwährende Engagement von Anita Roddick, die *Kooperationen* und weitere *nachhaltige Projekte*, werden auch heute noch in den Kommunikationsaktivitäten von The Body Shop hervorgehoben (vgl. The Body Shop 2016, o. S.) Hier ein Ausschnitt von der Website mit der Entstehungsgeschichte von The Body Shop (ebd.):

Text Entstehungsgeschichte von The Body Shop

„Am 26. März 1976 eröffnete Anita Roddick das erste The Body Shop Geschäft, um den Lebensunterhalt für sich und ihre beiden Töchter zu verdienen, während ihr Mann durch Amerika reiste. Sie hatte weder eine Ausbildung noch Erfahrung und ihr einziges Geschäftswissen bestand in dem Tipp von Godon, pro Woche 300 Britische Pfund (445 Euro) zu verdienen. Für Anita Roddick war Unternehmertum eine Überlebensstrategie, die kreatives Denken fördert. Ihren ersten Laden zu führen zeigte ihr, dass es in der Geschäftswelt nicht etwa um Finanzwissenschaft geht, sondern um den Handel: Um das Kaufen und Verkaufen. Es geht darum, ein Produkt oder eine Dienstleistung anzubieten, die so gut sind, dass die Menschen bereit sind, dafür zu bezahlen. Heute, 30 Jahre später, ist The Body Shop ein weltweites Unternehmen mit rund 2.500 Geschäften in 62 Ländern. Anita Roddick sagte immer, sie hätte keine Ahnung, wie sie es so weit gebracht hat! The Body Shop ist nicht nur aus wirtschaftlicher Not entstanden. Anita Roddick sammelte eine Menge Erfahrungen auf ihren frühen Reisen. Sie hatte auf Farmen gearbeitet, in Fischerdörfern mit Menschen zusammengelebt, deren Lebensweise noch traditionell und vorindustriell geprägt war, und die Schönheitsrituale von Frauen auf der ganzen Welt kennengelernt. Die Sparsamkeit ihrer Mutter in den Kriegsjahren inspirierte sie dazu, über die Wiederverwertung von Produkten nachzudenken. Warum sollte man einen Behälter wegwerfen, wenn man ihn wieder auffüllen kann? Und warum sollte man mehr von etwas kaufen, als man eigentlich braucht? Anita Roddick verhielt sich so, wie ihre Mutter im Zweiten Weltkrieg. Bei The Body Shop wurde alles mehrfach verwendet, wieder aufgefüllt und alles recycelt, was man recyceln konnte. Aus Ideen wie diesen ist das Engagement von The Body Shop für den Umweltschutz entstanden."

2.2.2 Gründermythos als Geschichte in der Wirtschaftskommunikation bei Daimler

Ebenfalls vom *Gründermythos* leben viele Kommunikationsaktivitäten der „Daimler AG". Über die Erfindung des Automobils vor 130 Jahren macht Daimler beispielsweise im eigenen Museum, auf dessen Website und in Pressemitteilungen aufmerksam. Auf der Website des Museums ist ein eigener Bereich der Entstehung des Automobils gewidmet. Die Überschrift lautet: „Geburt des Automobils vor 130 Jahren. Patentanmeldung von Carl Benz am 29. Januar 1886" (Daimler 2016a, o. S.). Weiter unten auf der Site wird auch das Engagement seiner Verbündeten und Ehefrau Berta Benz gewürdigt:

Text „Historie von Daimler"

„Die erste Langstreckenfahrt der Automobilgeschichte. Es ist nicht etwa Carl Benz selbst, der diese Fahrt unternimmt, sondern seine Ehefrau Bertha. Mit größtem Vertrauen in die am 29. Januar 1886 zum Patent angemeldete Erfindung ihres Mannes unternimmt sie im August 1888 gemeinsam mit ihren Söhnen Eugen und Richard – ganz ohne das Wissen des Ehemanns und Vaters – diese erste Langstreckenfahrt der Automobilgeschichte. Bertha Benz und ihre Söhne zeigen damit, wie gut das Fahrzeugkonzept technisch funktioniert. Ganz nebenbei führen sie die bis heute typische Nutzung eines Personenwagens vor."

Im ersten Quartal 2016 stellt Daimler in vielen Pressemitteilungen eine Verbindung zur Entstehungsgeschichte her. Hier eine beispielhafte Headline einer Pressemitteilung (Daimler 2016b, o. S.), die anlässlich der Vorstellung der neuen Mercedes E-Klasse in Detroit am 11. Januar 2016 herausgegeben wurde: „1886 bis 2016: Vom Benz Patent-Motorwagen zur teilautonomen neuen E-Klasse – 130 Jahre Automobil: Mercedes-Benz startet in Detroit eine weitere Revolution der Mobilität."

2.3 Einsatzfelder und Arten von Storytelling in Organisationen

Storytelling kann für verschiedene *Organisationsziele* genutzt werden. Frenzel, Müller und Sottong (2006, S. 243) kristallisieren drei grundsätzliche *Einsatzformen* von Storytelling in Unternehmen heraus:

1. Die Äußerung von Geschichten, um Ideen zu auszubreiten, Werte zu kommunizieren oder Potentiale darzustellen.
2. Der Austausch von Geschichten, um einen Ideenaustausch in Gruppen zu generieren, den Teamgeist zu stärken und Projekte zu reflektieren sowie

3. Das Auswerten von Geschichten, um mentale Modelle, Wertesysteme zu rekonstruieren und Potenziale zu identifizieren.

Der Begriff *Erzählung* kann grundsätzlich im engen und weiten Sinne definiert werden. Beide Definitionen bedingen, dass eine Erzählung Geschehnisse mitteilt und über eine *Ebene der Handlung* und eine *Ebene der Darstellung* verfügt. Gemäß der engen Definition ist die Vermittlung der Handlung an einen (fiktionalen) Erzähler und damit an das Medium des sprachlichen Textes gebunden (vgl. Albes und Saupe 2010, S. 9, 10). Gemäß der weiten Definition hingegen ist die Existenz eines Erzählers keine erforderliche Voraussetzung einer Erzählung. Die Handlung kann auch visuell vermittelt werden, sodass ein Erzählen in unterschiedlichen Medien, mit teilweise unterschiedlichen Darstellungsverfahren, möglich ist. Storytelling wird in unterschiedlichsten Kommunikationsaktivitäten in Unternehmen eingesetzt: Etwa in den Public Relations, im Changemanagement als auch im Wissensmanagement (vgl. Schmieja 2014, S. 43). Das zeigt Abbildung 2.1.

Abb. 2.1 Einsatzfelder von Storytelling in Unternehmen
Quelle: Schmieja 2014, S. 43, in Anlehnung an Frenzel et al. 2006, S. 243, Herbst 2008, 11ff.

So kann die Methode Storytelling beispielsweise auch in einem Comic angewendet werden.[2] Diese weite Definition erlaubt es, die folgenden Erzählmedien (Frenzel et al. 2006, S. 243) voneinander zu unterscheiden:

1. Das Medium der mündlichen Texte und weitere nur für einmalige Rezeption geeignete Medien wie die Bühnenaufführung
2. Das Medium der Schrifttexte
3. Die visuellen Printmedien
4. Die auditiven Medien
5. Die audio-visuellen Medien sowie
6. Das Digitalmedium Computer und Mobile

Ferner sind Erzählungen auf den Ebenen von Handlung und Darstellung jeweils durch wiederkehrende *Ordnungsmuster* bestimmt. So müssen die Geschehnisse und die weiteren Elemente der Handlungsebene mindestens durch Ähnlichkeiten oder Kontraste miteinander verbunden, in einer zusammenhängenden Abfolge oder kausal bzw. final motiviert sein. Darüber hinaus muss auch die *Erzählperspektive* und die *Zeitgestaltung* nach einem bestimmten Muster geordnet werden (vgl. Albes und Saupe 2010, S. 11). Da im Internet, insbesondere in den sozialen Netzwerken, das Erzählen von Geschichten nicht linear verläuft und es üblicherweise zu Interaktionen mit mehreren Rezipienten gleichzeitig kommt, muss an dieser Stelle noch eine weitere Kategorisierung von Storytelling stattfinden. Sammer (2014, S. 167 ff.) unterscheidet hierbei zwischen *traditionellem, crossmedialem, transmedialem und dynamischem Storytelling.*

1. Beim *traditionellen* Storytelling legt der Autor den Handlungsstrang mit einer klaren Struktur fest. Die Geschichte wird meist in einem Format, z. B. einem Text oder einem Film, wiedergegeben. Der Rezipient verhält sich dabei üblicherweise passiv.
2. Das *crossmediale* Storytelling wird dazu genutzt, die ursprüngliche Geschichte, die meist als Text existiert, in andere Formate zu übertragen. So kann ein Text in einer Kundenzeitschrift auch als Podcast auf der Website angeboten werden. Die Inhalte der Geschichte bleiben unverändert.
3. Beim *transmedialen* Storytelling steht eine „Ur-Geschichte" im Mittelpunkt der Kommunikationsaktivitäten. Über viele Medien hinweg wird die Geschichte weiter gesponnen und aus verschiedenen Perspektiven erzählt. Daraus ergibt

2 Siehe Kapitel II.II.1 *Comic strips für eine ernste Sache? Spielerischer Umgang mit Text und Bild in der Wirtschaftskommunikation.*

sich eine facettenreiche Struktur, die Geschichte kann sowohl linear als auch nicht-linear erzählt werden, und es kommt zu Interaktionen mit den Rezipienten. Transmediales Storytelling passt also die Geschichte an die unterschiedlichen Medien und Rezipienten an.

4. Das *dynamische* oder *liquid* Storytelling geht noch eine Stufe weiter als das *transmediale* Storytelling: Hier wird der Rezipient aufgefordert, eine Geschichte selbst weiterzuerzählen und diese den anderen Rezipienten zugänglich zu machen. Bekannt ist diese Form des Storytellings insbesondere in *Content-Wettbewerben* von Organisationen in sozialen Medien, der Website oder auch in Zeitschriften. Eigene Beiträge in Form von Texten, Bildern, Filmen sollen im entsprechenden Medium die anfängliche Geschichte anreichern und weitererzählen. Auf diese Art und Weise können unzählige Geschichten entstehen, die aus unterschiedlichsten Perspektiven in verschiedensten Medien erzählt werden. Eine übersichtliche Steuerung der Inhalte kann hier nicht mehr gewährleistet werden. Diese Form der Wirtschaftskommunikation wird vielen Kommunikationsverantwortlichen aktuell sicherlich schwerfallen umzusetzen, da eine klare Planung der sich ergebenden Botschaften und Inhalte nicht gewährleistet werden kann.

An dieser Stelle soll noch ein ungewöhnliches, alle Sinne ansprechendes Beispiel für Storytelling vorgestellt werden, das auf verschiedenen Kanälen transportiert wurde und deshalb dem crossmedialen Storytelling zuzuordnen ist: „Kranensee“, ein audiovisuelles Kran-Ballett, das im Jahr 2014 auf einer Großbaustelle in der sogenannten „Seestadt Aspern“ in Wien umgesetzt wurde. Vermittelt wurden dabei sowohl die bereits stattgefundenen als auch zukünftige Geschichten, die dieses Gebiet beherbergt. Das Kran-Ballett, das an den Klassiker „Schwanensee“ erinnert, war musikalisch und thematisch in fünf Akte eingeteilt und erzählte die bewegende Geschichte dieses Ortes: Im ersten Teil wurde die Schlacht bei Aspern dargestellt. Diese militärische Auseinandersetzung mitten in der Natur fand 1809 zwischen französischen und österreichischen Truppen statt. Napoleon und seine Truppen erlebten dort die erste Niederlage auf dem Schlachtfeld (Gruber 2016, o. S.). Hier wurde mit ruhigen Lichteffekten und Musik gearbeitet. Im zweiten Teil wurde die Phase um die beiden Weltkriege dargestellt. Teil drei zeigte die Zeitspanne, in der die heutige Seestadt ungenutzt blieb und zur Brache wurde. Die Teile vier und fünf inszenierten die Zukunft des Gebiets.

Durch das Kran-Ballett konnte die Historie und die Zukunft dieses Ortes sinnlich ansprechend an die Zielgruppen, u. a. die Wiener Bevölkerung, vermittelt werden. Denn an diesem Ort entsteht ein komplett neuer Stadtteil mit tausenden Wohnungen, Läden, Praxen, Grünflächen etc. Derartige Bauvorhaben haben in der Regel nicht nur Befürworter, sondern auch viele Kritiker und Gegner. Zu diesem

Zeitpunkt dominierte das positive (Medien-)Interesse an der Baustelle. Texte, Videos und Bilder wurden crossmedial eingesetzt. So gibt es z.B. zahlreiche Videos auf Youtube über dieses Großereignis (vgl. Vienna Online 2014 o. S., Dechant 2016, o. S.).

2.4 Storytelling in Texten in der Wirtschaftskommunikation

Texte in der Unternehmenskommunikation ähneln sich häufig sowohl im *Inhalt* als auch im *Aufbau*. Austauschbare Berichte in Kundenzeitschriften, Mitarbeiterzeitungen oder Pressemeldungen orientieren sich etwa am *journalistischen Schreibstil*, der hier die *Norm* bildet, oder an Themen, die aktuell in den Medien kommuniziert werden. Zudem werden in der Wirtschaftskommunikation unzählige Zahlen veröffentlicht. Menschen interessieren sich aber grundsätzlich mehr für Geschichten als für Zahlen.

Es gibt aber auch Texte mit guten Geschichten, die kaum Daten beinhalten und von den üblichen Mustern abweichen und deshalb Rezipienten im besonderen Maße ansprechen und in ihren Bann ziehen. Lebendige Texte entstehen beispielsweise durch gut erzählte, attraktive Geschichten. Aus diesem Grund nutzen zunehmend und sehr professionell auch eher konservative Wirtschaftsunternehmen Inhalte, die von der Norm abweichen. Anstatt Unternehmenszahlen und -fakten beispielweise in einem Factsheet spröde aufzulisten, werden auf eine spielerische Art und Weise Geschichten um diese Fakten gesponnen: Ein Lebenslauf eines Vorstandsvorsitzenden muss nicht tabellarisch gestaltet werden, er kann auch in Form einer emotionalen Geschichte erzählt werden.

So lebt der Mythos von Bill Gates davon, dass seine Karriere von einer Garage aus startete. Doch die Wahrheit ist, dass Gates bereits als Teenager mit seinem Freund Paul Allen als Programmierer tätig war (Gates 2016, o. S.). Diese Fakten stehen zwar auf sämtlichen Webseiten, doch ist die Vorstellung eines *Karriere-Spiels*, dessen *Startfeld* von einer Garage aus betreten wurde, einfach spannender und bildhafter. Dadurch kann die Aufmerksamkeit aller Stakeholder besonders gut gebündelt werden und die Beziehungen zu ihnen gewinnen an emotionaler Kraft. Was bedeutet also Storytelling speziell in einem Text? Der Begriff Storytelling wird, wie oben angeführt, nicht einheitlich verwendet. Im neuen „Handbuch des Journalismus und Online-Journalismus" definieren Schneider und Raue (2012, S. 442) den Begriff *Storytelling als Textmuster* als ein „modisches Wort für Reportage, in denen Geschichten erzählt werden".

Das Textmuster Storytelling bedeutet also, dass Texte Geschichten wiedergeben und nicht grundsätzlich die übliche Form von Einleitung, Hauptteil und Schluss aufweisen. Die Geschichten sind dabei eher einfach und verständlich, also nicht komplex angelegt und folgen einem roten Faden. Neben der Konzentration auf die wesentlichen Elemente sollte die Erzählung überraschen, denn nur dann ist es eine Geschichte, die den Rezipienten in ihren Bann ziehen kann und ihn neugierig darauf macht, wie die Geschichte spielerisch weitergeht. In der Kommunikationspraxis entsprechen also viele Texte einander und folgen einem gewohnten Aufbau. Dies ist sicherlich für bestimmte Informationen notwendig.

Die Methode Storytelling beispielsweise in einem Factsheet für *Finanzanalysten* mit den wichtigsten Daten über ein Unternehmen anzuwenden, würde die Verständlichkeit der Daten stark herabsenken, da hier kurz und bündig die relevanten Informationen auf einen Blick erfasst werden müssen. Die *narrativen Textarten Feature, Reportage* und *Porträt* eignen sich im besonderen Maße fürs Storytelling (vgl. Rohling 2014, S. 54). Geschichten können aber auch in kurzen Beiträgen in Blogs, Twitter oder Instagram eingesetzt oder nur angedeutet werden. Mittels Storytelling wird das Textverstehen erleichtert, da die Textstrukturen einfach erkannt werden können und ein *emotionales Vorstellungsbild* beim Rezipienten entsteht (vgl. Albes und Saupe 2010, S. 12). Bedeutungsvoll und für die *Lebenswirklichkeit* nutzbar wird eine Erzählung aber erst dann, wenn der Text in Wechselwirkung mit dem Rezipienten tritt (vgl. Albes und Saupe 2010, S. 12). Die Erzählung muss also Anknüpfungspunkte in der *Lebenswelt* der Leser haben.

2.5 Kreative Vorgehensweise beim Anwenden der Methode Storytelling in Texten für die Wirtschaftskommunikation

In der Literatur wird zwar in der letzten Zeit gehäuft das Thema Storytelling untersucht und dargestellt. Es fehlen aber meist Ansätze, wie man gute Geschichten verfassen kann. Die Methode Storytelling kann als *Metastruktur* betrachtet werden, die die einzelnen Textmuster in der Wirtschaftskommunikation durchdringt. So kann Storytelling beispielsweise nicht nur in einem Beitrag in einem Kunden- oder Mitarbeitermagazin, sondern auch in einem Interview mit dem Vorstandsvorsitzenden oder Geschäftsführer oder in einer Pressemitteilung stattfinden. Das Besondere bei der Methode Storytelling in Texten ist ein außergewöhnlicher Einstieg, der bereits einen emotionalen Höhepunkt enthält sowie ein klarer Schluss (vgl. Lampert und Wespe 2013, S. 13).

Lampe und Wespe empfehlen mittels der sogenannten *Leiter des Erzählens*, die in Abbildung. 2.2 dargestellt wird, abstrakte Themen mit bildhaften Wörtern zu vermitteln: Die *abstrakten Begriffe* befinden sich oben auf der Leiter. Je weiter es hinunter geht, umso *konkreter, bildhafter* und damit *verständlicher* werden die Wörter und damit die Texte. Auf der untersten Sprosse der Leiter soll mit dem Thema eingestiegen werden, um dann Stufe für Stufe weiter nach oben zu schwingen. Der Leser wird stufenweise zur abstrakteren Problematik des Themas geführt. Wird sofort oben bei der abstrakten Sprosse eingestiegen, so ist dieser Start für viele Leser „zu hoch". Sie werden nicht in den Text hineingezogen und wenden sich ab. Die Leiter soll aber nicht nur in einer Richtung erklommen werden, es soll ein Wechsel der Stufen vom *Konkreten* zum *Abstrakten* und umgekehrt stattfinden. Ganz wesentlich ist dabei, dass wirklich erzählt und nicht berichtet wird. Bildhafte, detaillierte Szenen sollen entstehen (vgl. Lampert und Wespe 2013, S. 13-17). Ein Beispiel hierfür sind die oben angeführten Gründergeschichten von The Body Shop oder Daimler. Beim Lesen dieser Geschichten entstehen sofort detaillierte Szenen im Kopf der Rezipienten, die zusätzlich von Bildern unterstützt werden können.

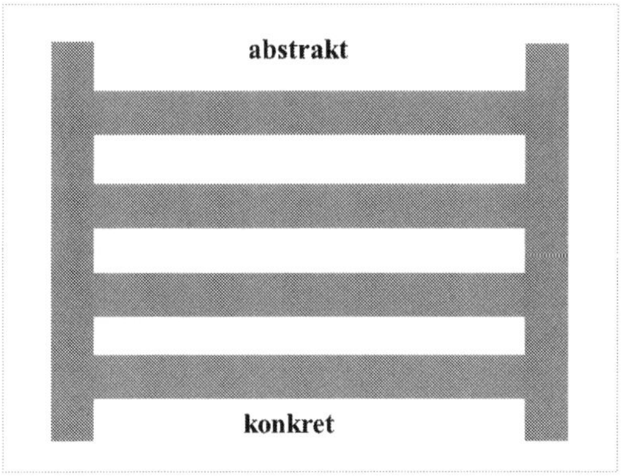

Abb. 2.2 Leiter des Erzählers und der Erzählerin: vom Konkreten zum Abstrakten
Quelle: Lampert und Wespe 2013, S. 14

Wichtig ist, dass nach einem anfänglichen *emotionalen Höhepunkt*, der auch als *Storypunkt* bezeichnet wird, die bedeutenden Details nachgeliefert und erläutert werden. Nur dann kann der Leser das Erzählte wirklich erfahren und er wird nicht mit Informationen überfrachtet. Im Folgenden sollten sich ein zweiter Höhepunkt und vielleicht sogar noch weitere Höhepunkte hervortun, wie in Abbildung 2.3 schematisch dargestellt wird. Details wirken besonders gut, wenn sie in *bildhafte Szenen* integriert werden. Mit dieser Vorgehensweise wird Spannung beim Rezipienten aufgebaut und dessen Aufmerksamkeit gehalten. Er wird zum Weiterlesen von Szene zu Szene animiert und kann sich das Mitgeteilte vorstellen und damit nachvollziehen (vgl. Lampert und Wespe 2013, S. 20-21, 23).

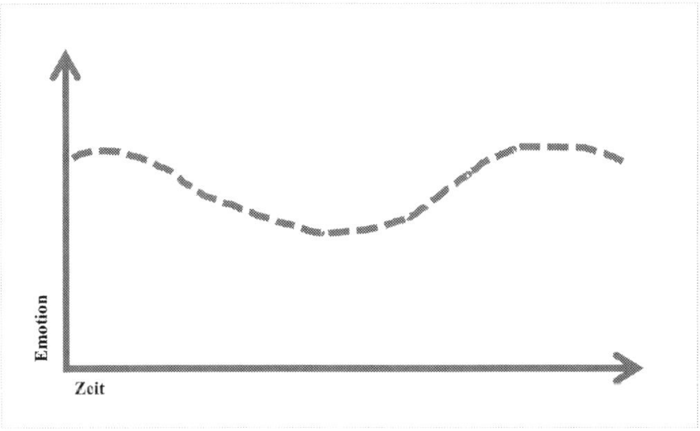

Abb. 2.3 Die Storykurve – so erzählt man eine Geschichte

Quelle: Lampert und Wespe 2013, S. 19

Von Interesse ist hier außerdem die *Erzählsituation*. Stanzel (Lahn und Meister 2013, S. 27) differenziert beispielsweise drei unterschiedliche *Erzählsituationen (ES)*:

- „*Ich-ES*: Der Erzähler tritt in der erzählten Welt auch als Figur auf.
- *Auktoriale ES*: Ein nicht als Figur gestalteter Erzähler dominiert die Erzählung mit Kommentaren und anderen Einlassungen.
- *Personale ES*: Der Erzähler hält sich zurück und delegiert so viel wie möglich an die Figuren.“

2.6 Die Elemente einer guten Geschichte in der Wirtschaftskommunikation

Wie zu Beginn beschrieben, weisen Geschichten sich ähnelnde Teile auf. Aristoteles empfiehlt in seiner Schrift „Poetik“ die drei Elemente *Held*, *Ort* und *Handlung* für eine Erzählung miteinander zu verbinden (vgl. Lampert und Wespe 2013, S. 53). Storytelling als Textmuster in der Wirtschaftskommunikation weist häufig folgende Kernelemente auf, die in einer faszinierenden Inszenierung aufbereitet werden: 1. Der *Held*, 2. die *Handlung*, 3. der *Ort/der Raum* und 4. die *Zeit*.

2.6.1 Der Held/die Figuren

Der Held steht im *Mittelpunkt einer Geschichte*: Rezipienten identifizieren sich mit ihm und er regt zum Nachdenken an. Er hilft, Bedürfnisse zu erkennen und einen Weg zu finden, diese zu stillen. Er überrascht, er verändert die Situation, er löst Probleme. Wichtig ist, dass ein Held nicht immer nur ein Siegertyp sein muss, er kann auch in der Geschichte zunächst schwach erscheinen und trotzdem groß und stark agieren (vgl. Herbst 2014, S. 91ff.). In einem Unternehmen können beispielsweise verschiedenartige Mitarbeiter in unterschiedlichsten Hierarchiestufen als Helden fungieren. Es muss nicht der Geschäftsführer oder der Vorstand sein, es kann auch die alleinerziehende Mitarbeiterin sein, die in Teilzeit arbeitet und so Familie und Beruf in Einklang bringt. Oder ein Mensch mit einer Querschnittslähmung, der im Rollstuhl seinen Berufsalltag meistert und durch seine Forschungen einen wichtigen Beitrag für das Unternehmen und die Gesellschaft leistet.

Die Figur des Helden wird jedoch auch durch ein Produkt, eine Marke, den Kunden oder gar durch einen Ort lebendig (vgl. Guber 2001, S. 163 ff., Frenzel et al. 2004, S. 150). So ist der Held im ältesten deutschen Comicheft seit dem Jahr 1937 „Lurchi“ der Salamander, der von der Marke „Salamander“ ins Leben gerufen wurde und seitdem viele Abenteuer erlebt.[3] Ein anderes Beispiel: Bei der Lack- und Farbenfabrik „Wörwag“ in Stuttgart-Zuffenhausen gehen deren Produkte, nämlich die Farben, auf Heldenreisen. Im Essay von Brümmer (2014, S. 22) über die Farbe *Schwarz* in der Kundenzeitschrift „finishextra“ steht diese Farbe im Mittelpunkt:

3 Siehe Kapitel II.II.1 *Comic strips für eine ernste Sache? Spielerischer Umgang mit Text und Bild in der Wirtschaftskommunikation.*

Textbeispiel aus der Kundenzeitschrift „finishextra"

„Essay.

Schwarz.

Von Elmar Brümmer – Magazinautor, der seinen Kaffee aus Prinzip als long black trinkt.

Bis jetzt war alles so schön bunt in diesem Magazin. Höchste Zeit also, sich um die Farbe zu kümmern, die es nie in den Regenbogen schaffen wird. Die deshalb für viele überhaupt keine Farbe ist. Für andere nur ein Zustand. Doch für viele eine Lebenseinstellung: Kaum eine andere ruft so starke Gefühle hervor wie Schwarz.
Psychologen wittern dahinter steinzeitliche Existenzängste. Schwarzfahren. Schwarzsehen. Schwarzmalen. Wir möchten gar nicht wissen, wie hoch da die Dunkelziffer ist. Dann wäre black gar nicht mehr beautiful. Ist es aber, zumindest für Coco Chanel:
‚Frauen haben die ganze Farbpalette im Kopf, nur an Farblosigkeit denken sie nie. Ich aber sage; Schwarz hält allem stand. Weiß auch. Beide sind absolut schön, vollkommene Harmonie.'
So ist das berühmte kleine Schwarze entstanden – als Kontrastprogramm.
Der Architekt Amandus Sattler sagt über die Lieblingsfarbe der Kreativen: ‚Würden Sie sich Ihr Haus etwa von einem Menschen mit gelb gepunkteter Krawatte bauen lassen?' Eben. Und Henry Ford, der halb Amerika mobilisierte, steht für die ganze Konsequenz, mit der Schwarz verbunden wird: ‚Jeder Kunde kann sein Auto in einer beliebigen Farbe lackiert bekommen – sofern sie schwarz ist.'
Alles (auch) eine Frage des Glaubens. Mit Schwarz macht man nichts falsch. Schwarz macht schlank. Schwarz ist Eleganz ohne Risiko. Vielleicht sind Menschen mit einem Faible für Schwarz einfach nur tolerant. Und lassen die Farben den Blumen. Oder den Lacken…
Obsidianschwarz Metallic liefert Wörwag seit vielen Jahren für die verschiedenen Mercedes-Benz Modelle der E-Klasse."

Eine Erzählung weist neben dem eigentlichen Helden oftmals auch noch andere Charaktere, zum Beispiel den Gegenspieler, auf, der die Hauptfigur daran hindern möchte, sein Ziel zu erreichen. Dieses Spiel kann insbesondere bei Produkten genutzt werden. Zudem können noch weitere Figuren auftreten, die die Handlung unterstützen, Bedeutungen vermitteln und die Erzählungen lebendiger erscheinen lassen (vgl. Lahn und Meister 2013, S. 232 sowie Herbst 2014, S. 93). Krüger (2015,

S. 145) analysiert die Heldenreise der „Hewlett Packard GmbH“ in Deutschland. Dabei identifiziert er drei Storys: Die erste Story zeigt den Auszug des Helden „Ouvertüre in Böblingen“. Die zweite Story „Ein Faible für die Schwaben“ führt die Helfer ein, die das deutsche HP Management unterstützen, und die dritte Story „Kreuzen und Kurs halten“ veranschaulicht insbesondere, wie Helden und Helfer die anstehenden Konflikte lösen.

2.6.2 Die Handlung

Die Handlung zeigt die *Entwicklung der Ereignisse* in der Geschichte auf (vgl. Lahn und Meister 2013, S. 211). Sie schildert, was der Heldin und den Nebenfiguren in der Geschichte widerfährt, zum Beispiel, welche Schwierigkeiten gemeistert werden. So wie in dem o. g. Beispiel von Hewlett Packard. Alle drei Storys zeigen Herausforderungen des Unternehmens auf, die durch die Handlungen der Figuren gemeistert werden (Krüger 2015, S. 155). In Beiträgen in Kundenmagazinen könnten beispielsweise die Herausforderungen bei Projekten oder Forschungen thematisiert werden. Welche überraschenden Komplikationen müssen bewältigt werden? Gab es unvorhersehbare Wendungen bei Forschungsprojekten oder Großaufträgen?

Durch ein Abweichen von der Norm, wird Spannung und Neugierde beim Rezipienten erzeugt. Folglich taucht der Rezipient tiefer in die Geschichte ein und möchte erfahren, wie die Geschichte weitergeht und endet. Er wird zum Nachdenken und Mitfühlen aktiviert und das Rezipierte prägt sich tiefer in das Gedächtnis ein. Zudem ist es wichtig, die Elemente und damit die Botschaften zeitlich und inhaltlich sinnvoll zu strukturieren, damit ein Zusammenhang entsteht und die Geschehnisse nachvollzogen und dadurch besser gelernt werden können (vgl. Herbst 2014, S. 111 ff.). Geschichten zeigen stets einen Teil des Ganzen, knüpfen dabei an bereits Gelerntem an und bringen es in eine neue Gestalt: Durch eine veränderte Sichtweise auf die Dinge werden diese anders wahrgenommen und verstanden. Dadurch können vorhandene Einstellungen bei den Stakeholdern transformiert und Handlungen initiiert werden. Zudem ist es sinnvoll, wenn die Geschichten anschlussfähig konzipiert sind. So können neue Beziehungen hervorgebracht werden, die Geschichten verstärken sich gegenseitig und können fortgesetzt werden (Frenzel et al. 2004, S. 11). Aus diesem Grund wird Storytelling insbesondere in *Veränderungsprozessen* in Organisationen, z. B. bei einer *Fusion* von zwei Unternehmen, eingesetzt (Krüger 2015, S. 161).

2.6.3 Der Ort/der Raum

Beim Storytelling spielt der *Raum der Handlung* eine Rolle. Dieser definiert den Ort oder die Orte, wo die Charaktere agieren und die Ereignisse passieren (vgl. Lahn und Meister 2013, S. 248). Die Inszenierung von Orten unterstützt die Bedeutung der Ereignisse. Die Handlung kann an vielfältigsten Orten mit unterschiedlichsten Stimmungen stattfinden, z. B. im Unternehmen – dort in einem Büro, in der Produktionshalle, im Labor, beim Kunden oder sonst wo. Der Held kann in Deutschland, wie im Beispiel Hewlett Packard, in China oder in Brasilien agieren. Findet die Handlung in Deutschland statt, dann kann sie auf verschiedenen Bühnen stattfinden: Im Aufzug, im Flugzeug, auf einem Event in der Eingangshalle oder in der Kindertagesstätte für Werksangehörige. Wichtig ist, dass der Ort die Botschaften unterstützt und eine gewünschte Atmosphäre erzeugt.

Gerade durch eine detaillierte Beschreibung des Ortes können Botschaften emotional ansprechend transportiert werden. Der Ort kann im Einzelnen beschrieben werden. Wird eine Mitarbeiterin an ihrem Schreibtisch porträtiert: Welche Bilder schmücken die Wand und den Schreibtisch, wie fällt das Licht ein? Sitzt sie alleine im Zimmer oder befindet sie sich in einem Großraumbüro? Wer sitzt ihr gegenüber? Darf ihr Hund mit und sitzt er still unter dem Schreibtisch? Für die Inszenierung des Helden werden also unterschiedlichste Räume genutzt.

2.6.4 Die Zeit

„Geschichten sind zeitlich und inhaltlich geordnete Bedeutungseinheiten." (Herbst 2014, S. 115). Die Zeit spielt bei Erzählungen eine wichtige Rolle. Zum einen können die Geschichten in der Vergangenheit, in der Gegenwart oder in der Zukunft stattfinden und damit die Handlung unterstützen. Auch die zeitliche Reihenfolge ordnet Handlungen und kann Spannung aufbauen. Im Fall von Hewlett Packard beginnt die erste o. g. Story „im Jahr 1959 mit der Suche der HP-Managers Bill Hewlett, Ray Deméré und Fred Schröder nach einem geeigneten Standort für eine erste europäische Fabrik" (Krüger 2015, S. 145).

Die erzählte Zeit benennt die Zeit der Geschichte. Das ist der Zeitraum, den die erzählte Geschichte selbst in Anspruch nimmt. Es können z. B. verschiedene Datierungen und Zeitphasen genannt werden, beispielsweise „Gottlieb Daimler wird am 17. März 1834 in Schorndorf geboren [...] Daimler, der spätere Gründer der Daimler-Motoren-Gesellschaft DMG, tritt 1848 in Schorndorf eine Lehre als Büchsenmacher an, die er 1852 erfolgreich abschließt[...]" (Daimler 2016c, o. S.).

Hieraus kann der Umfang der erzählten Geschichte zusammengesetzt werden (Lahn und Meister 2013, S. 136).

Die Erzählzeit bezeichnet die Zeit des Diskurses, also jenen Zeitraum, den die Erzählung braucht, um die Geschichte zu berichten. Zum Beispiel in einer oder in fünf Pressemitteilung(en), in einem oder in fünf Blogbeiträgen. Die Dauer sagt aus, wie lange ein Ereignis gedauert hat und wie lange der Erzähler es in seiner Schilderung wiedergibt. Die Dauer der Geschichte kann hierbei unterschiedlich lang sein. Sie kann einmalig erzählt werden oder sich über einen Zeitraum von beispielsweise einem Jahr erstrecken, hier kann die Geschichte Stück für Stück veröffentlicht werden. Auch der Zeitaspekt Ordnung ist von Interesse. Die Ordnung meint hierbei, in welcher Reihenfolge die Handlung erzählt wird. Bei einer Rückwendung (Analepse) wird im Nachhinein von einem Ereignis berichtet. Bei einer Vorwegnahme (Prolepse) wird ein in der Zukunft stattfindenden Ereignis erzählt (Herbst 2014, S. 117).

2.7 Beispiele von gelungenem Storytelling in Texten in der Wirtschaftskommunikation

Storytelling kann als *vollständige Geschichte* oder *in Einzelteilen* gelingen. Es wird aktuell verstärkt im *Corporate Publishing* von Organisationen eingesetzt. Hierbei kann es sich um interne Medien wie Mitarbeiterzeitungen oder externe Medien wie Kundenzeitschriften handeln. Auch im Bereich von *Media Relations* werden narrativer Öffentlichkeitsarbeit Chancen gegeben, hier ist aber ein besonderes Vertrauensverhältnis zwischen Kommunikationsverantwortlichen in Organisationen und Journalisten Grundvoraussetzung, damit die Kommunikationsarbeit glückt (Krüger 2015, S. 191). Die Kommunikationsverantwortlichen sollten den Journalisten dahingehend vertrauen können, dass die Geschichten nicht zum Nachteil der Organisation umgedeutet und veröffentlicht werden. Dies ist teilweise schwierig, da Journalisten Themen verkaufen und sich nicht als verlängerter Arm der Unternehmenskommunikation verstehen. Sie verfassen ihre eigene Story, die journalistischen Maßstäben entsprechen und ihrer Zielgruppe gefallen sollen.

Ferner kann Storytelling auf der Website des Unternehmens und in Texten in sozialen Medien stattfinden. Wobei die Inhalte hier schwieriger zu kontrollieren sind und deshalb häufig darauf verzichtet wird. Im Folgenden werden ausgewählte Beiträge vorgestellt.

2.7.1 Der Einsatz des Textmusters Storytelling in Kundenzeitschriften

Das global agierende Versicherungsunternehmen „Allianz“ adaptiert beliebte bereits existierende Geschichten, indem es eine Verbindung zum Unternehmen und dessen Dienstleistungen herstellt: In der crossmedial angelegten Kundenzeitschrift „1890 Allianz Magazin“ etwa werden *Wissensthemen* journalistisch aufbereitet und als Geschichten verpackt. Diese *Wissensthemen* sollten an die *Lebenswelt* der Rezipienten andocken. Durch den Fokus auf interessante Themen und Geschichten ist es der Allianz gelungen, ein eher trockeneres sachliches Image mit Werten wie Lebendigkeit, Modernität und Sympathie aufzuladen.

Jedes Heft und dessen Online-Version hat einen thematischen Schwerpunkt, der direkt mit der Allianz und deren Produkten zu tun haben kann, aber nicht muss. Dieses übergreifende Thema ist für den Rezipienten von Interesse und sollte einen *Nutzwert* bieten. Ein solches übergreifende Thema ist in der ersten Ausgabe 2016 das Thema „Verzicht. Weniger ist schwer, nicht nur für Kinder. Ein Heft über das Sparen“. In den einzelnen Rubriken werden verschiedenste Geschichten rund um das Thema „Sparen“ erzählt. Auf der Seite 56 erscheint zum Beispiel die Geschichte „Mit Kopf und Topf. Omas Arme-Leute-Küche bereichert noch heute unser Leben“ (Allianz 2016a, S. 56).

In der Rubrik „Verrückte Zeit“ im „1890 Allianz Magazin“ wurde im Jahr 2014 berechnet, wie hoch der Haftpflicht- und Sachschaden gewesen wäre, der im Film „Der Hobbit“ (virtuell) entstanden ist, siehe Abbildung. 2.4. Hier adaptiert die Allianz also eine *fremde Geschichte* und stellt eine Verbindung zu den Dienstleistungen des Unternehmens her. Gerade diese Vorgehensweise führte zu einer großen, weltweiten Resonanz. Über die Schadensberechnung wurde eine Pressemitteilung verfasst, deren Inhalte in den Medien rund um den Globus Anklang gefunden haben.

Ein aktuelles Beispiel aus dieser Rubrik „Verrückte Zeit“ ist die Schadensberechnung einer Filmszene aus dem James Bond Kinofilm „Spectre“ mit dem Helden Daniel Craig (Allianz 2016b, o. S.).

Abb. 2.4 Schadensberechnung einer Filmszene im Film „Der Hobbit – Smaugs Einöde“
Quelle: Allianz 2014, S. 6-7

Abb. 2.5 Schadensberechnung einer Filmszene aus dem James Bond Kinofilm „Spectre“
Quelle: Allianz 2016b, S. 6-7

2.7.2 Das Geschichtenerzählen auf der Website

Je stärker die *Unternehmensmarke*, desto mehr kann sich das Storytelling vom eigentlichen Produkt oder der Dienstleistung entfernen und Geschichten, die mit den *Assoziationen* der Marke verbunden sind, erzählen. Der Energydrink-Produzent „Red Bull“ beispielsweise verbreitet keine Geschichten von einem wohlschmeckenden, anregenden Getränk. Er erzählt in sämtlichen Kommunikationsaktivitäten, z. B. auf der Website, Geschichten von herausfordernden Siegertypen, die authentisch wirken, die die Zielgruppe faszinieren und deren emotionale Bedürfnisse befriedigen.

Die Marke Red Bull zeigt, wie Storytelling gezielt in einem Content Marketing-Konzept umgesetzt wird. Red Bull initiiert mittlerweile sogar eigene Extremsport-Events und berichtet in eigenen Medien darüber. Die Geschichten um die Marke werden selbst erschaffen und crossmedial erzählt. Der Energydrink-Hersteller ist mit selbst produzierten Magazinen und anderen Medien zum unabhängigen Medienproduzenten geworden. Dadurch werden die Markenwerte von der Zielgruppe rezipiert und Dialoge entstehen insbesondere auf Live-Events und in sozialen Medien wie Facebook oder Youtube.

Auf der Red-Bull-Website werden auf verschiedenen Seiten Geschichten über den Helden Philip Köster, einem coolen Windsurf-Weltmeister, der in Abbildung 2.6 dargestellt wird, erzählt. Im Folgenden wird eine Auswahl der Geschichten rund um den Helden Philip Köster gezeigt.

Abb. 2.6 Der Held Philip Koster, Windsurf Weltmeister
Quelle: Red Bull 2015, o. S.

Der Held Philip Köster wird auf der Red-Bulletin-Site in Form eines Interviews präsentiert. Hier berichtet er, wie er sich für seine Heldentat, dem Sieg über den Gegner, zunächst zurückzieht und stärkt, um dann im entscheidenden Moment, dem Wettkampf, zu triumphieren.

Textausschnitt aus einem Interview mit Philip Köster

„*The RED BULLETIN: Verleiten Erfolge dazu, sich zurückzulehnen?*

PHILIP KÖSTER: Ja, vielleicht schon ein bisschen. Mein Trick ist, dass ich zwischen den Wettkämpfen immer wieder ein paar Tage verdufte. Unterwegs vergesse ich niemals mein Leben, schüttle Druck und Alltag ab, sauge neue Eindrücke auf, und wenn ich zurückkomme, bin ich scharf und gehe wieder voll rein.

Die Flucht vor dem Wettkampf motiviert dich?

Die Flucht schon, aber nicht die vor dem Wettkampf. Den Vergleich mit den anderen mochte ich schon als Kind. Es ist das Ausbrechen, das mich motiviert. Vor meinem diesjährigen Weltcup-Sieg in Klitmøller in Dänemark war ich zehn Tage in Australien, einfach so zum Spaß, um mit Freunden zu surfen. Und gerade in diesem Fall hat der geistige und räumliche Abstand viel Gutes ausgelöst."

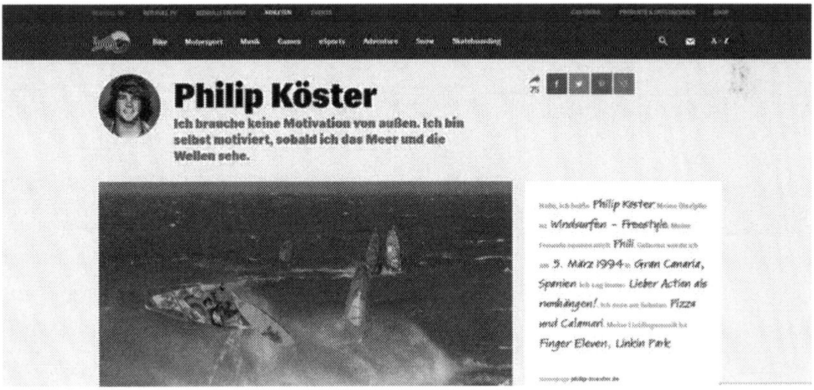

Abb. 2.7 Portrait von Philip Köster

Quelle: Red Bull 2016, o. S.

Wie in Abbildung 2.7 zu erkennen, werden die Texte auf den verschiedenen Seiten mit eindrucksvollen Bildern und Videos ergänzt. Zudem findet eine Verlinkung zu verschiedenen Sozialen Medien statt. Die Kurzbiografie auf der Red-Bull-Website beschreibt die Heldentaten von Philipp Köster:

Textbeispiel Kurzbiografie von Philip Köster

„Mit gerade mal 18 Jahren war Philip Köster 2012 schon Doppelweltmeister im Windsurfen. Damit war er der erste Deutsche überhaupt, der sich den Titel holte, und noch dazu auch der zweitjüngste. Was ihn ausmacht: extreme Kraft. Bei 1,87 Meter bringt er bereits 84 Kilogramm pure Muskelkraft auf die Waage und extreme Sprünge über den Wellenkamm. Mit seinem 18 Meter hohen Jump hält er den Weltrekord. Selbstverständlich begleitet und supportet Red Bull auch sein Projekt: den Triple Loop im Windsurfen. Das bedeutet drei Umdrehungen in der Luft mit einem vier Meter langen Mast! Ein Sprung, den bislang noch kein Windsurfer der Welt gestanden hat. Philip hat die perfekten Voraussetzungen für einen weiteren Weltrekord. Wem sonst wäre es zuzutrauen, diesen Meilenstein in naher Zukunft zu meistern."

2.7.3 Das Geschichtenerzählen in einem Unternehmensbuch für die Mitarbeiter

Selten werden Unternehmensbücher verfasst: Der mittelständische Lack- und Farbenhersteller „Wörwag" aus Stuttgart Zuffenhausen aber zeigt die *Werte* seiner *Unternehmenskultur* anhand eines Romans sehr anschaulich und authentisch auf, das Cover des Buches ist auf Abbildung 2.8 zu sehen. Zielgruppe sind vorrangig die Mitarbeiter des Unternehmens. Das Buch „Das Wunder von Bernd" handelt dabei von den Mitarbeitern eines erfundenen Unternehmens. Es zeigt aber eine Geschichte auf, die genauso bei Wörwag geschehen könnte. Der Titel des Buches spielt dabei auf „das Wunder von Bern" an[4]. „Das Wunder von Bern" ist eine Geschichte über Deutschlands unerwarteten Sieg bei der Fußball Weltmeisterschaft 1954 in Bern. Es lieferte Stoff für einen Roman, einen Film und sogar ein aktuelles erfolgreiches Musical handelt von dieser Geschichte.

---

4 Siehe Kapitel II.III.1 *Intertextualität als „Beziehungsspiel" von Texten in der Wirtschaftskommunikation*.

Abb. 2.8 Das Cover des Buches „Das Wunder von Bernd"
Quelle: Dietmann 2007

Zusammengefasst geht es um folgende Geschichte: Ein wichtiger Kunde fordert vom fiktiven Unternehmen „Kimmig" die schnelle Lösung seines technisch höchst anspruchsvollen Lackierungsproblems. Der Mitarbeiter Bernd und seine Kollegen kämpfen darum, den Auftrag zu bewältigen. Private und berufliche Verknüpfungen und widerstrebende persönliche Interessen kommen ins Spiel. Anfängliche Erfolge wechseln sich ab mit Rückschlägen. Mut, Hoffnung und Sorge verwandeln sich später in Erleichterung und Freude, wenn das Projekt gelingt. Durch das Lesen der Geschichte wird der Mitarbeiter von Wörwag zum Nachdenken über die vorhandene Unternehmenskultur, seine eigene Tätigkeit im Unternehmen, sein Engagement und seine Arbeitsziele angeregt (vgl. Dietmann 2007).

2.7.4 Das Geschichtenerzählen im Newsroom

Der „Porsche Newsroom“ in der Abbildung. 2.9 stellt ein *komplexes Content-Portal* dar, das die Marke Porsche zum Kommunikations-Medium macht (vgl. C3 Creative Code and Content 2014, o. S.). Hier werden sämtliche Kommunikationsaktivitäten der Marke gebündelt: Journalisten, Blogger, Online-Multiplikatoren und Porsche-Fans können auf der Site für die Produktion von eigenen Geschichten recherchieren und sich von Porsche-Storys faszinieren lassen. Es sind zu finden: Aktuelle Nachrichten und Hintergrundberichte, ein umfangreiches multimediales Zusatzangebot mit Videos, Bilderserien, Downloads und weiterführende Links sowie die Verknüpfung mit den Sozialen Medien.

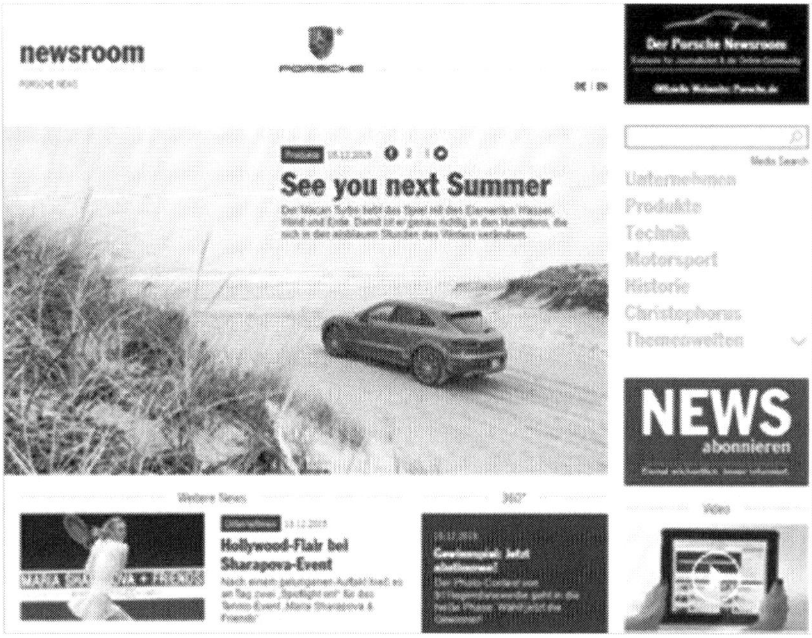

Abb. 2.9 Porsche Newsroom
Quelle: Porsche 2015a, o. S.

In dem Beitrag „See you next Summer“ wird die Geschichte des Helden „Porsche Macan Turbo“ erzählt, der im Winter auf einer Abenteuerreise in den Hamptons nahe New York unterwegs ist. Die einzelnen Szenen werden dabei sehr bildhaft und sinnlich beschrieben. Der Text erschien erstmals in der Porsche Kundenzeitschrift „Christophorus“ Nr. 373 (Porsche 2015b, o. S.).

Das Textbeispiel See you next Summer

„Der Macan Turbo liebt das Spiel mit den Elementen Wasser, Wind und Erde. In den eisblauen Stunden des Winters verändern sich die Hamptons. Die Verheißung der leeren Straßen, das Glück der verlassenen Strände, der Reichtum neuer Eindrücke. Salz liegt wie Raureif auf den Bäumen. Oder ist es Raureif wie Salz? Die Überlegung zieht sich schon ein Weilchen hin, wie die Route 27. Rechts der Atlantik, links das Marschland, vor dir die Straße. Es sind nur Nuancen, in denen sich die Farbgebung unterscheidet. Das Achatgraumetallic des Macan Turbo wirkt bei der Fahrt über den Landfinger namens Long Island fast knallig.

Nachsaison für die Seele.

Der angekündigte Sturm peitscht schon über die Halbinsel, der Spurhalteassistent hält sanft, aber konsequent dagegen. Es ist kalt geworden übers Wochenende: Raureif oder Salz? Der Vorgarten von New York, den die ganze Welt unter seinem Rufnamen ‚Die Hamptons‘ kennt, wirkt ohne die schönen, reichen, vielen Menschen besonders intensiv. Strand und Land gehören wieder den grauen Eichhörnchen, den roten Füchsen, den braunen Baumwollschwanzkaninchen und den Rehen mit den weißen Schwänzen. Sie sind aus dem gleichen Grund unterwegs wie der Fahrer des Macans: Die Verheißung der leeren Straße, das Glück der verlassenen Strände, dem Reichtum der veränderten Welt.“

2.7.5 Geschichtenerzählen auf einem Unternehmensblog

Ein *Blog* eignet sich für Unternehmen dazu, eine *Geschichtenwelt* durch eigene und fremde Beiträge, z. B. von Experten oder Kunden, aufzubauen. Auf eine unterhaltsame und aktivierende Weise können die Zielgruppen Botschaften durch eigeninitiierte Geschichten empfangen sowie auch rege bei einem dynamischen Storytelling mitwirken. Der Blog „Betravel“ (blog.betravel.de) von der gleichnamigen Reiseagentur handelt von der Lust am Reisen und den Abenteuern, die ein Mensch nur erleben kann, wenn er sich aufmacht, andere Länder und Kulturen kennenzulernen. Als Held können hier beispielsweise ein Hotel, der Kunde oder renommierte Reiseexperten agieren.

Im Blogbeitrag „Wie schafft man es auf die Bühne in die abc Show GMA (Good Morning America)?“ erzählt der Held Bernd Schray, der Geschäftsführer von Betravel, was ein gewöhnlicher Mensch erleben kann, wenn er am Morgen im Central Park in New York spazieren geht und ein paar Fotos machen möchte (siehe Abbildung 2.10). Bernd Schray gelangt nämlich ungeplant auf die Bühne der Show und in das Vorprogramm des Newcomer Stars Jason Derulo, den er bis dato gar nicht kannte. Sein Auftritt wurde am 20. Juni 2015 Uhr in den USA ausgestrahlt. Der Blog ist mit anderen Social-Media-Plattformen wie Facebook, Twitter und Instagram verlinkt, so dass die Geschichte auch hierüber rezipiert und kommentiert werden kann.

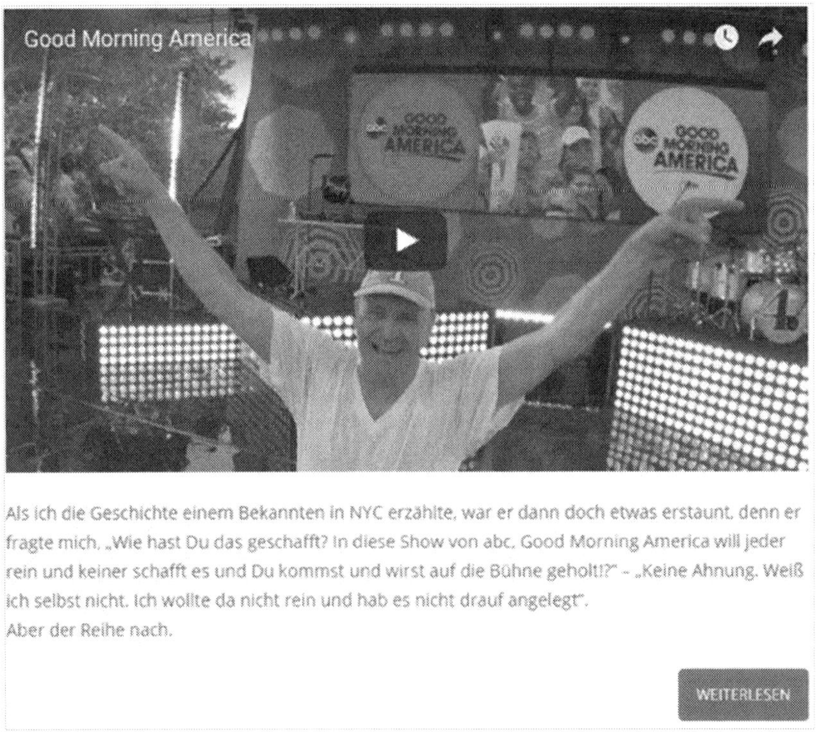

Abb. 2.10 Blogeintrag Bernd Schray auf der Bühne von Good Morning America
Quelle: Betravel 2016, o. S.

2.8 Fazit: Die Chancen und die Grenzen des Stortytellings in der Wirtschaftskommunikation

Aktuell ist es sehr modern, Storytelling in der Wirtschaftskommunikation einzusetzen. Dies ist zunächst nicht verwunderlich, da diese Methode zahlreiche Vorzüge hat: Chancen bietet Storytelling in der Wirtschaftskommunikation hauptsächlich durch den *authentischen, erzählenden Kommunikationsmodus*, der Menschen für die *organisationsspezifischen Ziele* begeistert und motiviert. Geschichten von Kunden oder Mitarbeitern reichern die *Kommunikationsaktivitäten* eindrucksvoll an.

Storytelling wird sowohl intern als auch extern genutzt. Innerhalb der Organisation trägt es im besonderen Maße dazu bei, die internen Kommunikationsziele zu erreichen. Auf eine unterhaltsame, lebendige, mitnehmende Art und Weise werden Menschen emotional angesprochen. Die Inhalte der Kommunikation werden so häufig positiv und nicht als teilweise negativ empfundene Werbung wahrgenommen und verankern sich dadurch besonders gut im Gedächtnis der Rezipienten.

Storytelling wird ferner erfolgreich im *Corporate Publishing*, z. B. in Reportagen in Kundenmagazinen und auch in Beiträgen in Sozialen Medien verwendet. Der Einsatz des Storytellings trifft jedoch an die Grenzen, wenn das nüchterne Berichten von Daten und Fakten sowie das Bewerten und Einordnen von Informationen gefragt ist. Gerade diese Inhalte sind in der Wirtschaftskommunikation ebenso relevant. Storytelling kann und sollte derartige sachorientierte Kommunikationsformen ergänzen, aber nicht ersetzen. So kann im *Imageteil* eines Geschäftsberichts eine oder mehrere Geschichten erzählt werden, im Zahlenteil hingegen ist es sinnvoll, die geforderten Zahlen schlicht darzustellen.

Risiken bietet vor allem die *offene Rezeptionssituation*, z. B. in Sozialen Medien, die ein Kontrollverlust für Kommunikationstreibende darstellten und eine Eigendynamik entwickeln kann, die auch teilweise zu einem Verlust von Glaubwürdigkeit führt. Negative Geschichten, die z. B. von Menschenrechts- oder Umweltschutzorganisationen oder eigenen Mitarbeitern (*Whistleblower*) initiiert werden, verbreiten sich besonders schnell im Internet und liegen außerhalb der Einflusssphäre der Organisation. Diese ungeplanten negativen Geschichten beeinträchtigen das *Image* und die *Reputation* des Unternehmens stark. Abschließend ist festzustellen, dass die positiven Aspekte beim Geschichten erzählen überwiegen und das Storytelling viele gute Möglichkeiten bietet, mit den Zielgruppen in eine gewünschte Interaktion zu treten und sich darüber einander anzunähern.

Literatur

Albes, Claudia & Saupe, Anja (2010). Auf der Suche nach dem Sinn des Erzählens. Einleitung. In dies. (Hrsg.). (2010), *Vom Sinn des Erzählens. Geschichte, Theorie und Didaktik* (S. 7-31). Frankfurt a. M.: Peter Lang.

Allianz (2014). *Schadenakte. Zwerge sorgen für Riesenchaos*. Allianz-Kundenmagazin 1890. Februar 2014, S. 6-7

Barthes, Roland (1988). Einführung in die strukturale Erzählanalyse. In Barthes, Roland (1988), *Das semiologische Abenteuer* (S. 102-143). Frankfurt a. M.: Suhrkamp.

Brümmer, Elmar (2014). Essay. Schwarz. In: Wörwag (Hrsg.). (2014), *Finishextra* (S.22). Stuttgart: Wörwag.

Bürker, Michael (2016). Content Marketing – mit Themen gewinnen. In: Stumpf, Marcus (Hrsg.). (2016), *Die zehn wichtigsten Zukunftsthemen im Marketing* (S.200-229). Freiburg, München, Stuttgart: Haufe.

Campbell, Joseph (1989). *Die Kraft der Mythen. Bilder der Seele im Leben des Menschen*. Zürich, München: Artemis.

Campbell, Joseph (1993). *Mythen der Menschheit*. München: Kösel.

Dietmann, Ulrike (2007). *Das Wunder von Bernd*. Stuttgart: Edition Wörwag.

Ettl-Hubert, Silvia (2014). Storypotenziale, Stories und Storytelling in der Organisationskommunikation. In ders. (Hrsg.).(2014), *Storytelling in der Organisationskommunikation. Theoretische und empirische Befunde* (S. 9-26). Wiesbaden: Springer.

Frenzel, Karolina, Müller, Michael & Sottong, Hermann (2004). *Storytelling. Das Harun-al-Raschid-Prinzip. Die Kraft des Erzählens fürs Unternehmen nutzen*. München, Wien: Hanser.

Frenzel, Karolina, Müller, Michael & Sottong, Hermann (2006). *Storytelling. Das Praxisbuch*. München, Wien: Hanser.

Guber, Peter (2011). *Tell To Win. Mit Storytelling beeindrucken, überzeugen und ans Ziel kommen*. Heidelberg, München. Landsberg, Frechen, Hamburg: mitp.

Gumbrecht, Hans Ulrich (1980). Erzählen in der Literatur – Erzählen im Alltag. In Ehlich, Konrad (Hrsg.). (1980), *Erzählen im Alltag* (S. 403-417). Frankfurt: Suhrkamp.

Herbst, Dieter Georg (2008). *Storytelling*. Konstanz: UVK.

Herbst, Dieter Georg (2014). *Storytelling*. 3. Auflage. Konstanz: UVK.

Hillmann (2011). *Unternehmenskommunikation kompakt. Das 1 x 1 für Profis*. Wiesbaden: Gabler

Huck-Sandhu, Simone (2014). Corporate Messages entwickeln und steuern: Agenda Setting, Framing, Storytelling. In: Zerfaß, Ansgar und Piwinger, Manfred (Hrsg.), (2014), *Handbuch Unternehmenskommunikation* (S. 651-668). 2. Auflage. Wiesbaden: Springer Fachmedien.

Kast, Verena (2014). *Die Tiefenpsychologie nach C. G. Jung. Eine praktische Orientierungshilfe*. Ostfildern: Patmos.

Krüger, Florian (2015). *Corporate Storytelling. Theorie und Empirie narrativer Public Relations in der Unternehmenskommunikation*. Wiesbaden: Springer Fachmedien.

Lahn, Silke und Meister, Jan Christoph (2013). *Einführung in die Erzähltheorie*. 2. Auflage. Stuttgart, Weimar: J. B. Metzler.

Lampert, Marie und Wespe, Rolf (2013). *Storytelling für Journalisten*. 3. Auflage. Konstanz: UVK.

Littek, Frank (2011). *Storytelling in der PR. Wie Sie die Macht der Geschichten für Ihre Pressearbeit nutzen*. Wiesbaden: Springer.

Reingruber, Maria (2014). Scheherazade und die Geschichten von 1001 Luxusmarke – Potenziale von Storytelling in der Luxusmarkenführung. In: Ettl-Huber, Silvia (Hrsg.). (2014), *Storytelling in der Organisationskommunikation. Theoretische und empirische Befunde* (S. 103-124). Wiesbaden: Springer.
Rohling, Gitta (2014): Erzählen statt informieren – Das Potenzial von Storytelling in der Innovationskommunikation von B2B-Unternehmen. In Ettl-Huber, Silvia (Hrsg.). (2014), *Storytelling in der Organisationskommunikation. Theoretische und empirische Befunde* (S. 41-62). Wiesbaden: Springer.
Sammer, Petra (2014): *Storytelling. Die Zukunft von PR und Marketing.* Köln: O'Reilly.
Schekatz-Schopmeier, Sonja (2009). *Storytelling. Eine narrative Methode zur Vermittlung naturwissenschaftlicher Inhalte im Sachunterricht der Grundschule.* Göttingen: Cuvillier.
Schmieja, Philipp (2014). *Storytelling in der internen Unternehmenskommunikation. Eine Untersuchung zur organisationalen Wertevermittlung.* Wiesbaden: Springer.
Schneider, Wolf & Raue, Paul-Josef (2012). *Das neue Handbuch des Journalismus und des Online-Journalismus.* Reinbek bei Hamburg: Rowohlt.
van der Post, Laurens (1977). *C. G. Jung, der Mensch und seine Geschichte.* Berlin: Henssel.

Online-Quellen

Allianz (2016a). *Mit Kopf und Topf. Allianz 1890.* file:///C:/Users/Baur/Downloads/datei.pdf. Zugegriffen: 8. Mai 2016.
Allianz (2016b). *Schadenakte. Außer Rand und Bond. 1890. Verrückte Zeit.* https://www.allianzdeutschland.de/verzicht/id_76526358/index. Zugegriffen: 27. Januar 2016.
Betravel (2015). *Good Morning America.* Blogeintrag, 20.06.2015. blog.betravel.de. Zugegriffen: am 29. Januar 2016.
C3 Creative Code and Content (2014). *Der Porsche Newsroom.* Blogeintrag, 07.10.2014. https://www.c3.co/blog/der-porsche-newsroom-ein-komplexes-content-portal-das-die-marke-zummedium-macht/. Zugegriffen: 15. Dezember 2015.
Daimler (2016a). *Geburt des Automobils.* https://www.mercedes-benz.com/de/mercedes-benz/classic/historie/geburt-des-automobils/. Zugegriffen: 25. Januar 2016.
Daimler (2016b). *Von 1886 bis 2016.* Pressemitteilung, 11.01.2016. http://media.daimler.com/dcmedia-at/0-1071-1615858-49-1877141-1-0-0-0-0-0-0-0-1-0-0-0-0-0.html. Zugegriffen: 25. Januar 2016.
Daimler (2016c). *Gottlieb Daimler. Gründer und Wegbereiter.* https://www.daimler.com/konzern/tradition/gruender-wegbereiter/gottlieb-daimler.html. Zugegriffen: 15. Dezember 2015.
Dechant, Martin (2016). *Storytelling 4.0: „sinnvolle" Geschichten im doppelten Sinne,* 09.03.2016. http://dprg-journal.de/bundesverband/internationales/83-storytelling-4-0-sinnvolle-geschichten-im-doppelten sinne. Zugegriffen: 24. März 2016.
Frankfurter Allgemeine Zeitung (2015). *Apple rüstet um auf Solarstrom,* 22.10.2015. http://www.faz.net/aktuell/wirtschaft/unternehmen/apple-und-foxconn-wollen-firmen-in-china-mit-solarstrom-betreiben-13869899.html. Zugegriffen: 27. Januar 2016.
Gates, Bill (2016). *Gatesnotes.* Offizieller Blog von Bill Gates. https://www.gatesnotes.com/Bio. Zugegriffen: 6. Mai 2016.

Gruber, Stefan (2016). *Der Sieger von Aspern.* http://www.habsburger.net/de/kapitel/der-sieger-von-aspern. Zugegriffen: 24. März 2016.

Leo (2016). *Stichwort Storytelling.* https://dict.leo.org/ende/index_de.html#/search=storytelling&searchLoc=0&resultOrder=basic& multiword ShowSingle=on. Zugegriffen: 9. Mai 2016.

Porsche (2015a). *Porsche Newsroom.* http://newsroom.porsche.com/de.html. Zugegriffen 15. Dezember 2015.

Porsche (2015b). *See you next Summer,* 01.04.2015. http://www.porsche.com/germany/aboutporsche/christophorusmagazine/archive/373/articleoverview/article09/. Zugegriffen: 15. Dezember 2015.

Red Bull (2015). *Athletes. Philip Köster.* http://www.redbull.com/de/de/athletes/1331587760566/philip-koster. Zugegriffen: 15. Dezember 2015.

Red Bull (2016). *Philip Köster.* http://www.redbull.com/en/athletes/1331575120850/philip-koster. Zugegriffen: 27. Januar 2016.

Selbach, David & Janßen, Annika (2013). *Brand Journalism. News nach Art des Hauses,* 01.03.2013. http://www.prmagazin.de/meinung-analyse/hintergrund/news-nach-art-des-hauses.html. Zugegriffen: 17. März 2016.

Spektrum der Wissenschaft (2016). *Narrative Psychologie.* Lexikoneintrag. http://www.spektrum.de/lexikon/psychologie/narrative-psychologie/10314. Zugegriffen: 25. Januar 2016.

Stelte, Matthias (2014). *Grüne Elektronik,* 03.09.2014. https://www.greenpeace.de/themen/endlager-umwelt/gruene-elektronik. Zugegriffen: 27. Januar 2016.

The Body Shop (2016). *About us. History.* http://www.thebodyshop.de/about-us/aboutus_History.aspx. Zugegriffen: 25. Januar 2016.

Vienna Online (2014). *Spektakel in der Seestadt Aspern: Leserreporterin bei „Kranensee",* 15.02.2014. http://www.vienna.at/spektakel-in-der-seestadt-aspern-leserreporterin-bei-kranensee/3862438. Zugegriffen: 24. März 2016.

3 Lyrik als Erwartungsbruch in der Wirtschaftskommunikation

Susanne Femers-Koch

Zusammenfassung

In der Frühzeit der Unternehmenskommunikation gab es bereits Dichter, die ihre Kunst in den Dienst des Konsums stellten, wie z. B. Franz Wedekind für *Maggi Würze* Ende des 19ten Jahrhunderts oder Joachim Ringelnatz für den Füllfederhalter *Montblanc* in den 20er Jahren des 20. Jahrhunderts. Eine Hochzeit in der Wirtschaftskommunikation hatte die Lyrik bereits einmal im vergangenen Jahrhundert. Heute findet man hier und da wieder Werbetexte, die auf die Stärken der Lyrik bauen. Sie zitieren berühmte Gedichte, z. B. von Walt Whitman für das iPad von *Apple*, stellen eigene Kreationen des Unternehmens dar (z. B. die „Hornbach-Hymne") oder sind Ergebnis von Kreativwettbewerben, bei denen Kunden zur Feder greifen, um ihre Lieblingsmarke durch Sprachkunst zu veredeln. Da Lyrik für viele Menschen in der heutigen Gesellschaft „out" ist, dürften poetische Texte in der Unternehmenskommunikation eher überraschen und mit den Erwartungen des Lesers brechen. Welche Funktionen Lyrik für Werbung und Unternehmenskommunikation heute haben kann und wo die Grenzen der Dichtkunst für den Kommerz zu ziehen sind, wird anhand von exemplarischen Analysen vorgestellt.

3.1 Das Wesen der Lyrik und ihre charakteristischen Eigenschaften

Sprachliche Äußerungen sind in der Regel zielgerichtet. Sprache hat grundsätzliche Funktionen, die unabhängig vom Kontext Geltung besitzen. Der Sprecher sagt etwas über den Gegenstand seiner Rede aus, etwas über sich selber, möchte sein Gegenüber zu etwas veranlassen und/oder äußert sich über die Beziehung von Sprecher und Rezipient. Darstellungs-, Ausdrucks-, Appell- und Beziehungsfunktion finden sich beispielsweise in den sprach- und kommunikationstheoretischen Modellen von Bühler (1934, vgl. Bühler 1999), Watzlawick (1967, vgl. Watzlawick et al. 2011) und Schulz von Thun (2011).

Aufbauend auf den Arbeiten von Bühler aus den 1930er Jahren hat Jacobsen die Sprachfunktionen 1960 um eine *poetische Funktion* erweitert (Jacobsen 1979). Eine Botschaft wird bei dieser Betrachtung in ihrer poetischen Funktion selbst zum Thema:

> „Die in der morphologischen und syntaktischen Struktur der Sprache verborgene Quelle der Poesie, kurz die Poesie der Grammatik und ihr literarisches Produkt, die Grammatik der Poesie, […] wurden von den Linguisten fast gänzlich übersehen und von schöpferischen Schriftstellern meisterhaft gehandhabt" (Jacobson 1979, S. 116).

Die formale Erscheinung wird hier zu einer eigenen Information – so wie bei der Sprache als Kunstwerk u. a. in lyrischen (aber auch werbesprachlichen) Produkten. Poetische Sprache ist konnotativ, nutzt assoziierte Wortbedeutungen, zeichnet sich durch Mehrdeutigkeit aus und die *Dominanz der sprachlichen Gestaltung* über den Inhalt. Die Botschaft erhält um ihrer selbst willen Aufmerksamkeit durch den *Spielaspekt* der Sprache und generiert so eine Art Mehrwert.

Neben Epik und Dramatik stellt die *Lyrik*, im Ursprung die zum Spiel der Lyra (Leier) gehörende Dichtung, seit der Antike eine dritte literarische Gattung dar: „Die drei Hauptarten wurden schon von Aristoteles und Plato nach ihrer ‚Nachahmungsweise' (oder der ‚Darbietung') unterschieden: die Lyrik ist die ‚persona' des Dichters; in der Epik spricht der Dichter zum Teil in seiner eigenen Person, als Erzähler, und zum Teil lässt er seine Charaktere in direkter Rede sprechen (gemischte Erzählweise); im Drama verschwindet der Dichter hinter seinen Charakteren." (Wellek und Warren 1972, S. 247). Etwas schlichter drückt es Kayser (1973, S. 332) aus:

> „Wo uns etwas erzählt wird, da handelt es sich um Epik, wo verkleidete Menschen auf einem Schauplatz etwas agieren, um Dramatik, und wo ein Zustand empfunden wird und von einem ‚Ich' ausgesprochen wird, um Lyrik."

Lyrik ist ganz allgemein gesagt eine *Dichtung in Versform*. Ihre Werke nennt man *Gedichte* und von Lyrik spricht man auch als *Poesie* oder Dichtung. Anders als Texte der Epik und Dramatik sind lyrische Texte:

- kurz,
- folgen – zumindest in den klassischen Varianten – zumeist einer strengeren Form von Strophen und/oder Versen,
- weisen eine hohe semantische Dichte,
- sprachliche Ökonomie und
- Subjektivität auf.

Lyrik ist kurz gesagt „eine Ballung von Sinngehalt auf möglichst kleinem Raum" (Zimmer-Amrhein 2013, S. 27). Und für diese Räume ist es charakteristisch, „dass die Wörter und die Sätze zu tanzen anfangen" (Thalmayr 2014, S. 13). Zum Vers gehören zwingend auch der Zeilenumbruch und eines der vielen verschiedenen Versmaße, die die Geschichte der Poesie hervorgebracht hat (vgl. Felsner et al. 2012, S. 101ff.)

Typisch für Dichtung ist auch, dass der Verfasser Gefühle und Gedanken eines lyrischen Subjekts, ein lyrisches Wir, Du oder Ich genannt, mit dem der Autor identisch sein kann, aber nicht sein muss, zum Ausdruck bringt. Das *lyrische Subjekt* und seine Beziehungen zur Außenwelt werden im Gedicht reflektiert und abstrahiert vom Alltag:

> „Im Lyrischen fließen Welt und Ich zusammen, durchdringen sich, und das in der Erregtheit einer Stimmung, die nun das eigentlich sich Aussprechende ist. Das Seelische durchtränkt die Gegenständlichkeit, und diese verinnert sich. Die Verinnerung alles Gegenständlichen in dieser momentanen Erregung ist das Wesen des Lyrischen" (Kayser 1973, S. 336).

Ein poetischer Text weist außerdem *sprachliche Besonderheiten* auf. Er bedient sich rhetorischer Figuren, ist reich an Metaphern, stark strukturiert und rhythmisiert (vgl. Felsner 2012, S. 45ff., 63ff. und 171ff.). Oft sind Gedichte gereimt, manchmal werden sie auch heute noch mit Musik vorgetragen und erinnern so an den Ursprung der Darbietung im antiken Griechenland, wo sie zum Spiel der Leier vorgetragen wurden. *Liedtexte* gelten bis heute als eine Sonderform des Gedichts.

Die Textform *Gedicht* hat seit der Antike diverse kulturelle Wandlungen durchlebt, die hier im Einzelnen nicht nachvollzogen werden können (vgl. hierzu z. B. Felsner et al. 2012, Tahlmayr 2014). Diesbezüglich weist die Lyrik eine *typische Eigenschaft der Künste* auf: „In der Tat ist die Wesensbestimmung von Lyrik, wie der aller Kunst, stets uneinheitlich und dem Wandel der Zeiten unterworfen." (Hensel 2014, S. 11) Im Laufe der Geschichte sind einzelne Facetten des Gedichts mehr oder weniger intensiv gepflegt worden. Konventionelle Muster haben sich mit der Zeit gewandelt, so sind z. B. Strophenform und Reim nicht mehr zwingend als Bestandteil dieser Textform zu verstehen.

Und es gibt unterschiedliche Genre, die sich einer großen Bandbreite von Themen widmen, wie beispielsweise Liebes- und Naturgedichte. Die Formen sind vielfältiger Art und reichen von der Ballade, einem Lied ohne strenges Strophenschema, das eine Geschichte erzählt, bis zum Sonett, aus genau vier gereimten Strophen mit insgesamt 14 Zeilen bei exakter Verteilung der Zeilen auf die Strophen (vier, vier, drei, drei) (vgl. Felsner et al. 2012, S. 137ff., 151ff.).

Dies sind nur einige Beispiele für *Spielarten*, die in der *Kulturgeschichte* der Textform Gedicht entstanden sind, ihre Hochzeit erlebt haben und heute neben anderen Formen eine große Bandbreite der Lyrik repräsentieren. Die Gattung Lyrik entwickelt sich stetig weiter, findet neue Formen, setzt auf unterschiedliche sprachliche und gestalterische Mittel und widmet sich unterschiedlichsten Themen. Allerdings waren Gedichte im deutschen Sprachraum früher populärer als heute. Der Vielfalt künstlerischer Ausdrucksformen von Poeten steht eine eher zurückhaltende Rezeptionshaltung des Publikums gegenüber.

Zum gesellschaftlichen Stellenwert von Dichtung formuliert Zimmer-Amrhein (2013, S. 27) ein Paradox: „Dichtkunst und Dichter spielen im öffentlichen Interesse keine Rolle. Und doch gibt es sie seit Jahrhunderten." Dichtung war und ist seiner Meinung nach in der Regel ein „prekäres Unterfangen". Nicht einmal ein Prozent macht der Anteil von Gedichtbänden am Gesamtumsatz des deutschen Buchmarktes aus (Zimmer-Amrhein 2013, S. 27). Gerade zeitgenössische Lyrik findet wenig Leser. Dichter selber sehen für die Lyrik nicht so schwarz: Es wird sogar von einer aktuellen Blütezeit deutschsprachiger Lyrik gesprochen (so der Dichter Jan Wagner, zitiert nach Zimmer-Amrhein 2013, S. 27).

Dem gegenüber zeigen potenzielle Rezipienten im Nutzungsverhalten noch keine bahnbrechende Begeisterung, die der selbst attribuierten Blütezeit des Poeten gerecht werden könnte: Die Hälfte der Deutschen hat mit Lyrik wenig im Sinn, Männer deutlich weniger als Frauen und in der Altersgruppe der 20-29-Jährigen hatten nach einer repräsentativen Umfrage aus dem Jahr 2005 63 Prozent schon länger keine Lyrik mehr gelesen (Gamillscheg et al. 2010, S. 51). Poesie gilt als Kunstform am „Rand der öffentlichen Wahrnehmung" (Jensen 2012, o. S.). Vor diesem Hintergrund ist nicht zu erwarten, dass Unternehmen heute in ihrer Kommunikation auf poetische Texte setzen.

3.2 Lyrik und Wirtschaftskommunikation – ein Erwartungsbruch?!

Gedichte und Wirtschaftskommunikation? Das ist wohl ein gefühlter Anachronismus – oder doch nicht? Gedichte sind eigentlich out – könnte man meinen – und passen daher nicht so recht zum Kanon der zeitgenössischen Textformen der Wirtschaftskommunikation. Aber tatsächlich reicht die Werbelyrik vom Sturm-und-Drang-Gedicht für historisches Regionalmarketing früherer Zeiten bis zum aktuellen Rap an der Edeka-Wursttheke des 21. Jahrhunderts.

Mit dieser Beobachtung soll keine Renaissance der *Gebrauchslyrik* vorhergesagt werden, aber bemerkenswert sind sie schon, die verschiedenen Einsatzvarianten von Versen für Imagepflege und Verkaufsanbahnung, die sich für Unternehmen und ihre Produkte in der Gegenwart ausmachen lassen. Bevor auf die Einsatzgebiete alter und neuer Poeten in diesem Kontext näher eingegangen wird, sollen zunächst Erwartungshaltungen des heutigen Publikums in der Unternehmenskommunikation herausgearbeitet werden, an denen Dichter eher „vorbeitexten" dürften. Aber auch Gemeinsamkeiten von Lyrik und Unternehmenskommunikation gilt es zu betrachten, um den Einsatz von Dichtung in seiner Ambivalenz zu erfassen.

Werbesprache lebt heute vielfach von *Sprachimporten* und nutzt mit Vorliebe die englische Sprache, selbst wenn deutschsprachige Werbetexter deutsche Produkte im deutschsprachigen Raum lobpreisen. Vor diesem Hintergrund mag ein bedeutungsschweres und mit Mehrdeutigkeit beladenes Gedicht deutscher Sprachkunst im internationalen Werbesprachslang wie ein Fremdkörper oder eine anachronistische Invasion wirken. Andererseits setzt Werbesprache sehr stark auf Redeschmuck, rhetorische Figuren und Sprachspiele. Darin liegt eine grundsätzliche Gemeinsamkeit von Gedicht und Werbetext.

Das Image von Lyrik und Werbung ist aber grundverschieden, das der Werbung vielerorts so schlecht, dass man ihr einen PR-Berater an die Seite stellen möchte. Viele werbesprachliche Äußerungen sind für kritische Rezipienten als Auswuchs der „Vulgärsprache" zu werten, die sich der Umgangssprache, der entstellten Grammatik oder gar Fäkalsprache zu Aufmerksamkeitszwecken bedient. Beiden Sphären wird eine unterschiedliche Wertigkeit zugesprochen: Werbesprache ist kritisch betrachtet minderwertig in Form wie in Ausführung und „niedrig" in der dahinterstehenden Gesinnung. Dichtung hingegen stellt ein hochwertiges Sprachprodukt dar, eine Blüte der Hochkultur und Ausdruck des sich selbst veredelnden Geistes, der im Gedicht als Ausdrucksform hoch über den Niederungen der Marktsprache schwebt und in seinem Erbauungsnutzen aus Respekt vor der Kunst nicht kommerzialisiert werden sollte. So gelten Geld und Poesie als „natürliche Feinde" und Poesie wird als „antikommerzielle Kunstform" geadelt (Jensen 2012, o. S.). Diese Kontrastierung mag vielleicht übertrieben klingen, stellt aber die *Wesensfremdheit von Kunst und Kommerz* in den Fokus.

Als Anspruch der Werbesprache kann gelten, in minimaler Aufmerksamkeitsspanne des Rezipienten Bedeutsames, Vielversprechendes und für viele Verständliches zu kommunizieren. Also dürfte Einfachheit der Sprache und Eindeutigkeit der Aussage als Qualitätsmerkmal gelungener werbesprachlicher Äußerung gelten. Gerade das aber stellt nicht primäres Ziel und typisches Tun des Dichters dar:

> „Gedichte gelten in unserem Land als schwierig. Alles was schwierig ist, sortiert der Markt aus, denn es verkauft sich nicht. Oder der Markt definiert, wechselnder Mode folgend Seichtes zu Tiefsinn und Tiefsinn zu Seichtem um und vertreibt es als Ramsch. Gedichte sind Kunstwerke. Sie dürfen schwierig sein" (Hensel 2014, S. 9).

Auch Thalmayr (2014, S. 9) betont, dass Gedichten Unverständlichkeit bzw. Schwierigkeiten beim Verstehen attribuiert werden. (Tatsächlich aber gibt es Gedichte, bei denen es nichts oder nicht viel zu verstehen gibt, genauso wie solche, „die so schwierig zu öffnen sind wie ein Banktresor" – „die dunklen, schwierigen, *hermetischen* Gedichte" (Thalmayr 2014, S. 76ff.).) Mit Blick auf die moderne Lyrik, d. h. die europäische Lyrik des 20. Jahrhunderts, bemerkt Friedrich (1971, S. 15): Sie „bietet keinen bequemen Zugang. Sie spricht in Rätseln und Dunkelheiten. [...] Ihre Dunkelheit fasziniert [...] im gleichen Maße, wie sie ihn verwirrt. Ihr Wortzauber und ihre Geheimnishaftigkeit wirken zwingend, obwohl das Verstehen desorientiert wird. ‚Poesie kann sich mitteilen, auch ehe sie verstanden ist', bemerkte T. S. Eliot [...]".

Schwieriges zu verstehen bedeutet *kognitive Arbeit*. Aber Arbeit passt wiederum nicht zu der Flüchtigkeit, mit der wir Werbetexte rezipieren und sie in uns Kaufimpulse auslösen sollen. Also könnte geschlussfolgert werden: Dichtung ist geistig *anspruchsvolle Kunst*, Werbung ist *leicht verdaulicher Kommerz* und daher passt das weder in Intention noch Ausführung zusammen. In der Tat wird gerade das Unverständliche der Lyrik zu ihre Kunsthaftigkeit stilisiert: „Man darf dieses Zusammentreffen von Unverständlichkeit und Faszination eine Dissonanz nennen. Denn es erzeugt eine mehr nach Unruhe als nach der Ruhe hinstrebende Spannung. Dissonante Spannung ist ein Ziel moderner Künste überhaupt." (Friedrich 1971, S. 15)

Trotz des der Werbung abgesprochenen Kunstcharakters finden sich wiederum viele Beispiele in der zeitgenössischen Werbung, die sich der inhaltlichen Eindeutigkeit und Prägnanz im Ausdruck entziehen. Wir finden z. B. Rätsel in den Texten von Anzeigen, die uns gedanklich beschäftigen und deren Auflösung fraglich bleibt. Zu Aufmerksamkeitszwecken entfernt sich Werbung durchaus auch einmal von inhaltlicher Bestimmtheit, spielt mit Sprache und lässt Raum für Interpretationen. Im extremsten Fall verzichtet Werbung auch auf den Bezug zu einem Produkt oder einer Dienstleistung. Und der Rezipient kann nur auf eigene Assoziationskraft und treffsicheres Ziehen von Inferenzen setzen, um eine Werbeaussage zu dechiffrieren. Solche werblichen Unterfangen stellen also eine Nähe zu poetischen Texten der Moderne dar, die in einigen Fällen ihren Ausdruck gerade in der Sprachlosigkeit finden und Verständlichkeit als Norm abschwören.

Der Dichter als Künstler dürfte auch für einen ihm eigenen spezifischen Stil stehen, mit dem er Botschaften in Sprache kleidet. Im Sinne einer einheitlichen *Corporate Identity,* und das heißt auch Unternehmenssprache, kann es wohl auch in der Regel nicht sein, sich der poetischen Sprache (vielleicht sogar eines bestimmten Autors oder gar einer weit zurückliegenden Epoche) zu bedienen, die aus dem üblichen Rahmen der Expression einer Organisation herausfällt. Diese Besonderheit schafft vielleicht punktuell Aufmerksamkeit, wird aber sicher nur als bedingt zum Unternehmen zugehörig erlebt und stellt einen Bruch mit den Erwartungen von Kommunikationspartnern dar. Wechselt ein Unternehmen zu oft den sprachlichen Ausdruck oder wählt gar einen Stil von fraglicher Angemessenheit in Bezug auf ihre Produkt- und Unternehmenswelt, steht der Verlust von Identität auf dem Spiel. Bezogen auf dieses Risiko müsste lyrische Unternehmenskommunikation auf jeden Fall strategisch sinnvoll in eine Sprach- und Textwelt einer Organisation integrierbar sein.

Eichinger (2012, S. 21) bezieht sich in diesem Zusammenhang auch auf den „Vorzug der vergleichsweise statischen Verlässlichkeit des Mediums“: Zu diesem gehört, dass Texter sich in ihrer Arbeit konform zu der in der Entwicklung der Printmedien entstandenen Fähigkeit der Leser zur *selektiven Lektüre* verhalten. In Anzeigen findet man eine typische *Unterteilung in verschiedene Textbestandteile* wie Headline, Copy, Claim und Slogan. Diese Textteile haben spezifische Funktionen, die sowohl die zeitlich geformten Erwartungen an das Lesen erfüllen als auch der Flüchtigkeit der Rezeption Rechnung tragen. Sie reflektieren die „Intention, mit unterschiedlichen sprachlichen und nicht sprachlichen Mitteln für die Kürze der üblichen Betrachtungszeit Aufmerksamkeit zu erzeugen und die Chance zu nutzen, bei längerer Lektüre noch Interessantes anbieten zu können“ (Eichinger 2012, S. 21).

Gedichte folgen anderen Strukturmustern und können in den verschiedenen im Laufe der Geschichte entstandenen lyrischen Formen nicht die angesprochenen Ziele per se erreichen. Diese Zweifel sind auch durch den Ort ihrer Platzierung bedingt:

> „So unkörperlich es auch daherkommt, das Gedicht möchte angefasst, zur Hand genommen und immer wieder von neuem gelesen werden. Weil es – sofern es ein gutes Gedicht ist – unablässig dazu einlädt, dem Geheimnis seiner Komposition nachzuspüren. […] Dazu ist Versenkung und Intimität unabdingbar“ (Schindelbeck 2010, S. 2).

Die Verbreitungsstrategien der Wirtschaftskommunikation sehen solche Plätze zur Versenkung und Intimität nicht zwingend vor, wenn wir zum Beispiel auf Texte als Fahrkartenaufdruck, auf Einkaufstüten, Plakatwänden, in Werbeanzeigen oder -spots treffen.

Ganz wesentlich für den Erfolg von Werbung ist, dass das, was der potenzielle Konsument – wenn auch bei flüchtiger Betrachtung – im Werbetext wahrnimmt, gut erinnerlich und leicht abrufbar ist. Wenn er auf den Produktbühnen von Konsumtempeln und Online-Märkten unterwegs ist, soll ihn diese Erinnerung treffsicher das beworbene Angebot und kein anderes wählen lassen. In diesem Zusammenhang wird eine Texteigenschaft von Gedichten relevant, die sich zwar nicht in jedem Gedicht, aber in vielen Gedichten zeigt und sie wegen ihrer Unterstützung der Erinnerung attraktiv macht: Gedichte präsentieren ihre Inhalte häufig in gereimter Form. Und in dieser Form kann man sich Inhalte besonders gut merken.

Anders wäre es vielleicht auch nicht zu erklären, wie frühere Generationen von Schülern es geschafft haben, Friedrich von Schillers berühmte Ballade „Das Lied von der Glocke" frei vorzutragen. Jüngeren Generationen dürften derartige Gedächtnismeisterleistungen eher fremd sein bzw. zumindest nicht standardmäßig abverlangt werden. Aber auch hier gilt, der *Reim* unterstützt die *Repetitionsleistung*. Und das haben Werbetexter schon immer gewusst und genutzt (wie weiter unten noch ausgeführt wird): „Reime sind prägnant, eignen sich zur Repetition und können da und dort auch zum Schmunzeln anregen. Es hilft, mit ihnen Marken unverwechselbar zu positionieren und zu transportieren." (Gamillscheg et al. 2010, S. 48)

Es gibt – wie gezeigt – bereits bei oberflächlicher Betrachtung, d. h. losgelöst vom Kontext spezifischer Verwendung von Lyrik in der Unternehmenskommunikation, gute Gründe, auf Poesie zu setzen wie auch solche, auf selbige tunlichst zu verzichten. Dichtung im Dienste der Unternehmenskommunikation erfolgreich einzusetzen, bedeutet wohl eine Gratwanderung, die einem *Erwartungskorridor* zu folgen hat:

> „Funktionierende öffentliche Interaktion lebt davon, dass beim Leser von Werbetexten bestimmte Erwartungen erfüllt – und dann vielleicht auch überschritten – werden. Die Produzenten der Texte andererseits werden sich bemühen, eine gewisse Bandbreite sprachlicher Variation nicht zu überschreiten, und das an ihren Erwartungen von den Erwartungen der Leserschaft festzumachen und zu messen" (Eichinger 2012, S. 20).

Die Kultur von Unternehmenskommunikation, insbesondere von Werbung, ist dynamisch, in der Abweichungen fast zum Regelfall gehören und alte Textsorten und Sprachspiele auf einmal als „neu" wieder auftauchen und gerade noch „neue" Textmuster schnell als veraltet gelten. Die Frage stellt sich also, ob Lyrik für die Unternehmenskommunikation nur eine kurzzeitige Mode darstellt, aber funktional betrachtet eher unbedeutend und verzichtbar ist, oder aber wesentliche Anliegen der Kommunikation repräsentieren und erfüllen kann. Diese Frage soll anhand ausgewählter Beispiele im historischen Kontext erörtert und anhand von zeitgenössischen Einsatzvarianten von Lyrik im Dienst des Konsums und der Imagepflege exemplarisch geklärt werden.

3.3 Frühe Poesie in Werbung und Unternehmenskommunikation

Als Auftragskommunikation dichtete 1810 kein geringerer als der deutsche Dichterfürst Johann Wolfgang von Goethe selbst anlässlich des Besuchs der Kaiserin Maria Ludovica von Österreich in Karlsbad mehrere Gedichte (Kunczik 1997, S. 184), die im heutigen Sinne als *Regionalmarketingmaßnahme* für einen Kurort verstanden werden können, wie die zweite Strophe des Gedichts „Der Kaiserin Ankunft“ (Goethe 1953, S. 995) zeigen kann:

> „Hier im waldbewachsenen Tale,
> Das so mancher Fremde segnet,
> Weil mit heilsam heißer Schale
> Die Genesung ihm begegnet
> Und ihm frisches Leben schafft,
> Muss in tiefen Felsenschlünden
> Feuer sich mit Wasser binden,
> Klüften siedend sich entwinden;
> Neue Kräfte wirkt die Kraft.“

Zum Ende des 19. Jahrhunderts mit der Entwicklung der Markenartikelindustrie wurden vermehrt „Kommunikationsprofis gesucht, deren Sprachleistung dem Lob der Ware dienlich sein sollte.“ – ein besonders junger, damals noch wenig bekannter Dichter „im (Fron-)Dienst der Werbung“ (Schindelbeck 2006, S. 58) war *Frank Wedekind*, der 1886 22-jährig und in Finanznöten die Leitung des Reklame- und Pressebüros des Schweizer Unternehmens „Maggi“ antrat. Poesie hatte für das beworbene Produkt eine *„verklärende“ Funktion*, wie sie Wedekinds Dichtung für Maggi nachgesagt wird: „‚Eine Hauptsache bei der Zubereitung von Maggi-Suppen ist das Salzen bis zur Schmackhaftigkeit und das Kochen bis die Suppen etwas schleimig werden, was bei starkem Sieden in ca. 15 Minuten der Fall sein wird.‘ Da wendet sich der Gast mit Grausen, Poesie muss her, um die nüchterne Suppennahrung zu verklären“ (Kieser 1992, zitiert nach Kunczik 1997, S. 217). Das marktaffine Schreiben entsprach bei Wedekind nicht seinem inneren Streben, sondern war aus existenziellen Gründen notwendig (Hoghe 1995, o. S.). Die Haltung des Dichters zur „Würzpoesie“ erwies sich als ambivalent – was das folgende Beispiel Wedekind-Anhängern wohl nachvollziehbar macht (nach Kunczik 1997, S. 220):

„Das wissen selbst die Kinderlein,
mit Würze wird die Suppe fein.
Drum holt' das Gretchen munter,
die Maggi Flasch' herunter.“

Neben dem banalen Anpreisen von Gütern ging es in den Werbetexten von Wedekind für die Suppenwürze aber auch um mehr, auch um das *Spiegeln des Zeitgeists*, wie etwa die Nöte der Zeit. Erwähnungen von Seuchen, Drogensucht und Krieg sind – wie die Texte von Wedekinds Suppenpoesie nachweisen – keineswegs eine Erfindung von Benetton respektive Toscani aus dem 20. Jahrhundert (Hoghe 1995, o. S.), vgl. hierzu Textbeispiel 1 im Quellennachweis am Ende dieses Beitrags.

Lyrik diente auch der Akzeptanzbeschaffung für Innovationen im 19. Jahrhundert und verfolgte damit eine originäre PR-Aufgabe: Mit der Geburtsstunde des Telefons 1877 gab es für diese neue Kommunikationstechnik noch nicht viele Sympathisanten, aber zehn Jahre später waren schon so viele Menschen mit dieser Technik in Berührung gekommen, dass deutlich geworden war, dass die Handhabung mediale Kompetenz verlangte und es an kommunikativen Benimmregeln fehlte (Stöber 2003, S. 198). Bis in die Gegenwart hinein haben gedruckte Telefonbücher solche Anweisungen zum richtigen Umgang mit dem Medium beinhaltet. Aus den frühen Tagen des Telefons zeugt der nachfolgende Auszug aus einem Gedicht, das im Umgang mit dem Fernsprechapparat nichts dem Zufall überlassen wollte (Stöber 2003, S. 199f.; siehe hierzu auch das ausführliche Textbeispiel 2 im Anhang):

„§ 1. Von 7 früh bis Abends 9
Kannst Du des Fernspruchs Dich erfreu'n.
(Doch merke wohl: zur Winterzeit
Steht man von 8 Uhr erst bereit.)“

Auch andere, später bekannte und bewunderte Schriftsteller neben Goethe und Wedekind schrieben Werbe- und PR-Texte, wie Eugen Roth, Erich Maria Remarque, Berthold Brecht, Elly Heuss-Knapp und Joachim Ringelnatz, dessen Feder für Montblanc im Einsatz war (Schindelbeck 2006, S. 58):

„Mir ist um mein Gepäck nicht bang.
Ich trage, was ich besitze,
Novellen, Gedichte und Witze
Im Füllfederhalter Montblanc."

Die große Zeit der Werbelyrik waren die 1920er, 1930er und 1950er Jahre. Hier setzte die Werbung insbesondere auf Reime, was nachfolgende, ausgewählte Beispiele für die 1920er Jahre zeigen (nach Gamillscheg et al. 2010, S. 48): „So nötig wie die Braut zur Trauung, ist Bullrichsalz für die Verdauung" oder „Das Ullsteinbuch blieb im Coupé, was tu ich nun am Stölpchensee?". Auch für die 1930er Jahre lassen sich Belege finden, die zeigen, dass Wirtschaftswerbung sich nicht nur in reiner Werbung für ein Produkt erschöpfte, sondern im Gedicht die Reflexion zur *Lage der Nation* gleich mitgeliefert wurde, wie bei der populären Schuhcreme „Urbin" (nach Gamillscheg et al. 2010, S. 48): „Urbin ist noch, das kann man nicht bestreiten, der einzige Glanz in diesen schlechten Zeiten".

Ende der 1930er Jahre hielt man noch viel vom Reimen in der gleichgeschalteten und zentralisierten Wirtschaftswerbung, vielleicht nicht zuletzt deshalb, weil sich der Dienstherr aller Werbeschaffenden, Joseph Goebbels, selbst für einen „begnadeten Schriftsteller" hielt (Schindelbeck 2006, S. 59): In der größten je dagewesenen Gemeinschaftswerbung „Kampf dem Verderb" (ab 1937) wurde dem Volk die *Verbrauchslenkung* in gereimten Bildergeschichten schmackhaft gemacht, die in der gesamten deutschen Presse auftauchte. Zum Ende der 1940er Jahre gab es darüber hinaus populäre gereimte Gebrauchsanweisungen für den Alltag, die Hauswirtschaft und die Einhaltung zeitgemäßer Rollenstereotype in Form von Lehrgedichten, wie in diesem Beispiel im poetischen Stil zur Blüte getrieben (Schindelbeck 2006, S. 59):

„Hausarbeit erledigt habend
Sitz ich quietschvergnügt am Abend
Pril-umschäumt in meiner Wanne
Und verkünde jedem Manne:
Hausfrau sein – ein Kinderspiel,
du glaubst es nicht, probier' mal Pril."

Als lyrisch eher anspruchsvolle Werbedichtungen dieser Periode gelten die von Asbach Uralt. Ganz verschiedene positiv besetzte Szenen des Lebens wurden in Versform dargestellt und endeten immer mit: „[...] wenn einem also Gutes widerfährt, das ist schon einen Asbach Uralt wert." – begleitet vom Slogan „Im Asbach Uralt ist der Geist des Weines" (Gamillscheg et al. 2010, S. 50). Die Funktion von Werbelyrik in dieser Zeit liegt nach Auffassung von Schindelbeck (2006, S. 60) auch in der *sozialen Stabilisierung*: „Wo Konformität und Konvention den Lebensalltag so sehr bestimmen, sind es immer wieder Verse, die als wohlbekannte Ordnungen dem Zeitgeist der Anpassung Gestalt verleihen." Mit „*Konsumhymnen*" als „zeitabhängiger Gattung von Trivialliteratur" der 1950er Jahre werden mit Konsumstandards auch Moralstandards etabliert und verfestigt: Das Gedicht der Wirtschaftswundertage hatte ordnungsgemäß in Reim und Vers abzulaufen, spiegelte lang ersehnte Normalität, unbegrenztes Wachstum und Konsumieren, sollte schön und verständlich sein (Schindelbeck 1990, S. 56ff.). Die Frage, warum Lyrik als exquisite Textgattung zum „geschäftsmäßigen Einsatz für Markenartikel" wurde, beantwortet Schindelbeck (1990, S. 59) wie folgt:

> „Waren steigen auf zu funkelnden Ästhetisierungs- und Kultivierungsmitteln der privaten Lebenssphäre. Millionen von Lebensplänen geben sie Ziel und Inhalt und verlangen nach Weihe und Beglaubigung der ‚Kunst'. Sie sind die materialisierten Gedichte der Zeit, und umgekehrt sind Gedichte wie Markenartikel und weisen genormte Qualitätsstandards auf."

Nie mehr danach sollte Werbelyrik eine solch überhöhte Bedeutung haben, nie mehr sollte sich Lyrik als Textform in der Wirtschaftskommunikation einer solchen Beliebtheit erfreuen. Mit dem Ende des Wachstums und mit dem Aufkommen der Begrenzung des Wirtschaftens waren auch die Freiräume zur poetischen Gestaltung von Werbebotschaften begrenzt. Gute Ordnung und Sinnbilder von Sicherheit und Konsum im Vers verschwanden aus der Werberhetorik. In den 1960er Jahren wurden Verbraucher kritischer und mit „allzu schwelgerisch vorgetragenem Warenlob nicht mehr zu gewinnen. Das große weitschweifige Werbegedicht hatte ausgedient" (Schindelbeck 2006, S. 61). Aber manche Reime der Hochzeit der Werbelyrik überlebten Jahrzehnte: „Haribo macht Kinder froh" aus den 1930er Jahren hat mit der späteren Ergänzung „Und Erwachsene ebenso" zum Beispiel heute in Deutschland eine Bekanntheit von mehr als 80 Prozent (Gamillscheg et al. 2010, S. 49).

Im Westen wie im Osten der heutigen Bundesrepublik Deutschland hat es in den vergangenen zwei Jahrhunderten viele Werbepoeten gegeben, die hier nicht weiter in ihrem textlichen Bemühen für den Konsum, die Imagepflege, die politische Bildung, die kollektive Willensbildung, die Volkserziehung sowie die Anpassung an die jeweiligen gesellschaftlichen Standards angemessen gewürdigt werden können. Was dieser kurze Streifzug durch die historische Werbelyrik aber zeigt ist, dass die Konjunktur der Werbelyrik mit dem gesellschaftlichen Wandel korreliert. Fraglich ist nun, welche Funktionen *Gedichte* in Unternehmenskommunikation und Werbung heute *als Kulturagenten* und neue Spiele mit der Sprache erfüllen können bzw. welche Bedürfnisse und Werte der zeitgenössischen Konsumgesellschaft mit ihnen gespiegelt werden.

3.4 Die Bedeutung der Lyrik für die Wirtschaftskommunikation der Gegenwart

Wenn man von einer Sache sagt „Das ist ein Gedicht" so wird der Begriff im übertragenen Sinne gebraucht, um etwas zu loben, etwa den Kuchen, den jemand gebacken hat, der schön anzusehen ist oder aber köstlich schmeckt. Ist etwas „ein Gedicht", so handelt es sich um etwas Besonderes, die Bezeichnung verweist auf das Außergewöhnliche und ist als hochwertsprachliche Hervorhebung zu verstehen. Schon Heinrich Heine (1797-1856) bediente sich dieses Phraseologismus in seiner Liebeslyrik, sein Gedicht „Das Hohelied" beginnt mit dem Vers: „Des Weibes Leib ist ein Gedicht, das Gott der Herr geschrieben" (Schmitter 2006, S. 9). Dass das Gedicht ein *hohes Ansehen* hat, das weiß auch die Werbung: Der Lebensmittelanbieter *Edeka* z. B. nutzte eine entsprechende Formulierung in der Headline einer Anzeige für seine Produkte vor den Weihnachtstagen 2013: „Weihnachtsgedichte müssen sich nicht reimen. Nur schmecken" (Edeka 2014, S. 9).

Und der Hamburger Verkehrsverbund (HVV) belehrte seine Fahrgäste in U-Bahnen im Sommer 2014 über sozialverträgliches Verhalten mit den Worten: „Der dicke Rucksack im Gesicht ist nicht wirklich ein Gedicht." Auf die Verwendung der *„Hochwert-Textsorte" Lyrik* in der Werbung verweist auch Niemann (2009, o. S.), indem er Verbrauchern das Studium der „Badezimmerpoesie" empfiehlt, womit gemeint ist, dass Lyrik auf Produktverpackungen gratis zu haben ist. Auf Duschgel-Flaschen oder Cremetöpfen ist seiner Meinung nach so viel Interessantes zu lesen, dass es beim Bad das Buch ersetzen kann.

Nicht zwingend muss der Einsatz von Poesie in der Kommunikation der Wirtschaftswelt aber gelungen sein bzw. den Ansprüchen an eine hohe Qualität entsprechender Texte gerecht werden. Im Sinne von Heinz Ehrhardt ist auch mit Enttäuschungen zu rechnen, denn „Nicht alles, was sich reimt, ist ein Gedicht", so ein geflügeltes Wort des Unterhaltungskünstlers und Dichters. Sobiella (2012, o. S.) etwa bemerkt unter Bezugnahme auf die dichterischen Qualitäten im Friseurhandwerk: „Reim dich oder ich fön dich! Wenn Friseure dichten, dann ist das manchmal nicht weniger spektakulär als wenn Dichter Haare schneiden. Bei der Namensgebung ihrer Wirkstätten wachsen viele Haarkünstler über sich hinaus." Der Autor lädt in diesem Zusammenhang die Leser des Deutsche Bahn Mediums „mobil" zur Abstimmung auf Facebook darüber ein, welcher Deutschlands lustigster Friseurname ist („Vorher und Nachhair", „Taj Mahaar", „Verdamp lang Hair" oder „HAARleluja"). Wie in diesem Kontext gezeigt, kann das Dichten in der Wirtschaftskommunikation immerhin zum Spaßfaktor beitragen und auf *Unterhaltungswert* setzen, auch wenn der *Erbauungsnutzen* in rhetorischer Hinsicht zu wünschen übrig lässt.

Zu fragen bleibt, welche kommunikativen Funktionen Lyrik für die Unternehmenskommunikation überhaupt haben kann?

- Zunächst einmal können Gedichte im Dickicht anderer, für die Unternehmenskommunikation der Gegenwart üblicher Textsorten, *Aufmerksamkeit schaffen.*
- Entspricht die Qualität der Poesie hohen literarischen Anforderungen, kann auch von einem sprachlichen *Erbauungsnutzen* für die Rezipienten ausgegangen werden.
- Im Sinne eines *Erwartungsbruchs* gegenüber gängigen Textprodukten der Wirtschaft, schafft Lyrik so einen *Differenzierungsvorteil im Kommunikationswettbewerb.*
- Gedichte versprechen außerdem eine gedankliche Beschäftigung mit der präsentierten Botschaft, so dass sie Interpretationen anregen können und durch ihre tiefere Verarbeitung positive *Gedächtniseffekte* für das beworbene Gut oder die offerierte Dienstleistung aufweisen könnten.
- Werbung ist auch als ein Kulturagent zu verstehen, könnte man argumentieren, was bedeutet, dass über die Werbelyrik ein Kulturtransfer stattfindet, literarische Werte als *Imageplus* auf die Waren und Dienstleistungen übertragen werden.
- Und Lyrik als Selbstveredelung von Wirtschaftsakteuren kann in dieser Interpretationsart auch zum *Promoter einer* in der Gegenwart von vielen Menschen vergessenen *literarischen Kultur* beitragen. Unternehmenskommunikation erinnert dann vielleicht daran, dass der Konsument Teil des Landes der Dichter und Denker ist.

Einen ganz besonderen Stellenwert für die Bedeutung der Lyrik in der Wirtschaftskommunikation hat – wie weiter oben schon angesprochen – das *Stilmittel des Reims.* Von Reimen ist in der Werbung früherer Zeit extensiv Gebrauch gemacht worden. Auch heute wird gereimt, dennoch hat der Reim vergleichsweise an Bedeutung verloren und sein Einsatz wird zumindest *ambivalent* bewertet. Kritische Stimmen meinen, dass Reime in der Werbung ausgedient haben, unmodern sind bzw. als zeitungemäß gelten dürfen. Insbesondere als *„Steigbügelhalter" für Humor* haben sie nach Gamillscheg et al. (2010, S. 49) wohl ausgedient: „Hier ist allerdings im Gleichschritt mit der Sprache, den Werten und der gesellschaftsrelevanten Einstellungen, die sich in den letzten 80 Jahren dramatisch verändert haben, eine deutliche Abkehr von Reimen als Stilmittel des Humors eingetreten."

Die Reime, die sich heute in Kampagnen finden, sind nach Auffassung dieses Werbeexperten „hochwertige, auf den Humor der heutigen Generation angewandte Reime" und von diesen verspricht man sich viel, denn „reimt es sich, hat das Gehirn einen Anker gefunden, die zu kommunizierende Botschaft besser zu merken" –

womit die Funktion des Reims als *„Eselsbrücke für die Werbung“* angesprochen ist, indem „die assoziative Arbeitsweise des Gehirns zum Merken von Fakten genutzt“ wird (Gamillscheg et al. 2010, S. 49ff.).

Zudem ist eine ontologische Betrachtung bedeutsam: Zu reimen bedeutet, „das eine Wort aufs andere wie ein Echo antworten zu lassen“ und diese „Lust an der Dopplung“ gehört zu den frühesten Erfahrungen überhaupt, die wir mit Sprache machen („dada“, „baba“) (Thalmayr 2014, S. 21f.). Der Reim ist also eine *„Urerfahrung“ des Menschen*, an den die Sprache der Unternehmenswelt mit dem Reim anknüpfen kann. Reime gelten außerdem als *„Ideenmaschinen“*, der Reim „knüpft die unwahrscheinlichsten Verbindungen und bringt die tollsten Eigenschaften hervor“ (Thalmayr 2014, S. 23). Seine Assoziationskraft sorgt für eine intensive Verarbeitung der mit ihm transportierten Information, für eine gute Aktivierung unseres Wissens und stellt die Anschlussfähigkeit neuer Informationen an bestehendes Wissen auf die Probe. Und das ist zentral für das Verstehen von Botschaften.

Die umgangssprachliche Redewendung „sich einen Reim auf etwas machen“ bedeutet, dass es zu einem *Verständnis* einer Sache in der Informationsverarbeitung gekommen ist. Wer sich einen Reim auf etwas machen kann, der kann sich etwas erklären, kann etwas begreifen, versteht etwas. Wer sich keinen Reim auf etwas machen kann, der steht vor einem ungelösten Rätsel. Wenn man sich fragt, „wie reimt sich etwas zusammen?“, so fragt man redensartlich danach, wie zwei Tatsachen zusammenpassen, ob sie etwas miteinander zu tun haben oder nicht. Reime können also die *Textverständlichkeit und Kohärenz* von Informationen unterstützen.

Als Kennzeichen von Dichtung ist eingangs erwähnt worden, dass die Verfasser von Gedichten Gefühle und Gedanken eines lyrischen Subjekts zum Ausdruck bringen. Das *lyrische Subjekt* und seine Beziehungen zur Außenwelt werden in der Poesie reflektiert. Setzt man Lyrik in der Unternehmenskommunikation ein, so kann ihre Bedeutung grundsätzlich auch die einer *Emotionalisierung und Involvierung* sein, die für die Werbewirkung ganz allgemein als relevant angesehen wird. Zur rhetorischen Persuasionskraft emotionaler Botschaften in der Werbung im aristotelischen Sinne vermerkt Lehn (2011, S. 128, 131):

> „Ihre Persuasionswirkung gewinnen affektische Kommunikationsmittel aus Bezügen auf die Gefühls- und Gedankenwelt ihrer Adressaten: ‚Durch die Hörer erfolgt die Überzeugung, wenn sie durch die Rede in einen emotionalen Zustand versetzt werden.‘ […] Das zentrale Verkaufsargument ist nicht länger der funktionale Grundnutzen […], sondern nunmehr ein emotionaler Zusatzwert […], der sich weniger auf den Werbegegenstand als auf das Zielpublikum bezieht.“

Die intensive Verarbeitung emotionaler Botschaften führt zu einer stärkeren „Ich-Beteiligung“ bzw. einem hohen Involvement. Lyrik kann damit eine *Erfüllung grundlegender persuasiver Absichten* unterstellt werden. Bereits die antike Rhetorik unterscheidet drei Überzeugungsmittel: „So wird unterschieden, ob die Rede in ihrer Argumentation intellektuell belehrt (*docere*), emotional erfreut (*delectare*) oder pathetisch bewegt (*movere*)" (Schüler 2012, S. 200, Hervorhebungen im Original). Für poetische Texte dürfte in der Regel das zweite und dritte Überzeugungsmittel typisch sein, auch wenn im Einzelfall – wie bei der Werbeaussage des Hamburger Verkehrsverbunds weiter oben gezeigt – auch das Belehren Intention einer werblichen Aussage in lyrischer Form sein kann.

So vielfältig die möglichen kommunikativen Funktionen von Lyrik in der Wirtschaftskommunikation auch sind, es bleibt dennoch kritisch anzumerken, dass die *pragmatischen Grundfunktionen* von Werbetexten dabei außerhalb der Betrachtung bleiben. Denn ein Werbetext, der die Textsorte Gedicht nutzt, erweist sich nicht zwingend als pragmatisch. Zum prototypischen Handlungsschema von Werbetexten gehören nämlich nach Janich (2012, S. 218) zwei obligatorische Texthandlungen: a) „über Existenz und Beschaffenheit des Produkts informieren" und b) „zum Kauf/zur Nutzung des Produkts bewegen". Für den Wert von Lyrik in der Unternehmenskommunikation darf deshalb die Schlussfolgerung gezogen werden, dass Lyrik „gut und schön" für die Unternehmenskommunikation sein kann, dass ihr Einsatz aber insbesondere dann von hohem Nutzen sein wird, wenn sie sich den genannten pragmatischen Zielen unterordnet bzw. die Lyrik ein Loblied des Produkts darstellt und direkt zum Kauf motiviert.

In welcher Weise dies realisiert werden kann, vermag nur die Analyse konkreter Anwendungsfälle zu erschließen. Nicht zu erwarten ist, dass ein Gedicht in der Unternehmenskommunikation alle genannten Funktionen erfüllt. Auch muss davon ausgegangen werden, dass die Nutzung von Lyrik neben den gewünschten auch unerwünschte Effekte hervorbringen kann. Empirische Ergebnisse und repräsentative Aussagen hierfür können im Rahmen des vorliegenden Beitrags nicht erbracht werden. Allerdings sollen im Folgenden mögliche Effekte von Lyrik in verschiedenen Einsatzvarianten von Gedichten in der Unternehmenskommunikation zumindest theoretisch erörtert und exemplarisch reflektiert werden.

3.5 Die Einsatzvarianten von Lyrik für die Wirtschaftskommunikation der Gegenwart

Sucht man nach Lyrik in der Wirtschaftskommunikation der Gegenwart, so drängt sich im Ergebnis der Recherche der Eindruck auf, dass Gedichte keineswegs völlig „out" sind, wie man meinen könnte. Damit soll nicht eine Renaissance der Lyrik in der Unternehmenskommunikation behauptet werden, allerdings soll die Vielfalt der Einsatzweisen von Poesie im Kontext der Unternehmenskommunikation eine kritische Würdigung erfahren. In insgesamt *vier Varianten* finden lyrische Texte Gebrauch in der Welt der Wirtschaftskommunikation:

1. Zunächst einmal kann ein *Gedicht als Referenzobjekt* für eine werbliche Inszenierung dienen. Unternehmen nutzen Gedichte in diesem Fall als Kulturgut der Vergangenheit oder Gegenwart und binden diese in einen kommerziellen Rahmen ein. Das Gedicht dient hier nicht in erster Linie der Erbauung, sondern wird für Imagepflege oder Absatz instrumentalisiert. Die Anleihe der Wirtschaftskommunikation aus der Welt der Lyrik kann zwei Formen annehmen: Entweder werden *Teile eines Gedichts als intertextuelle Referenz* in die Unternehmenskommunikation integriert oder
2. das Gedicht wird *vollständig übernommen*.
3. In einer dritten Einsatzvariante treten *Unternehmen selbst als Dichter* auf und zeigen sich kreativ, indem sie exklusive Dichtung für die Erreichung der Organisationsziele einsetzen.
4. Aber nicht nur das Unternehmen kann in der Wirtschaftskommunikation zum *Dichter* werden, auch *Konsumenten* werden motiviert, sich mit diesem Hochwerttextprodukt als kreativ zu erweisen – vornehmlich zum Zweck, die Absatzziele des Anbieters zu eigenen Zielen zu machen und zu unterstützen. Dies dürfte eine gelungene Einladung für alle diejenigen darstellen, die gerne mit Sprache spielen, sich Reime ausdenken oder aber bei den gegenwärtig recht beliebten Poetry Slams als begeisterte Poeten auftreten.

3.5.1 Nutzung von einzelnen Versen eines Gedichts für die Unternehmenskommunikation

„Ein BMW ist ein BMW ist ein BMW" mag viele an eine Zeile erinnern, die man schon einmal gehört oder gelesen hat. Diese werbesprachliche Aussage ist eine syntaktische Nachahmung von *Gertrude Steins* wohl berühmtesten Satz „A rose is a rose is a rose", der aus den 1920er Jahren aus dem Gedicht *Sacred Emily* stammt und von der „Wortakrobatin" 1938 im Kinderbuch „Die Welt ist rund!" wiederbelebt wurde (Schaper 1994, o. S.). Über die Bedeutung dieses Rätsel-Satzes wurde viel spekuliert und publiziert, die einfachste Lesart wäre die, dass er nicht mehr und nicht weniger bedeutet, als dass die Dinge sind wie und was sie sind. So muss man vielleicht auch nicht mehr zu einem *BMW* sagen, als dass er ist, was er ist. Er steht für sich, ist einzigartig, unvergleichlich. Dieser Bezug, den der Werbetext aufweist, ist eine *intertextuelle Referenz*:

> „Intertextualität ist eine konkret belegbare Eigenschaft von einzelnen Texten und liegt dann vor, wenn vom Autor bewusst und mit einer bestimmten Absicht auf andere, vorliegende Texte oder ganze Textgattungen/Textsorten durch Anspielung oder Zitat Bezug genommen wird [...]" (Janich 2013, S. 232).

Intertextuelle Referenzen sind in Werbung und Unternehmenskommunikation ausgesprochen vielgestaltig und beliebt (vgl. hierzu auch Sabban 2012, S. 89ff., Felsner et al. 2012, S. 232), so dass sich das vorliegende Buch diesem Phänomen auch in einem gesonderten Kapitel widmet. An dieser Stelle soll nur der Intertextualität im Hinblick auf lyrische Werke in der Werbung nachgegangen werden. Das zuvor genannte Beispiel für Intertextualität macht Sinn, ist doch der Referenztext von Gertrude Stein sehr bekannt und damit leicht erinnerbar. Und auch das im Bezug fokussierte Objekt, der BMW, darf auf eine hohe Markenbekanntheit und klare Positionierung rekurrieren.

Allerdings muss für eine sinnvolle Intertextualität die *Konnotation der in Bezug gesetzten Inhalte* harmonieren, was – wie das zweite Beispiel zeigt – nicht immer gelingt. Das Einkaufscenter *Das Schloss* in Berlin-Steglitz machte mit Plakaten zur Herbstmode im Sommer 2014 mit einem ebenfalls leicht aufzulösenden intertextuellen Bezug einen poetischen Werbeversuch: Die Headline auf dem Plakat lautete „Wer reitet so schön durch Nacht und Wind ... mit Outfits aus dem Schloss geschwind?" und im Bild war eine Frau im Wollmantel zu sehen.

Die Plakatwerbung bezieht sich auf die Ballade *Der Erlkönig*, die Johann Wolfgang von Goethe 1782 geschrieben und Franz Schubert vertont hat, sie stellt eines der bekanntesten deutschen Gedichte dar. Der erste Satz der Ballade lautet: „Wer reitet so spät durch Nacht und Wind? Es ist der Vater mit seinem Kind" (Echtermeyer 1956, S. 200f.). Wer im Deutschunterricht aufgepasst hat weiß, dass diese Geschichte für das Kind nicht gut ausgeht. Auch dem Vater geht es nicht gut dabei, denn er hält am Ende der Ballade das tote Kind in seinen Armen. Ein Albtraum. Zu diesem Gedicht gibt es viele Lesarten, so z. B. auch die der bekannten Psychoanalyrikerin und Traumaexpertin Luise Reddemann (2005, S. 13f.), die in dieser Ballade den Albtraum eines Opfers sexualisierter Gewalt sieht.

Die verschiedenen Lesarten dieses Gedichtes haben alle eines gemeinsam: Sie verweisen auf eine düstere Stimmung, etwas Unheilvolles, das naht und sich zum Schrecken realisiert. Keine guten Aussichten auf einen Shopping-Bummel im Einkaufscenter, um sich auf die neue Herbstmode einzustellen. Die Kontextualisierung über die intertextuelle Referenz ist negativ und macht keinen positiven Sinn für den Absender der Kommunikation. Außerdem ist zu beachten, dass *Der Erlkönig* wie auch andere urdeutsche Gedichte im Land der Dichter und Denker gerne verballhornt werden – vielleicht als Abwehr der Düsternis. Warum auch immer, die Ballade ist oftmals Gegenstand für einen Witz. Und einen Witz möchte das Einkaufscenter mit seiner Herbstmode vielleicht auch nicht darstellen.

Die *Funktionen von Intertextualität* können als außerordentlich vielfältig angesehen werden. Janich (2008, S. 177f.) führt an:

> „[...] sie dienen der Zusammenfassung, der Nachahmung, der Ergänzung, der kritischen Kommentierung, der Verstärkung, der argumentativen Zuhilfenahme, dem Nachweis fremder Quellen, der Markierung von Verbindlichkeit, dem Widerspruch, der Persiflierung und Parodierung, der Aufmerksamkeitserregung – kurz: der Erweiterung der Bedeutung des eigenen Textes, und zwar sowohl im Falle literarischer [...] als auch nicht literarischer Gebrauchstexte."

Dieses Portfolio offeriert eine Vielfalt an Gestaltungsmöglichkeiten dieses Stilmittels für die Wirtschaftskommunikation. Wer intertextuelle Referenzen nutzt, ist gut beraten, die angestrebte Funktion des Einsatzes zu reflektieren und sich auch unerwünschte Effekte zu vergegenwärtigen. Im Fall der Nutzung von Lyrik als Referenztext kann angenommen werden, dass man davon einen Aufmerksamkeitseffekt erhofft und im Fall der Bekanntheit der verwendeten Verse der *Hochwerttextsorte Lyrik* auf eine *„Veredelungswirkung"* oder einen Imagebonus hofft. Ein solcher Effekt könnte vielleicht im dritten und letzten Beispiel für die hier betrachtete erste Variante des Einsatzes von Lyrik in der Wirtschaftskommunikation eine Rolle spielen.

Die intertextuelle Referenz in Form eines wörtlichen Zitats aus einem lyrischen Werk kann nämlich eine *attraktive Beigabe zu einem Produkt* sein, das – ähnlich wie eine aufwendige oder schön gestaltete Verpackung – ein Produkt als Geschenk veredeln kann. Unter der Internetadresse *www.tartenovelle.de* kann man exquisite, kleine Kuchen ordern, die hübsch verpackt und mit eigenen oder „holden Zeilen großer Poeten" versehen für 6 Euro direkt an den Liebsten oder die Liebste versendet werden. In der „Bibliothek" dieses Online-Konditors werden literarische Werke quasi mundgerecht serviert.

Der Interessierte kann unter den Rubriken *Autor, Werke, Anlässe* und *Stimmungen* stöbern. Der Zugriff bei „Liebe" ist naheliegend und da könnte man sich bei Goethe z. B. für den Vers „Krone des Lebens, Glück ohne Ruh, Liebe bist du" entscheiden. Und wenn man diesen Spruch anklickt, wird einer der Höhepunkte klassischer Lyrik die Banderole der Verpackung für den kleinen Kuchen zieren. Wer weiter jenseits dieser „Beipacklyrik"-Seite forscht, könnte bei Interesse herausfinden, dass dieser Vers aus der „Lida-Lyrik" Goethes stammt, aus dem 1776 verfassten Gedicht *Rastlose Liebe – Liebe als Krone des Lebens*, das seiner Geliebten zugedacht war (vgl. den Originaltext bei Echtermeyer 1956, S. 192). Die Auswahl dieses Verses hat also einen gewissen Glaubwürdigkeitsbonus. Aber wer will das alles schon wissen, wenn man nur einmal schnell für sechs Euro einen außergewöhnlichen, süßen Gruß verschicken möchte?

Auch bei Schiller könnte man einen Mausklick entfernt poetische Beglückung passend zum Kuchen finden: „O, dass sie ewig grünen bliebe, die schöne Zeit der jungen Liebe". Dieser Vers stammt aus einem der bekanntesten deutschen Gedichte, der Ballade *Das Lied von der Glocke*, die Friedrich von Schiller 1799 geschrieben hat (vgl. den Originaltext bei Echtermeyer 1956, S. 292). Und hier kann man wirklich verstehen, dass nur ein einziger Vers dieses Werkes zum Mini-Kuchen passt. Wollte man „die Glocke" in die Kongruenz zum Kuchen bringen, gäbe es Magendrücken. Und überhaupt, es geht darum, schnell süße Post – ein Küchlein mit „lyrischem Schleifchen" – zu versenden und nicht darum, anspruchsvolle Kulturgüter in ihrer Gänze und mit Muße zu würdigen.

Die einen Vers eines lyrischen Werkes zitierende intertextuelle Referenz ist nur eine Variante unter vielen Formen. Zur Illustration dafür soll noch eine letzte Spielart angeführt werden, die mehr und leicht veränderten Text in die Werbekreation integriert. Die internationale Werbung für den *Lancia Ypsilon* 2012 (TV und Print) wählte das *Hohelied Salomos aus dem Alten Testament* als Kern der poetischen Kampagne „Die Eleganz der Gefühle" (U9 visuelle Allianz 2012, o. S.). In Deutschland wurde die Modelsuche für die Vox-TV-Show „Das perfekte Model" mit dieser Kampagne verwoben. Im Spot sah man zunächst abwechselnd, später parallel ein weibliches Model im eleganten langen, im Wind mehr fließenden als wehenden weißen Kleid und den Lancia Ypsilon in Schwarz bei der Fahrt durch schöne Landschaften und eine südländisch anmutende Stadt, in der der Wagen dann auf die Frau trifft. Dazu wird folgender Text von einer Männerstimme gesprochen:

> „Wer bist Du?
> Du erscheinst wie das Morgenrot.
> Schön wie der Mond.
> Klar wie die Sonne.
> Das Rund deiner Hüften ist wie von Künstlerhand.
> Nimm mich mit, lass uns eilen.
> Die Zeit der Lieder ist zurück.
> Der Lancia Ypsilon. Die Eleganz der Gefühle.
> Mit fünf Türen und exklusivem italienischen Design. Schon ab 9.990 EUR"
> (Lancia 2012).

Der Ursprungstext des Hohelieds (HL), zu dem hier eine Referenz hergestellt wird, lautet (Hamp et al. 1977, S. 822ff.):

„Wer ist diese, die da herabschaut wie Morgenrot, schön wie der Mond, rein wie die Sonne […]? (HL 4,10). […] Der Bug deiner Hüften gleicht einem Geschmeide, einem Werk von Künstlerhänden. (HL 7,2). […] Zieh mich dir nach. Wollen wir eilen. (HL 1,4)"

Das Weiß des Kleides im Spot dürfte für Jungfräulichkeit stehen – zumindest ist es die Farbe der Braut sowie das Schwarz des Wagens, das das Schwarz des Hochzeitsanzugs darstellen könnte – so dürften beide als elegante Präsentation interpretiert werden. Das Hohelied ist eine Sammlung von Liebeslyrik, die zwischen 400-200 v. Chr. entstanden ist und wegen der deutlichen Liebessymbolik immer wieder Aufsehen erregt hat (Hamp et al. 1977, S. 821). Es gilt als „Verherrlichung bräutlich ehelicher Liebe", die menschliche Liebe darf als Abbild der höheren Liebe Gottes gelten. Religionsphilosophischen Ansichten zu Folge ist das Hohelied eine Allegorie auf die Liebe Gottes zu den Menschen und kann auch auf „Gott(Christus)-Kirche oder Gott-Seele oder Christus-Maria" übertragen werden (Hamp et al. 1977, S. 821).

Im Hohelied geht es um das Suchen und Finden, die Sehnsucht und das Preisen der Schönheit, um die Anziehungskraft liebender Menschen, das Begehren und die Erfüllung. Das Hohelied gilt auch als „das schönste Lied", die Liebe zum Auto wird hier als die höchste Liebe inszeniert. Das Auto, das Profane, wird mit Gott gleichgesetzt, ein Model zur Jungfrau Maria. Wer die Referenz zum biblischen Text erkennt und gläubig ist, könnte vielleicht in seinen Gefühlen verletzt werden und die Hyperbel der Kampagne als Anmaßung empfinden. Auch eine Gleichsetzung des Wagens mit dem Liebespartner ist vorstellbar, was einer Personalisierung des Lancia gleichkäme.

Wer den angeführten Hintergrund nicht erkennt, mag für die Symbolik und die an Metaphern reiche Sprache empfänglich sein, ohne sie in einer der angeführten Lesarten zu verstehen. Dann nimmt man vielleicht nur die Eleganz der Worte als *Veredelung oder Überhöhung* des Wagens wahr. Möglich ist auch, dass ohne Kenntnis des Hintergrunds Rezipienten einfach mit Unverständnis und Irritation reagieren. Die Werbung bleibt hier interpretationsoffen und in solchen Fällen muss man auch mit *unerwünschten Wirkungen* rechnen.

3.5.2 Vollständige Übernahme eines Gedichts in die Unternehmenskommunikation

Der Automobilbauer *Ford* hat 2009 in einem Fernsehspot, der in Neuseeland ausgestrahlt wurde, auf die volle Kraft der Poesie gesetzt, indem er den amerikanischen Dichter *Robert Frost* (1874-1963) für ein Roadmovie im Werbeblock bemühte, in dem die berühmte Hymne auf den Individualismus, das Gedicht *The road not taken* wortwörtlich zitiert wurde (vgl. Dailyfixblog 2009, o. S.; Textbeispiel 3 im Anhang gibt den Originaltext des Gedichts wieder). Der hoch emotionale Film zeigt einen jungen Wanderer an einer Wegkreuzung, an der er sich nicht etwa für die Straße, sondern den Waldweg entscheidet, was sich später im Film als Wendepunkt seines Lebens erweist. Es wird eine Geschichte von Weite und schöner Landschaft erzählt, von Menschen, Freundschaft und Liebe. Etwas überraschend und vielleicht auch ernüchternd endet die Story mit dem Auftauchen des neuen Fordmodels, das den Wanderer in sich aufnimmt. Die Reaktionen von Lyrikfreunden darauf bewegten sich Herwig (2010, o. S.) zu Folge zwischen „Verzückung" und „Fegefeuer".

Der Schönheit der Frostschen Poesie und dem Zauber der gezeigten Bilderwelten kann man sich kaum entziehen, dennoch mag sich manch einer fragen, ob es angemessen ist, Dichtkunst von Weltruhm für den schnöden Absatz zu instrumentalisieren. Wer keine Kaffeetassen mit einem applizierten Bild von Max Klee aus dem Museumsshop mag und dem sich die Nackenhaare sträuben bei der Vorstellung von einem Mousepad mit Picasso-Print, für den dürfte vielleicht auch die Ford-Werbung mit Frost eine nicht akzeptable Grenzüberschreitung zwischen Kunst und Kommerz darstellen. Diese *Kritik* kann selbstverständlich nicht nur bei Ford, sondern auch bei anderen Fällen von Lyrikgebrauch angeführt werden. Interessant ist hier aber auch noch die Parallele zwischen der Ford Werbung und dem zuvor explizierten Fall der Lancia-Werbung. In beiden Fällen werden technische *Produkte mittels Lyrik in Erlebniswelten großer Gefühle* verpackt, die den Autoherstellern wohl als Zusatznutzen bzw. Verkaufsargument wichtiger zu sein scheinen als der Grundnutzen des Autos.

Ebenfalls für ein technisches Produkt wird Poesie im nächsten Fall zum Werbeträger: Für das iPad Air hat *Apple* Anfang 2014 einen 90-Sekunden-Spot veröffentlicht mit dem Titel „Your Verse" („Dein Vers"), in dem im Rückgriff auf den Erfolgs-Film von Peter Weir *Der Club der toten Dichter* aus dem Jahr 1989 ein Gedicht von Walt Whitman (1819-1892), dem Begründer der modernen amerikanischen Dichtung, aus der Lyrik Anthologie „Grashalme" zitiert wird. Im deutschen Spot ist der Hauptdarsteller Robin Williams (mit deutscher Synchronstimme) zu hören, der seinen Schülern erläutert, warum Poesie geschrieben wird:

> „Wir lesen und schreiben Gedichte, weil wir zur Spezies Mensch zählen und die Spezies Mensch ist von Leidenschaft erfüllt. Und Medizin, Jura, Wirtschaft und Technik sind zwar durchaus edle Ziele und auch notwendig, aber Poesie, Schönheit, Romantik, Liebe sind die Freuden unseres Lebens. Ich möchte an dieser Stelle Whitman zitieren:

> ‚Ich und mein Leben
>
> Die immer wiederkehrenden Fragen,
> der endlose Zug der Ungläubigen,
> die Städte voller Narren.
> Wozu bin ich da?
> Wozu nützt dieses Leben?
> Die Antwort.
> Damit Du hier bist.
> Damit das Leben nicht zu Ende geht.
> Deine Individualität.
> Damit das Spiel der Mächte weiterbesteht und
> Du Deinen Vers dazu beitragen kannst.‘
>
> Was wird wohl Euer Vers sein?“
>
> (Vgl. deutsche Übersetzung des Einführungstextes und des Gedichts „Song of my Life“ im Spot; Heise-online 2014, o. S.).

Zu diesem Text zeigt Apple im Film, in welchen Einsatzbereichen das iPad von Konsumenten genutzt wird (z. B. beim Bergsteigen, in der Meeresbiologie oder für das Studium von Windkraftanlagen). In Anknüpfung an diesen Film und das Gedicht des Lyrikers Whitman – also mit einer gleich *zweifachen Referenz* – fordert Apple sowohl auf den Internetseiten der Kampagne als auch in Anzeigen (z. B. Apple 2014a, S. 136) Konsumenten dazu auf, die eigene Nutzung des iPads mit anderen zu teilen: „iPad Air. Jeder hat eine Leidenschaft. Eine neue Idee, die er teilen möchte. Eine Strophe für die Geschichten des Lebens. Was wird dein Vers sein? www.apple.com/de/your-verse/“.

Auf der Kampagnenseite sind von Apple selbst ausgewählte „Verse“ in Bild und Ton zu erleben, z. B. von der Musikgruppe „Yoaband“, die in China versucht, neue Grenzen der Musik auszutesten; von Jason Hall, dem Mitbegründer der Initiative „Slow roll“ in Detroit, die es schaffte, tausende Menschen zu einem neuen Erleben ihrer Stadt zu motivieren und Chérie King, einer Reisebloggerin, die zusammen mit ihrem iPad die Welt bereiste und andere Menschen, die wie auch sie gehörlos sind, dazu inspirierte, das Gleiche zu tun (Apple 2014b, o. S.).

Mit dem Gedicht von Whitman wird die Sinnfrage des Lebens und mit dem Film die Frage der Grenzüberschreitung thematisiert. Das iPad ist der Begleiter auf den sehr individuellen, sinnstiftenden Reisen des Menschen durch die Welt seiner Möglichkeiten und auf der Suche nach Außergewöhnlichem. Dabei steht auch ein Handicap nicht im Weg. Mit der Technik des iPad kann das beglückende Erleben der individuellen Entdecker des Seins konserviert werden, das Staunen, die Leidenschaft und das Glück in der Erfüllung von Wünschen und Sehnsüchten wird in das iPad integriert und immer wieder erlebbar gemacht. Und es kann noch mehr: Es kann Menschen, egal wo sie auch sind und was immer sie tun, mit anderen Menschen dieses Erleben teilen lassen, es ermöglicht grenzenlose Kommunikation und wird zum Motivator für andere, den Entdeckern ihrer Individualität nachzueifern.

Das Medium als Handwerkszeug, das die begrenzten Möglichkeiten des Menschen auszugleichen weiß, wird zum Lehrmeister für Individualität und zum Motivator für das Erreichen von Leidenschaft. Im Film „Der Club der toten Dichter" ist es der Lehrer, der der „Captain" der Schüler ist und das „Carpe diem" zum Credo der Jungen werden lässt. Im Werbespot ist es nicht das Menschmedium „Mr. Keating", das dies ermöglicht, sondern das technische Übertragungs- und Kommunikationsmedium iPad. Und das zeigt den Usern, wie das eigene Leben zur Poesie wird, denn die Frage lautet ja „Was wird dein Vers sein?" Die Verwendung des mehr als 100 Jahre alten Gedichts kann auch als Renaissance des Konservatismus gelesen werden, das technische Gerät als Behüter von Poesie und Leidenschaft verstanden werden, das Halt und Orientierung in einer dynamischen schnelllebigen Welt gibt, das hilft zu verstehen, um was es wirklich im Leben geht. Der Konsument wird sich in dieser Inszenierung seines lyrischen Ichs bewusst, er erhält Wertschätzung.

Im Sinne der iPad-Werbung ist jeder Mensch ein Poet. Er muss es sich nur erlauben. Apple motiviert ihn zum lyrischen Ausdruck seiner selbst. Jeder Mensch ist es wert, auf einer Bühne zu stehen. Das iPad ist nicht nur Unterstützer für das kreative Tun, sondern bietet auch eine Bühne für die Selbstexpression der „Poeten", wie die Kampagnenseite „Was wird dein Vers sein" beweist. Lyrik kann in dieser Werbung alle drei grundlegenden persuasiven Absichten erfüllen: Das intellektuelle *Belehren (docere)*, das emotionale *Erfreuen (delectare)* und das pathetische *Bewegen (movere)*, die weiter oben in Anlehnung an Schüler (2012, S. 200) erläutert wurden.

Im Sommer 2014, ca. drei Monate nach dem Kampagnenstart für das iPad air in Deutschland, hat sich der Hauptdarsteller des Films, der beliebte Schauspieler Robin Williams, der an einer Suchterkrankung und an schweren Depressionen litt, im Alter von 62 Jahren das Leben genommen. In einer solchen Situation steht der Absender der Werbung vor einer Entscheidung. Die Werbung und der Tod des Schauspielers haben eine Verknüpfung. Und zwar über die bekannte Synchronstimme von Williams im Spot und die vielfach durch die Medien gehende Rekurrenz zum großen Erfolgsfilm und Williams Rolle als Lehrer Keating. Als Absender der Werbung kann man in dieser Situation drei Wege gehen: Man kann diese Werbung zur Wahrung der Pietät zurücknehmen, man kann die Werbung kommentieren und man kann die Kampagne unangetastet weiter laufen lassen. Apple entschied sich für die dritte Alternative und hat dafür quasi die Chance genutzt, von der nachrichtenwertlichen Aufladung des „Carpe diem" als Botschaft von Film, Gedicht und Kampagne zu profitieren und auf eine noch nachhaltiger Wirkung für das iPad air zu setzen.

3.5.3 Das Unternehmen als Poet oder die exklusive Dichtung für Unternehmensziele

Für diese Einsatzvariante von Lyrik in der Wirtschaftskommunikation lassen sich in den letzten zehn Jahren zahlreiche Beispiele aus Werbeanzeigen und Fernsehspots anführen. Die schweizerische *Victoria* Versicherung, ein Unternehmen der *ERGO Versicherungsgruppe AG*, zeigte in den Jahren 2005 und 2006 eine Lyrik-Offensive, in der sie alle Versicherungen ihres Portfolios mit Gedichten gleicher „Bauart" bewarb, die das folgende Beispiel für eine Unfallversicherung illustrieren kann (Golonka 2009, S. 296):

„26 Jahre
männlich
mitten im hang
skihaserl im Blick
flirten im Sinn
baum im Weg
resturlaub im spital
victoria versichert."

Allen Copy-Texten der Anzeigenserie, die übrigens Texte und nicht etwa wie üblich Bilder in den Mittelpunkt stellten, war gemeinsam, dass sie Alltagssituationen mit Identifikationspotenzial anboten, die vom Pech handelten, das jeden ereilen kann, das aber nicht wirklich böse für den Betroffenen endet, da immer im letzten Vers ein Verweis auf den Versicherungsstatus das gute Ende der Geschichte garantierte. Da alle Texte eine ironische Note enthielten, kann ihnen eine *Unterhaltungsfunktion* unterstellt werden. Daneben darf aber auch von einer *pragmatischen Absicht* ausgegangen werden, da die Motivation der Texte zum Abschluss einer Versicherung deutlich zu erkennen ist.

Auffallend ist an den Beispieltexten der Victoria Versicherung auch der moderne Anstrich durch die totale Kleinschreibung, die damit Anleihen bei der modernen Lyrik nimmt. Die Texte sind gut verständlich und behandeln ein ernstes Geschehen (Unfall) mit größtmöglicher Leichtigkeit. Ebenfalls Lyrik mit System offerierte die Zeitschrift *Brigitte* 2006 mit der Anzeigenwerbung für die neue „Brigitte woman", deren Zielgruppe die Frau über 40 ist, von der es jede Menge wesentliche und unterhaltende Erfahrungen in der Anzeigenserie zu lesen gab (wie auch in der Zeitschrift selbst natürlich) (Femers 2007, S. 196):

„Frauen über 40 wissen, dass innere
Werte zählen. Außer bei Schokolade.
Frauen über 40 wissen, dass man als
Macherin nicht alles mitmachen muss.
Frauen über 40 wissen, dass sie im Leben
nichts bereuen müssen. Zumindest nicht offiziell.
Frauen über 40 wissen, wie man einen
Mann auf die Palme bringt. Und wie darunter.
Frauen über 40 wissen, dass der Ernst des
Lebens verdammt viel Spaß machen kann.
Frauen über 40 wissen, dass es ab dem
31.05.06 die neue Brigitte Woman gibt."

Die Frau über 40 wird hier zum lyrischen Ich erhoben, deren Reflexionen eigene Erfahrungen der Leserin bestätigen und für hohes *Involvement* sorgen. Die Anzahl der Verse entspricht der Erscheinungsweise der Zeitschrift. Die Anaphern am Versanfang und Parallelismen fokussieren das Hauptthema von Gedicht und Zeitschrift, das sich in der Anzeigenserie (wie in der Zeitschrift) als unendlich vielseitiges und vielversprechendes Thema erweist, das eine spannende Lektüre in der Fortsetzung verspricht (vgl. hierzu auch Femers 2007, S. 194ff.). Ebenfalls als Fortsetzungsgeschichte singt der Süßwarenhersteller *Ferrero* seit Jahren im deutschen Werbefernsehen ein in diversen Varianten von Wettbewerbssituationen realisiertes, unterhaltendes poetisches Loblied auf die *Duplomatie*, die sich im Zusammenhang mit dem Konsum der wahrscheinlich längsten Praline der Welt einstellt.

Dies sind Fälle *unternehmenseigener, unterhaltender Lyrik*, die Geschichten mit System und voller Leichtigkeit und Humor erzählen. Gegen sie könnte man einwenden, dass sie nicht den höchsten rhetorischen Ansprüchen genügen. Andererseits bieten sie eine geschickte Produktinszenierung, die die von Janich (2012, S. 218) betonten *pragmatischen Werbefunktionen* im Sinne der obligatorischen Texthandlungen a) „über Existenz und Beschaffenheit des Produkts informieren" und b) „zum Kauf/zur Nutzung des Produkts bewegen" gut erfüllen können. Sie sind verständlich, merkfähig und laden zu *Anschlusshandlungen* der Rezipienten ein.

Wer sich auf den einschlägigen Internetseiten bewegt, kann feststellen, dass das Thema „Frauen über 40" im Fall von Brigitte Woman und die „Duplomatie" eine starke assoziative Wirkung entfalten. Konsumenten nehmen die Werbung wahr, ergänzen sie, tauschen sich über die Inhalte aus und werden selber zum lyrischen

Produzenten. Während hier das Unternehmen als Poet vornehmlich seiner Unterhaltungsfunktion nachkommt, gibt es andere Fälle, die die eigene Zielgruppe wohl vor eine *intellektuelle Herausforderung* stellen dürften. Exemplarisch hierfür ist die *Hornbach-Hymne*, die dem Publikum 2009 in Fernsehspots und Anzeigen präsentiert wurde und in Abbildung 3.1 wiedergegeben wird.

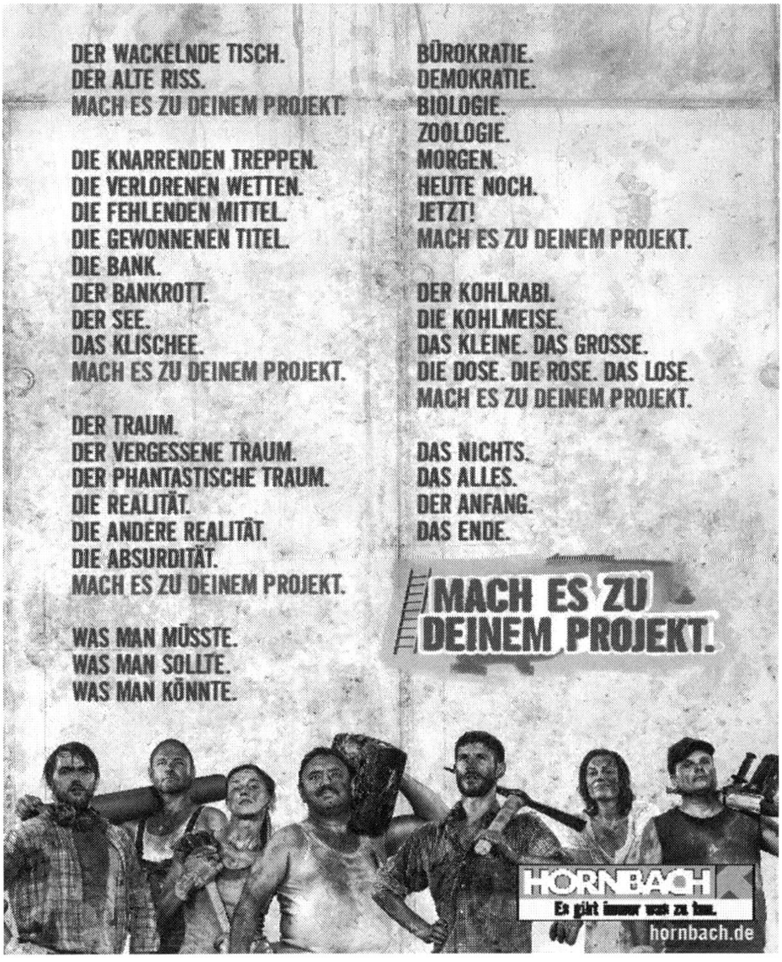

Abb. 3.1 Die Hymne von Hornbach aus dem Jahr 2009
Quelle: Hornabach 2009, o. S.

Den Lobgesang auf die Heimwerker-Projekte, egal ob sie sich wackelnden Tischen oder gesellschaftlichen Zerreißproben widmen, erklärt einer der Macher der Kampagne, Guido Heffels, Kreativchef der Agentur *Heimat*, wie folgt: „Hornbach Werbung reflektiert stets die Zeit, in der sie entsteht. In einer Ära des Stillstands, Krise und Zukunftsangst macht sie Mut, kommt aber ohne den Einsatz eines Oberlehrers aus" (Werben & Verkaufen 2009, o. S.). Manch einer, dem diese Botschaft nicht durch die Hymne verständlich geworden ist, dürfte sich aber genau diesen, den Oberlehrer, herbeigewünscht haben.

Oliver Herwig (2010, o. S.) hielt die Vorgehensweise von Hornbach für symptomatisch, denn seiner Meinung nach hat die Werbeindustrie in jüngster Vergangenheit die Dichtkunst für sich entdeckt: „So könnte der Rap der Neuzeit klingen, wenn er nicht so nachdenklich-intellektuell vorgetragen wäre. Was die Werber der Berliner Agentur Heimat zimmerten, ist Poesie. Konkrete Poesie, um genau zu sein." Und dieser habe man schon zu Zeiten des Vaters der *konkreten Poesie*, Eugen Gomringer, zu Beginn der 1950er Jahre vorgeworfen, „er produziere nichts weiter als Gestammel". Mit der Hornbach Hymne ist nach Herwig (2010, o. S.) die „Kunst endlich angekommen im Hochregallager der Realität".

Das Belehren, Erfreuen und Bewegen durch Werbung ohne intellektuelle Hürden hat die *Süddeutsche Zeitung* 2011 mit einem Gedicht im *SZ-Imagefilm* für das Kino, getextet von Martin Kießling der Münchner Agentur Wunderhaus, auf eindrucksvolle Weise realisiert. Der Spot endet mit den Worten „Täglich mehr als eine Antwort" und ist ein Qualitätsversprechen dieses meinungsbildenden Leitmediums, das den Leser als lyrisches Du anspricht, ihn respektiert, wertschätzt und sich trotz des Angebots zur Bereicherung seiner Welterfahrung und -deutung durch den SZ-Konsum nicht anmaßt, über ihm zu stehen:

„Du kannst so vieles erst verstehen
Wenn du dir selbst die Neugier lässt.
Wer Augen schließt um Schönes nur zu sehen,
der wird dem Blinden gleich und vieles ihm entgehen
Von all dem Welt gewordenen Rest.

Gestatte dir, dich hin zu neigen
zu dem, was dich zur Frage drängt.
Das ist uns Menschen seltsam eigen
Drum möge man uns bitte zeigen
Wie alles stets zusammenhängt."
(Quelle: Wunderhaus 2014, o. S..)

Der *Absender der Werbung* ist in dieser Inszenierung recht zurückhaltend, das trifft auch für den nächsten Fall zu, in dem er erst am Ende der Lyrikpräsentation überraschend in Erscheinung tritt. Er macht die Bühne damit frei für sein geschickt gewähltes *Testimonial*, das selbst Aufmerksamkeit garantiert, wenn es mit ernster Miene Produktpoesie deklamiert. Aufsehen erregte im Jahr 2012 nicht in erster Linie die Tatsache, dass mit einem Gedicht für *Chanel No. 5* geworben wurde, sondern dass *Brad Pitt* der erste Mann war, der für das Parfum warb. Schließlich kommt es auch bei der Lyrik darauf an, wer sie vorträgt und bei einem Mann wie Brad Pitt könnte man meinen, dass es ziemlich egal ist, was er sagt, sondern wichtig ist vor allem, dass man ihn sehen kann beim Sprechen. Und folgende waren seine Worte (Promicabana 2012, o. S.):

„Es ist keine Reise.
Jede Reise endet,
aber wir machen weiter.
Die Welt ändert sich und
wir verändern uns mit ihr.
Pläne verschwinden.
Träume übernehmen die Führung.
Aber egal wohin ich gehe,
du bist auch da.
Mein Glück, mein Glaube, mein Schicksal.
Chanel No. 5.
Unvermeidlich."

Das *lyrische Subjekt* und seine Beziehungen zur *Außenwelt* werden hier reflektiert und abstrahiert vom Alltag, das wird durch die Reise, die für das Leben selber steht, sehr gut verdeutlicht. Lyrik spiegelt uns in unserem In-der-Welt-Sein. Werbung, die mit Lyrik arbeitet, setzt dieses theoretisch geforderte Charakteristikum deutlich erkennbar um – egal, ob es sich wie in den Beispielen oben um Autos oder Tablets handelt, auch für ein Parfüm kann diese Instrumentalisierung gelingen. Wie schon im Beispiel zuvor wird auch hier das beworbene Produkt personifiziert: Das Parfüm ist als die Partnerin, die Reise- und Lebensgefährtin stilisiert.

Bei solchen poetischen Produkten darf man fragen, ist das *Kunst oder Kitsch* bzw. „Stümperei einer Werbeagentur" (Zips 2012, o. S.)? Nach Auffassung des Lyrikexperten Peter Hühn sind da die *Grenzen fließend* und *„Gut ist, was einen berührt."* Und weiter sagt er von sich selbst: „Ich möchte aber schon sagen, dass mich die mit vollem Selbstvertrauen ausgedrückte Erfahrung im Gedicht von Herrn Pitt irgendwie beeindruckt. […] Dieses Gedicht ist zwar trivial und voller

Inkonsistenzen, aber das gibt es auch bei großer Lyrik" (Hühn im Interview bei Zips 2012, o. S.). Das in dieser Reflexion resultierende Bewertungskriterium ist also *das diffuse „Irgendwie" einer Emotionalisierung*, das den Unterschied macht, egal ob Lyrik nun klein oder groß ist. Als Arbeitsanleitung für den Texter kann dieses Expertenurteil nicht gelten, aber es verweist auf die *Subjektivität der Erfahrung mit lyrischen Werken*. Im Rahmen der Amnesty International Kampagne 2014/15 unter dem Titel *Stop Folter. Poem of Horror* kann das folgende Gedicht in der Abbildung 3.2. zeigen, wie für einen sozialen Zweck das Gütekriterium „Emotionalisierung" wohl ziemlich perfekt umgesetzt wurde.

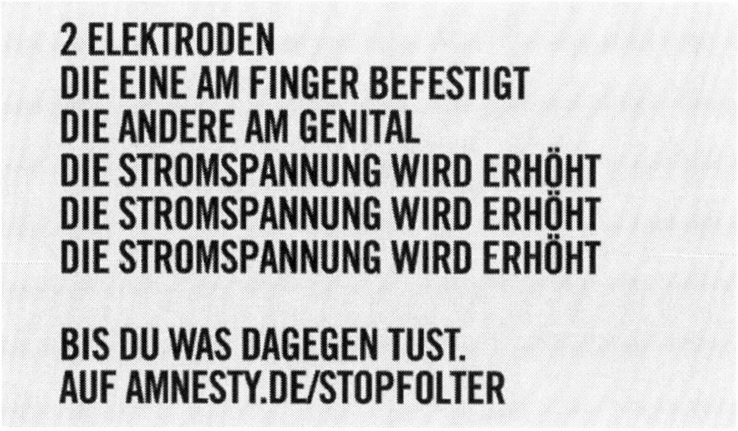

Abb. 3.2 „Poem of Horror" der Amnesty International Kampagne „Stop Folter" 2014/15

Quelle: Amnesty International 2016, o. S.

Der Poesie-Experte Thalmayr (2014, S. 51) schätzt, dass heute etwa 95 Prozent aller gedruckten Gedichte „garantiert frei von Reim und Versmaß" sind – nur *Lieder* setzen immer wieder auf den *Reim*. Ein zeitgenössisches Beispiel dafür ist der *Rap*. Der mit diesem Begriff beschriebene Sprechgesang meint in der ursprünglichen Wortbedeutung auf Deutsch so viel wie plaudern, schwatzen, sich unterhalten, klopfen und pochen. Oft sind es mehrere Sprecher, die sich bei wiederkehrenden Schlagzeug- und Bassfiguren austauschen und/oder miteinander debattieren. Auf die interessante und bewegte Geschichte des Rap und seiner Stilrichtungen kann an dieser Stelle nicht eingegangen werden (siehe hierzu Fischer 2007 oder Verlan 2012).

Relevant ist aber, dass die Ursprünge des Rap in den 1960er Jahren in der New Yorker Bronx rein gar nichts mit Wirtschaft zu tun haben. Dass Rap ein halbes Jahrhundert nach seiner Entstehung als Lyrik-Lektüre in deutschen Klassenzimmern Einzug gehalten hat und in Werbefilmen deutscher Wirtschaftsunternehmen auftaucht, dürfte die „Urzeit-Rapper" eher verwundern. Die vor dem Hintergrund verfehlter Städtebaupolitik entstandene *HipHop-Kultur als Gegen- oder Subkultur* umfasst neben dem Rap auch den Breakdance, die Graffitis an Gebäuden und das sog. „DJing", womit eine bestimmte Art der Präsentation von Disk Jockeys gemeint ist (Kommentierung von Musikstücken im Slang und Wiederholung von Takteinheiten beim Abspielen von Platten).

Typisch für den Rap ist auch, dass die Texte wohl aufgrund ihrer vielen Reime von Jugendlichen in beeindruckenden Längen auswendig vorgetragen werden können. Dies ist für die Kultur des Ghettos als die die HipHop-Kultur gilt, aufgrund der hohen Analphabetenrate zunächst kaum vorstellbar gewesen (vgl. Verlan 2012, S. 10ff.). Der Rap galt in seinen frühen Jahren als „Sprachrohr einer benachteiligten und diskriminierten Ghetto-Jugend, die [...] die Darstellung der eigenen Lebensumstände selbst in die Hand nahm. Rap wurde zum vielbeschworenen ‚CNN der Schwarzen'" – so Verlan (2012, S. 15). Rap kann also als eine Art *Misch-Gattung von lyrischem und journalistischem Textformat* betrachtet werden. Lange galt Rap als *weder massentauglich noch kommerzverdächtig*. Diese Zeiten sind in den USA und Deutschland lange vorbei.

Rap ist vor dem aufgezeigten Hintergrund ein gutes *Vehikel für die textliche Produktion von Lebensentwürfen*. Außerdem ist er einfach selber zu gestalten und verspricht Jugendlichen Spaß. Daher ist es nicht schwer zu verstehen, dass der Rap an die Wursttheke von *Edeka-Reichelt* in Berlin gelangte und auf der Reichelt Homepage offeriert wurde, wo ihn vier Ex-Edeka-Auszubildende 2012 eigenständig als firmeneigenen Song aufmerksamkeitsstark präsentierten: „Man denkt an übereifrige Marketingabteilungen, die einem eher großmütterlichen Einkaufsparadies ein jugendliches Image verpassen wollen" (Schneider 2012, o. S.). Aber anders als man denken könnte, wurde den rappenden Wurstverkäufern neben der Aufmerksamkeit auch Anerkennung zu teil. In HipHop-eigener „halsbrecherischer Reimkultur" bearbeiteten sie das auf Anhieb wenig raptaugliche Sujet mit viel Witz:

> „Das ‚Entrecote' macht den Kunden ‚froh', den ‚Aufschnitt vom Kasseler' gibt's ‚für wenig Zaster' und ‚voll auf Zack' versprechen Mitarbeiter ‚ständig frisches Rinderhack'" – so Schneider (2012, o. S.).

Der Erfolg des Edeka-Wurstsongs hat sicher damit zu tun, dass Text, Musik und Choreographie im korrespondierenden Video stimmten. Ganz besonders wichtig dürfte aber auch sein, dass dieser Firmensong von jungen Mitarbeitern *selbstinitiiert* wurde und man den Rappern anmerken kann, dass sie hinter diesem PR-Produkt stehen.

Das wird ihnen selbst von Kritikern in einschlägigen Blogs attestiert, die ansonsten nicht zimperlich bei der Bewertung „peinlicher Recruiting-Videos" mit Rap sind, die vor dem Hintergrund des Fachkräftemangels im deutschen Personalmarketing in den letzten Jahren zu zweifelhafter Berühmtheit gekommen sind (vgl. Lecturio 2013, o. S.). Das dort vorgebrachte *Fremdschämen* kann man den Bloggern nicht verdenken, denn zitiert wird unter vielen anderen peinlichen Beispielen z. B. ein wenig glaubwürdiges Rap-Erzeugnis, in dem es über das global agierende Aktienunternehmen *BMW* heißt: „Hinter BMW steckt ein Unternehmen mit Herz. Wir sind individuell und nicht Kommerz." Und die *Sparda-Bank* wartet mit holprigen Reimen und auch vor dem Hintergrund der Finanzkrise inhaltlichen Ungereimtheiten auf, wenn sie ihre „Movie-Stars" singen lässt: „Eine gute Tat an jedem Tag, das ist des Bänkers täglicher Auftrag" (Quelle: Ebenda).

Diese Raptexte für die Mitarbeiterrekrutierung weisen bezüglich ihrer zweifelhaften Akzeptabilität eine Parallele zur Ambivalenz von weiteren PR-affinen lyrischen Werken auf, und zwar den *Firmenhymnen*. Diese werden nur in einigen wenigen Unternehmen mit Begeisterung aufgenommen, in vielen anderen aber weisen sie insbesondere in Deutschland nur eine *Randexistenz* auf. Ursache hierfür dürfte die Tatsache sein, dass sie als *obrigkeitsverordnetes Loblied* nur zu einem „oktroyierten Wir-Gefühl", aber eben keinem echten beitragen können und die angezielte Mitarbeitermotivation verfehlen (siehe hierzu z. B. Roth 2009, o. S.).

Der Firmensong als recht junges unternehmerisches Kommunikations- und Motivationsinstrument und Baustein im „Ensemble von Techniken für das erfolgreiche Bestehen im Kapitalismus" (Bröcking 2000, zitiert nach Maier 2009, S. 129) steht aus verschiedenen Gründen in der Kritik – nur einige können hier genannt werden. Der rhetorisch aufgetunte Stolz über die Unternehmenszugehörigkeit ist unglaubwürdig, wie das Beispiel von *Air Berlin* illustrieren kann. Im Song der Fluglinie heißt es: „Flugzeuge im Bauch, im Blut Kerosin, kein Sturm hält sie auf, unsere Air Berlin" (Schürmann 2013, o. S.).

Wenn ein Aufsichtsratsmitglied wie im Fall der *Kaufland AG* den Hymnentext diktiert (Maier 2009, S. 126), der da lautet „An so 'nem Tag wie heut ist alles drin, mein Chef der steht zu mir, weil ich bin wie ich […]", dann steht dieser poetische Vorstoß zur Vertrauensbildung zwingend unter Generalverdacht. Und manchmal dürfte es auch einfach die Anmaßung und Selbstüberhöhung sein, die sich in Corporate Lyrics äußert, die die Reaktanz von Mitarbeitern (und auch Kunden) befördert. Nachvollziehbar macht das z. B. der Fall der Unternehmensberatung *Ernst & Young*, die Maier (2009, S. 129) zufolge den bekannten Gospelsong „Oh happy Day“ für sich umschreiben ließ: An die Stelle des Textes „when Jesus washed my sins away“ trat der Vers „Oh happy day, oh happy day, when Ernst and Young showed me a better way.“

Die doch insgesamt zurückhaltende Einstellung gegenüber unternehmenseigenen Hymnen kann also nicht allein damit erklärt werden, dass die Gattung Lyrik unzeitgemäß ist. Insbesondere deshalb auch nicht, weil sie in einem auffälligen Gegensatz zu der Masseneuphorie steht, mit der *Hymnen z. B. von Fußballvereinen* aufgenommen und ritualisiert intoniert werden: Die Vereinshymne des *FC Eisern Union*, der zu DDR-Zeiten als Lieblingsclub der Regimegegner galt, gesungen von Nina Hagen, lässt dies erahnen (Golyr 2014, o. S.):

> „Wo riecht’s nach verbranntem Rasen?
> Eisern Union, Eisern Union
> Da wo wir zum Angriff blasen
> Eisern Union, Eisern Union
> Es kann nur einen geben
> Eisern Union, Eisern Union
> Wir werden ewig leben
> Eisern Union, Eisern Union“.

Die *Fans* von Fußballclubs sind oft so begeistert, dass sie selbst *zu Poeten* werden, die sich im Zusammenschluss mit Gleichgesinnten im Texten üben. Davon zeugt das vielfältige, neben der offiziellen Vereinshymne in Fanclubs gepflegte Liedgut, das auszugsweise anhand der Texte von Anhängern des BVB illustriert werden soll und schon auf die vierte Einsatzvariante von Lyrik in der Wirtschaftskommunikation verweist:

> „Borussia Dortmund, du bist unsere Droge,
> wir brauchen dich täglich, es geht nicht mehr ohne.
> Du gibst uns die Freiheit, nach der wir so streben
> Borussia Dortmund, du bist unser Leben!“
> (o. V. 2014, o. S.).

Wer einmal auf Europas größter Stehplatztribüne im Stadion von Borussia Dortmund gewesen ist, das 25.000 Menschen fassen kann, und die Fans diese Heimatpoesie singen gehört hat, wird sich kaum der überschwänglichen Begeisterung entzogen haben können, die diese für 90 Minuten sich und der Fußball feiernden Gemeinschaft heraufbeschwört. Wenn das keine Lyrik ist! Die Beispiele aus der Welt des Fußballs zeigen, dass Poesie massentauglich ist. Poesie kann begeistern, wenn das Thema massentauglich ist, die Inhalte glaubwürdig sind und der Absender *Identifikationspotenzial* hat.

Als das wohl bekannteste lyrische Werk in der Wirtschaftskommunikation der Gegenwart dürfte die *Supergeil Lyrics* titulierte Sing- und Tanzeinlage des Werbeträgers *Friedrich Liechtenstein* für Edeka aus dem Jahr 2014 gelten, das hier in einem kurzen Auszug wiedergegeben wird (Magistrix 2014, o. S.):

> „Super süß, super sexy, super easy, supergeil.
> Super Leute, super lieb, super Love, supergeil.
> Super Uschi, super Muschi, super Sushi, supergeil.
> Super heftig, super deftig, super lässig, supergeil.
> Super fit, super fresh, super Lifestyle, supergeil.
> Super Power, super stark, super Markt, supergeil.
>
> Es ist supergeil, supergeil.
> Richtig supergeil, supergeil.
> Ich find's supergeil, supergeil.
> Denn du bist supergeil."

In dem Dreiminuten-Clip auf der Edeka-Website sieht man Liechtenstein „zu einem schleppenden Elektropop-Beat minutenlang verschiedene Produkte der deutschen Supermarktkette anpreisen. Mal badet er in Milch, mal schnuppert er an Bockwürsten als wären es feine Zigarren. Dazu singt er: ‚Supersüß, supersexy, supereasy, supergeil […]'" (Vieser 2014, o. S.). Ganz entscheidend für die Faszination, die dieser Spot im Netz auslöste, dürfte insbesondere auch die ungewöhnliche und selbstbewusste Präsentation des Dichters beigetragen haben, die neben der inflationären Verwendung des ehemals jugendsprachlichen Tabulexems „geil" vor allem dem Körpereinsatz des korpulenten Interpreten zuzurechnen sein dürfte. Hier dichtet nicht einer nur mit dem Kopf, sondern der Ganzkörperkünstler Friedrich Liechtenstein, mittlerweile dank des Durchdeklinierens von Geilheit im Supermarkt eine zu weltweiter Berühmtheit avancierte Berliner Lokalgröße, bewegt alles und nahezu jeden, wenn er mit angewinkelten Armen zwischen den Edeka-Regalen herumtanzt und zwar in einer von afrikanischen Tänzen inspirierten „Art aus der Brust heraus mit dem Rhythmus zu gehen" (Vieser 2014, o. S.) und ungeniert der Kamera seinen stattlichen Bauch präsentiert.

Mal abgesehen davon, dass der Deutsche Werbekonsument so etwas zuvor weder gehört noch gesehen hat, liegt die Frage nahe, ob diese Kunst denn zu Edeka passt. Der Psychologie Stephan Grünwald vom Marktforschungsinstitut Rheingold bemerkt hierzu:

> „Auf den ersten Blick wirkt der supergeile Auftritt von Edeka wie ein totaler Bruch mit den Markenwerten. Psychologisch betrachtet leistet er jedoch eine ebenso schräge wie konsequente Intensivierung dieser Werte. Die fast sakral anmutende Liebesbotschaft von Edeka ‚Wir lieben Lebensmittel' ist so etwas wie das ‚Halleluja' der Jetztzeit. Und dieses neue ‚Halleluja' wird wie in einem Gottesdienst gebetsmühlenartig wiederholt. Der Spot ist daher fast schon wieder konservativ, weil er seine Botschaft in endlosen Kapriolen konserviert." (Grünwald 2014, S. 3)

Den Künstler wundert es im Gespräch mit Michaela Vierser (2014 o. S.) in der Süddeutschen Zeitung selbst, wie weit er schon gehen konnte. Seinen Erfolg erklärt er sich mit „Bauchgefühl", das zu haben man ihm zumindest zugestehen kann: „Ich bin keiner, der die Leute sicher am Nasenring durch die Songs führt. [...] Wenn sie mir aber mit ihrem Baugefühl folgen, kann ich ihnen alles erklären. So ist es mit der Kunst. Entweder es vermittelt sich, oder nicht." Und es hat sich vermittelt, was nicht zuletzt die Nachahmung des Poeten in der Mitarbeiterzeitung *Wir* des Unternehmens *Dänisches Bettenlager* (2015, S. 48) zeigt. Hier wurde der Titel „Heldin des Monats" an Silvia Thetmann aus der Filiale Bernburg vergeben, die wie folgt besungen wurde:

> „Unsere Silvia ist supergeil, supergeil!
> Schöne Haare, schönes Lächeln,
> immer freundlich –
> Supergeil!
>
> Perfekt am Montag, perfekt am Dienstag,
> perfekt bis Samstag –
> Supergeil!
>
> Verkauft Matratzen, verkauft
> Schoner, verkauft Decken –
> Supergeil [...]".

3.5.4 Der Konsument als Poet in der Wirtschaftskommunikation

Kreativitätswettbewerbe und Poetry Slams mit den eigenen Zielgruppen sind in Hochzeiten der Euphorie über die Schwarmintelligenz naheliegende Instrumente der Unternehmenskommunikation, die an Dichter-Contests der Vergangenheit nahtlos anschließen können. Im „Land der Dichter und Denker" hat man schon früh auf die *Kraft der Crowd* gesetzt, obwohl sie noch nicht diesen Namen trug. Die *Berliner Verkehrsgesellschaft* (BVG) setzte Ende der 1920er Jahre auf die Dichtkunst (insbesondere auf den Reim) zur Wahrung der Sicherheit für die Kunden und veranstaltete einen *Reimwettbewerb*, um leicht fassbare Anweisungen für ihre Fahrgäste zu generieren – mit einprägsamen Ergebnissen: „Steigst du aus, denk an den Kniff: linke Hand am linken Griff." (Gamillscheg et al. 2010, S. 48). Der Jeanshersteller *Wrangler* unternahm 1978 eine intensive Suche nach den „100 tierischsten Dichtern Deutschlands", Gewinner wurde der Autor des folgenden Zweizeilers (vgl. Schindelbeck 2006, S. 61): „Ein Nerz zog seinen Mantel aus, darunter kam 'ne Wrangler raus."

Eine neuzeitliche Variante offerierte im Oktober 2012 das Magazin *Pressesprecher*, das einen Lyrik-Wettbewerb auslobte, bei dem *Leserinnen* als Reaktion auf ein von dem prominenten Berliner Journalisten, Radio- und Fernsehmoderator Jörg Thadeuzs auf einer brancheneigenen „Speakersnight" im Rahmen des bundesweiten Kommunikationskongress vorgetragenen Gedicht selber zur Poetin werden sollten. Ausgelobt wurde die Aktion nicht nur im Medium Pressesprecher selbst, sondern auch auf der korrespondierenden Facebookseite: „Liebe Sprecherinnen, jetzt ist Ihre Kreativität gefragt: Jörg Thadeusz belohnt die fünf besten Kurzgedichte mit einem persönlichen Abendessen." (Quadriga Media 2014, o. S.) Das Gedicht von Thadeusz, das als Reiz speziell zur Reaktion von Frauen animieren sollte, lautete wie folgt (Quelle: Ebenda):

> „Sei nicht traurig, kleine Sprecherin,
> nimm' das alles einfach hin.
> Ertrage die, für die Du sprichst,
> indem Du sie am Abend schlicht vergisst.
> Wenn's dämmert, dann schlägt Deine Stunde
> Geht's nur noch strikt nach Deinem Munde.
> Iss Eis, ganz ohne jede Reue
> Sauge Vodka bis zur Bläue.
> Leg' Dich hin und lass' Dich gehen,
> Du musst heut' keinen mehr verstehn.
> Tu Dir am Abend nicht mehr weh,
> mal Dir Lack auf jeden Zeh.
> Schokolade, Pommes, voll okay,
> und lies weiter ‚Shades of Grey'."

Auch wenn der Ruf seiner Kochkunst Thadeusz vorauseilt, soll die Reaktion auf diesen „Contest" recht dürftig gewesen sein. Eventuell ist es auch nicht jederfraus

Geschmack, diese Einladung zur selbstironischen Distanzierung vom miesen Berufsimage der PR-Frauen anzunehmen – was bei einem Text, der die Frustration im Beruf in die Nähe von Sadomasochismus als Konsequenz bringt, eigentlich auch nicht sehr verwundern muss. Provokante Poesie kann eben auch mit Reaktanz quittiert werden. Ein anderes Beispiel aus der Verlagswelt war da harmloser. Passend zur eigenen Geschäftstätigkeit lobt der zur Verlagsgruppe Weltbild gehörende Buchhändler *Jokers* in Kooperation mit diversen Partnern aus der Autoren- und Verlagswelt jedes Jahr Lyrikpreise aus (Verlagsgruppe Weltbild 2012, o. S.). Zum Jubiläum dieser PR-Maßnahme, als 2012 der Lyrik Preis von Jokers zum zehnten Mal verliehen wurde, konnten Kunden, die ihre lyrischen Werke auf der Jokers-Website oder in den Filialen eingereicht hatten, 10 x 500 Euro gewinnen. Damit aber nicht genug. Neben den zehn prämierten Siegergedichten versprach der Buchhändler, die 50 besten Einsendungen in einem Wochenkalender-Buch für 2013 zu veröffentlichen und weitere gut bewertete Werke in die Jokers Gedichte-Datenbank zu übernehmen, die nach eigenen Angaben zu den größten überhaupt im Internet gehört. Hier folgten die Kunden gerne dem Wettbewerbsgedanken und freuten sich über die Möglichkeit, ihr lyrisches Ich einem breiteren Publikum präsentieren zu können.

Dieser zu neudeutsch „user generated content" nimmt dem auslobenden Unternehmen auch die Mühe ab, selber Inhalte zu produzieren. Das überlässt man gerne den Kunden. Und dass diese bereitwillig mitmachen, zeigt ein Blick auf die Lyrikpreis-Website. In der Ausschreibung 2013 gewann die Lehrerin Sylvia Jung mit dem Gedicht „vergessen", zu dem auf der Website eine Aussage der Gewinnerin selbst zu lesen ist: „Mit dem Gedicht ‚vergessen' habe ich Erlebnisse mit demenzkranken Menschen verarbeitet, die mir bei meiner ehrenamtlichen Tätigkeit begegnet sind." (Weltbild 2014, o. S.) So konnte sich über das Vehikel „Lyrik-Wettbewerb" der Buchhändler auch noch mit einem gesellschaftlich relevanten Thema positionieren. Aus einer *PR-Perspektive* betrachtet, können sich daraus strategisch interessante Möglichkeiten für das Unternehmen ergeben (Stichwort Corporate-Social-Responsibility).

Nicht nur als Produzent, sondern auch als *Interpret von Gedichten* können Konsumenten (und mit ihnen die Unternehmen) vom Dichten profitieren. Mit Konsument sind in dem speziellen Zusammenhang des folgenden Beispiels die in Pflegeheimen betreuten demenzkranken „Kunden" von diversen einschlägigen Einrichtungen gemeint. Im Rahmen des deutschen Alzheimer Poesieprojekts *Weckworte*, das auf den amerikanischen Schriftsteller Gary Gazner und seine Arbeiten in den USA zurückgeht, werden lyrische Werke zur quasitherapeutischen Arbeit mit demenzkranken Menschen eingesetzt. Seit 2009 führt der „Slam-Poet" Lars Ruppel in sog. *Weckworte-Workshops* „Poesie mit Menschen mit Demenz" bundesweit Pflegende, Angehörige und interessierte Menschen an die Herausforderung heran, klassische Gedichte für Menschen mit Alzheimer oder geistiger Behinderung vorzutragen: „Durch die neu entdeckte Freude am gesprochenen Wort werden Gedichte zum festen Bestandteil in der Pflege von Menschen mit Demenz", so Lars Ruppel (Ruppel 2014, o. S.).

Der Hintergrund dieser spezifischen Ansprache von demenzkranken Menschen ist, dass heutige Pflegekräfte zumeist nur wenig Berührung mit Gedichten in der Schulzeit hatten – zumindest relativ wenig im Vergleich zu den in der Regel viel älteren, kranken Heimbewohnern. Die damit klaffende Lücke bzw. kulturelle Differenz zwischen Pflegenden und Kranken können „Praxiswerkstätten Demenz" schließen helfen. Gedichte werden hier zum wichtigen Kommunikationsmittel in der Demenzbetreuung, zur Exklusivtextsorte in der segmentierten Ansprache einer ausgewählten Kundengruppe. Aus dem Vortragen von klassischen Gedichten und dem assoziativen Weiterdichten entsteht soziale Nähe, Lebendigkeit, Kompetenzerleben der Kranken, insgesamt ein *„Weckeffekt"*. *Alzpoetry*, zusammengesetzt aus den Begriffen „Alzheimer" und „poetry", eine Bewegung, die schon seit 2004 in den USA und Deutschland aktiv und erfolgreich ist, bedeutet für die Betreiber von entsprechenden Wohn- und Pflegeheimen eine interessante Serviceleistung, die als „Ad-on" zur Kerndienstleistung „Pflege" einen wichtigen emotionalen und sozialen Zusatznutzen für die betreuten Menschen hat (vgl. Kohler 2012, o. S.).

3.6 Fazit: Möglichkeiten und Grenzen der Dichtkunst für den Kommerz

Damit ein Text als Gedicht gelten kann, müssen eine Reihe von Kriterien erfüllt sein (Felsner et al. 2012, S. 20): Sprachgebrauch und Sprechweise unterscheiden sich von der Alltagssprache, der Text ist strukturiert (z. B. in Versen und Strophen) und seine Form trägt etwas zu seiner Aussage bei; es spricht ein lyrisches Ich aus ihm und er ist aus seiner Entstehungszeit heraus erst vollständig verstehbar. Diese allgemeine Bestimmung der Textsorte Lyrik lässt eine große Bandbreite von Erscheinungsformen erwarten. Lyrik hat sich in der Tat in den hier vorgestellten Beispielen ihres Einsatzes in der Wirtschaftskommunikation als *facettenreiche Textsorte* erwiesen, die vielfältige Formen annehmen und unterschiedliche Funktionen erfüllen kann.

Gezeigt werden konnte auch, dass Lyrik mit einigen Erwartungen bricht, die Rezipienten an Texte in Werbung und Unternehmenskommunikation haben. In dieser *Abweichung von der Normalformerwartung* liegt ganz generell schon einmal ein als positiv zu bewertendes Moment von Poesie im Dienst der Wirtschaft. Sie schafft Aufmerksamkeit, die im Kommunikationswettbewerb als wichtige Währung gilt. Die Analyse hat außerdem ergeben, dass Gedichte heute als Gebrauchstexte für die Wirtschaftskommunikation an historischen Beispielen ihres Einsatzes für den Kommerz anknüpfen können.

Es gibt aber für Lyrik keine klare Textsortenbestimmung. Ihre Ausgestaltung hat sich in der Vergangenheit immer wieder verändert und wird auch in Zukunft kulturelle Wandlungen erfahren. Das macht es schwer, von *dem* Gedicht mit klaren Konturen und eindeutigen Sinn- und Funktionszusammenhängen zu sprechen und seinen Wert für die Wirtschaftskommunikation zu bestimmen. Im Sinne des Verständnisses von Poesie, wie beispielsweise der Dichter Koneffke (2012, o. S.) es vertritt, dürfte man Lyrik sogar als völlig ungeeignet für die Wirtschaftskommunikation begreifen: „Im Gegensatz zur kommunikativen Sprache, die sich den Worten als Mittel zur Verständigung bedient, lotet Dichtung den Echoraum der Sprache aus. Sie horcht auf das Innere der Worte und in den nächtlichen Hof ihrer geheimen Bedeutungen."

Nach Felsner et al. (2012, S. 13) gilt das Dichten als eine „pubertäre Begleiterscheinung", als Ausdruck des „privaten Sturm und Drang", in der man sich seiner Individualität bewusst wird und sich damit für einzigartig hält. Gedichte gelten weiter als eine *„schwierige Gattung"*, als subjektiv und sentimental, man hält sie für eine geeignete Form, „Unaussprechliches" auszudrücken. Das Meistern dieser sprachlichen Hürde ist dann aber zugleich ein positives Qualitätsurteil. Diese *Ambivalenz* in der Wahrnehmung von Dichtern und ihren Werken „klebt" quasi an der Textsorte Lyrik. Integriert Unternehmenskommunikation Poesie in ihre Kommunikationsprodukte, muss sie diese Ambivalenz in Kauf nehmen, die immer auch Verständlichkeit und Akzeptabilität in Frage stellen. Die Wirkung von Lyrik, für die es keine klaren Bewertungsmaßstäbe gibt, ist damit immer unsicher. Da Lyrik als die subjektivste aller literarischen Gattungen gilt, als das bevorzugte Medium der Selbstaussprache (Felsner et al. 2012, S. 15), könnte man sie andererseits aber auch als in hohem Maße geeignet betrachten, um die Partialinteressen von Unternehmen zu kommunizieren.

Anhand der hier vorgestellten Realisierungsformen von Dichtung wurde – unabhängig von dem allgemeinen Charakter von Dichtung – darüber hinaus deutlich, dass nicht nur Positives von ihrem Einsatz in der Wirtschaftskommunikation zu erwarten ist. Von Ablehnung bis Begeisterung ist vielmehr alles möglich. Für diese Reaktionsweisen gibt es gute Gründe. Das Gedicht an sich kann einfach schlecht gemacht sein, nicht zum Produkt, zum Absender oder dem Kontext passen, in den es eingebunden ist. Es kann auch schlichtweg nicht verständlich sein oder als Textsorte an sich auf fehlende Akzeptabilität treffen. Die sprachliche Kunstfertigkeit eines lyrischen Textes und das „bedichtete" Thema kann aber andererseits auch stark emotionalisieren, involvieren und an Erfahrungen der Rezipienten anschließen. Jeder, der ein Gedicht liest oder hört, bringt immer schon etwas mit, das er an die Rezeption heranträgt: „Das Schöne daran ist, dass es ebenso viele Lesarten wie Leser gibt. Je stärker der Text, desto wilder wird die Unterhaltung [über ihn] (Ergänzung der Autorin) sein" (Thalmayr 2014, S. 85). Darin liegt natürlich Chance und Risiko für den Dichter, sprich das Unternehmen, zugleich.

Die Aussage eines Gedichtes, seine angemessene Interpretation, ist immer auch an die Analyse seiner rhetorischen Besonderheiten gebunden sowie abhängig vom zeitlichen, gesellschaftlichen Kontext, in dem der Text platziert ist (Felsner et al. 2012, S. 18). Für den Alltag der meisten Menschen, die lyrische Texte in Werbung und Unternehmenskommunikation rezipieren, darf angenommen werden, dass sie Gedichte jenseits der Analysekriterien der Literaturwissenschaft auf sich wirken lassen und ihre ureigene Interpretation ihr Denken, Fühlen und (Kauf-)Handeln bestimmt. Und diese *Interpretation* ist für die Absender von lyrischen Texten *schwer steuerbar.*

Gedicht ist nicht Gedicht – wie die Geschichte der Textgattung Lyrik zeigt und wie auch im Spektrum der oben angeführten Beispiele aus der Wirtschaftskommunikation deutlich geworden sein dürfte. Insbesondere für moderne Lyrik muss Unternehmenskommunikation kritisch prüfen, ob ihr Einsatz zielgruppentauglich ist. Denn bei dieser spezifischen Spielart wird insbesondere die *Massentauglichkeit der Textsorte* fraglich, was sich anhand der Bestimmung von Friedrich (1971, S. 16) zeigt:

> „Man wird dem Willigen zunächst nichts anderes raten können, als daß er seine Augen an die Dunkelheit zu gewöhnen sucht, die moderne Lyrik umhüllt. Überall beobachten wir ihre Neigung, so weit wie möglich von der Vermittlung eindeutiger Gehalte fernzubleiben. Das Gedicht will vielmehr ein sich selbst genügendes, in der Bedeutung vielstrahliges Gebilde sein, bestehend aus einem Spannungsgeflecht von absoluten Kräften, die suggestiv auf vorrationale Schichten einwirken, aber auch die Geheimniszonen der Begriffe in Schwingung versetzen."

Moderne Lyrik koppelt sich nach Auffassung des Dichters Koneffke (2012, o. S.) von traditionellen Gedichten ab, die gleichmäßige rhythmische und metrische Strukturen aufgewiesen und vor allem auch auf Reime gesetzt haben, um Einprägsamkeit zu gewährleisten. Gerade diese traditionellen Formen im Unterschied zu den modernen aber sind für Werbung und Unternehmenskommunikation aus naheliegenden Gründen von besonderem Interesse gewesen und sind es noch bzw. wieder.

Aus der Perspektive von Dichtern und Liebhabern der Poesie muss der Einsatz von Lyrik für Unternehmenszwecke als generell verdächtig erachtet werden, wenn man der Argumentation von Koneffke (2012, o. S.) folgt:

> „Wir sind im Alltag unablässig von lyrischen Schwundformen umgeben – was ein nicht zu unterschätzender Grund dafür ist, dass die zeitgenössische Poesie gegen die Einprägsamkeitskultur die lyrischen Stacheln aufgestellt und sich eingeigelt hat. All diese, durchaus erfinderischen, lyrischen Versatzstücke von *Haribo macht Kinder froh* über *Bigger better Burger-King* bis zum berühmten *Geiz ist geil* sind so grell, vulgär und schlagfertig wie sonst nur käufliche Damen." (Hervorhebung im Original)

Werbesprache wird hier als sehr machtvoll angesehen. Der *Werbung als Kulturagent* wird eine Kraft zur Anregung von Gegenkultur unterstellt, die Wirtschaftsunternehmen an sich nicht weiter kümmern muss. Allerdings dürfte die kritische Wahrnehmung der Instrumentalisierung von Kunst für den Kommerz nicht nur auf die Zunft der Dichter beschränkt sein, wie die Argumentation von Koneffke (2012, o. S.) weiter zeigt:

> „Dass sie (die Werber, Ergänzung der Autorin) die Sprache be- und vernutzen, um im Menschen den Kunden zu verführen, ist heute selbst dem letzten Dussel klar. Sie stellen die Sprache in den Dienst eines äußeren, in diesem Fall: kommerziellen, Zwecks, und verkehren den autonomen Charakter der Poesie ins Gegenteil."

Sprache verliert im Einsatz für den Kommerz die *Zweckfreiheit ihres Spiels* und damit wird die ästhetische bzw. poetische Funktion der Sprache nach Jacobsen (1979), die eingangs vorgestellt wurde, selbst tangiert: „Der Lyriker hat nämlich ein geradezu manisches Verhältnis zur Sprache. Sie ist ihm kein Instrument, um außersprachliche Wirklichkeiten abzubilden, sondern primäres Medium" (Schindelbeck 2010, S. 2). Dem Gedicht wird in diesem Zusammenhang auch der Tauschwert abgesprochen, es kann nicht den Charakter der „Warenseele" im Marxschen Sinne haben, es ist so verstanden ein „wahrer Nichtsnutz" – wie Schindelbeck (2010, S. 2) anführt. Dem stehen die übernommenen Funktionen in der Wirtschaftskommunikation, die an Beispielen illustriert wurden, aber diametral entgegen. Die vorgestellten lyrischen Anleihen, Zitate und Eigenentwürfe von Poesie in der Wirtschaftskommunikation wären dann streng genommen, im „engen Sinne", gar keine Lyrik.

Die von Koneffke (2012, o. S.) weiter oben ausgeführte angenommene *Reaktion von Dichtung auf Dichtung* dürfte im Übrigen typisch für die kulturellen Wandlungsprozesse von Textsorten im Laufe der Zeit sein, so dass eine *Renaissance* traditioneller Lyrik zu erwarten ist, der dann wieder ein Katalysatoreffekt für die Bewegung hin zu neuen Formen lyrischen Ausdrucks unterstellt werden darf:

> „Wie keine andere Textsorte pflegt sich Lyrik nämlich aus der Zeit zu arbeiten. Es scheint, dass immer erst ein gewisses Quantum davon ins Land gegangen sein muss, ehe sich das, ‚was bleibt', herausschält und als kanonwürdig herauskristallisiert" (Schindelbeck 2010, S. 3).

Dies kann auch erklären, warum sich Gedichte für die Wirtschaftskommunikation in der Vergangenheit bereits als sinnvoll erwiesen haben, dann nahezu verschwunden sind und heute in neuen Formen wiedererscheinen. Rezipienten können also eines „Kanons" müde werden, wenn sie mit der inflationären Verwendung von Lyrik konfrontiert werden. Dies betrifft nicht nur die Gattung Lyrik, sondern auch einzelne Texte dieser Gattung, was an einem letzten Beispiel ausgeführt werden soll. Auch der schönen Worte eines Dichters kann man müde werden, wenn man allerorten auf sie trifft.

Auf den Dichter, Erzähler und Dramatiker Henry René Albert Guy de Maupassant geht das Bonmot zurück „Es sind die Begegnungen mit Menschen, die das Leben lebenswert machen." Diese Worte sind zum geflügelten Wort geworden, sie reflektieren eine wesentliche Einsicht in der Auseinandersetzung des Menschen mit seinem in der Welt Sein. So wahr sie sind, sie werden scheinbar weniger wert bei häufiger Verwendung. So kann man sie auf dem Schreibblock des *Seminaris Hotels und Meeting Ressorts* finden, auf „www.wall-art.de" ab 32,90 Euro als Wandtatoo in verschiedenen Farben und Größen erwerben, im Aktivitätenbrief des Seniorenzentrums lesen oder sich daran auf Trauerseiten im Internet delektieren.

Noch ist für Lyrik insgesamt in der Gegenwart kein Überdruss auszumachen, denn „Lyrik ist das einzige Massenmedium, bei dem es mehr Produzenten als Konsumenten gibt", wie Thalmayr (2014, S. 102) resümiert. Vielleicht wird sich diese missliche Lage durch die (Wieder-)Entdeckung der Poesie durch die Wirtschaftskommunikation ändern. Und vielleicht trifft es ja zu, was uns Lancia (2012) in der Kampagne „Die Eleganz der Gefühle" mit Referenz auf das Hohe Lied Salomons aus dem Alten Testament prophezeit hat: „Die Zeit der Lieder kehrt zurück." Das Schlechteste wäre das sicher nicht.

Literatur

Dänisches Bettenlager (2015). *Wir. Journal für Mitarbeiter.* Ausgabe 06/2015.

Bühler, Karl (1999). *Sprachtheorie: Die Darstellungsfunktion der Sprache.* Stuttgart: UTB/ Lucius & Lucius.

Echtermeyer, Theodor (1956*). Deutsche Gedichte. Von den Anfängen bis zur Gegenwart.* Neugestaltet von Benno Wiese. Düsseldorf: August Bagel Verlag.

Edeka (2014). *Werbeanzeige „Weihnachtsgedichte"*. Der Tagesspiegel, 12.12.2014, S. 9.

Eichinger, Ludwig M. (2012). Werbekommunikation morphologisch. In Nina Janich (Hrsg.), *Handbuch Werbekommunikation. Sprachwissenschaftliche und interdisziplinäre Zugänge* (S. 17-32). Tübingen: UTB/A. Francke.

Felsner, Kristin, Helbig, Holger & Manz, Therese (2012). *Arbeitsbuch Lyrik*. Berlin, Akademie Verlag.
Femers, Susanne (2007). *Die ergrauende Werbung. Altersbilder und werbesprachliche Inszenierungen von Alter und Altern*. Wiesbaden: VS Verlag für Sozialwissenschaften.
Friedrich, Hugo (1971). *Die Struktur der modernen Lyrik. Von der Mitte des neunzehnten bis zur Mitte des zwanzigsten Jahrhunderts*. Hamburg: Rowohlt Taschenbuch Verlag.
Gamillscheg, Felix, Colombini, Jürgen & Lehmann, Willi (2010). *Sag's in Reimen!* transfer Werbeforschung & Praxis. 03/2010, S. 48-51.
Goethe, Johann Wolfgang von (1953). *Lustspiele. Singspiele. Satiren. Dramatische Zeit- und Gelegenheitsdichtungen*. Gesamtausgabe der Werke und Schriften in zweiundzwanzig Bänden. Poetische Werke, Bd. 3. Stuttgart: Cotta'sche Buchhandlung.
Golonka, Johanna (2009). *Werbung und Werte: Mittel ihrer Versprachlichung im Deutschen und im Polnischen*. Wiesbaden: VS Verlag für Sozialwissenschaften.
Grünewald, Stefan (2014). *Ist „supergeil" auch superpassend?* rheingold move, Januar 2014, S. 2-3.
Hamp, Vinzenz, Stenzel, Meinrad & Kürzinger, Josef (Hrsg.). (1977). *Die Heilige Schrift des Alten und Neuen Testamentes*. Hersching: Manfred Pawlak Verlagsgesellschaft.
Hensel, Kerstin (2014). *Das verspielte Papier. Über starke, schwache und vollkommen misslungene Gedichte*. München: Luchterhand Literaturverlag.
Jacobson, Roman (1979). Linguistik und Poetik. In Roman Jacobson (Hrsg.), *Poetik. Ausgewählte Aufsätze 1921-1971* (S. 83-121). Frankfurt a. M.: Suhrkamp Verlag.
Janich, Nina (2008). Intertextualität und Text(sorten)vernetzung. In Nina Janich (Hrsg.), *Textlinguistik. 15 Einführungen* (S. 177-196). Tübingen: Gunter Narr Verlag.
Janich, Nina (2013). *Werbesprache. Ein Arbeitsbuch*. Tübingen: Narr Verlag.
Kayser, Wolfgang (1973). *Das sprachliche Kunstwerk. Eine Einführung in die Literaturwissenschaft*. Bern: Francke Verlag.
Kunczik, Michael (1997). *Geschichte der Öffentlichkeitsarbeit in Deutschland*. Köln: Böhlau Verlag.
Lehn, Isabelle (2011). *Rhetorik der Werbung. Grundzüge einer rhetorischen Werbetheorie*. Konstanz: UVK Verlagsgesellschaft.
Maier, Rudi (2009). „Ein Herz braucht Blut, so wie wir unsere Kunden …". Firmenhymnen und Firmensongs aus kulturwissenschaftlicher Perspektive. In Gerrit Herlyn, Johannes Müske, Klaus Schönberger & Oliver Sutter (Hrsg.), *Arbeit und Nicht-Arbeit. Entgrenzungen und Begrenzungen von Lebensbereichen und Praxen* (S. 117-139). München: Rainer Hampp Verlag.
Reddemann, Luise (2005). *Zwischen Schlaf und Wachzuständen: Von Elben, Druiden, Nachtmaren, Kobolden und anderen Ungeheuerlichkeiten: Alpträume*. Vortrag, 21.04.2005. Vortragsmanuskript zu den 55. Lindauer Psychotherapiewochen.
Sabban, Annette (2012). Werbekommunikation phraseologisch. In Nina Janich (Hrsg.), *Handbuch Werbekommunikation. Sprachwissenschaftliche und interdisziplinäre Zugänge* (S. 89-106). Tübingen: UTB/A. Francke.
Schindelbeck, Dirk (1990). *Konsumhymnen. Alltag und Mentalität der Nachkriegszeit im Spiegel der Lyrik*. Der Deutschunterricht, Heft 14/1990, S. 56-70.
Schindelbeck, Dirk (2006). *Als die Waren noch in Reimen sprachen*. DAMALS. Das Magazin für Kultur und Geschichte 5/2006, S. 57-61.

Schindelbeck, Dirk (2010). Lyrik, Cash und Lobby. In Theo Tczernik (Hrsg.), *Brückenflower. Neue und ältere Lyrik über Brücken und Blumen. Verbindung und Verständigung* (S. 7-13). Hockenheim: Edition L.

Schmitter, Elke (2006). *Erfinder der modernen Liebe.* Aus Politik und Zeitgeschichte (APuZ). Beilage zur Wochenzeitung das Parlament. 3/2006, 16.01.2006, S. 6-10.

Schulz von Thun, Friedemann (2011). *Miteinander reden 1: Störungen und Klärungen. Allgemeine Psychologie der Kommunikation.* Rheinbeck bei Hamburg: rororo.

Schüler, Dominik (2012). Werbekommunikation rhetorisch. In Nina Janich (Hrsg.), *Handbuch Werbekommunikation. Sprachwissenschaftliche und interdisziplinäre Zugänge* (S. 197-212). Tübingen: UTB/A. Francke.

Stöber, Rudolf (2003). *Mediengeschichte. Die Evolution „neuer" Medien von Gutenberg bis Gates. Eine Einführung.* Presse-Telekommunikation. Bd. 1. Wiesbaden: Westdeutscher Verlag.

Thalmayr, Andreas (2014). *Lyrik nervt!* München: Karl Hanser Verlag.

Verlagsgruppe Weltbild (2012). *10 Jahre Lyrik-Preis: 10 x 500 € zu gewinnen. Buchhändler sucht die besten Gedichte.* Pressemitteilung, 01.02.2012.

Verlan, Sascha (2012). *Rap-Texte.* Texte und Materialien für den Unterricht. Stuttgart: Phillip Reclam jun.

Watzlawick, Paul, Beavin, Janet H. & Jackson, Don D. (2011). *Menschliche Kommunikation. Formen – Störungen – Paradoxien.* Bern: Verlag Hans Huber.

Wellek, René, Warren, Austin (1972). *Theorie der Literatur.* Frankfurt am Main: Athenäum Fischer Taschenbuch Verlag.

Zimmer-Amrhein, Florian (2013). *Einen Reim machen.* Der Tagesspiegel, 09.11.2013, S. 27.

Online-Quellen

Amnesty International (2016). *Stop Folter.* http://www.amnesty.de/2014/6/30/stop-folter. Zugegriffen: 12. Mai 2016.

Apple (2014a). *Werbeanzeige. „iPad Air. Jeder hat eine Leidenschaft".* Stern-Online. Nr. 23, 28.05.2014, S. 136. Zugegriffen: 27. August 2014.

Apple (2014b). *Your verse.* http://www.apple.com/de/your-verse/. Zugegriffen: 27. August 2014.

Dailyfixblog(2009). *Ford: The Road Not Taken – Robert Frost.* YouTube-Video, 20.03.2009. https://www.youtube.com/watch?v=1wwXfAFQoh8. Zugegriffen: 26. August 2014.

Fischer, Jonathan (2007). *Jetzt ohne Goldkette.* Zeit-Online. http://www.zeit.de/2007/43/Gangsterrap. Zugegriffen: 26. August 2014.

Golyr (2014). *Nina Hagen. Eisern Union Lyrics.* Songtext. http://www.golyr.de/nina-hagen/songtext-eisern-union-21055.html. Zugegriffen: 27. August 2014.

Heise Online (2014). *Apple-Werbung recycelt „Der Club der toten Dichter".* Heise-Online, 13.01.2014. http://www.heise.de/mac-and-i/meldung/Apple-Werbung-recycelt-Der-Club-der-toten-Dichter-2083983.html?view=print. Zugegriffen: 2. Juni 2014.

Herwig, Oliver (2010). *Lyrische Werbung: Eine Rose ist eine Rose ist eine Dose.* Süddeutsche-Online. http://sueddeutsche.de/kultur/2.220/lyrische-werbung-eine-rose-ist-eine-Rose-ist-eine-Dose. Zugegriffen: 26. August 2014.

Hoghe, Raimund (1995). *Ein Dichter in der Werbung.* Zeit-Online. http://www.zeit.de/1995/31/Ein_Dichter_in_der_Werbung. Zugegriffen: 11. Juni 2014.

Hornbach (2009). *Offizielle Homepage.* http://www.hornbach.de/home/de/html/index.phtml. Zugegriffen: 2. November 2009.

Jensen, Lars (2012). *Gedichte für alle!* http://www.brandeins.de/archiv/2012/das-gute-leben/gedichte-fuer-alle.html. Zugegriffen: 15. Juli 2014.

Kohler, Insa (2012). *„Alzpoetry" gegen die Tintenklekse im Gedächtnis.* http://www.litaffin.de/2012/01/alzpoetry-gegen-die-tintenkleckse-im-gedachtnis/. Zugegriffen: 27. August 2014.

Konnefke, Jan (2012). *Warum sich Fee und Brause reimen. Über die Freiheit poetischer Sprach-Spiele.* http://www.poetenladen.de/jan-koneffke-poetische-sprachspiele.htm. Zugegriffen: 1. September 2014.

Lecturio (2013). *Peinliche Recruiting-Videos: Rammstein-Bäcker und Wursttheken-Rap*, 13.11.2013. http://blog.lecturio.de/peinliche-recruiting-videos-rammstein-backer-und-wursttheken-rap/. Zugegriffen: 26. August 2014.

Lancia (2012). *TV-Kampagne Lancia Ypsilon: „Die Eleganz der Gefühle".* YouTube-Video, 13.05.2012. http://www.youtube.com/watch?v=pdHqoP28eSo&feature=youtu.be. Zugegriffen: 18. Juli 2014.

Magistrix (2014). *Der Tourist feat. Friedrich Lichtenstein. Supergeil Lyrics.* http://www.magistrix.de/lyrics/der-tourist-feat-friedrich-liechtenstein/Supergeil-edeka-Version-1185010.html. Zugegriffen: 26. August 2014.

Niemann, Sonja (2009). *Badezimmer-Poesie.* Brigitte-Online, 28.10.2009. http://woman.brigitte.de/schoenheit/haut/badezimmer-poesie-1040285. Zugegriffen: 16. Juli 2014.

o. V. (2014). *BVB-Hymne von Fanclubs.* http://www.wirbrauchendichtaeglich.tumblr.com. Zugegriffen: 27. August 2014.

Promicabana (2012). *Erster Mann, der für den Duft wirbt. Brad Pitt: Chanel No. 5 Werbespot*, 15.10.2012. http://www.promicabana.de/brad-pitt-chanel-no-5-werbespot/. Zugegriffen: 26. August 2014.

Quadriga Media (2014). *Offizielle Facebook Seite.* Pressesprecher – Magazin für Kommunikation. https://www.facebook.com/pressesprecher/posts/370673106350337. Zugegriffen: 27. August 2014.

Roth, Jenni (2009) *Unternehmenshymnen. Wie peinliche Firmenlieder die Angestellten nerven.* Welt-Online. http://www.welt.de/wirtschaft/article4523203/Wie-peinliche-Firmenlieder-die-Angestellten-nerven.html. Zugegriffen: 27. August 2014.

Ruppel, Lars (2014). *Offizielle Homepage.* http://www.larsruppel.de. Zugegriffen: 27. August 2014.

Schneider, Johannes (2012). *Berlin. Rap an der Wursttheke.* Tagesspiegel-Online. http://www.tagesspiegel.de/berlin/rap-an-der-wursttheke/6342424.html. Zugegriffen: 26. August 2014.

Sobiella, Christian (2012). *Reim dich oder ich fön Dich.* http://mobil.deutschebahn.com/uncategorized/reim-dich-oder-ich-fon-dich/. Zugegriffen: 16. Juli 2014.

Schürmann, Anna (2013). *Mitarbeitermotivation. Gemeinsames Singen soll die Firma stärken.* http://www.mz-web.de/wirtschaft/mitarbeitermotivation-gemeinsames-singen-soll-die-firma-staerken,20642182,21760546.html. Zugegriffen: 28. August 2014.

U9 visuelle Allianz (2012). *Kampagne Lancia Ypsilon.* http://www.u9.net/customer/43?PHPSESSID=55209c1876cc5332107a52bde8d9f939. Zugegriffen: 18. Juli 2012.

Vieser, Michaela (2014). *Edeka-Werbeträger Friedrich Liechtenstein. Supergeile Alge.* Süddeutsche-Online. http://www.sueddeutsche.de/panorama/2.220/edeka-werbetraeger-friedrich-liechtenstein-supergeile-alge-1.1901097. Zugegriffen: 26. August.2014.

Walkenhorst, Heiko (2009). *Ein Gedicht: Werbung für Ford*, 23.03.2009. http://www.marketing-blog.biz/blog/archives/2886-Ein-Gedicht-Werbung-fuer-Ford.html. Zugegriffen: 26. August 2014.

Weltbild (2014). *Lyrikpreise*. http://www.jokers.de/1/lyrik-preis-start/lyrik-preis-startseite.html. Zugegriffen: 27. August 2014.

Werben & Verkaufen (2009). *Heimat stimmt für Hornbach „Die Hymne des Machens" an*. http://www.wuv.de/marketing/heimat_stimmt_fuer_hornbach_die_hymne_des_machens_an. Zugegriffen: 26. August 2014.

Wunderhaus (2014). *Süddeutsche Zeitung: Imagemotive*. http://wunderhaus.com/home/sueddeutsche-zeitung. Zugegriffen: 26. August 2014.

Zips, Martin (2012). *Was Brad Pit und Eminem gemeinsam haben. Interview mit dem Lyrikforscher Peter Hühn*. Süddeutsche-Online, 19.10.2012. http://www.sueddeutsche.de/kultur/lyrik-forscher-ueber-werbe-verse-was-brad-pitt-und-eminem-gemeinsam-haben-1.1499041. Zugegriffen: 26. August 2014.

Quellennachweis ausgewählter Lyrik

Beispiel 1: Spiegelung des Zeitgeists im Werbegedicht für Maggi von Frank Wedekind (1886/87)

„Vater, mein Vater!
Ich werde nicht Soldat,
Dieweil man bei der Infantrie
Nicht Maggi-Suppen hat!

Söhnchen, mein Söhnchen!
Komm du erst zu den Truppen,
So ißt man dort längst nur Maggi's
Fleischconservensuppen."

(zitiert nach Hoghe 1995, o. S.)

Beispiel 2: Lyrisch abgefasste Regeln zum angemessenen Umgang mit dem Telefon (Ende des 19. Jahrhunderts)

„§ 1. Von 7 früh bis Abends 9
Kannst Du des Fernspruchs Dich erfreu'n.
(Doch merke wohl: zu Winterzeit
Steht man von 8 Uhr erst bereit.)

§ 2. Der Apparat im Ruhestand:
Es bleiben friedlich an der Wand
Die ganzen Sachen, und zwar muß,
Damit Du hörst den Klingelgruß,
Der lose Theil korrekter Weise
Im Haken hängen am Gehäuse.

§ 3. Zum Hören stellst Du Dich davor,
Und hälst dabei Dein rechtes Ohr
Vor jene Öffnung an der Wand,
Dieweil Du mit der linken Hand
Das lose Instrument erfaßt
Und links ans Ohr geführet hast.

§ 4. Beim Sprechen bleibet wie zuvo,
Das lose Instrument am Ohr,
Gesprochen wird in jenes Loch,
Das am Gehäuse gähnt; jedoch
Darf man das süße Lippenpaar
Nicht gegen drücken ganz und gar:
Man läßt dazwischen klüglich frei
An Centimertern fünf bis drei.

§ 5. Das laute Brüllen ist verwehrt,
Ein dünnes Flüstern gleich verkehrt.
Recht deutlich und fein accentuiert,
Wie wenn ein Mime Rede führt:
So sollte einzig und allein
Die Fernsprechunterhaltung sein."

(zitiert nach Stöber 2003, S. 199f.)

Beispiel 3: Lyrik für die großen Gefühle in der Automobilwerbung (Ford 2012)

„The Road not taken" von Robert Frost (1874-1963)

„Two roads diverged in a yellow wood,
And sorry I could not travel both
And be one traveler, long I stood
And looked down one as far as I could
To where it bent in the undergrowth;

Then took the other, as just as fair,
And having perhaps the better claim,
Because it was grassy and wanted wear;
Though as for that the passing there
Had worn them really about the same,

And both that morning equally lay
In leaves no step had trodden black.
Oh, I kept the first for another day!
Yet knowing how way leads on to way,
I doubted if I should ever come back.

I shall be telling this with a sigh
Somewhere ages and ages hence:
Two roads diverged in a wood, and I –
I took the one less traveled by,
And that has made all the difference."

(Quelle: Walkenhorst 2009, o. S.).

II

Hauptrunden

III Spielregeln und Abweichungsprinzipien

Intertextualität als „Beziehungsspiel" von Texten in der Wirtschaftskommunikation

1

Susanne Femers-Koch

Zusammenfassung

Texte können andere zitieren, nachahmen, parodieren oder karikieren. Diese und ähnliche Beziehungen von Texten zueinander, sogenannte intertextuelle Referenzen, fasst man unter dem Begriff *Intertextualität* zusammen. Sie verspricht u. a. Aufmerksamkeit, z. B. wenn eine Werbeanzeige als Lexikoneintrag gestaltet ist, oder eine Headline in der Zeitung Bezug nimmt auf eine Redewendung, ein geflügeltes Wort oder eine Liedzeile (z. B. „Verflixt und zugeparkt"). Der Bezug eines Textes auf einen anderen kann das Verständnis eines Sachverhalts stützen, allerdings nur dann, wenn die Referenzobjekte zielgruppenaffin sind und der Referenzrahmen sich als adäquat im kontextuellen und emotionalen Sinn erweist. Nicht jeder intertextuellen Referenz in der Werbung wie auch im Journalismus gelingt dies. Mehr noch: Unangemessenes Framing durch Intertextualität kann auch Akzeptanzprobleme schaffen. Der Beitrag versteht sich als Orientierungshilfe für die Gestaltung dieser spielerischen Textvariante in der Wirtschaftskommunikation.

1.1 Intertextualität und Phraseologismus

1.1.1 Grundbegriffe und ihre Abgrenzung

Alles, was Text ist, ist Intertextualität – diese Aussage fasst vereinfacht zusammen, was das Konzept von Intertextualität ausmacht. Es gibt keinen Text, der sich nicht irgendwie auf andere Texte bezieht, und Texte können von den Beziehungen zueinander profitieren. Diese Behauptung soll im Folgenden untersucht werden. Zunächst aber gilt es, die Bedeutung von Intertextualität genauer zu fassen. Beziehungen von Texten untereinander sind so alt wie die Schriftkultur selbst. Intertextualität bezieht sich nach Fix (2008, S. 26) „auf die allgemeine Tatsache, dass Texte mit anderen Texten in Beziehung stehen." und „insgesamt regt […] Intertextualität dazu an, Texte nicht als isolierte Einheiten zu betrachten, […] sondern sie in der Vielfalt möglicher Verflechtungen und Beziehungen zu betrachten".

Traditionell wurden in der *Literaturwissenschaft* unter dem Phänomen der Intertextualität literarische Texte gefasst, die erkennbar auf ältere, ebenfalls literarische Texte verweisen. Zunächst in der Einflussforschung untersucht, ist das Konzept seit den 1970er Jahren zentral vor allem in der Erzählforschung geworden und unterlag bzw. unterliegt einem kulturellen Bedeutungswandel (vgl. hierzu Berndt und Tonger-Erk 2013).

In der modernen Literaturwissenschaft verbindet sich mit dem Begriff Intertextualität eine Reihe von verschiedenen Auffassungen, die hier im Detail nicht betrachtet werden können (vgl. hierzu Kristeva 1972, Bachtin 1979, Genette 1982). Insbesondere die Philosophin Kristeva hat das Konzept der Intertextualität geprägt und mit dem des Dialogs verbunden, so dass Intertextualität in ihrem Sinne einen zweifachen *Dialog* umfasst, den „Dialog des Textes mit einem anderen Text und den Dialog zwischen Autor und dem Publikum" (Kristeva nach Preissler 2010, o. S.).

Intertextualität in der Wirtschaftskommunikation ist neben der Intertextualität in der Literatur ein weiteres, weites Spielfeld für intertextuelle Bezüge zwischen Texten – allerdings mit einem wesentlichen Unterschied: Ein Zitat oder eine Imitation wechselt, anders als in der Literatur, den Kontext. Intertextuelle Formen weisen hier eine *Transsemiotisierung* auf, was bedeutet, dass der Spielraum erweitert und medienübergreifend agiert wird, Verbales wird um Visuelles erweitert (Ranft 2004, S. 389).

Der vorliegende Beitrag schließt sich einem spezifischen linguistischen Begriffsverständnis von Intertextualität an, das für die Analyse von Texten in der Wirtschaftskommunikation bereits bewährt ist: Nach Janich (2008, 185 f.) ist Intertextualität „als gemeinsame Wissensbasis bei Textproduktion und -rezeption" zu verstehen, „sie ist quasi Voraussetzung für das ‚Text sein' an und für sich. Eine Voraussetzung ist sie deshalb, weil jeder Text auf vorgängige Muster zurückgeführt werden kann bzw. sich innerhalb konventionalisierter Muster bewegt, die die Textproduktion ebenso wie die Rezeptionserwartungen steuern".

Im Rahmen der vorliegenden Betrachtung soll *Intertextualität* aber nicht nur als grundsätzliches, allgemeines, unausweichliches Phänomen von Textkultur verstanden werden, quasi als *Existenzbedingung von Texten*, sondern auch unter der *Maxime der bewussten, intendierten und zumeist auch markierten intertextuellen*

Referenz untersucht werden, bei der man von intertextuellen Absichten des Autors eines Textes ausgehen kann. Um welche Absichten es sich im Allgemeinen handelt und welche spezifischen Intentionen sich mit Intertextualität verbinden können, wird weiter unten genauer betrachtet.

In der Regel sind Referenzen und ihre Absichten leicht zu durchschauen, wie das nachfolgende Beispiel aus der Werbekommunikation verdeutlichen kann: fritz-kola warb zum Beispiel 2011 beim Product Launch von fritz-kola Stevia mit Steviol-Gycosiden mit dem Werbetext „die fetten Jahre sind vorbei". Dieser Text drückt die Zuckerersparnis bei Stevia im Vergleich zum Zucker aus und nimmt gleichzeitig Bezug auf den bekannten und preisgekrönten Kinofilm „Die fetten Jahre sind vorbei" aus dem Jahr 2004 von Hans Weingartner mit den populären Jungschauspielern Daniel Brühl, Stipe Erceg und Julia Jentsch. In dem Film kämpfen klamme junge Berliner gegen die reiche Oberschicht und nehmen sich als kleine Revolutionäre auch ein Stück vom Kuchen - eine Geschichte, die in einer mitreißenden Komödie erzählt wird.

Die fritz-kola - eher ein Getränk der jungen Generation - kann durch den Werbetext mit dem Lebensgefühl der Protagonisten des Films „aufgeladen" werden. Das Beispiel zeigt eine typische Variante intertextueller Bezüge auf: Es sind in der Regel bekannte Texte, auf die man sich bezieht. Filmtitel, Liedzeilen, Gedichte, Aphorismen und bekannte Redewendungen sind die Referenztexte, auf die die jeweiligen Phänotexte in der Werbung Bezug nehmen. (Einer Terminologie von Lachmann aus den 1980er Jahren folgend bezeichnet Janich (2008, S. 178) mit dem Begriff *Referenztexte* die Texte, auf die Bezug genommen wird, und unter dem Begriff *Phänotexte* werden die Bezug nehmenden Texte gefasst. Der Terminus *Referenzsignale* wird für Markierungen intertextueller Beziehungen verwendet.)

Phraseme, feste Redewendungen, Sprichwörter und geflügelte Worte, sind eine besonders beliebte Gruppe von Referenztexten, ihre Anwendung nennt man *Phraseologismus*. Es handelt sich dabei um „Mehrwortverbindungen" mit einer relativen „Festigkeit", d. h. Stabilität in struktureller und pragmatischer Hinsicht, deren Gesamtbedeutung oft über die Bedeutung der einzelnen Komponenten hinausgeht. Mit Aussagen wie „Der Apfel fällt nicht weit vom Stamm" oder „Das Erledigen wir auf kurzem Wege" kann jeder etwas anfangen. Abbildung 1.1 illustriert eine werbliche Nutzung dieser bekannten Redewendungen in der Lebensmittelwerbung. Phraseme verfügen nach Sabban (2012, S. 89) über große Verwendungs- und Gestaltungsmöglichkeiten, die auf kleinstem Raum verschiedene werbetypische Strategien umsetzbar machen, die weiter unten noch genauer betrachtet werden.

Zunächst sollen noch zwei Beispiele Phraseme im werblichen Kontext illustrieren: Der Werbetext „Vertrauen ist gut. Anwalt ist besser." in einer Anzeige des BerlinerAnwaltsVerein e. V. (Der Tagesspiegel 2015, S. 2) bringt den Verbrauchernutzen der Anwaltsbeauftragung kurz und prägnant auf den Punkt. Und mit der bekannten Redewendung „weniger ist mehr“ kann durch spielerische Modifikation Überraschung erzeugt werden, wenn dank der phonetischen Lautverwandtschaft daraus „weniger ist leer“ wird und dieser Werbetext auf dem Plakat von Brot für die Welt 2014 auf einen Teller im Bild verweist, auf dem nur eine Hand voll Reiskörner abgebildet sind.

Auffällig in der Verwendung von Phrasemen im werblichen Kontext ist nach Sabban (2012, S. 95), dass sie zumeist als *Spielart bewusster Ambiguisierung* verwendet werden:

> „Die Ambiguisierung geht oftmals Hand in Hand mit einer kontextbezogenen Umdeutung und Ausdeutung der Wörtlichkeit sowie Kontextversetzung, wobei die ungewöhnliche Deutung Vorrang hat gegenüber der Gebrauchsüblichkeit […].“

Bevor Anwendungskontexte sowie Systematisierungen von Formen und Funktionen intertextueller Referenzen vorgestellt werden, soll nachfolgend ihr spielerischer Charakter aufgezeigt werden.

Abb. 1.1 Phraseme im Werbeeinsatz für Edeka 2012

Quelle: EDEKA-Verbund 2015, o. S.

1.1.2 Spielerischer Charakter von intertextuellen Beziehungen

Intertextuelle Referenzen spielen mit den Erwartungen des Lesers: Dort, wo man Bekanntes nicht erwartet, taucht es überraschend auf. Ein werblicher Text wendet sich einem nicht werblichen Referenztext zu. Oder ein Referenztext wird im Phänotext in Struktur und Semantik unerwartet verfremdet. Im linguistischen und literaturwissenschaftlichen Sinne liegen damit *Sprachspiele* vor. Ein Sprachspiel ist kurz gesagt eine *intendierte Abweichung mit Mehrwert.* Kreutzer (1969, zitiert nach Janich 2013, S. 202) definiert Sprachspiele als:

> „Spiele mit dem gesamten überkommenen Sprachmaterial, die sich den normativen Idealen inhaltlicher Eindeutigkeit und formaler Fixiertheit durch Mehrdeutigkeit und Abwandlung entziehen, vornehmlich um komische und suggestive Wirkungen zu erzeugen".

Um diese Wirkungen zu erreichen, muss der Komplexitätsgrad eines Sprachspiels gut dosiert sein, damit sich Rezipienten weder überfordert, noch gelangweilt fühlen.

Der Mehrwert kann schon allein durch die Aufmerksamkeit erreicht werden, die die unerwartete Begegnung mit Bekanntem aus einem anderen Kontext generiert. Eine Plakatwerbung des Einkaufscenters Tempelhofer Hafen in Berlin (2012) zeigt beispielsweise in der visuellen Darstellung einen Fisch im Wasser mit Kapitänsmütze. Im Werbetext des Plakats wird das Auftauchen des Fischs mit folgenden Worten kommentiert: „Shopping Ahoi! Alles so schön bunt hier!". Damit wird eine zweifache Referenz genutzt: Aus „Schiff ahoi" als bekannter Grußformel wird „Shopping ahoi". Und der Satz „Alles so schön bunt hier!" kann vom Betrachter als Zitat verstanden werden. Für dieses Zitat bieten sich gleich mehrere Referenztexte aus der möglichen Erfahrungswelt des Lesers an. So kann man sich an eine Liedzeile von Nina Hagen erinnert fühlen („Ich kann mich doch gar nicht entscheiden, ist alles so schön bunt hier!") oder an einen Song der Wise Guys („Alles so schön bunt hier!").

Fritz-kola bietet mit einem Plakat aus dem Jahr 2015 eine Einladung zum Spiel mit einem bekannten Zungenbrecher: Den Referenztext „Fischers Fritz fischt frische Fische, frische Fische fischt Fischers Fritz." kennt wohl jeder. Der Phänotext der Plakatwerbung für fritz-kola lautet: „Mischer fritz mischt frische Mische, frische Mische mischt Mischer fritz." Das Getränk, halb Kola, halb Limonade, aber mit „vielviel Koffein", überrascht die Konsumenten im Frühjahr 2015 mit vielen frischen Getränkemischungen im Angebot und hat im Zungenbrecher die passende intertextuelle Referenz dazu gefunden. Eingeladen zum Spiel wird man hier insofern, als dass wohl nicht nur jeder den Zungenbrecher kennt, sondern auch jeder sich schon einmal in den Wettbewerb mit anderen im fehlerfreien Sprechen ausprobiert hat. Das kann Spaß machen und bietet so Mehrwert zur Kola.

Der spielerische Umgang mit der Sprache kann sich in Sprachspielen in verschiedener Hinsicht zeigen, im Spiel mit dem Laut, dem Wort oder dem Satz. In Bezug auf den Spielcharakter intertextueller Referenzen sei abschließend noch auf die *Anspielung (Allusion von lat. alludere: Auf etwas anspielen)*, ein sprachliches Phänomen mit Nähe zur intertextuellen Referenz, verwiesen. Eine Anspielung zu machen bedeutet, dass mit einem Text auf ein Vorwissen (ein Ereignis, eine Begebenheit, eine Erfahrung, einen Text) Bezug genommen wird, ohne dass das, auf das verwiesen wird, explizit gemacht wird. Damit sollen in der Regel „Eingeweihte" wissen, um was es in der Rede eigentlich geht, andere hingegen, die das Erfahrungswissen nicht teilen, sollen bewusst ausgeschlossen werden.

Auch bei intertextuellen Referenzen, wird nicht alles explizit gemacht, sie bieten zumeist mehrere Bedeutungen an, wovon eine mitgemeint ist. Diese Doppeldeutigkeit macht den kognitiven Anreiz zur Aufdeckung der Bedeutungen aus. Wird die Einladung zur Beschäftigung mit dem Text seitens des Rezipienten angenommen, kann das Spiel mit der Sprache seitens des Senders schon als gewonnen bewertet werden, weil eine gewisse Verarbeitungstiefe des Sprachmaterials erreicht ist.

1.1.3 Einsatzgebiete von Intertextualität

In *Wissenschaftstexten*, der Fachliteratur und wissenschaftlichen Arbeiten ist Intertextualität konstitutiv, Zitate und Verweise schaffen eine ganz selbstverständliche Vernetzung von Texten der wissenschaftlichen Community. Auch die *redaktionellen Beiträge* in Zeitungen und Zeitschriften machen ihre Referenzen explizit, indem etwa auf Pressemeldungen oder Gespräche mit direkten und indirekten Zitaten Bezug genommen wird. In *Kommunikationskampagnen* wird in der Regel der Tatsache Rechnung getragen, dass nicht ein Instrument alleine oder eine einzige Textsorte alle Kommunikationsziele erreichen kann. Es gibt sowohl Pressetexte, Texte auf den Webseiten von Organisationen und in Werbeanzeigen oder auf Plakaten, die alle Bezüge untereinander haben. Solche systematischen Beziehungen zwischen verschiedenen Text(sort)en bezeichnet man als *Textsorten-Intertextualität* oder mit dem Terminus „*Textsorten-in-Vernetzung*" (vgl. Janich 2008, S. 193).

Spielerische Intertextualität als *stilistische Aufwertung* von Texten findet sich auch sehr häufig in *journalistischen Textsorten*. Besonders gerne werden intertextuelle Referenzen speziell für *Headlines* genutzt. Das Titeltexten erfordert Abstraktionsleistungen unter „Zeit-, Platz- und Kontextzwang" und gilt als stilistische Höchstleistung: „Die Überschrift sollte, wo immer es geht, nicht bloßes Handwerk, sondern Kunsthandwerk als Ausdruck von abstrahierender Denkformulierung und von Kreativität, gelegentlich Kunst selber sein" (Kurz 2010, S. 299). Die Headline ist ein Blickfang, der die Aufmerksamkeit fokussieren und zum Weiterlesen motivieren soll – darin ist sie der Überschrift von Werbeanzeigen sehr ähnlich.

Journalistische Titel sollen aktuelles Wissen über nachrichtliche Ereignisse oder vorhandenes Wissen aktivieren. *Anspielungen und Sprachspiele* in Titeln gelten als *„Stilmittel für den Rezeptionsanreiz"* (Kurz 2009, S. 316ff.). Die Anschlussfähigkeit an vorhandenes Wissen kann sogar im mehrfachen Sinne gegeben sein. Ein Beispiel dafür ist die Headline „Darauf einen Gorbatschow" eines journalistischen Beitrags zu 25 Jahre Mauerfall (Binder (2014, S. 9). Die Schlagzeile remotiviert den Werbeslogan „Darauf einen Dujardin", der seit 1952 die Weinbrandmarke sehr bekannt machte, erinnert an die Leistungen des russischen Politikers Michael Gorbatschow auf dem Weg zur Deutschen Einheit und spricht gekonnt auf die Feierlichkeiten zum Ende der deutschen Teilung an, mit denen Trinken und Trinksprüche als kulturell geformte Muster reaktiviert werden.

Ein auffälliges Phänomen der journalistisch versierten Nutzung von Intertextualität besteht darin, dass häufig Titel auf einer ganzen Zeitungsseite oder viele Titel einer Zeitschriftenausgabe Spielvarianten intertextueller Bezüge darstellen. Illustrieren kann dies die Tabelle 1.1, die intertextuelle Referenzen einer Ausgabe der ADAC Motorwelt auflistet. Die Sublines zu den angeführten Headlines spezifizieren den Kontext des Einsatzes eines Phrasems oder anderer bekannter Texte (z. B. Buchtitel) und die Headlines illustrieren verschiedene Spielarten intertextueller Bezüge. Es handelt sich hier allesamt um leicht verständliche Phänotexte, die sich auf bekannte und zielgruppenaffine Referenztexte beziehen.

Ein dritter, sehr facettenreicher und gut untersuchter Einsatzbereich von Intertextualität ist zweifelsohne die *Werbung*. Werbetexte für Print- und audiovisuelle Medien sind häufig in ihrem Charakter durch Intertextualität sehr stark geprägt. Intertextuelle Bezüge werden hier oft zum strategischen Spiel mit Texten genutzt und können sogar als durchgängiges *stilistisches Prinzip* gewertet werden. Damit dieses Vorgehen werbliche Ziele unterstützt, müssen Formen von intertextuellen Bezügen gekonnt eingesetzt und Funktionen dieses Prinzips genau kalkuliert werden. Um diese Art von werblichen Textspielen würdigen zu können, was im weiteren Verlauf dieses Beitrags geschehen soll, werden zunächst Typen und Funktionalitäten vorgestellt, um darauf aufbauend Strategien der Werbekommunikation anhand aktueller Beispiele herauszuarbeiten.

Tab. 1.1 Intertextuelle Referenzen in Headlines redaktioneller Beiträge der ADAC Motorwelt 11/2014

Phänotext (Headline) und Kontext bzw. Subline	Quelle	Referenztext
„Fast Schall, kaum Rauch“ „Jets der Zukunft: 2025 könnten sparsame und leise Passagierflieger den Luftverkehr revolutionieren“	ADAC Motorwelt 11/2014, S. 12	Schall und Rauch (Redewendung für Vergänglichkeit)
„Verflixt und zugeparkt“ „Enge und Ärger in Deutschlands Innenstädten: Parkraum wird immer knapper. Gibt es einen Ausweg aus der Misere?“	ADAC Motorwelt 11/2014, S. 15	Verflixt und zugenäht (Redewendung für eine komplizierte, knifflige Angelegenheit)
„Ein VW will nach oben“ „Mehr Platz, mehr Dynamik, mehr Komfort: Der neue VW Passat peilt die automobile Oberklasse an. Im ersten Härtetest überzeugt die Große Limousine.“	ADAC Motorwelt 11/2014, S. 46	Ein Mann will nach oben (Titel eines Romans von Hans Fallada aus dem Jahr 1953)
„Ab durch den Winter“ „Wo dürfen Räumfahrzeuge fahren? Was bringt die Klimaanlage, und wer haftet bei Dachlawinen? Zehn Tipps, die in der kalten Jahreszeit weiterhelfen“	ADAC Motorwelt 11/2014, S. 66	Ab durch die Mitte (Redewendung für schnell fort gehen, verschwinden)
„Der Weg ist das Ziel“ „Der ADAC erklärt Fünft- und Sechstklässlern spielerisch den Anhalteweg eines Autos“	ADAC Motorwelt 11/2014, S. 68	Der Weg ist das Ziel (Geflügeltes Wort, wahrscheinlich nach Konfuzius, das das Bemühen würdigt)
„Alte Liebe rastet nicht“ „100 Auto-Klassiker rollen 550 Kilometer durch Oberitalien“	ADAC Motorwelt 11/2014, S. 70	Alte Liebe rostet nicht (Redewendung dafür, dass man sich nach einer längeren Beziehung auch weiterhin lieben wird)

Quelle: ADAC 2014

1.2 Formenvielfalt und Multifunktionalität von Intertextualität

1.2.1 Formen und Klassifikationssysteme

In der Linguistik findet sich eine ganze Fülle von zum Teil sehr komplexen Typologisierungsvorschlägen für Intertextualität, die hier nicht vorgestellt und diskutiert werden können und sollen (zum Überblick vgl. Janich 2013, S. 174ff., S. 232ff. und 2008, S. 184 ff., Opilowski 2012, S. 229ff., Sabban 2012, S. 89ff., Burger 2010, Ranft 2004, S. 38f., Herwig 2002). Untersucht werden sollen vielmehr *Einzeltextreferenzen* und *Systemreferenzen* in der Wirtschaftswerbung als ausgewählter Kommunikationsdomäne, die den spielerischen Charakter dieser stilistischen Note illustrieren und strategisch nachvollziehbar machen können. Für diesen spezifischen Kommunikationsbereich erfolgt eine Anlehnung an einen recht einfachen, aber bereits bewährten *Klassifizierungsansatz für Einzeltextreferenzen*, den auch Janich (2008, S. 189) aufbauend auf verschiedenen linguistischen Werken nutzt. Danach können intertextuelle Phänomene in der Werbung wie folgt typologisiert werden:

1. *Vollständige oder unvollständige Übernahme (d. h. Zitat) eines Referenztextes* (mit oder ohne Markierung) (z. B. „Wenn das Leben Dir Zitronen gibt... lecker", Bionade-Werbung für die Geschmacksrichtung Zitrone-Bergamotte 2015),
2. *Anspielung auf einen Referenztext durch die Übernahme von syntaktischen Strukturen bei lexikalischer Substitution* (z. B. „God save the green.", Headline einer Werbeanzeige der Autostadt Wolfsburg 2014),
3. *Anspielung auf einen Referenztext durch Verwendung zentraler lexikalischer Elemente bei struktureller Modifikation* (d. h. Aufgreifen von Schlüsselwörtern) (z. B. „Weil die Bretter, die die Welt bedeuten, schwer zu heben sind.", Werbetext einer Präventionskampagne zur Rückengesundheit der DGVU Unfallversicherung 2014 mit Bühnenarbeitern im Bild),
4. *Anspielen auf einen Referenztext über den visuellen Code* (z. B. „Der Fels in der Brandung. Die Württembergische Versicherung.", Headline mit Fels im Bild in einer Versicherungsanzeige 2014).

Der Einsatz referentieller Intertextualität kann dann als besonders kunstvoll charakterisiert werden, wenn Anleihen bei der Lyrik, dem Gedichtgut einer Kultur, genommen werden. Beispiele dafür weist der Beitrag über Lyrik in der Wirtschaftskommunikation in diesem Band auf, der zeigt, dass z. B. in der Werbung für den Lancia Ypsilon 2012 Anleihen bei dem Hohelied aus der Bibel genommen wurden oder dass Apple 2014 für das neue ipad Air das Gedicht „Ich und mein Leben" von Walt Whitman aus dem 19. Jahrhundert im Werbespot und in der Anzeige zitiert hat. Ranft (2004, S. 26) hingegen versteht das Spielen mit bekannten Texten prinzipiell als kunstvoll und begründet dies mit dem Variantenreichtum:

> „Die Heterogenität intertextueller Merkmale kann am besten mit dem Vorgehen beim Anfertigen einer Collage verglichen werden. Gleich einem kubistischen Künstler, der Fragmente anderer Bilder in sein Werk einfügt, setzt ein Autor seinen Text aus Fragmenten anderer Texte zusammen."

Geht die Referenz über den Einzeltext hinaus, richten sich Bezüge von Phänotexten auf Textmuster, -sorten oder ganze literarische Gattungen, spricht man nach Janich (2008, S. 192) von *Systemreferenz oder typologischer Intertextualität.* Bedeutsam werden solche Bezüge insbesondere dann, wenn mit konventionellen Mustern gebrochen wird:

> „Mustermischen und -brechen wird erst zeichenhaft vor dem Hintergrund der immer mitgedachten Musterhaftigkeit. […] Anders gesagt: Indem man Regeln bewusst bricht, hat man ihre Existenz immer schon bejaht" (Fix 1997, S. 104).

Aus solchen Brüchen werden stilistische Gewinne gezogen, z. B. die Demonstration von Selbstbewusstsein durch den Ausdruck von Respektlosigkeit, die dem Musterbruch anhaftet. Gewinnen kann man außerdem Aufmerksamkeitseffekte.

Es kann aber auch die positive Konnotation einer Textgattung als Aufladung für einen Werbetext herangezogen werden. Ein Kleideretikett beispielsweise ist ein gut eingeführtes Textmuster in bekanntem Layout, das für Originalität und Garantie steht und das Vertrauen des Konsumenten in die Qualität einer Ware unterstützen soll. Das richtige Label ist vor allem bei der Markierung von zum Beispiel Blue Jeans wichtig:

Das lederne Etikett trägt man sichtbar außen, um zu zeigen, dass man eine echte Levis, Lee oder Wrangler trägt und nicht etwa ein No-Name-Produkt. In der Einführungskampagne zur Rewe Eigenmarke *Rewe Regional* 2012 für Obst- und Gemüsesorten aus der Region wird genau eine solche Imageübertragung aus einem produktfremden Kontext genutzt. Ein gut eingeführtes Markenzeichen steht Pate bei der Neueinführung von Lebensmitteln wie Abbildung 1.2 zeigt.

Als sprachliche und/oder visuelle Abweichungsformen können nach Fix (1997, S. 98) bzw. Janich (2008, S. 192, 2013, S. 233) unterschieden werden:

1. *Musterbrechung*: Es wird punktuell gegen einzelne Formulierungs- und Strukturmerkmale eines Textmusters verstoßen.

2. *Mustermetamorphose*: Es gibt affirmative, kritische und/oder manipulative Nachahmungen eines dem eigenen Texttyp fremden Textmusters.
3. *Mustermontage oder Mustermischung*: Es gibt entweder harmonische oder konfrontative Kombinationen von verschiedenen Textmustern.

Abb. 1.2 Systemreferenz: „Etikett" im Werbetext für Rewe Regional
Quelle: Scharlach 2015, o. S.

Eine Systemreferenz in Form einer *Musterbrechung* illustriert der Fall von „Vodka im Diamentenfieber": Für die Marke *Three Sixty Vodka* des Spirituosenherstellers Schwarze und Schlichte hat die Agentur Scholz & Friends Digital 2012 eine Facebook-App mit Such- und Gewinnspiel und dem Slogan „Diamonds are a man's best friend" entworfen, bei dem Vodka-Liebhaber auf Diamantenjagd gehen und dabei Vodkaflaschen und -gläser gewinnen (HLW-Redaktionsbüro 2012, o. S.). Der Text bezieht sich auf das Lied „Diamonds are a girl's best friend" aus dem Broadway-Musical „Blondinen bevorzugt" aus dem Jahr 1949, das 1953 unter demselben Titel verfilmt wurde. Gesungen von Marilyn Monroe als Lorelei wurde dieser Song äußerst populär. Girls aus dem Liedtext werden zu Men der Facebook-App, der Erwartungsbruch wird vollends in der bildlichen Inszenierung offenbar, die die Abbildung 1.3 zeigt.

Abb. 1.3 Musterbrechung für Three Sixty Vodlka
Quelle: Three Sixty Vodka 2015, o. S.

Hinter der aufmerksamkeitsstarken Werbeaussage steckt eine komplizierte Geschichte über das Produkt, die wohl der Passant auf der Straße auf Basis des Aktionsplakats zur Facebook-Kampagne nicht so recht verstehen kann, sondern nur wenn er sich im sozialen Medium tatsächlich auf Diamantenjagd begibt. Forscht man weiter, erkennt man, dass Three Sixty Vodka „ein echter Diamant unter den Premium-Vodkas" ist, denn für die Herstellung wird die sogenannte „Diamond Filtration" angewandt, bei der mit Hilfe von feinem Diamantenstaub kleinste Schwebepartikel aus dem Destillat filtriert werden, was den Vodka rein und mild macht (Quelle: Prinz 2011, o. S.).

Werbetexte für Dessous und Nachrichten aus Politik und Wirtschaft haben gemeinhin unterschiedliche Inhalte, Zielgruppen, Textmuster und Tonalitäten. Und Werbemodels kommunizieren schon gar nicht öffentlich mit Politikern, gesellschaftlichen Anspruchsgruppen oder über Waffen der Bundeswehr. Bei den *Mustermetamorphosen* der „Blush Lingerie" Berlin ist das völlig anders. In den letzten Jahren hat das Unternehmen wiederholt Skandale aus Politik und Wirtschaft in seiner Werbung zum Thema gemacht. Die Marke hat damit gegen die Inhaftierung von Pussy Riot protestiert, die US-Geheimdienst-Affäre NSA und den Skandal um den Automobilclub ADAC thematisiert oder Politiker, wie beispielsweise den russischen Präsidenten Vladimir Putin oder die Bundesverteidigungsministerin Ursula von der Leyen, direkt angesprochen. Sparsam in feine Dessous verpackte, sich auf Sofas räkelnde Models sagen auf dem Werbeplakat Sätze wie „Dear Vladimir, annex hearts, not countries." oder „Liebe Ursula, diese Waffen sind immer einsatzfähig" (Saal 2014, o. S., Reidel 2015, o. S.). Die häufigen Provokationen der Marke – wie in Abbildung 1.4 – schaffen Anschlusskommunikation über den Moment der Betrachtung der Plakate hinaus, indem öffentliche Debatten aus den Nachrichtenmedien aufgegriffen oder weitergeführt werden.

Abb. 1.4 Mustermetamorphose für Blush Lingerie
Quelle: Rentz 2014, o. S.

Eine typologische Intertextualität in Form einer *Mustermontage oder Mustermischung* liegt vor, wenn verschiedene Textmuster kombiniert werden. Einen auf diese Weise kreativen Ansatz zeigt das Beispiel der *Berliner Stadt und Land Wohnbauten-Gesellschaft GmbH* aus dem Jahr 2012. Berlin steht für Vielfalt im Wohnen, allerdings unterscheiden sich die *Kieze* in ihrer Beliebtheit. Um weniger begehrte Viertel als Wohnorte attraktiv zu machen, wählte die Wohnungsbaugesellschaft unter dem Slogan „Jede Wohnung ein echter Hit" auf Großflächenplakaten das Layout von Klingelschildern typischer Berliner Mietshäuser und bot dem Mietinteressenten an, sich seinen „Wunschtitel" bzw. seine Wunschwohnung auszusuchen. Die abgebildeten Klingelanlagen zeigten auf den Namensschildern neben den Klingelknöpfen nicht die Namen von Mietern, sondern syntaktisch und lexikalisch modifizierte Liedtexte wie:

- „Verdammt, ich miet Dich",
- „Marmorstein und Fliesen neu",
- „Weiße Rosen aus Neukölln",
- „Ich war noch niemals in Neukölln",
- „Schöneberger Nächte sind lang",

- „Eine neue Wohnung ist wie ein neues Leben“,
- „Aber bitte mit Diele“,
- „Theo, wir ziehen nach Britz“,
- „Ganz in Grün“ oder
- „Über 7 Stufen musst Du gehen“.

Unter der Klingelanlage zierte ein Aufkleber mit dem Text „Jede Wohnung ein echter Hit! Stadt und Land“ diese recht eigenwillige Wohnungshitparade.

1.2.2 Allgemeine und spezielle Funktionen

Für die Wirkung von Werbetexten ist entscheidend, dass die Inhalte überzeugend und funktional angeordnet sind. Außerdem kommt es auf ihre sprachliche Form an. Durch bewusste Verstöße gegen sprachliche Ausdrucksregeln gewinnt Werbung ihren Kunstcharakter und eine *Irritationswirkung* zur Aufmerksamkeitsgewinnung, mehr noch:

> „Aus einem spielerischen, überraschenden Umgang mit vertrauten Formen ergibt sich zudem eine Unterhaltungswirkung.“ und ein „ästhetischer Mehrwert“, der, vom Wettbewerber abgrenzt, zur „stilistischen Identifikation“ einlädt und „Sympathie für den eloquent-gewandten Sender“ gewinnt (Lehn 2011, S. 208).

Diese allgemeinen *Funktionen von Werbung* sollen selbstverständlich auch intertextuelle Referenzen erfüllen, die man in der Werbung ja nicht rein zufällig findet, sondern die als Ergebnis strategischer Überlegungen zu verstehen sind. Die *Funktionen intertextueller Referenzen* sind nach Janich (2008, S. 177f.) sehr vielfältig und dienen:

„• Der Zusammenfassung,
- der Nachahmung,
- der Ergänzung,
- der kritischen Kommentierung,
- der Verstärkung,
- der argumentativen Zuhilfenahme,
- dem Nachweis fremder Quellen,
- der Markierung von Verbindlichkeit,
- dem Widerspruch,
- der Persiflierung und Parodierung,
- der Aufmerksamkeitserregung – kurz:
- der Erweiterung der Bedeutung des eigenen Textes [...]“.

Nach Sabban (2012, S. 89) können Phraseologismen als einer speziellen Kategorie von Intertextualität nicht pauschal bestimmte Wertigkeiten für einen Text attribuiert werden. Vielmehr ist bestimmend für ihre Funktion, wie das Zusammenspiel zwischen der jeweiligen Phrasemkategorie und ihren besonderen Merkmalen im Werbetext aussieht, wo ein Phrasem im Text platziert ist und in welchem Bezug es zu anderen Komponenten eines eventuell sogar multimodalen Gesamttextes steht. Als Grundfunktion von Phrasemen, insbesondere in Werbetexten, ist ihre *Attraktivitätsfunktion* zu nennen, sie schaffen – wie andere intertextuelle Bezüge auch – Aufmerksamkeit und Interesse, Überraschung, Neugierde, Erheiterung oder auch Irritation: „Allgemein gesagt leisten Phraseme einen – mitunter den entscheidenden – Beitrag dazu, dem Text ästhetische und emotionalisierende Qualitäten zu verleihen" Sabban (2012, S. 90).

Typisch dafür sind auch die häufige sprachspielerische Verfremdung und das Erzeugungen von Mehrdeutigkeit. Und dies wiederum hilft sowohl bei der *Produktabgrenzung* als auch bei der *Imagebildung.* Ist die sprachliche Gestaltung eines Werbetextes attraktiv, können Merkmale wie Einfallsreichtum, Humor und Unkonventionalität mit dem beworbenen Produkt und Produzenten in Beziehung gesetzt werden: „Auffälligkeit, kognitive Mehrinvestition und Vergnügen bei der Deutung entroutinisierter Sprache fördern schließlich auch die Erinnerung an das Produkt" (Sabban 2012, S. 98).

Damit sich die angestrebten Funktionen entfalten können, ist eine Reihe von Herausforderungen seitens des Rezipienten zu erfüllen. Er muss über das entsprechende Vorwissen verfügen, um den Referenztext aus Literatur, Film, Werbung oder den Phrasemen der Alltagssprache zu erkennen. Ob dieser Rezeptionsvorgang erfolgt, hängt von der Bekanntheit bzw. Häufigkeit der Verwendung ab, dem Grad der Markierung oder Signalwirkung des Phänotextes sowie von der Wahrnehmungsschwelle des Rezipienten. Phänotexte mit hoher Bekanntheit werden häufig eingesetzt – aber man kann zugleich auch eine größere Entfernung des Referenztextes vom Phänotext beobachten, d. h. mit der Zeit, der wiederholten Verwendung, ergeben sich im Gebrauch Spielarten mit einer loseren Verbindung zum Ausgangstext.

Wird die referentielle Intertextualität erkannt, muss der Rezipient außerdem noch den Bedeutungszugewinn dekodieren können, der sich aus dem Zusammenspiel von Phänotext und Referenztext ergibt (vgl. Janich 2008, S. 188). Dies ist eine *aktive und kreative kognitive Leistung* des Lesers, er bleibt nicht passiver Empfänger von Informationen, sondern der Textsinn wird von ihm aktiv hergestellt. Damit ist er quasi „Co-Kreativer" des Texters. Für die konstruierte Bedeutung ist auch der Kontext entscheidend, in dem eine lexikalische Einheit platziert ist:

> „Sprachliche Bedeutungen liegen nicht einfach vor, sie müssen vielmehr im Rahmen ihres Verwendungszusammenhangs eigens konstruiert und konstituiert werden. Diese kognitive Konstruktivität sprachlicher Bedeutungen eröffnet für die Werbung die strategische Möglichkeit, Botschaften nicht nur gezielt zu platzieren, sondern auch pointiert und nachhaltig zu vermitteln" (Ziem 2012, S. 66 in Anlehnung an Baumgart 1992).

Diese pointierte Platzierung ist insbesondere in solchen intertextuellen Referenzen zu sehen, die auf intendierte Ungewöhnlichkeit durch bewussten Regelbruch setzen und daher die Erwartungen an Texte bewusst nicht erfüllen, sondern durch Verfremdung die Aufmerksamkeit fokussieren und bei denen eine sprachspielerische Verfremdung in der Lage ist, Mehrdeutigkeit zu erzeugen. Der Wert solcher Textmodifikationen liegt in der gelungenen semantischen Verdichtung: Während die Bedeutung eines Referenztextes aktualisiert wird, wird zugleich durch die Ambiguität der im Phänotext fokussierten Doppeldeutigkeit ein attraktives semantisches Spannungsfeld geschaffen. Durch die sich abwechselnde Fokussierung von „eigentlicher", gewohnter und kontextueller, neuer Bedeutung wird der Leser vom Text gefesselt.

1.3 Intertextualität in der Werbung: Illustrationen, Analysen und mögliche Effekte

Die folgenden Beispiele intertextueller Werbekommunikation aus Print- und audiovisuellen Medien sollen verschiedene der theoretisch weiter oben eingeführten Formen intertextueller Bezüge illustrieren sowie strategische Prinzipien und Funktionalitäten verdeutlichen. Es werden zunächst solche Beispiele gezeigt werden, in denen *Intertextualität* als durchgängige, wiedererkennbare Strategie – *als stilistisches Prinzip* – eingesetzt und damit zum Imagefaktor des Absenders der Werbekommunikation wird. Eine Idee dafür kann vergleichsweise schlicht, die konsequente Umsetzung aber dennoch sehr erfolgreich sein:

> „Dahinter stecken" als umgangssprachliche Redewendung, die ausdrückt, was etwas zu bedeuten hat bzw. was die (eigentliche) Ursache für etwas ist, ist der Referenztext für den Slogan der Frankfurter Allgemeine Zeitung (FAZ), die damit ihren Qualitätsanspruch einerseits und das Niveau ihrer Leserschaft zugleich anspricht. Sie wirbt seit 1995 mit einer Fotoserie prominenter Menschen hinter der aufgeschlagenen Zeitung und dem Wortspiel „Dahinter steckt immer ein kluger Kopf". Mehr als 80 Persönlichkeiten aus allen gesellschaftlichen Bereichen haben sich so für das Medium zu Werbezwecken ablichten lassen – z. B. der Altbundeskanzler Helmut Schmidt, der

> Bundesbankpräsident Jens Weidmann oder der Fernsehmoderator Günther Jauch (Frankfurter Allgemeine Zeitung 2015, o. S.).

Die gut zwei Jahrzehnte lang eingesetzte Strategie ist zum Markenzeichen des Mediums geworden. Ursache für die Langlebigkeit der Strategie dürfte sein, dass sie bezogen auf die ausgewählten „klugen Köpfe" Flexibilität zulässt und den Zeitgeist integrierbar macht. Eine langfristig identische Werbestrategie ist aus rhetorischer Sicht grundsätzlich positiv:

> „Erst stilistische Konstanz etabliert eine überlegene Werbeform [...] als charakteristisches und langfristig verkaufsrelevantes Argument, nur ein wiedererkennbarer, eindeutig zuzuordnender Werbestil wird als vertrauensbildendes ‚Charaktermerkmal' oder ‚Markenzeichen' wahrgenommen" (Lehn 2011, S. 223).

Daneben muss sich der Stil aber als sowohl den Inhalten der Werbebotschaft kompatibel als auch der Zielgruppe angemessen erweisen. Nachfolgend werden bezogen auf diese und weiter oben schon angeführte rhetorische Ansprüche an gelungene Kommunikation zunächst

1. Varianten von Intertextualität gezeigt, die auf strategische Langzeitprinzipien mit Mehrwert angelegt sind, bevor
2. die Nachahmung werbungsfremder Textsorten betrachtet wird, die als besonders beliebte Form von Intertextualität mit vielen verschiedenen Realisierungsvarianten gilt.

1.3.1 Intertextualität als strategisches Langzeitprinzip mit Mehrwert bei Einzeltextreferenzen

1.3.1.1 Beziehungsspiele in Werbetexten der „Berliner Stadtreinigung"

„We kehr for you" – die Werbekampagne der Berliner Stadtreinigung gilt als Kultkampagne aus den späten 1990er Jahren. Die Agentur *Heilmann Brandt De Gelmini* machte in dieser *Employer Branding Kampagne* – bevor die Fachwelt überhaupt diesen Kampagnentyp als Zeichen der Zeit diskutierte – aus dem „Müllmann", dem „Straßenfeger", der unter seinem schlechten Ruf litt, eine *Kultfigur* (Heymann Brandt De Gelmini 2009). Der Berliner Stadtreiniger räumte mit seinem Image auf, indem aus dem Straßenfeger ohne Gesicht ein Mensch wurde, der sich Respekt verschaffte: „Er kam, sah und fegte" – und das so gut, dass der Müllmann sogar mit der Kampagne „We kehr for you" 2008 auf saubere Seiten ins Schulbuch kam, in das Buch „deutsch.punkt5“ für den Deutschunterricht von 14-16-jährigen Gymnasiasten, die der Klett Verlag damit auf den Geschmack bringen wollte, den Sprachspiele haben.

In der Werbung aus dem Jahr 1999 und nachfolgenden Kampagnen (u. a. 2001 „Wir geben Deiner Kippe ein Zuhause“) sind die Arbeiter der Berliner Stadtreinigung mit Texten charakterisiert wie „Wir kehren uns um jeden Dreck“, „Drei Wetter tough“, „Trennsetter“, „Saturday Night Feger“, „Feger und Sammler“, „Laubburschen“, „Fegaro“ oder „Mültitalent“. Sie bieten „Eimer für alle“, „After Party Work“, „Fleiß am Stiel“ und „Bemannte Räumfahrt“ – ein Dienstleistungsversprechen mit Charme und Witz. Und der Bürger? Er musste sie einfach lieben, denn das Leitbild der ersten Kampagne „We kehr for you“ erwies sich als nahezu unwiderstehlich und der Slogan ist nach über 15 Jahren immer noch vielen Berlinern im Gedächtnis (Fiedler 2015, S. 35).

Dem Stadtreiniger öffneten sich dank der Werbestrategie, die allgemeinverständlich und humorvoll zugleich ist, die Herzen der häufig als grimmig verpönten Berliner. Der angestrebte Effekt war ein doppelter: Die Berliner sollten dem Lockruf der sympathisch werbenden Stadtreiniger folgen und sich mit Sprüchen wie „Come to where the Eimer is“ oder „Wir geben Ihrer Kippe ein Zuhause“ zu mehr Sauberkeit im Straßenbild bekennen und aktiv bei der Müllbeseitigung engagieren. Motivation dazu lieferten und liefern nicht nur die professionellen Stadtreiniger mit Sprachwitz, sondern auch die Abfalleimer in der Stadt – seit 15 Jahren schmücken diese Werbetexte wie „Sei pico sei bello sei berlin“, „Gib’s mir“, „Was Du heute kannst besorgen…“, „Würstchenbude“, „Häufchenhalter“, „Das kleine Aschloch“, „Becherbutler“, „Kippendiener“ oder „Corpus für alle Delicti“ (Berliner Stadtreinigungsbetriebe 2015, o. S.). Als Erfolg dieser kommunikativen Bemühungen um eine saubere Stadt kann verbucht werden, dass die Zufriedenheitswerte mit der BSR angefangen von 67 % im Jahr 1999 seit 2005 konstant bei knapp 90 % liegen (Fiedler 2015, S. 35).

Die verfremdeten Referenztexte aus der Populärkultur (bekannte Filmtitel oder Werbeslogans anderer Werbetreibender) sind leicht dechiffrierbar und die Bezüge zu den ausgewählten Phrasemen und verfremdeten Einzelwörtern sind offensichtlich, so dass Charme und Witz bei jedem aufgeschlossenen Passanten als Mehrwert leicht zu verbuchen war. Und mit Witz kann gepunktet werden, denn „Witz verbindet Spaß mit Verstand, er ist sympathisch, bleibt im Gedächtnis. Er schmeichelt der Klugheit der Menschen.“ (Fiedler 2015, S. 35). Die allgemeinen Funktionen von Intertextualität – Aufmerksamkeit und Interesse, Überraschung, Neugierde und Erheiterung – sind hier gut erfüllt, darüber hinaus kann bei der Langfristigkeit der Strategie ein Wiedererkennungseffekt erreicht werden.

1.3.1.2 Beziehungsspiele in Werbetexten der Bäckerei „Wiedemann“

Schlicht und gut bekannt sind auch die im zweiten Beispiel der Berliner Bäckerei *Wiedemann* verwendeten Begriffe, Ausrufe und anderen Phänotexte aus dem Kulturgut, die in Anzeigen in Berliner Tageszeitungen der Jahre 2014 und 2015 intertextuelle Spiele möglich machten. Diese sind als durchgängiges strategisches Prinzip der gesamten Werbung des Backwarenanbieters erkennbar, wie Tabelle 1.2 zeigt. Brot und Brötchen sind Allerweltsprodukte. Ihre Bewerbung sollte daher nicht zwingend eine intellektuelle Herausforderung für den Konsumenten darstellen. Dass es mit den sprachlichen Formulierungen über die Backwaren aber dennoch etwas Besonderes auf sich hat, zeigen die in den Anzeigen jeweils farblich hervorgehobenen Textbestandteile, die in der Tabelle 1.2 *kursiv* gesetzt sind.

Tab. 1.2 Intertextuelle Referenzen in Headlines von Werbeanzeigen der Berliner Bäckerei Wiedemann in der Berliner Tagespresse 2015-2016

Phänotext: Headline der Werbeanzeige	Produktname u. Bildinhalt zur Kontextualisierung	Assoziationen, möglicher Referenztext und Kontext
Starker *Kern*verkehr	Kraftprotzbrötchen	Starker Fernverkehr (Straßenverkehr)
*Bienen*ersatzverkehr	Honigkuchenherzen	Schienenersatzverkehr (Straßen- u. S-Bahnverkehr)
Quark and Ride	Mutters Käsetorte	Park and Ride (Straßenverkehr)
Sonne, *Brot* und *Kerne*...	Kraftprotz-Brot	Sonne, Mond und Sterne (Martinslied)
Potz Fritz!	Frischer Fritz (Brötchen)	Potz Blitz! (Ausruf des Erstaunens)
Einstweilige *Vergnügung*	Berliner Pfannkuchen	Einstweilige Verfügung (juristische Anordnung)
Das *Ohr*iginal	Schweineohren	Das Original (Kontext unspezifisch)
Echt zum *Kern*haben...	Kraftprotzbrötchen	Echt zum Gernhaben (Sympathiebekundung)
*Herd*anziehungskraft	Uhr-Zeit-Kruste (Brot)	Erdanziehungskraft (Kontext unspezifisch)
Der *Zwerg* ruft!	Zwerge (Minibrötchen)	Der Berg ruft! (Titel eines Heimatfilms 1938)
Eine Frage der Ähre...	Steinmetz-Mehl	Eine Frage der Ehre (Titel eines amerikanischen Spielfilms 1992)
3-Wetter-*Kraft*	Kraftprotzbaguette	3-Wetter-Taft (Name eines Haarsprays)

Die typographische Hervorhebung markiert jeweils den Bestandteil eines Wortes oder das Wort, der bzw. das aufgrund einer phonetischen Lautverwandtschaft zu einem bekannten Referenztext unterschiedlichen kontextuellen Ursprungs und aufgrund der Nähe zum jeweils beworbenen Produkt oder seiner Eigenschaft die Aufmerksamkeit des Betrachters fokussieren soll.

Hier werden einzelne Buchstaben, Silben oder Wörter ausgetauscht, die als morphologische bzw. lexikalische Ersetzungen *Sprachspielcharakter* haben. Bezüglich der Kontexte wirken allerdings einzelne Beispiele willkürlich und nicht zwingend strategisch sinnvoll. Die Assoziationen von Straßenverkehr, Martinslied oder juristischer Anordnung zu Brot oder Brötchen sind irritierend, beim unbeliebten, zeitraubenden Berliner Schienenersatzverkehr aufgrund unerfreulicher S-Bahn-Ausfälle eventuell sogar kontraproduktiv. Auch mit der Referenz auf ein Haarspray im letzten Beispiel gibt die Werbung dem Betrachter zumindest Rätsel auf. Das Beispiel zeigt, dass Intertextualität als strategisches Langzeitprinzip in Inhalt und Form gut geplant sein will, damit die Bezüge in den Beziehungspielen von Phäno- und Referenztexten positive Effekte garantieren.

1.3.1.3 Beziehungsspiele in Werbetexten des Lieferdienstes „Lieferando"

In der Genusswelt der auf Witz zielenden Werbung des Essen-Lieferdienstes *Lieferando* erkennt man in den Werbetexten von Plakaten der Jahre 2013-2015 in Tabelle 1.3 intertextuelle Bezüge zu Texten, die auf besondere Orte und Ereignisse, Liebeserklärungen und die internationale Küche verweisen. Thematisch konzentrieren sich die Texte auf Lust, Genuss, Leidenschaft bis hin zu paradiesischen Verhältnissen. Die Phänotexte der Plakatwerbung sind in der Regel in der Headline zu finden und werden durch Subline und Bild auf dem Plakat kontextualisiert. Intertextualität ist hier durchgängig sehr leicht zu erkennen, weil die Referenzen als gut bekannt gelten dürften. Dass hier keine intellektuell herausfordernden Wortspiele zu finden sind, passt zur beworbenen Dienstleistung bzw. den populären Gerichten, die dank der Dienstleistung von Lieferando an Jedermann geliefert werden.

Tab. 1.3 Intertextuelle Referenzen auf Werbeplakaten des Online-Lieferdienstes Lieferando 2013-2015

Phänotext (Headline Werbeplakat)	Subline zur Kontextualisierung	Bild zur Kontextualisierung	Referenztext (und Kontext)
			Bedeutsame Orte
„Wir Rinder vom Bahnhof Zoo."	„Bei 10.000 Lieferdiensten online bestellen und sich rindisch freuen."	Burger im Bild	„Wir Kinder vom Bahnhof Zoo" Buchtitel der Biografie von Christiane F. (1978)
„Die Halle kocht. Du nicht."	„Bei 10.000 Lieferdiensten online Essen bestellen."	Burger im Bild	„Kochen" im Sinne von „toben, ausgelassen sein" (Plakat an der Lanxess-Arena Köln)
			Bedeutsame Ereignisse
„Jeder Jeck isst anders."	„Bei 10.000 Lieferdiensten online Essen bestellen."	Pizza im Bild	„Jeder Jeck es anders", Kölsches Grundgesetz/Redewendung, die Toleranz ausdrückt (Plakat zum Karneval Rheinland in Düsseldorf)
„Watt kütt? Dat kütt."	„Bei 10.000 Lieferdiensten online Essen bestellen."	Pizza im Bild	„Et kütt wie et kütt.", Kölsches Grundgesetz/Redewendung, die Gelassenheit ausdrückt (Plakat zum Karneval Rheinland in Düsseldorf)
„Kölsche Jung."	„Karneval sind selbst Hamburger Kölner – auch bei unseren 10.000 Lieferdiensten."	Burger im Bild	„Kölsche Jung" als Charakterisierung für jemanden, der gerne lacht (Plakat zum Karneval Rheinland in Düsseldorf)
„Ihr Rinderlein kommet."	„Jetzt Christus geliefert – von einem unserer 10.000 Lieferdiensten"	Burger mit Weihnachtsmannmütze im Bild	„Ihr Kinderlein kommet", Liedzeile aus einem volkstümlichen Weihnachtslied (Plakat zu Weihnachten)
„Weihnachtsgebäck"	„Auch der Preis Zimt. Bei unseren 10.000 Lieferdiensten."	Pizza im Bild	„Auch der Preis stimmt." (Plakat zu Weihnachten)
„Warum eigentlich immer nur Pferd?"	„Einfach mal Lasagne bestellen bei einem unserer 7.500 Lieferdienste"	Lasagne im Bild	(„Warum eigentlich immer Rind?") Europaweiter Pferdefleischskandal 2013 (statt Rind- war Pferdefleisch in Tiefkühlkost wie Lasagne und Sauce Bolognese)
„Ich bin ein Berliner."	„Selbst Hamburger feiern das 50. Jubiläum der John F. Kennedy Rede – bei unseren 50.000 Lieferservices"	Hamburger im Bild	„Ich bin ein Berliner", Zitat aus der Rede von John F. Kennedy in Berlin (1963)

			Liebeserklärungen
„Isch bin Dir Farfalle."	„10.000 Lieferdienste sorgen für Schmetterlinge in Deinem Bauch."	Nudelgericht (Schmetterlings nudeln) im Bild	„Ich bin Dir verfallen."
„Ich will ein Rind von Dir."	„10.000 Lieferdienste sorgen für dicke Bäuche, ohne unerwünschten Nachwuchs."	Burger im Bild	„Ich will ein Kind von Dir."
„Isch will mit Dir Penne."	„Hol Dir Deine Lieblingsnudel ins Bett – mit 7.500 Lieferdiensten"	Nudelgericht (Penne) im Bild	„Ich will mit Dir pennen/schlafen."
„Isch 'ab mich Indisch verliebt."	„In der Lieferando App verführen Sie 7.500 Lieferservices."	Tandoori-Gericht im Bild	„Ich hab' mich in Dich verliebt."
„Heute wirst Du flachbelegt."	„Amore geht durch den Magen. Jetzt bei einem unserer 10.000 Lieferdienste."	Pizza im Bild	„Heute wirst Du flachgelegt."
			Internationale Küche
„Wasabi da nur bestellt?!"	„Uschi das ist Sushi: Von Meisterhand gerollt bei 10.000 Lieferdiensten."	Sushi im Bild	„Was hab‘ ich da nur bestellt?"
„Da China satt zu werden."	„Lang zhou: 10.000 Liefeldienste fleuen sich auf Deine Bestellung."	Wok-Gericht im Bild	„Da schien er satt zu werden." „Lang zu!"
„Wir schicken Chicken."	„Hunger? Dann fliegst Du bestimmt auf einen unserer 10.000 Lieferdienste."	Hähnchenkeulen im Bild	„auf etwas fliegen" als Ausdruck für „begehren"
„Spanisch am Essen."	„Spar lieber Zeit und lass einen unserer 10.000 Lieferdienste kochen."	Paella im Bild	„Spar nicht am Essen."
„Kein Wok zu kochen"	„Aber Bock auf fett sparen bei deiner nächsten Bestellung."	Wok-Gericht im Bild	„Kein Bock/keine Lust zu kochen."; „sehr sparen", jugendsprachliche Wendungen
„Maki, moag i!"	„Unsere 7.500 Lieferservices setzen Maßstäbchen."	Sushi-Gericht im Bild	„Mag ich!", Anspielung auf „Essstäbchen"
„Knock, knock Gnocchi on Heavens Door."	„Lieber Gott: 7.500 Lieferservices freuen sich auf Ihre Bestellung."	Gnocchi-Gericht im Bild	„Knock, knock, knockin' on Heaven's door", Zeile eines Bob Dylan Lieds (1973)

Quelle: Anett 2015, o. S.

Darauf verweist auch der Gebrauch von umgangssprachlichen Redewendungen, wie zum Beispiel „flachlegen" oder „keinen Bock haben", sowie der Einsatz von gut bekannten Metaphern wie „Schmetterlinge im Bauch haben". „Volksnähe" zeigen auch die Wortspiele mit Verwendung von Dialekt („watt kütt" oder „moag i") und mit Bezug auf bekannte Liedzeilen, Reden und Buchtitel. Außerdem werden lokal bedeutsame, aber dennoch gesamtdeutsch bekannte Städterivalitäten und Stereotype aufgegriffen (Köln – Düsseldorf, Berlin – Hamburg oder Halle – Magdeburg), deren humorvolle Wirkung sich nach der Maxime „Wenn sich zwei streiten, freut sich der Dritte." entfalten dürften. Das Spiel mit der Sprache zeigt sich im Detail anhand von:

- Neologismen („rindisch"),
- Reimen („schicken Chicken"),
- phonetischer Lautverwandtschaft („Wasabi" – „Was hab' ich"),
- morphologischen Umbauten oder Ersetzung („Farfalle" – verfallen"),
- Verschiebungen der Wortgrenzen („Indisch" – „in Dich") und
- Doppeldeutigkeiten („Hamburger" als Burger oder Bürger).

Die hier nachgezeichneten Spielstrategien haben den Vorteil, dass sie leicht verstanden werden und als System gut ausbaubar sind, denn die verwendeten Kontexte der Textkompositionen sind, wie auch das Essen, d. h. das Liefergut des Dienstleisters, in ihrer Vielfalt für Spielvarianten schier unbegrenzt. Der Werbetreibende selber gibt als Zielsetzung an, mit der Werbung nicht nur hungrig machen zu wollen, sondern auch zum Lachen reizen zu wollen. Alf Frommer, Geschäftsführer von fhain ideas, der Kreativagentur von Lieferando, kommentiert die Idee wie folgt:

> „Wir haben ganz bewusst Kalauer und Wortspiele gewählt, um auf das vielfältige lieferando-Angebot aufmerksam zu machen. Sobald einmal verstanden, bleiben die Sprüche im Kopf. Ganz egal ob man sie nun wirklich lustig oder bescheuert findet, für einen Lacher sorgen sie eigentlich immer" (Quelle: Renner Jones 2014 2015, o. S.).

Uneigentlich ist aber manch einem schon einmal das Lachen, ähnlich wie das Hühnerbein, beim Konsum der Lieferando-Angebote im Halse stecken geblieben. Insbesondere die „Rind-Kind-Vergleiche", wie in der Abbildung 1.5 illustriert, die mehrfach in den Kampagnen von Lieferando auftauchten, sorgten für Ärger, wurden als geschmacklos empfunden und in der Medien intensiv diskutiert. Von „Rinderwahnsinn am Zoo" (Potsdamer Neue Nachrichten 2014, S. 20) war beispielsweise die Rede, als Lieferando Ende 2014 für einige Wochen ein Riesenplakat mit dem Text „Wir Rinder vom Bahnhof Zoo" in unmittelbare Nähe des Berliner Bahnhofs Zoo postierte und damit auf die traurige Berühmtheit der drogenabhängigen Christiane

F. anspielte, die die bekannte „Schmuddelecke Westberlins“ 1978 in ihrer Biographie zum Spielort einer jugendlichen Minuskarriere im Fixermilieu machte. Auch die als Entschädigung für diesen Fauxpas gedachte Spende von Lieferando an eine soziale Einrichtung konnte die Geschmacksentgleisung nicht ganz heilen – wenn man Medienberichten dazu folgt.

Abb. 1.5 Kein Kind, sondern ein Rind von Dir
Quelle: Anett 2015, o. S.

1.3.2 Nachahmung werbungsfremder Textsorten als Beziehungsspiel von Systemreferenzen

Bei Einzeltextreferenzen liegt ein einzelner, identifizierbarer Text als Bezugsobjekt vor. Anders bei *Gattungs- oder Systemreferenzen*: Hier handelt es sich um ganze Textgattungen oder Textsorten, auf die referenziert wird. Ein einzelner Referenztext lässt sich im Fall dieser *„typologischen Intertextualität“* nicht nachvollziehen (Janich 2013, S. 234). Alle Texte sind nach Fix (2008, S. 26):

> „über das Muster der Textsorte, in der sie realisiert sind, miteinander verbunden. Das scheint eine triviale Erkenntnis zu sein. Wenn man es allerdings mit Texten zu tun hat, die dem Muster nicht mehr zweifelsfrei folgen, weil der Autor Textmuster miteinander mischt (z. B. politischer Protest als Todesanzeige formuliert), wird deutlich, dass diese Art der Intertextualität (Typologische Intertextualität) [...] nicht als Selbstverständlichkeit abgetan werden kann."

Verschiedene Formen solcher Systemreferenzen wurden weiter oben bereits vorgestellt. Für Werbekommunikation, die hier im Fokus der Betrachtung liegt, ist auffällig, dass die Nachahmung *werbungsfremder* Textsorten und -gattungen ganz besonders beliebt ist.

Ranft (2004, S. 39) berichtet von einer Schweizer Versicherung, *Die Mobiliar*, die in einer Werbeserie handskizzierte Schadensmeldungen präsentierte, die spielerisch und humorvoll zugleich wirkten und mit sehr einfachen Mitteln agierten: Auf einer Schulheftseite mit Strichzeichnungen von Kinderhand konnte der Rezipient leicht nachvollziehen, wie es z. B. zum Zimmerbrand oder Wasserrohrbruch kam. Mit dieser Imitation von Kinderzeichnungen wird Verständlichkeit auf breiter Basis garantiert. Zugleich arbeitete die Kampagne mit einer Transformation, denn die Zeichnung ersetzte das – von den Versicherten zumeist gefürchtete – Schadensformular. Die Glaubwürdigkeit dieses Vorgehens wurde durch einen Wettbewerb unterstützt, bei dem Versicherte fiktive, gezeichnete Schadensmeldungen bei der Versicherung einschicken konnten, die dann in der nachfolgenden Kommunikationskampagne tatsächlich Verwendung fanden.

Abstrahiert von diesem Fall stellt sich grundsätzlich die Frage, worin die beliebte Nachahmung werbungsfremder Textsorten in der Werbekommunikation motiviert ist. Zum einen ist hier das *Prinzip Abweichung* (Gaede 2002, Janich 2009) anzuführen. Werbung folgt diesem Prinzip, um Aufmerksamkeit zu gewinnen – eine knappe Ressource in der informationsübersättigten Gesellschaft. Aber dieses Motiv allein reicht nicht aus, denn es ist unspezifisch. Betrachtet man die Bandbreite von Gattungsreferenzen in der Werbung, kann man den Eindruck gewinnen, Werbung täte alles, um nur nicht als solche erkannt zu werden. Hintergrund dafür könnten die weit verbreiteten *Ressentiments gegen Werbekommunikation* an sich sein.

Betrachtet man z. B. das Layout von Werbeanzeigen, so ist auffällig, dass diese recht häufig wie redaktionelle Beiträge gestaltet sind, was man u. a. leicht am Spaltensatz, am Textumfang und am Text-Bild-Verhältnis erkennen kann. Auch sind Headlines häufig wie die journalistischer Textsorten getextet und orientieren sich an den Nachrichtenwerten. Als Einstiege findet man z. B. auch szenische Textanfänge, die an Reportagen, Portraits oder Features erinnern. Erst im Laufe der Lektüre merkt der Leser, dass der Text einen werblichen Charakter entwickelt.

Journalistische Texte haben im Vergleich zu Werbetexten einen *Glaubwürdigkeitsvorteil*. Sie orientieren sich am Allgemeininteresse und sind nicht Ausdruck wirtschaftlich orientierter Partialinteressen. Ihnen wird die Wahrung von *Objektivität* unterstellt und die *Behandlung relevanter Sachverhalte*. Kommt ein Werbetext in der Aufmachung eines journalistischen Beitrags daher, kann man davon ausgehen, dass sich Leseerwartungen an den oben genannten Kriterien orientieren.

Das Beispiel journalistischer Texte zeigt, dass mit Textsorten spezifische Eigenschaften assoziiert werden, die kulturell geformt sind. Textsorten folgen konventionellen Mustern. Werden diese gemischt, spricht man von *Mustermetamorphosen*. Durch die Mischung kann sich ein Werbetext als Phänotext mit bestimmten Charakteristika oder Werten aufladen, die konventionell der Referenztextsorte zugeschrieben werden. Im Fall der Mustermischung mit der journalistischen Textgattung wäre das beispielsweise die Objektivität. Nachfolgend sollen einige Beispiele typologischer Intertextualität in der Werbekommunikation und die korrespondierenden Wertorientierungen aufgezeigt werden, wobei zunächst auf einzelne Text*sorten* (Briefe, Waschzettel, Rezepte, Zeugnisse usw.) und dann auf eine ausgewählte Text*gattung*, das Märchen, eingegangen wird.

1.3.2.1 Textsortenreferenzen und transportierte Textsortenattribute in der Werbekommunikation

> „Schon oft habe ich versucht, mit Dir darüber zu reden, aber immer bist Du mir geschickt ausgewichen. Das Thema magst Du nicht, aber es muss gesagt werden. Deshalb jetzt auf diesem Weg: Mein lieber, lieber Schatz, ich hoffe, Du kannst mich verstehen und erkennst, wie wichtig Du für mich bist. Wir haben viele schöne Jahre miteinander verbracht und uns trotz mancher Meinungsverschiedenheit immer gut verstanden. Seit einiger Zeit jedoch hat sich etwas verändert […]"

Was so beginnt, wird leicht als *Brief* erkannt. Ein Kommunikationsmittel nicht der öffentlichen, sondern der *privaten Kommunikation*. Erst auf der zweiten Seite dieser mit tintenblau in Handschrift gestalteten Beziehungsoffenbarung auf kariertem Schreibblockpapier erfährt der Leser, dass das Paar, um das es hier geht, ein Kommunikationsproblem hat, dessen sich der Hörgeräteakustiker Pöthig gerne annehmen wird, denn später im Text heißt es; „Ich will, dass wir uns gut verstehen und dafür ist gutes Hören wichtig.". Die als Brief gestaltete Werbebeilage in Berliner Anzeigenblättern des Jahres 2008 führt in medias res und involviert den Rezipienten. Ein persönlicher Gruß per Postkarte oder ein handgeschriebener Brief als Zeichen von Authentizität und persönlicher Wertschätzung sind in Zeiten digitaler Kommunikation seltener als die SMS oder E-Mail geworden. Dennoch freuen sich die Empfänger solcher „antiquierten" Kommunikationsmittel durchaus darüber, einen Brief und nicht etwa eine elektronische Nachricht zu bekommen. *Persönliche Briefe* stehen für *Authentizität und Wertschätzung* in der persönlichen Kommunikation – etwas, was der öffentlichen Kommunikation via Plakat oder Anzeige nicht zugesprochen werden kann.

„Briefe bewegen die Welt" – so der Titel einer Buchreihe des Publizisten Hellmuth Karasek. Auf dieses Credo setzte z. B. auch der Sportartikelhändler Planet Sports (Slogan „You never ride alone") als er per Postwurfsendung 2014 einen persönlich gestalteten Brief an Verbraucher verteilte. Der handschriftliche Text mit Kritzel-Zeichnungen, der mit „Hey Du, jetzt muss ich mich mal wieder bei Dir melden…" begann, überraschte am Ende mit einer ungewöhnlichen Personifikation: Nachdem man die frohen Botschaften vom kostenfreiem Versand, Ratenzahlung und 365 Tagen Widerrufsrecht vernommen und den 20-Euro-Gutschein-Code „MISS-U-SO" dankend erhalten hatte, lauteten die Abschlusszeilen nämlich wie folgt:

> „Was meinst Du, wollen wir es nochmal zusammen versuchen? Oder war ich etwa nur ein One-Shop-Stand für Dich? Bis hoffentlich bald! Dein Warenkorb von Planet Sports."

Bis hierher dürfte der dem Unternehmen Planet Sports zugewandte Verbraucher wohl versöhnlich gestimmt sein – was immer auch das lange Schweigen zwischen ihm und dem Warenkorb verursacht hat. Falls er überhaupt so weit gelesen hat, muss einschränkend zu bedenken gegeben werden. Im Fall des Sportartikelhändlers, der sich bereits oben auf der ersten Seite des doppelseitigen Briefs zu erkennen gegeben hat, könnte sich beim Empfänger ja die Enttäuschung darüber, keinen persönlichen Brief, sondern nur ein „persönlich" inszeniertes Werbemailing in den Händen zu halten, gelegt haben.

Selbstverständlich muss am Ende der Rezipient solcher werblichen Brief-Nachahmungen die Enttäuschung verkraften, dass über das Textformat unangemessene Erwartungen in ihm zunächst entwickelt und dann eben nicht befriedigt worden sind. Im besten Fall aber, hat der Leser dann schon so viel über ein Produkt oder eine Dienstleistung erfahren, war die Kommunikation aufgrund der Inhalte für ihn so wertvoll, dass dem Absender der „kleine Formfehler" des Textformats vielleicht verziehen wird.

Manchmal helfen uns werbende Unternehmen, (Kommunikations-)Probleme zu lösen, manchmal wollen sie sich einfach nur als engagierter Konsumpartner in Erinnerung bringen. Und manchmal unterstützen sie uns mit guten Ratschlägen, um im Leben alles – dank ihrer Produkte oder Dienstleistungen – richtig zu machen. Darin liegt angesichts der immer gegenwärtigen Konkurrenz eine gewisse Anmaßung, die vielleicht in einer direkten Kommunikation via erkennbarer Werbung zu auffällig daherkommt. Diese Anmaßung kann ein werbendes Unternehmen abschwächen, in dem es für die Werbebotschaft eine Textsorte wählt, die per definitionem Ratgebercharakter hat und auf die Verbraucher unkritisch vertrauen. Zu diesen Textsorten darf man z. B. *Waschanleitungen und Kochrezepte* rechnen, die alltägliche *Autoritäten mit geringem Widerspruchsrisiko* darstellen. Ein Waschzettel informiert über Maschinenwäsche bzw. die Notwendigkeit der Handwäsche, die angemessene Wassertemperatur für den Waschgang und darüber wie ein Kleidungsstück nach der Wäsche getrocknet werden sollte.

Der *Hanser Verlag* beispielsweise nutzte das konventionelle Textmuster einer Waschanleitung als Layoutvorlage einer Werbeanzeige, um über den richtigen Konsum des von ihm herausgegebenen Buches „Nur wer fällt, lernt fliegen" von Anna Gavalda zu informieren (Hanser Verlag 2014, S. 11). Eine weitere Textsortenreferenz stellt die in Abbildung 1.6 dargestellte Kochrezept-Referenz der Bekleidungsmarke *Joe Browns* dar. Insbesondere Frauen wird unterstellt, sie fürchteten, im richtigen Moment das falsche Kleidungsstück zu tragen, was die vielfältigen Styling-Tipps der Modebranche nahelegen. Nach dem klassischen Rollenbild sind Frauen auch mit Kochrezepten eng assoziiert. Diese Stereotype traditioneller Rollenklischees bilden den Hintergrund für die werbliche Inszenierung der Marke, die die Dosierungen für das Erfolgsrezept von Joe Browns offenlegen. Über die Ernst- und Sinnhaftigkeit solcher Inszenierungen kann man sicher streiten und am besten nur im Einzelfall befinden.

Als Textsorten mit vergleichsweise noch höherem Anspruch an *Autorität und Respekt sowie Uneigennützigkeit* dürfen *Lexikoneinträge, Amtliche Mitteilungen oder Zeugnisse* gelten. Auch mit diesen Textsorten spielt die Werbung. Der Investmentmakler *Michael Schick Immobilien* wählte als Anzeigenformat beispielsweise den Lexikoneintrag:

> „Schick, der; Synonym für Immobilienkompetenz im Markt für Zinshäuser in Berlin."

Und als zweite Begriffserläuterung gleich darunter:

> „Schick | eria, die; Gesamtheit der bestqualifizierten Zinshausexperten in Berlin." (Schick Immobilien 2013, S. 1).

Abb. 1.6 Erfolgsrezept für die Marke Joe Browns
Quelle. Quelle: Sheego 2011, o. S.

Das Unternehmen *Siemens* wählte 2016 anlässlich des 200. Geburtstags des Gründers Werner von Siemens als Anzeigenmotiv seiner neuen Dachmarkenkampagne „Ingenuity for Life" ebenfalls einen Lexikoneintrag als Textmuster – was wohl der Komplexität des Begriffs geschuldet ist, den das Unternehmen als Identifikationsmerkmal für sich beansprucht. Das entsprechende Anzeigenmotiv zeigt Abbildung 1.7.

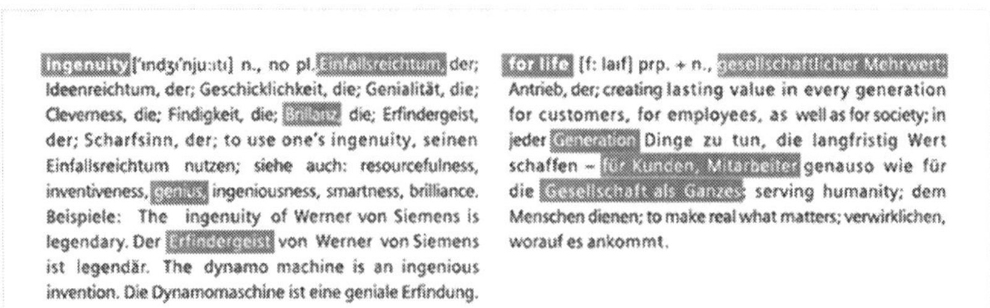

Abb. 1.7 Lexikoneintrag als Anzeigenmotiv der Dachmarkenkampagne von Siemens 2016
Quelle: Siemens 2016, o. S.

Der Radiosender ENERGY Berlin verfasste 2012 eine „Wichtige Mitteilung an alle Mieter“, dessen Absender das „Amt für Gute Unterhaltung“ war, das sich kraft des auf dem Schreiben abgebildeten Adlers als Wappentier Respekt für folgende Weisung verschaffte:

> „Dieser Anordnung nach gibt es nur noch ein Radioprogramm, welches die Anforderung nach § 6 Abs. 2 GgU (Gesetzbuch für gute Unterhaltung) erfüllt und daher nachgewiesenermaßen in der Lage ist, Berliner Haushalte angemessen zu unterhalten. [...] Hiermit weisen wir Sie an, dieser Anordnung nachzukommen und sobald als möglich, spätestens jedoch morgen früh, Ihre Radiogeräte und andere Rundfunkempfänger auf die 103,4 MHz umzustellen.“ (Quelle: ENERGY Berlin 2012, S.1)

Da Amtliche Mitteilungen in der Kommunikation durchaus unerfreuliche Wirkungen entfalten können und mediale Gleichschaltungen bekanntlich auch negative Assoziationen haben, darf dieser Fall von Textsortenreferenz sicher nicht als Erfolgsgarant missverstanden werden. Als letztes Beispiel soll eines angeführt werden, das dem Konsumenten mehr schmeichelt als droht. Mit Ende des Schuljahres 2013 verteilte das Einkaufscenter *Das Schloss* in Berlin ein Zeugnisheft in klassischer Lederanmutung einer Dokumentenmappe, in der mit einer großen Rabatt-Aktion für alle Schülerinnen und Schüler der Fleiß im letzten Schuljahr belohnt werden sollte. In über 30 Geschäften von „Berlins fantastischer Shoppingwelt“ konnte gegen Vorlage des aktuellen Jahrgangszeugnisses Rabatt verlangt werden. Auch die Innengestaltung der Werbebroschüre orientierte sich am Zeugnislayout und -stil.

Jeder im Einkaufscenter ansässige Anbieter hatte eine identisch gestaltete Zeugnisseite als Werbefläche und erhielt hier selbstverständlich Bestnoten, wie das Beispiel *Bijou Brigitte* illustrieren kann: „Die kreative Bijou Brigitte gestaltet sehr farbenfrohe, ausdrucksvolle Schmuckstücke und geht dabei mit allen Materialien äußerst geschickt und stilsicher um“. Für Ordnung gab es die Note „1+“, ebenso für Betragen und Auswahl. Auch diese Systemreferenz transportiert Werte, die der Werbung primär nicht unterstellt werden können. Von Autorität und Authentizität bis zu Respekt und Wertschätzung machen Textsortenreferenzen in Form eines Imagetransfers der einen Textsorte auf die andere für werbliche Kommunikation – fast – alles möglich.

1.3.2.2 Textgattungsreferenz auf Märchen und ihr moralischer Mehrwert für die Werbung

Märchen gelten als *moralische Instanzen*, die *pädagogische Ziele* für Kinder und Erwachsene verfolgen. Die korrespondierenden Druckwerke können als Märchen- und Erziehungsbücher zugleich gelten – so der Märchenforscher Heinz Rölke (nach Botica 2013, o. S.). Ganz besonders gilt das für die *Kinder- und Hausmärchen der*

Gebrüder Grimm, die es sich zum Ziel gemacht hatten, vor über 200 Jahren mündlich tradierte Geschichten in ihrem Märchenbuch vor dem Untergang zu bewahren. Die Brüder Jacob und Wilhelm Grimm waren Juristen und damit verständlicherweise am gerechten Strafmaß für die unterschiedlichsten Vergehen interessiert (Botica 2013, o. S.), das sich freilich bis heute modernisiert hat. Geblieben ist eine strenge Morallehre der als Gründungsväter der Germanistik geltenden Brüder Grimm, die in den gesammelten Geschichten umgesetzt wurde.

Bei Märchen handelt sich um eine gut bekannte Textgattung, ihre Erzählungen selbst sind kulturell verankert und können als Teil des kollektiven Gedächtnisses oder Wissensrepertoires einer Gesellschaft betrachtet werden. Häufig sind die Gegenstände von Märchen grausam, die Handlungen unmoralische, die Strafen harte, aber egal was auch passiert ist, am Ende siegt das Gute, es gibt immer einen Helden, der das Chaos befriedet.

Kritisch betrachtet wurden Märchen insbesondere in den 1960er Jahren und als „Instrumente bürgerlicher Repression" (Der Spiegel 1977, S. 153) verunglimpft. Der amerikanische Psychoanalytiker Bruno Bettelheim hat sie mit seinem äußerst populär gewordenen Werk „Kinder brauchen Märchen" (1977) wieder rehabilitiert. Für ihn helfen Märchen Kindern, das Chaos in ihrem Unbewussten zu bewältigen, in dem sich destruktive Neigungen und Phantasien tummeln. Diese eigene Wahrheit erkennt das Kind, es ist die Wahrheit der eigenen Phantasie – und Märchen „bieten Erkenntnis des Lebens von innen her" (vom Orde 2012, S. 8).

Tiefenpsychologisch gedacht, können sie als „Wachträume der Völker" oder „universelle Phänomene der Psyche" gelten (Der Spiegel 1977, S. 153). In ihnen werden Ängste und Konflikte, unmoralische Handlungen und das Böse überhaupt thematisiert. Als *Lebenshilfe* können Märchen gelten, weil sich an ihrem Ende Konflikte auflösen, Ängste sich erledigen und sich der Phantasie neue Handlungsfreiheiten da erschließen, wo das Böse regiert hat, bevor am Ende das Gute darüber triumphiert.

Die Drehbücher der Archetypenlehre, die Märchen bestimmen, sind also zeitlos und finden bei ihrer Aktivierung dankbare Rezipienten. Das „hässliche Entlein" oder das „Aschenputtel" sind Identifikationsfiguren, an denen sich Kampagnen zum Beispiel für wahre Schönheit (Dove) orientieren können. Und dass „ein Paar Schuhe dein ganzes Leben verändern können", weiß nicht nur Cinderella, sondern auch der Werber von TIVOLA Schuhen, der mit einer Referenz auf das Märchen eine Rabattaktion im Jahr 2014 bewarb (Tivola 2014, S. 1).

Mit Ironie und Witz ließ ab April 2014 bis Ende 2015 die Minijob-Zentrale Dornröschen, Rotkäppchen und Schneewittchen aus den Grimmschen Märchen als Testimonials wieder erwachen – wie die Abbildungen 1.8 und 1.9 zeigen – und machte sie zu wichtigen Protagonisten einer Kampagne, die in Anzeigen, Fernsehspots und Online die weltberühmten Originalmarionetten der Augsburger

Puppenkiste für die Rechte von Minijobbern in Privathaushalten tanzen ließ. Verbindendes Credo aller märchenhaften Inszenierungen gegen Schwarzarbeit im Haushalt war, dass die Anmeldung von Haushaltshilfen dank der Dienstleistung der Minijob-Zentrale „märchenhaft einfach" ist. Die Kampagne fand viel Anklang in den Medien (vgl. z. B. Schobelt 2014, o. S.) und wurde beim Politik Award der Zeitschrift *Politik und Kommunikation* Gewinner des Jahres 2014 in der Kategorie „Kampagnen von öffentlichen Institutionen" (vgl. Quadriga Media 2015, o. S.).

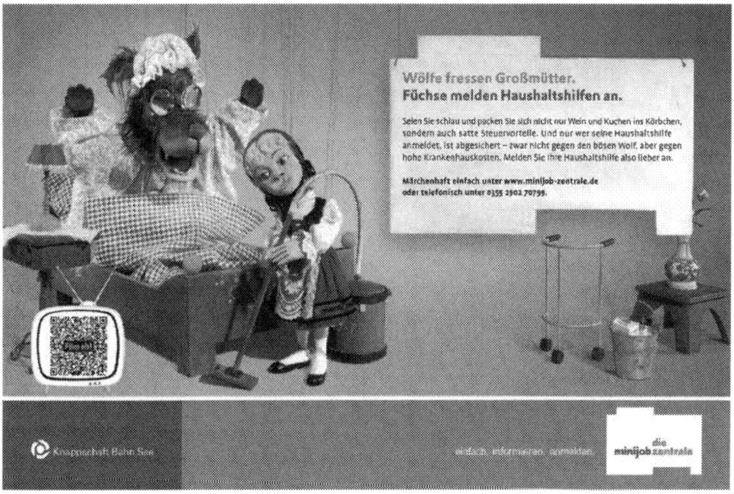

Abb. 1.8 Rotkäppchen im Einsatz für Minijobber
Quelle: Serviceplan 2014, o. S.

Wer die TV-Spots oder Anzeigen sieht, fühlt sich zugleich an Märchen aus der Kindheit erinnert. Als Instanz der Moral verweist das Märchen – aber auch die Augsburgerpuppenkiste als Institution – auf *Werte wie Respekt, Ehrlichkeit und Gerechtigkeit*. Das Textverstehen in dieser Kampagne kann als ein Rekonstruktionsprozess verstanden werden. Märchen folgen bestimmten Erzählschemata, die als Textgerüst helfen, die ursprüngliche Geschichte wieder zu erinnern und damit die Abweichung vom alten Erzählschemas im Phänotext der Werbung zu erkennen und so die Essenz der neuen Geschichte zu erfassen.

Wichtig für das Erreichen des Kommunikationsziels ist also, dass die Abweichung erkannt wird, um den Informationswert des aktuellen Textes und den Mehrwert der Schema-Übertragung zu erfassen. Textkohärenz, die Geschlossenheit des Gewebes von Sprache, ergibt sich hier also durch die selbstverständliche, implizite Sinnvoraussetzung des gewählten Referenzmusters, denn

> „Ein Text ist ein komplexer sprachlicher Ausdruck, der einerseits etwas direkt sagt oder bedeutet und der andererseits aber auch immer Verschiedenes mitsagt, mitbedeutet, mitmeint oder mitzudenken oder mitzuverstehen aufgibt. […] Der Text selber präsupponiert das implizit Mitgesagte, Mitgemeinte, Mitzuverstehende" (Linke & Nussbaumer 1988, S. 35).

Auch wenn die neuen Geschichten, die die Augsburger Puppenkiste erzählt, eine überraschende Wende hin zur modernen Haushaltshilfe und ihrer sozialen Absicherung nehmen, bleibt eines doch in den neuen wie in den alten Geschichten gleichermaßen möglich: Das gute Ende! In der Werbung der Minijobzentrale kann das Märchen aber nur dann ein gutes Ende haben, wenn der Leser der Anzeige oder der Betrachter der Fernsehspots selbst das möglich macht: Er kann nämlich der Held der Geschichte werden, wenn das pädagogische Ziel erreicht wird und er seine Haushaltshilfe anmeldet. Ende gut. Werbung gut. Und moralischer Mehrwert der werblichen Inszenierung dank Märchenreferenz: 100 Prozent!

Abb. 1.9 Dornröschen im Einsatz für Minijobber
Quelle: Serviceplan 2014, o. S.

1.4 Chancen und Risiken von Intertextualität in der Werbung

Mit Intertextualität verbindet sich eine große Bandbreite von Spielmöglichkeiten mit überkommenem Textmaterial. Der Kreativität sind damit kaum Grenzen gesetzt, der Frage des guten Geschmacks allerdings schon. Über diesen kann man bekanntlich streiten. Die Aufmerksamkeitsstärke von Werbung hängt generell auch davon ab, dass Grenzen überschritten werden und durch Abweichung Überraschungen und Erwartungsbrüche mit Mehrwert entstehen. Die weiter oben angeführten allgemeinen und formspezifischen Funktionen von intertextuellen Referenzen werden intensiv in der Werbekommunikation genutzt und tragen zweifelsohne zur Attraktivität von Texten maßgeblich bei.

Aber nicht jedem intertextuellen Bezug ist der positive Mehrwert sicher. Es werden auch Irritationen und unfreiwillige Stilblüten produziert oder gar im Spiel mit Tabus gezielt Geschmacksverfehlungen oder gar Verletzungen des Anstands oder der Gefühle von Rezipienten in Kauf genommen. Die Wahl von Referenztexten muss zum beworbenen Produkt oder zur angebotenen Dienstleistung wie auch zum Unternehmen als Absender passen. Sie sollte außerdem zielgruppenaffin sein – wobei die Zielgruppe sich als so heterogen erweisen kann, dass konsensfähige Kommunikationsstrategien kaum sicher vorherzusagen sind. Ob eine intertextuelle Strategie zweckdienlich ist oder nicht, ist oftmals auch eine *Frage des Kontexts*. Dieser wirkt zuweilen recht willkürlich gesetzt, wie das Beispiel von Online Sprachkursen von Babbel zeigt, das seine Sprachtrainings textlich in Weinverkostungsreferenzen zwängt:

> „Wir stoßen an: Auf die Sprachen!
> Ausgewogenes Bouquet aus 13 verschiedenen Sprachen.
> Gefällt im Mund durch integriertes Aussprachetraining.
> Der Wiederholungsmanager sorgt für einen Nachhall erfrischender Vokabeln.
> Bei jeder Temperatur zu genießen, im Web oder unterwegs mit der App." (Lesson Nine 2014, S. 73)

Zu achten ist außerdem darauf, ob ein Referenztext positiv oder negativ konnotiert ist. Heute kann man davon ausgehen, dass für viele Menschen das Rauchen von Nikotin negative Assoziationen weckt. Von Zigarettenpackungen und Werbeanzeigen kennt man die Aussage „Rauchen gefährdet die Gesundheit". Die S. Fischer Verlage haben diese *negative Konnotation* vielleicht nicht angemessen berücksichtigt als sie 2015 Plastiktüten für Buchhändler zur Weitergabe an Kunden distribuierten, auf denen im Layout von Texten auf Zigarettenpackungen die Worte „Lesen gefährdet die Dummheit" gedruckt waren.

Beim Einsatz von Intertextualität ist auch zu bedenken, ob diese im Rahmen der eigenen *Corporate Identity* passend ist oder nicht. Die *Deutsche Bahn* warb im Sommer 2015 im Stil der Boulevardzeitung *Bild* um Bahncard-Kunden und schickte an rund 1,4 Millionen Kunden eine Mini-Bild-Zeitung, die vom Layout bis zur Schlagzeile das System Bild kopierte. Da nun das Image des reproduzierten Mediums durchaus ambivalent ist und das Ganze wie ein „peinlicher Abklatsch" (Alvarez 2015, S. 23) wirkte, war das Echo auf diesen Stilbruch negativ.

In einer multikulturellen Gesellschaft ist im Übrigen *interkulturelle Sensibilität* gefragt. Auch vor diesem Hintergrund muss sich Intertextualität als geschmeidig erweisen. Das gelingt nicht immer, wie das Beispiel einer Imageanzeige des Landes Baden-Württemberg aus dem Jahr 2013 zeigt, in der es heißt: „Die Integration steckt bei uns schon in den Kinderschuhen. Was Hänschen nicht lernt, lernt Hans nimmermehr. Das ist bei Hassanchen nicht anders."

Themen, die in der öffentlichen Kommunikation tabuisiert sind, sollten auch nicht zwanghaft in diese hineinkatapultiert werden. *Schamgrenzen* verbieten beispielsweise die öffentliche Erörterung von Analleiden. Daran wird auch eine Werbung von *Faktu Lind* auf BVG-Bussen 2015 nichts ändern, die da lautete: „Nächster Halt bei Hämorrhoiden. Faktu Lind in der Apotheke". Eine Kulturrevolution wird das nicht auslösen, aber vielleicht Irritationen.

Vorsicht geboten ist auch vor *Selbstüberhöhungen*. Zum 25-jährigen Jubiläum des Mauerfalls schaltete der Automobilhersteller VW eine Anzeige in der BILD-Sonderausgabe zum 9. November 2014, in der die Parallele „Wir sind das Volk." und „Wir sind das Auto." zumindest etwas gewagt wirkte. Werden für Selbstüberhöhungen *Götter* bemüht oder *religiöse Feste* instrumentalisiert, kann auch das ins sprichwörtliche Auge gehen. So wirkte die Lieferando-Weihnachtskampagne 2014 auf manchen Konsumenten eher als „Appetitzügler" denn als Anreger für das Geschäft des Essenslieferanten: „Ein glänzend-fettiger Burger mit Weihnachtsmütze ziert die Weihnachts-Kampagne, dazu ein peinliches ‚Ihr Rinderlein kommet', und es geht noch weiter: ‚Jetzt Christus geliefert' haut in dieselbe Kerbe […]." (Wellnitz 2014, o. S.). Prädikat: Geschmacklos!

Gott und Religion sind aber nicht zwingende Tabus für Werbung im Allgemeinen und Intertextualität im Besonderen. Eine Referenz auf Übermenschliches kann durchaus auch zum Schmunzeln anregen: Die Baumarktkette *Hornbach* warb im Frühjahr 2015 auf Plakaten zur Eröffnung der Beetpflanzen-Saison mit der Zeile „Eure Beete wurden erhört". Der Satz wirkt auf wintermüde Rezipienten, die es nicht erwarten können, dass endlich Balkon und Garten vom Eise befreit sind, wie eine kleine Erlösung: „Gott – bzw. Hornbach – sei Dank" ist nämlich dann die Zeit der Frühblüher gekommen.

Bleibt eine letzte Tabuzone: *Tod und Sterben*. Wer damit spielt, treibt immer ein – zumindest etwas – makabres Spiel. So wie der Eiscremehersteller *Ben und Jerry*, der auf Großflächenplakaten mit der Redewendung „den Löffel abgeben", einem verhüllenden Ausdruck für Sterben, auf die Attraktivität seiner Eiscreme referenzierte: „Wer einmal den Löffel abgibt, bekommt ihn nicht wieder. Das Leben ist nicht immer fair." (Ben und Jerry 2011, o. S.) und „Den Löffel abgeben? Im Leben nicht." (Ben und Jerry 2015, S. 1). Aber Witze sind eben manchmal makaber – das macht für viele erst die erheiternde Wirkung aus. Anderen gefällt das nicht zwingend.

Durchaus akzeptabel kann auch die Werbung mit dem Tod gegen den Tod sein, wie der deutsche Verkehrssicherheitsrat (DVR) und das Bundesverkehrsministeriums mit der Kampagne „Runter vom Gas" 2008 zeigte. Alle Werbeplakate der Kampagne folgten einer Textmusterreferenz, die sich am Layout von Traueranzeigen orientierte, wie die Abbildung 1.10 illustriert. Kritischer zu beurteilen ist allerdings die in Abbildung 1.11 gezeigte Traueranzeige der *Casino Merkur Spielothek*. Diese ungewöhnliche Trauerbekundung der Geschäftsführung des Unternehmens zeigte sich als großformatiger Aushang im Schaufenster der Spielhalle am Nollendorf Platz in Berlin im März 2015.

Abb. 1.10 Kampagnenmotiv „Runter vom Gas" 2008
Quelle: Deutscher Verkehrssicherheitsrat 2015, o. S.

„Ehrlich währt nicht immer am längsten.

Nach vielen Tiefschlägen durch die Berliner Gesetze
müssen wir Abschied nehmen von unseren Filialen
in Berlin in der Lietzenburger Straße und
am Kottbusser Damm.

Das legale Spiel

Lietzenburger Straße 86	Kottbusser Damm 2-3
* 28. Januar 1981	* 14. Oktober 1983
+ 18. März 2015	+ 18. März 2015

In großer Trauer:
25 MitarbeiterInnen,
die ihren Arbeitsplatz verlieren.
Der ehrliche Spielgast.

Todesursachen:
Illegale Anbieter, Berliner Café-Casinos,
das Berliner Spielhallengesetz

Berlin, den 18. März 2015
Beileidsbekundungen bitten wir Sie zu richten an den
Berliner Senat, Jüdenstraße 1, 10178 Berlin"

Abb. 1.11 Traueranzeige der Casino Merkur Spielothek 2015
Quelle: Texttransskript der Traueranzeige

Sie ist zugleich Ursachenanalyse, Appell und Schuldzuweisung in Richtung Politik dafür, dass aufgrund einer neuen gesetzlichen Regelung Spielhallen schließen mussten. Es drängt sich hier die Frage auf, wie diese Textkomposition auf Menschen wirkt, die gerade den Verlust eines Menschen verschmerzen müssen. Textspiele mit dem Thema Tod sind immer riskant, manchmal sind sie aber auch geschmack- und pietätlos. Risiko ist hier, dass der Mehrwert der Textsortenreferenz negativ ist und das einen höheren Erinnerungswert als das eigentliche textliche Anliegen hat.

Intertextualität folgt, wie eingangs erläutert, einem *dialogischen Prinzip* in zweifacher Weise: Zwei Texte interagieren miteinander und sie tun dies vor dem Hintergrund einer spezifischen Intention des Autors. Ob der Dialog dieser Absicht folgt, ob er gelingt, hängt auch von der kommunikativen Zugewandtheit und den kognitiven wie emotionalen Potenzialen des Rezipienten ab. Werbung, die auf Intertextualität setzt, kann bei guter Erkennbarkeit Mehrwert in verschiedener

Hinsicht erlangen. Und sie kann damit auch „ein Barometer für gesellschaftliche Trends und Indikator für die Bekanntheit von Referenztexten" sein (Janich 2013, S. 239). Allerdings kann es auch unerwünschte Rückwirkungen auf die beliehenen Textprodukte anderer geben. Insbesondere kulturelle „Klassiker" dürften diesbezüglich häufiger in inakzeptabler Weise strapaziert werden.

Nach Auffassung von Ranft (2004, S. 36) kann *Intertextualität* auch im negativen Sinne als *„Strategie der Parasiten und Schmarotzer"* verstanden werden. Werbung bedient sich beim Kulturgut einer Gesellschaft, um eigene Produkte oder Dienstleistungen anzupreisen. Dies ist eine recht ökonomische Strategie, die auf wenig eigene Investitionen setzt, und sie ist vergleichsweise schlicht: Man bezieht sich auf etwas bereits Bekanntes, mit dem positive Konnotationen verbunden sind. So kann das Akzeptanzrisiko reduziert und zugleich Nähe zum Publikum erreicht werden. Mit Intertextualität kann Werbung im Übrigen auch noch das Hauptanliegen, zu werben und zu verkaufen, geschickt kaschieren oder zumindest in den Hintergrund rücken. Intertextuelle Strategien können folglich eine Art *„Gleitmittel" oder „Trittbrett" für die Werbebotschaft* darstellen (Ranft 2004, S. 36).

Werden Texte aus dem Kulturgut einer Gesellschaft für intertextuelle Spiele in der Werbung verwendet, ist die Frage naheliegend, ob das immer den Autoren der Referenztexte gefällt oder sie sich gegebenenfalls in dem sprichwörtlichen „Grabe umdrehen" möchten. Insbesondere literarische und künstlerische Anleihen dürften durch ihre Instrumentalisierung und Kommerzialisierung nicht immer kritiklos bleiben. Eine Art Trost könnte aber in dem von Ranft (2004, S. 41) formulierten *„Vampir-Effekt"* liegen: Die Werbung als „Vampir" betrachtet, garantiert Texten ein langes Leben, „Denn der Vampirmythos besagt ja [...], dass derjenige, der gebissen wird, selbst zum Vampir wird. Und ein Vampir ist bekanntlich unsterblich... Das Referenzobjekt lebt auf diese Weise in anderer Form in der Werbung weiter." Und welcher Texter träumt nicht von der Unsterblichkeit seiner Werke?

Literatur

ADAC (2014). ADAC Motorwelt. Ausgabe 11/2014.

Alvarez, Sonja (2015). *Bahn macht auf „Bild"*. Der Tagesspiegel, 06.08.2015, S. 23.

Bachtin, Michael M. (1979). *Die Ästhetik des Wortes*. Frankfurt a. M.: Suhrkamp Verlag.

Ben und Jerry (2015). *Original Werbeplakat „Den Löffel abgeben"*. Berlin Großflächenplakat im Sommer 2015.

Berndt, Frauke & Tonger-Erk, Lily (2013). *Intertextualität: Eine Einführung. Grundlagen der Germanistik – 53*. Berlin: Erich Schmidt Verlag.

Bettelheim, Bruno (1977). *Kinder brauchen Märchen.* Stuttgart: Deutsche Verlagsanstalt.

Binder, Elisabeth (2014). *Darauf einen Gorbatschow. 25 Jahre Mauerfall. Wie Berlin das Jubiläum feierte und sich dabei neu entdeckte.* Der Tagesspiegel, 10.11.2014, S. 9.

Burger, Harald (2010). *Phraseologie. Eine Einführung am Beispiel des Deutschen.* Berlin: Erich Schmidt Verlag.

Der Spiegel (1977). *Märchen: Lebenshilfe für Kinder.* Der Spiegel. Nr. 10/1977, S. 153-158.

Der Tagesspiegel (2015). *„Alles, was Recht ist".* Eine Beilage in Kooperation mit dem Berliner Anwaltsverein. 69. Jg. Nr. 21870, 15.11.2013.

ENERGY Berlin (2012). Originalaushang „Wichtige Mitteilung an alle Mieter". Berlin: Radio ENERGY Berlin.

Fiedler, Maria (2015). *Klappe auf! Über das Geheimnis sprechender Mülleimer.* Der Tagesspiegel, 28.06.2015, S. 35.

Fix, Ulla (1997). Kanon und Auflösung des Kanons. Typologische Intertextualität – ein ‚postmodernes Stilmittel'? Eine thesenhafte Darstellung. In Gerd Antons & Heike Tietz (Hrsg.), *Die Zukunft der Textlinguistik. Traditionen, Transformationen, Trends.* Reihe Germanistische Linguistik 188 (S. 97-108). Tübingen: Niemeyer Verlag.

Fix, Ulla (2008). Text und Textlinguistik. In Nina Janich (Hrsg.), *Textlinguistik. 15 Einführungen* (S. 15-34). Tübingen: Gunter Narr Verlag.

Gaede, Werner (2002). *Abweichen von der Norm. Enzyklopädie kreativer Werbung.* München: Buchverlage Langen Müller Herbig.

Genette, Gèrald (1982). *Palimpseste. Die Literatur auf zweiter Stufe.* Frankfurt a. M.: Suhrkamp Verlag.

Hanser Verlag (2014). *„Nur wer fällt, lernt fliegen".* Werbeanzeige. Zeitmagazin, Nr. 23, 31.07.2014, S. 11.

Heymann Brandt De Gelmini Werbeagentur AG (Hrsg.). (2009). *Von der Litfasssäule ins Schulbuch – BSR-Kultkampagne.* Pressemitteilung, 07.12.2009.

Janich, Nina (2008). Intertextualität und Text(sorten)vernetzung. In Nina Janich (Hrsg.), *Textlinguistik. 15 Einführungen* (S. 177-196). Tübingen: Gunter Narr Verlag.

Janich, Nina (2009). Wiederholung und Verfremdung. Strategien in Werbung und Werbesprache. In Heidemarie Anderlik & Katja Kaiser (Hrsg.), *Die Sprache Deutsch. Eine Ausstellung des Deutschen Historischen Museums.* Katalog zur Ausstellung (S. 292-300). Dresden: Sandstein Verlag.

Janich, Nina (2013). *Werbesprache. Ein Arbeitsbuch.* Tübingen: Narr Francke Attempto Verlag.

Kristeva, Julia (1972). Probleme der Textstrukturation. In Heinz Blumensath (Hrsg.), *Strukturalismus in der Literaturwissenschaft* (S. 243-262). Köln: Kiepenheuer & Witsch. Tübingen: Narr Francke Attempto Verlag.

Kurz, Josef (2010). Die Überschrift. (Der Titel). In Josef Kurz, Daniel Müller, Joachim Pötschke, Horst Pöttger & Martin Gehr (Hrsg.), *Stilistik für Journalisten. Lehrbuch* (S. 299-321). Wiesbaden: VS Verlag für Sozialwissenschaften – Springer Fachmedien.

Lehn, Isabelle (2011). *Rhetorik der Werbung. Grundzüge einer rhetorischen Werbetheorie.* Konstanz: UVK Verlagsgesellschaft mbH.

Linke, Angelika & Nussbaumer, Markus (1988). *Kohärenz durch „Präsuppositionen".* Der Deutschunterricht. Bd. 40/6, S. 29-53.

Opilowski, Roman (2012). Wie komplex ist die Fremdreferenz in der Werbung? Zur Diskursivität multimodaler Texte. In Philipp Dreesen, Lukasz Kumięga & Constanze Spieß (Hrsg.), *Mediendiskursanalyse. Diskurse – Dispositive – Medien – Macht* (S. 229-250). Wiesbaden: Springer Fachmedien.

Orde vom, Heike (2012). *Bruno Bettelheim: Kinder brauchen Märchen.* TELEVIZION, 25.02.2012/, S. 8-9.
Potsdamer Neue Nachrichten (2014). *Rinderwahnsinn am Zoo*, 11.11.2014, S. 20.
Ranft, Noémi (2004). *„Ein Vampir stirbt nicht!" Intertextualität in der Werbung.* Medienwissenschaft Schweiz. 02/2004, S. 36-41.
Sabban, Annette (2012). Werbekommunikation phraseologisch. In Nina Janich (Hrsg.), *Handbuch Werbekommunikation. Sprachwissenschaftliche und interdisziplinäre Zugänge* (S. 89-106). Tübingen: UTB/Narr Francke Attempto Verlag.
Schick Immobilien (2013). *Werbeanzeige Schick – Lexikoneintrag.* Der Tagesspiegel, 13.10.2013, S. 1.
Tivola Schuhe (2014). Original Rabattcoupon „Ein paar Schuhe können Dein ganzes Leben verändern". Tivola Schuhe Berlin-Steglitz.
Ziem, Alexander (2012). Werbekommunikation semantisch. In Nina Janich (Hrsg.), *Handbuch Werbekommunikation. Sprachwissenschaftliche und interdisziplinäre Zugänge* (S. 65-88). Tübingen: UTB/Narr Francke Attempto Verlag.

Online-Quellen

Anett (2015). *Werbung, die Hunger macht und zum Lachen bringt.* Blogeintrag. https://www.lieferando.de/werbung#!. Zugegriffen: 19. Juni 2015.
Ben und Jerry (2011). *„Den Löffel abgeben."*. Werbeplakat. https://niewiederoderdoch.files.wordpress.com /2011/07/reglame3.jpg. Zugegriffen: 29. Juni 2015.
Berliner Stadtreinigungsbetriebe (2015). *Marketing bei der BSR.* http://www.bsr.de/14696.html. Zugegriffen: 26. Juni 2015.
Botica, Melanie (2013). *Warum Kinder Märchen brauchen.* Focus-Online, 20.09.2013. www.focus.de/familie/kinderspiele/medien/zum-150-todestag-von-jacob-grimm-warum-kinder-maerchen-brauchen_id_2400346.htm. Zugegriffen: 11. August 2015.
Deutscher Verkehrssicherheitsrat (2015). *Runter vom Gas.* http://www.dvr.de/download/runtervomgas2.jpg. Zugegriffen: 12. August 2015.
EDEKA-Verbund (2012). *„Einfach näher."*. Unternehmensbericht 2012. http://www.edeka-verbund.de/Unternehmen/de/geschaeftsbericht_2012/home_2012/index.jsp. Zugegriffen: 29. Juni 2015.
Frankfurter Allgemeine Zeitung (2015). *Offizielle Homepage.* http://verlag.faz.net/unternehmen/kluge-koepfe/. Zugegriffen: 24. Juni 2015.
HLW-Redaktionsbüro (2012). *Offizielle Homepage.* http://www.infodienst.de/spirituosen?page=37. Zugegriffen: 8. Juli 2015.
Lesson Nine GmbH (2014). *„Wir stoßen an: Auf die Sprachen!"*. Werbeanzeige für Babbel Sprachkurse Mobil. Kundenmagazin der Deutsche Bahn AG. 8/2014, S. 73.
Preissler, Brigitte (2010). *„Seitenweise Text abschreiben – das ist keine Intertextualität"*. Interview mit der Philosophin Julia Kristeva. Die Welt, 03.06.2010. http://www.welt.de/welt_print/kultur/article6825629/Seitenweise-Text-abschreiben-das-ist-keine-Intertextualitaet.html. Zugegriffen: 29. Juni 2015.
Prinz (2011). *Diamonds are a man's best friend.* http://prinz.de/muenchen/artikel/96192-diamonds-are-a-man-s-best-friend-/21.10.2011. Zugegriffen: 8. Juli 2015.

Reidel, Michael (2015). *Blush. Dessous treffen besser als das G36.* Horizont Net, 20.04.2015. http://www.horizont.net/marketing/nachrichten/Blush-Dessous-treffen-besser-als-das-G36-133968. Zugegriffen: 7. August 2015.

Renner Jones, Thomas (2014). *Kreativagentur Berlin: fhain ideas startet zweite Kampagne für lieferando – „Isch bin Dir Farfalle"*, 07.10.2014. http://www.fine-sites.de/kreativagentur-berlin-fhain-ideas-startet-zweite-kampagne-lieferando. Zugegriffen: 19. Juni 2015.

Rentz, Ingo (2014). *Blush Kampagne. Glow fährt für Ursula von der Leyen schwere Geschütze auf.* Horizont Net, 14.10.2014. http://www.horizont.net/marketing/nachrichten/Blush-Kampagne-Glow-faehrt-fuer-Ursula-von-der-Leyen-schwere-Geschuetze-auf-130889. Zugegriffen: 7. August 2015.

Saal, Marco (2014). *Ukraine-Krise. Blush zeigt Putin die „schärfste Waffe der Nato".* Horizont. Net, 05.05.2014. http://www.horizont.net/agenturen/nachrichten/Ukraine-Krise-Blush-zeigt-Putin-die-schaerfste-Waffe-der-Nato-120377. Zugegriffen: 7. August 2015.

Scharlach, Andreas (2015). *REWE Regional „Kartoffel".* Abbildung. http://www.alexander-scharlach.com/rewe-regional/#jp-carousel-628. Zugegriffen: 10. August 2015.

Schobelt, Frauke (2014). *Augsburger Puppenkiste kämpft für Minijobber.* Werben & Verkaufen, 24.04.2014. http://www.wuv.de/marketing/augsburger_puppenkiste_kaempft_fuer_minijobber. Zugegriffen: 11. August 2015.

Sheego (2011). *Online-Katalog.* www.sheego.de/is-in/INTERSHOP.enfinity/WFS/Sheego-SheegoDe-Site/de_DE/-/EUR/BrowseCatalog-Start?CategoryName=kat_ma_jb. Zugegriffen: 30. September 2011.

Serviceplan (2014). *Minijob-Zentrale.* Pressemitteilung, 24.04.2014. http://www.serviceplan.com/files/serviceplan.com /06_Press/Press-Releases/14-04-24_Minijob-Zentrale/minijob-zentrale_rotkaeppchen.jpg. Zugegriffen: 11. August 2015.

Siemens (2016). *Illustration Ingenuity for life.* http://m.siemens.com/pool/de/ifl_dictionary_de_mobi.png. Zugegriffen 13. Mai 2016.

Three Sixty Vodka (2015). *Facebook App.* http://www.mercurio-drinks.de/hersteller/schwarze-und-schlichte/bildmaterial/three-sixty-vodka-macht-facebook-fans-zum-v-i-p-im/view. Zugegriffen: 8. Juli 2015.

Wellnitz, Jeanne (2014). *Appetitzügler zur Weihnachtszeit.* Pressesprecher. Magazin für Kommunikation, 11.12.2014. http://www.pressesprecher.com/nachrichten/appetitzuegler-zur-weihnachtszeit-8651. Zugegriffen: 12. August 2015.

Quadriga Media (2015). *Gewinnerliste 2014.* http://www.politikaward.de/gewinnerliste/2014. Zugegriffen: 11. August 2015.

2 Rhetorik in der Unternehmenskommunikation – Vom strategischen Gebrauch der Sprache

Stefanie Molthagen-Schnöring

Zusammenfassung

Rhetorischer Sprachgebrauch ist wirkungsorientiert – und in diesem Sinne ist Kommunikation immer rhetorisch, weil sie beim Zuhörer oder Leser stets eine Wirkung erzielen will. Bezogen auf die Unternehmenskommunikation geht es darum, einen Konsumenten zum Kauf anzuregen, das Vertrauen eines Investors zu gewinnen oder das eigene Unternehmen gegenüber einem Journalisten im besten Licht darzustellen. Unternehmenskommunikation ist somit persuasive Kommunikation. Die Mittel, die dazu eingesetzt werden, haben sich in den letzten Jahrzehnten immer weiter ausdifferenziert, was auch mit einer veränderten Anspruchshaltung der verschiedenen Zielgruppen zu tun hat. So reicht es nicht mehr, den Konsumenten in der Werbung aufzufordern: *Kauf*, vielmehr gilt es, ihn von der Nachhaltigkeit der Unternehmensaktivitäten ebenso zu überzeugen wie vom Image des Produkts. Und auch der Investor schaut nicht mehr nur auf die altbekannten Kennzahlen, sondern will wissen, wie langfristig sich das dem Unternehmen anvertraute Kapitel verzinst und ob das Management verantwortungsvoll damit umgeht. Mehr denn je besteht somit für Unternehmen ein Bedarf, konsistent und überzeugend zu kommunizieren. An Beispielen aus der Finanzbranche demonstriert der Beitrag, welche rhetorischen Strategien Unternehmen heutzutage anwenden, um ihre Zielgruppen zu überzeugen.

2.1 Ein erster Schritt – Rhetorik in Zeiten der Veränderung

Eine junge Frau joggt durch die Straßen Frankfurts, sie hat ihren Kapuzenpullover tief ins Gesicht gezogen. Laute Musik, schnelle Schnitte – die Gestaltung ähnelt der eines Musikvideos. Dann betritt die Frau ein Bürogebäude und verwandelt sich in eine Bankangestellte im Hosenanzug, die das blonde Haar brav zum Pferdeschwanz zurückgebunden hat. Sie beschwört die Zuschauer, dass sie in einer Institution arbeitet, der die Menschen wieder vertrauen können. Diese Institution ist eine Bank.

Abb. 2.1 Anzeige Commerzbank
© Marcell Schaar 2012

Der Spot ist Teil einer Kampagne, die unter dem Motto „Der erste Schritt" im Dezember 2012 von der Commerzbank unter kreativer Führung der Hamburger Agentur thjnk lanciert wurde. In der Öffentlichkeit hat diese Imagekampagne viel Aufmerksamkeit erregt und wurde kontrovers diskutiert. Gelobt wurde die für eine Bank ungewöhnlich moderne Bildsprache sowie die dialogorientierte Kernbotschaft: Komm (zurück) zur Commerzbank, wir sind dein verlässlicher Partner. Sogar der alte Commerzbank-Slogan „Die Bank an Ihrer Seite" wurde dafür reaktiviert, wie in Abbildung 2.1 zu erkennen ist.

Kritik entzündete sich unter anderem daran, dass die Commerzbank durch die Marketingkampagne ablenken würde von den Problemen und Skandalen, die die Finanzbranche nach wie vor erschüttern. Es kann durchaus der Eindruck entstehen, dass hier eine Mitarbeiterin (denn darum handelt es sich bei der Hauptdarstellerin der Kampagne tatsächlich) zu Werbezwecken instrumentalisiert wird, während in den Führungsetagen das Motto „weiter wie bisher" herrscht. Letztlich zeigt sich vor allem an den negativen Reaktionen, dass die Finanzbranche es immer noch nicht geschafft hat, das Vertrauen der Öffentlichkeit wiederzugewinnen, das seit der Finanzkrise Ende der 2000er Jahre als verspielt gilt. Insofern wird bereits hier deutlich, dass kommunikatives Handeln mehr ist als der reine Einsatz von sprachlichen Botschaften. Eine erfolgreiche rhetorische Strategie – etwa der Veränderung – braucht mehr als eine frische Kampagne.

In diesem Beitrag soll anhand unterschiedlicher Beispiele aus verschiedenen Bereichen der Unternehmenskommunikation gezeigt werden, wie Unternehmen rhetorisch handeln, um beispielsweise Vertrauen (wieder) zu gewinnen oder ein Image aufzubauen – in jedem Fall aber, um die spezifische Zielgruppe zu überzeugen. Denn egal ob kämpferische Vorstandsrede, aufwändig gestalteter Geschäftsbericht oder teure Werbekampagne – Unternehmensrhetorik geht weit über den spielerisch-souveränen Gebrauch von Sprache hinaus und bemisst sich vor allem an der Überzeugungskraft im jeweiligen kulturellen Handlungsumfeld. Der Artikel präsentiert verschiedene analytische Herangehensweisen an Unternehmensrhetorik, wobei der Schwerpunkt auf rhetorischen Strategien liegt. Dass die meisten Beispiele aus der Finanzbranche kommen, erklärt sich damit, dass diese Branche seit Jahren unter einem großen Druck der Öffentlichkeit steht, auf den sie kommunikativ mal mehr, mal weniger gelungen reagiert.

2.2 Alles auf neu? – Rhetorik und Glaubwürdigkeit

Nicht nur die Commerzbank hat in den letzten Jahren einen Imagewandel forciert. Auch Deutschlands größtes Finanzinstitut, die Deutsche Bank, versucht, sich gegenüber den Stakeholdern als nach den Skandalen und ökonomischen Misserfolgen der Finanzkrise geläuterte Bank zu präsentieren. Dazu hat der Vorstand der Bank ein ehrgeiziges Programm unter dem Titel „Strategie 2015+" verordnet. Zentraler Bestandteil dieser Strategie ist der so genannte „Kulturwandel". Die Deutsche Bank (2014, o. S.) sagt dazu auf der Homepage zur Jahres-Pressekonferenz 2014:

> „Die Auswirkungen der Wirtschaftskrise machen einen langfristigen Wandel der Unternehmenskultur im Finanzsektor zwingend notwendig und erfordern neben dem Kulturwandel auch neue Unternehmenswerte".

Die entsprechenden sechs neuen Grundwerte lauten: Integrität, Nachhaltige Leistung, Kundenorientierung, Innovation, Disziplin und Partnerschaft. Darüber hinaus hat das Unternehmen neue Compliance[1]-Richtlinien erlassen und hausintern eine Arbeitseinheit gegründet, die die Einhaltung entsprechender Regeln und Verhaltensstandards überwachen soll.

Seit Ankündigung der Strategie 2015+ wurden die Deutschen-Bank-Vorstände Jürgen Fitschen und Anshu Jain[2] angesichts des erwähnten tendenziell kritischen Medienumfelds nicht müde zu betonen, dass es ihnen mit dem *Kulturwandel* ernst sei. Sie nutzten dazu die ihnen zur Verfügung stehenden Unternehmensmedien ebenso wie Interviews in Publikums- und Fachmedien und Veranstaltungen. Eine zentrale Veranstaltung im Geschäftsjahr der Bank ist die alljährlich stattfindende Hauptversammlung. Vor einem Fachpublikum aus Anteilseignern, Analysten, Investoren und Medienvertretern gilt es hier zum einen Rechenschaft abzulegen, zum anderen den Blick nach vorn zu richten. Im Jahr 2014 war es nach den vollmundigen und wiederholten Absichtserklärungen an der Zeit, ein erstes Fazit im Hinblick auf den Kulturwandel zu ziehen. Jürgen Fitschen und Anshu Jain wussten, dass nicht zuletzt für sie persönlich dabei viel auf dem Spiel steht – ihre Führungsstärke und Glaubwürdigkeit. Ein wesentliches Anliegen ihrer Rede bei der Hauptversammlung war es daher, glaubwürdig zu vermitteln, dass die Deutsche Bank unter ihrer Führung beim Kulturwandel bereits Fortschritte erzielt hatte.

---

1 Unter *Compliance* wird die Einhaltung von Regeln, aber auch von freiwilligen Kodizes in Unternehmen verstanden.

2 Zur Zeit der Arbeit an diesem Beitrag war Anshu Jain noch Co-Vorstand der Deutschen Bank.

In der Sprachwissenschaft haben sich für die Erfassung der Glaubwürdigkeit eines Textes verschiedene Faktoren herausgebildet (vgl. Reinmuth 2009). Diese stellen eine erste Möglichkeit dar, einen Text auf seine rhetorische Wirksamkeit hin zu analysieren. Als die vier maßgeblichen Faktoren gelten Objektivität/Aufrichtigkeit, Verständlichkeit, Kompetenz sowie Sympathie.

Die *Objektivität/Aufrichtigkeit* ist unter anderem abhängig vom sinnvollen Umgang mit der Fachsprache und einer von Übertreibungen freien Sprache. Reinmuth (2011, S. 43) weist zu Recht darauf hin, dass Glaubwürdigkeit nicht allein durch eine große Objektivität und Detailversessenheit zu erreichen ist, sondern die Indikatoren für Glaubwürdigkeit auch zur Art der Kommunikation und zum Kommunikator passen müssen. In diesem Zusammenhang spielt die *Kompetenz* des Sprechers eine wichtige Rolle. Bezogen auf einen Text heißt dies vor allem, dass der Verfasser kompetent mit Sprache umzugehen weiß, indem er zum Beispiel adäquate Sprachbilder nutzt und ihm keine Fehler in Rechtschreibung und Grammatik unterlaufen. Das dritte Kriterium, die *Verständlichkeit*, wird zum Beispiel durch kurze Sätze, einen einfachen Satzbau sowie einen wohldosierten Umgang mit Fremdwörtern erreicht. Als viertes und letztes ist die *Sympathie* zu nennen. Sprecher bzw. Autoren gelten als sympathisch, wenn sie Humor nutzen, Geschichten in ihre Reden einfließen lassen, persönliche Aussagen machen und eine Beziehung zum Zuhörer/Leser aufbauen.

Betrachten wir vor diesem Hintergrund die Rede, die die Deutschen-Bank-Vorstände Jürgen Fitschen und Anshu Jain auf der Hauptversammlung 2014 gehalten haben.[3] Anzumerken ist dabei, dass der erste Teil, der eher allgemeinen Reflexionen vorbehalten ist, von Jain übernommen wurde. Als Nicht-Muttersprachler ist es für ihn als Redner besonders wichtig, *verständlich* zu wirken. Hierzu tragen knappe, eingängige Sätze bei. Dies gibt der Rede zuweilen einen fast apodiktischen Tonfall.

Auffällig sind ferner die vielen (rhetorischen) Fragen, die für gedankliche Pausen im Textfluss sorgen:

> „Aber erlauben Sie mir erst noch einen Blick zurück. Wo haben wir angefangen? Das Umfeld war schwierig – für alle Banken."
>
> „Nun also, zur Halbzeit, die Frage: Sind wir auf Kurs?"
>
> „Was haben wir, 20 Monate nach dem Start, schon erreicht?"
>
> „Sind wir auf dem richtigen Weg? Was liegt noch vor uns?" (Fitschen und Jain 2014, S. 2ff.)

---

3 Die Rede ist online abrufbar unter: https://hauptversammlung.db.com/de/docs/HV2014-Rede-de.pdf.

Die Redner lassen damit nicht nur sich selbst und ihren Zuhörern im Augenblick der Rede Zeit. Das rhetorische Mittel der Frage soll zugleich signalisieren, dass sich die Vorstände selbst in den letzten Jahren viele Fragen gestellt und auch schon (erste) Antworten gefunden haben. Jain beantwortet seine Frage selbst: „Unsere Antwort darauf? Eine historische Neuaufstellung der Deutschen Bank." (ebd., S. 3) Hiermit unterstreicht er seine *Kompetenz*. Bezogen auf einen Text meint dieser Glaubwürdigkeitsindikator vor allem, dass eine Person kompetent mit Sprache umzugehen weiß. Auch dies ist in der Rede offenkundig der Fall. Jürgen Fitschen nutzt bei der Interpretation der Geschäftszahlen Fachvokabular (schließlich handelt es sich bei den Zuhörern im Raum um ein Fachpublikum aus vornehmlich Investoren und Analysten). Auch die von ihm verwendeten Sprachbilder sind im Großen und Ganzen gelungen (vgl. „ungeschminkt in den Spiegel schauen", ebd. S. 2) und passend zur Branche (vgl. „Zwischenbilanz ziehen", ebd.).

Bezogen auf den Glaubwürdigkeitsindikator *Objektivität/Aufrichtigkeit* fällt auf, dass die beiden Redner bemüht sind, Übertreibungen zu vermeiden beziehungsweise diese sogleich zu relativieren:

> „Auch wir haben ungeschminkt in den Spiegel geschaut. Die Deutsche Bank hatte klare Stärken: Marktführerschaft in Deutschland. Eine weltweit respektierte Marke. Ein globales Netzwerk und eine Top-Stellung in einigen Geschäftsfeldern. Aber vieles musste besser werden." (ebd.)

Und auch bezogen auf den *Kulturwandel* liefern sie eine durchaus realistische Einschätzung:

> „Ist unser Kulturwandel damit abgeschlossen? Sicher nicht. Ein umfassender Kulturwandel benötigt Jahre, nicht Monate. Aber wir haben das Fundament dafür gelegt. Können wir Ihnen garantieren, dass zukünftig kein Fehlverhalten Einzelner mehr auftreten wird? Nein." (ebd., S. 20)

Darüber hinaus wird gerade im zweiten Teil der Rede mit vielen Zahlen und Fakten argumentiert, was ebenfalls der Objektivität dienlich ist.

Wie sieht es letzten Endes mit der *Sympathie* aus? Sie ist sicherlich nicht der ausschlaggebende Faktor in der Vorstandsrede auf einer Jahreshauptversammlung. Allerdings versuchen auch Fitschen und Jain, eine Nähe zu ihren Rezipienten aufzubauen; sie möchten nicht wie unmenschliche, abgehobene Vorstandsbosse wirken. Stattdessen stehen dort vorne Anshu Jain, der sich für sein Deutsch entschuldigt und Jürgen Fitschen, der zum Ende seiner Rede bekräftigt: „Wir sind mit Leib und Seele dabei!" (ebd., S. 21) Beides bringt Punkte auf der Sympathieskala.

Nach dieser exemplarischen Betrachtung einiger Passagen lässt sich der Vorstandsrede durchaus eine gewisse Glaubwürdigkeit attestieren. Dennoch konnten die Redner nicht restlos überzeugen, was auch die Resonanz der Medien zeigt. Unter der Überschrift „Kulturwandel mit Krawall" konstatiert Nadine Oberhuber in ZEIT-Online einen Tag nach der Hauptversammlung: „wirklich freundlich ist der Empfang nicht, den die Aktionäre Anshu Jain, dem Kovorstand der Deutschen Bank, auf der Hauptversammlung in Frankfurt bescheren." (Oberhuber 2014, o. S.)

Und der Dachverband der Kritischen Aktionäre bemerkt in einer Pressemitteilung: „Kulturwandel light – Deutsche Bank tritt nachhaltig auf der Stelle." (Dachverband der Kritischen Aktionäre 2014, o. S.)

Warum aber erreichte ein sprachlich auf den ersten Blick gelungener Auftritt so viel negative Resonanz? Aktionärs- ebenso wie Medienvertreter nehmen die Rede in einem Kontext wahr, der geprägt ist von immer neuen Skandalgeschichten rund um die Deutsche Bank: Der Vorstandsvorsitzende Jürgen Fitschen musste sich zeitgleich zur Jahreshauptversammlung vor Gericht wegen versuchten Betrugs rechtfertigen, Medien berichteten, dass die Deutsche Bank an Nahrungsmittelspekulationen festhielte und die so genannte *Libor-Affäre* um manipulierte Zinssätze war noch frisch im Gedächtnis. Angesichts solchen Vorwissens bei den Zuhörern im Saal und den Journalisten in den Redaktionen können sich die Redner noch so sehr bemühen: Glaubwürdigkeit bemisst sich eben nicht allein an der Qualität eines Textes, sondern an der Kommunikation *als Handlung* in einer komplexen Wirtschaftswelt.

Dies bedeutet nicht, dass die oben skizzierten Glaubwürdigkeitsfaktoren falsch oder zu vergessen wären: Sie sind aktueller denn je, aber lediglich notwendig und nicht schon hinreichend. Vor allem Objektivität und Aufrichtigkeit sind nach den Wirtschaftskrisen der letzten Jahre noch stärker in den Fokus gerückt. Damit ist auch eine übertriebene Werberhetorik in den Hintergrund getreten und Formate wie Geschäftsberichte oder Kundenmagazine, die mit einem Objektivität verheißenden journalistischen Anspruch daherkommen, haben an Bedeutung gewonnen. Aber auch diese Textsorten treffen auf kritische Konsumenten, die einen Zusammenhang zwischen Worten und Taten der Unternehmen herzustellen wissen.

2.3 Mehr als schöne Worte – Rhetorik wirkt

Das Beispiel einer Rede kann in Bezug auf eine rhetorische Analyse als ein klassisches gelten: Rhetorik wird häufig assoziiert mit einem mündlichen Vortrag, in dem der Sprecher bestimmte rhetorische Mittel (Sprachspiele etc.) nutzt, um seine

Zuhörer zu überzeugen. Ich möchte in diesem Beitrag jedoch für ein weiteres Verständnis von Rhetorik plädieren. Denn wenn man von „Unternehmensrhetorik“ spricht, dann impliziert dieser Begriff, ähnlich wie „Unternehmenskultur“, ein holistisches Verständnis, das über eine einzelne Kommunikationssituation und einen einzelnen Sprecher hinausgeht. Da Kommunikation nicht im luftleeren Raum zwischen Sender und Empfänger stattfindet, erzielt sie immer eine Wirkung, die von anderen Faktoren mitbeeinflusst wird. Erfolgreiche Unternehmensrhetorik muss das berücksichtigen, um negative Wirkungen zu vermeiden. Um diesen Zusammenhang aufzuzeigen, sollen im Folgenden zwei Beispiele aus der klassischen Werbekommunikation herangezogen werden.

Auch hier gilt es, vom Ziel her zu denken – und dies ist bezogen auf Werbung vierstufig: Nach der bekannten AIDA-Formel soll zunächst die Aufmerksamkeit (Attention) des Rezipienten gewonnen, danach sein Interesse (Interest) geweckt, ein Wunsch (Desire) ausgelöst und schlussendlich eine Handlung (Action) herbeigeführt werden. Diese Handlung besteht im Kauf eines Produktes oder dem Wahrnehmen einer Dienstleistung. Anzeigen, wie die in Abbildung 2.2 dargestellte, setzen auf der ersten Stufe an: Sie erzeugen Aufmerksamkeit, indem sie auf intelligente Art und Weise mit Wörtern spielen.

Abb. 2.2 Anzeige von Swiss Life

Das Schweizer Finanzberatungs- und Versicherungsunternehmen Swiss Life setzt in seiner Kampagne so genannte *Wendesätze* ein: Ein Wort funktioniert als *Scharnier* zwischen zwei von der Bedeutung her gegenteiligen Aussagen. Es gelingt dem Unternehmen so, durch ein relativ einfaches sprachliches Mittel Aufmerksamkeit ohne Effekthascherei zu erzeugen. Entsprechende Beispiele sind in der Werbung immer noch selten, denn viele Werbetreibende scheinen weiterhin dem Glauben anzuhängen: Viel hilft viel. Dabei gehen die meisten visuell und/oder sprachlich überladenen Kampagnen im Werbeallerlei unter, während sich *Reduktion* als neuer Trend etabliert, der eine gewisse Aufmerksamkeit sichert.[4]

Die Orientierung hin auf die Wirkung ist primäres Kriterium für einen modernen Rhetorikbegriff. Es geht nicht um eine Sprachspielerei der schönen Worte willen, sondern um die Überzeugung eines Zuhörers/Lesers in einer spezifischen Kommunikationssituation. In diesem Sinne ist rhetorischer Sprachgebrauch immer wirkungsorientiert bzw. persuasiv (vgl. Weigand 2010). Dazu bedient sich ein Kommunikator unterschiedlicher kommunikativer Mittel, von denen die Sprache nur eines – wenngleich wirkmächtiges – ist. Aber selbst die Werbekampagne von SwissLife verzichtet nicht auf andere kommunikative Mittel. Zwar fehlt ein klassisches Visual, durch die typografische Gestaltung wird die Anzeige aber durchaus zum Hingucker. Und der Rezipient nimmt die Wörter nicht einfach nur in ihrer chronologischen Abfolge wahr, sondern erschließt die Doppeldeutigkeit dank seiner kognitiven Fähigkeiten.

Eine weitere Kampagne, die von sich reden machte, ist die Werbekampagne der Ergo-Versicherungsgruppe „Versichern heißt Verstehen". Die Kampagne wurde 2010 gelauncht und zeigt Menschen in Alltagssituationen, z.B. beim Musikhören oder Renovieren. Dazu finden sich Headlines wie „Ich will versichert werden. Nicht verunsichert" oder „Ich will Kunde sein, keine Kundennummer". Ähnlich wie die zu Anfang erwähnte Kampagne der Commerzbank hatte auch diese Kampagne zum Ziel, einen Imagewechsel einzuleiten: in diesem Fall in der oftmals als verstaubt geltenden Versicherungsbranche. In deren Werbung war und ist es zum Teil immer noch üblich, mit vermeintlich rationalen Argumenten den Nutzen einer Versicherung herauszustellen, es wird also ein produktorientierter Ansatz gewählt. Das Unternehmen „Ergo" versuchte einen anderen Weg: Durch einen klaren Empfängerbezug (vgl. Janich 2010, S. 143f.) wird der (potentielle) Kunde mit seinen Interessen und Bedürfnissen in den Mittelpunkt gestellt – ein nutzerorientierter Ansatz. Statt mit Ängsten zu spielen, signalisiert die Ergo-Werbung, dass sie verstanden hat, was die Menschen von einer Versicherung fordern: Transparenz und Sicherheit. Auch hier wird mit den Wörtern „versichern" bzw. „verunsichern" ein

4 Vgl. auch Werbekampagnen wie bspw. die *Maybe-Kampagne* von Marlboro.

Sprachspiel genutzt, gleichzeitig lebt die Werbung von dem großflächigen Visual, das einen gewöhnlichen Menschen in einer Alltagssituation darstellt. So nimmt diese Herangehensweise die bestehende Unsicherheit von Versicherungskunden auf und reagiert dadurch auf das kommunikative Umfeld der Branche, die sich nach Finanzkrise und Skandalen in der Defensive befindet.

Wirkung hat dies jedoch nur bedingt entfaltet. Wenn man die Deutschen heute fragt, was ihnen zu Ergo einfällt, wird es kaum diese optisch und sprachlich recht gelungene Werbung sein. Stattdessen erinnert man nach wie vor die orgienhaften Parties von Mitarbeitern der Hamburg-Mannheimer, einem der Vorgängerunternehmen der Ergo-Versicherung, die im Frühjahr 2011 publik wurden. Kurz zuvor, nämlich im Jahr 2010, hatte Ergo seine neue Kampagne unter dem Motto „Versichern heißt verstehen" gestartet, die nach Bekanntgabe des Skandals kurzfristig gestoppt wurde, um dann wieder eingesetzt zu werden, dieses Mal mit dem Ziel, erneut einen Imagewandel zu vollbringen.

Man könnte im Anschluss an diese beiden sehr unterschiedlichen Beispiele durchaus die These aufstellen: Je weniger wir über ein Unternehmen wissen, desto besser lässt sich die Wirkung der eingesetzten rhetorischen Strategie planen. Mit Sicherheit ist es auch das Nicht-Wissen um das Schweizer Versicherungsunternehmen SwissLife, das es diesem auf dem deutschen Markt erleichtert, mit Wortspielen erfolgreich zu sein. Eins kann jedenfalls mit Fug und Recht behauptet werden: Dass Kunden heute durch die Vielzahl der ihnen zur Verfügungen stehenden Informationen mehr wissen (können), macht es den Werbetreibenden nicht leichter. Manchmal werden sie von der Dynamik der Ereignisse selbst überrascht und was vorher als rhetorisch gelungene Werbestrategie gefeiert worden wäre, fällt nun Häme und Spott zum Opfer. Umso wichtiger ist es, dass Unternehmenskommunikation im Licht des generellen öffentlichen Meinungsklimas betrieben wird und nicht losgelöst davon. Vor allem Unternehmen, die im Licht der Öffentlichkeit stehen, müssen sich überlegen, wie Kommunikation, Unternehmensstrategie und Unternehmenskultur zusammenwirken und daraus ihre rhetorischen Strategien ableiten.

2.4 Alles nur ein Spiel? – Der kulturelle Kontext der Unternehmensrhetorik

Blicken wir auf die Frage nach gelingender Unternehmensrhetorik noch einmal aus einer anderen Perspektive: Für die Linguistin Edda Weigand ist jede Form des Sprachgebrauchs eingebettet in eine kulturelle Einheit, die sie als „dialogic action game" (deutsch: „Dialogisches Handlungsspiel) bezeichnet (vgl. Weigand 2000). Dem zu Grunde liegt die Vorstellung, dass Sprechen eine Form des Handelns darstellt, wobei für den Handlungsbegriff die Zuordnung von Zwecken und angemessenen Mitteln kennzeichnend ist.[5] Zu den Mitteln, die Kommunikationspartner nutzen, zählen sowohl sprachliche wie auch visuelle und kognitive Mittel. Dabei sind wir erst dank unserer kognitiven Mittel, also der Fähigkeit, wahrzunehmen und zu reflektieren, in der Lage, adäquat zu kommunizieren, indem wir ein bestimmtes (kulturelles) Wissen aktivieren. (Vgl. Weigand 2010, S. 86)

Im Falle der Unternehmenskommunikation ist das zum Beispiel das Wissen, das über ein Unternehmen als Institution in den Köpfen der Stakeholder bereits vorhanden ist – wie beim eben angeführten Beispiel, bei dem der Betrachter einer Werbeanzeige ein Vorwissen über die jüngere Unternehmensgeschichte mitbringt. Warum aber spricht Weigand nun von einem „HandlungsSPIEL"? Kennzeichnend für ein Spiel sind auf der einen Seite zwar Regeln, auf der anderen Seite aber auch die Kreativität der Teilnehmer. Neue Varianten – und auch Innovation – entstehen dadurch, dass die Interaktionspartner sich nicht nur an strenge Regeln und Normen halten, sondern sich in ihrer Kommunikation vielmehr an so genannten *Wahrscheinlichkeitsprinzipien* orientieren. Mit einer gewissen Wahrscheinlichkeit führt ein bestimmtes Handeln zum Erfolg, wobei individuelle Strategien und Techniken zugelassen sind (vgl. ebd., S. 72). Dies ist auch für den Rhetorikbegriff von Bedeutung, da es somit nicht ein festes Set an rhetorischen Strategien gibt, die einem Sprecher garantieren, sein Ziel zu erreichen. Vielmehr lassen sich Strategien identifizieren, die eine höhere Erfolgswahrscheinlichkeit als andere haben, weil sie zu Interessen und Aufgaben in einem bestimmten Handlungsbereich passen und das vorhandene Vorwissen der Zuhörer oder Leser einbeziehen.

Bezogen auf die Unternehmenswelt gilt es, zu berücksichtigen, dass wir es bei einem Unternehmen mit einer Einheit zu tun haben, die trotz aller Unterschiede auf Ebene der einzelnen Mitglieder von dem gemeinsamen Interesse getragen wird, um sich positiv im Wettbewerb zu behaupten und Aufmerksamkeit und Vertrauen der Umwelt zu erlangen oder anders gesagt, Gewinn zu erzielen. Um diesem Zweck nachzukommen, verfolgen Unternehmen eine Strategie und organisieren sich entsprechend einer festzulegenden Organisationsform oder Struktur. Die Festlegung dieser Struktur legt unter anderem die Unternehmenskultur fest. Dieser Begriff impliziert üblicherweise bestimmte „weiche" Faktoren, wie Werte, an denen sich die Mitglieder einer Organisation mehr oder weniger bewusst orientieren. In Schnöring (2007) habe ich dargelegt, dass Unternehmenskultur über diese Ebene hinausgeht und sich auch in Strategien, Strukturen und konkreten Verhaltens-

5 Es handelt sich hierbei um einen Ansatz der Sprachphilosophie, der entscheidend von John L. Austin (1962) und John R. Searle (1969) geprägt wurde.

weisen manifestiert. Letztendlich geht es um die Frage, wie ein Unternehmen sein Interesse – Gewinn – realisiert.

Wenn wir Unternehmensrhetorik untersuchen, betrachten wir also nicht die willkürlichen Äußerungen von Individuen, sondern den strategischen Gebrauch kommunikativer Mittel, mit denen eine Organisation das Denken, Fühlen und Verhalten ihrer Zielgruppen zu beeinflussen versucht (vgl. Hofmann und Ford 2010, S. 7). Zu berücksichtigen sind dabei nicht nur externe Zielgruppen, sondern gerade die eigenen Mitarbeiter stellen eine gern vernachlässigte Anspruchsgruppe dar. So verweist auch Weigand (2010, S. 237) darauf, dass das Bild, das eine Institution wie ein Unternehmen nach außen von sich vermittelt, nicht immer kongruent mit den Handlungsspielen hinter der Fassade sei.

Unter solchen Umständen ist es ungleich schwieriger, beispielsweise einen Kulturwandel glaubwürdig zu kommunizieren. Nur wenn die eigenen Mitarbeiter selbst von dem Kulturwandel überzeugt sind, werden sie auch entsprechend positiv darüber reden. Und erst dann entsteht ein kultureller Kontext, in dem die rhetorische Formel der Vorstandsvorsitzenden lebendig und glaubhaft wird. Inwiefern es gelingt, die eigenen Mitarbeiter zu überzeugen, lässt sich leider aus der Perspektive eines außenstehenden Beobachters nicht immer mit Sicherheit sagen. In Bezug auf das Beispiel der Deutschen Bank meinen Journalisten jedenfalls herausgefunden zu haben, dass trotz fehlender programmatischer Rede die Führung des Kulturwandel-Diskurses intern aber auf positive Resonanz stoße (vgl. Storn 2013, o. S.). Dabei sei an dieser Stelle darauf hingewiesen, dass auch die interne Öffentlichkeit keine homogene ist, sondern Mitarbeiter unterschiedlicher Unternehmensbereiche oder Führungsebenen die Kommunikation als mehr oder weniger überzeugend empfinden können.

Wie in Molthagen-Schnöring (2014) gezeigt, besteht ein wesentliches Ziel der Unternehmensrhetorik somit darin, ein strategisches Kommunikationsziel angesichts einer Vielzahl kommunikativer Erfordernisse nicht aus dem Blick zu verlieren und den verschiedenen Anspruchsgruppen spezifisch, aber mit einer einheitlichen und glaubwürdigen Botschaft gegenüberzutreten. Gute Unternehmensrhetorik ist also Kommunikation im Einklang mit der Unternehmenskultur und unter Berücksichtigung des das Unternehmen umgebenden kulturellen Kontexts. Welche rhetorischen Strategien dafür eingesetzt werden können, soll im Folgenden näher untersucht werden.

2.5 Rhetorische Strategien in der Unternehmenskommunikation

Während sich die Forschung zu den Themen Unternehmenskommunikation, Public Relations (PR) oder Kommunikationsmanagement in den letzten Jahrzehnten immer mehr etabliert hat, ist zum Stichwort „Unternehmensrhetorik" zumindest im deutschsprachigen Raum bisher wenig publiziert worden. Die Kreation von überzeugenden Unternehmensbotschaften wird hierzulande vor allem im Bereich der PR-Forschung behandelt. Darüber hinaus gibt es einige Arbeiten zu Werberhetorik (vgl. Lehn 2011, Schüler 2012), die jedoch einen fokussierteren Blick auf einen Teilbereich der Wirtschaftskommunikation, die Werbesprache, haben.

Etwas anders sieht es in der angelsächsischen Forschungstradition aus. Mit Debra J. Ford und Mary F. Hoffman haben vor allem zwei Wissenschaftlerinnen den Diskurs rund um die Rhetorik von Unternehmen seit den 90er Jahren vorangetrieben. In ihrem Buch „Organizational Rhetoric. Situations and Strategies" (2010) beschreiben sie unter anderem rhetorische Strategien, die in der Unternehmenspraxis heute angewendet werden – auch wenn sie sich bereits auf jahrtausendealte Grundlagen beziehen. Ford und Hoffman gehen dabei vom Urvater der Rhetorik, Aristoteles, aus, der fünf Stufen überzeugenden Sprechens kanonisiert hat. Dies sind – in ihrer später gängig gewordenen lateinischen Bezeichnung – die folgenden:

- *inventio*, die Entwicklung von Ideen und Argumenten,
- *dispositio*, die Gliederung der Ideen/Argumente,
- *elocutio*, die konkrete sprachliche Gestaltung,
- *memoria*, das Einprägen und
- *actio/pronuntiatio*, der Kommunikationsakt als solcher.

Auf jeder Stufe können unterschiedliche rhetorische Strategien und Techniken angewendet werden. Im Folgenden wird die erste Stufe näher betrachtet, die *inventio*. Da in diesem Stadium Ideen geformt und strukturiert werden, handelt es sich um einen Bereich, der besonders von strategischen Überlegungen geprägt und somit relevant für die Unternehmensrhetorik ist.

Nach Artistoteles sind auf der Stufe der *inventio* im Grundsatz drei Überzeugungsarten zu unterscheiden: 1. *ethos*, die glaubwürdige Kommunikation, 2. *pathos*, der Appell an die Emotionen des Publikums und 3. *logos*, die Stützung durch nachvollziehbare/vernünftige Argumente. Die Anwendung auf die Unternehmensrhetorik durch Ford und Hofmann (2010, S. 27ff.) wird im Folgenden anhand von Beispielen skizziert.

Bei der ersten Strategie, *ethos*, geht es im Wesentlichen darum, die Reputation des Sprechers zu betonen, die sich – bezogen auf eine Einzelperson – aus Qualitäten wie Kompetenz, Intelligenz und Charisma zusammensetzt. Im Hinblick auf die Unternehmensrhetorik liegt die Herausforderung darin, eine *Corporate Voice* zu identifizieren, die über den individuellen Sprecher hinausgehend das Unternehmen als Ganzes repräsentiert und für dessen Reputation bzw. Glaubwürdigkeit sorgt. Um dies zu realisieren, kommen auf der Ebene der Rhetorik beispielsweise jene Aussagen zum Tragen, die die Effektivität der Produkte, die finanzielle Stabilität des Unternehmens oder auch die Professionalität des Managements betreffen. Die Gefahr besteht dabei darin, letzten Endes austauschbare Floskeln zu kommunizieren, die bspw. Schlagwörter wie „Marktführerschaft" oder „Internationalität" enthalten. Hilfreich ist dann der Verweis auf Preise und Auszeichnungen, die als quasi objektiver Beleg angeführt werden können.

Eine weitere Möglichkeit, die eigene Glaubwürdigkeit zu betonen, wird oftmals im Bereich der Konsumentenwerbung eingesetzt. Durch den Verweis auf Testergebnisse oder externe Referenzen wird dabei eine Bestätigung dafür eingeholt, dass die Produkte eines Unternehmens besonders wertvoll, sicher oder effektiv sind. Als Beispiel kann die folgende Werbung der „TARGOBANK" dienen, die mit dem Prüfsiegel „Fairste Bank" wirbt, vgl. Abbildung 2.1.

Eng verbunden mit der Reputation, dem viel zitierten *guten Ruf*, ist die Legitimation, also die Frage nach der Daseinsberechtigung eines Unternehmens, in unserer Gesellschaft. Nicht zuletzt durch die Unternehmensskandale in den letzten Jahren ist der Ruf der Öffentlichkeit nach einer transparenteren Unternehmenskommunikation lauter geworden. Unternehmen reagieren darauf, indem sie sich als verantwortungsvolles Mitglied der Gesellschaft positionieren, was ihnen beispielsweise durch die Darstellung ihrer Aktivitäten im Bereich der Corporate Social Responsibility (CSR) gelingt. Im Wesentlichen wird darunter ein Unternehmenskonzept verstanden, das die soziale, ökologische und ökonomische Verantwortung eines Unternehmens gegenüber seinen verschiedenen Stakeholder-Gruppen beschreibt.

Abb. 2.3 Werbeanzeige der TARGOBANK
© TARGOBANK 2015

Ein Unternehmen, das dieses Konzept in den Kern der eigenen Geschäftstätigkeit integriert hat, ist die „GLS Bank“. Seit der Gründung im Jahr 1974 hat die Bank laut eigener Aussage mehr als 20.000 Unternehmen und Projekte verfolgt, „die nachhaltige, individuelle und gesellschaftliche Entwicklung voranbringen“ (GLS Gemeinschaftsbank 2016, o. S.). Der Kunde kann entscheiden, ob sein Geld in Bereiche wie Energie, Bildung, Ernährung, Wohnen oder Soziales investiert werden soll. Mit Werbeaussagen wie: „Mein Geld plant eine Kita. Gut zu wissen, dass das Geld auf meinem Girokonto in sozial-ökologisch arbeitende Unternehmen investiert wird.“ werden Privatanleger angesprochen, die insbesondere in Folge der Finanzkrise Wert auf transparente, nachhaltige Anlagen legen. Das Besondere: Da die GLS Bank eine Genossenschaftsbank ist, können aus Kunden zugleich Mitglieder werden, was die Identifikation noch einmal steigert.

Unter dem übergeordneten Slogan „GLS Bank – das macht Sinn" positioniert sich das Unternehmen im Rahmen seiner vielfältigen Kommunikationsaktivitäten (Veranstaltungen, Nachhaltigkeitsbericht, Pressearbeit) stets als eine Bank, für die Gewinn nicht in erster Linie in einer monetären Rendite besteht, sondern in einem Zugewinn für den Menschen – rhetorisch betrachtet ein Appell auf der Ebene des *ethos*. Dass dies nach außen glaubwürdig wirkt, zeigt neben der wachsenden Kundenzahl auch die Vielzahl an Preisen, die die Bank in den letzten Jahren gewonnen hat, so zum Beispiel den Deutschen Nachhaltigkeitspreis für das „Nachhaltigste Unternehmen Deutschlands" im Jahr 2012.

Neben der Betonung des *ethos* stand bereits in der antiken Rhetorik *pathos*, das Wecken von Emotionen – von Freude bis Hass – hoch im Kurs. In heutigen Rhetorikkonzepten und insbesondere in Bezug auf die Unternehmensrhetorik steht dabei die Frage im Vordergrund, wie es gelingen kann, Bedürfnisse zu befriedigen oder zu kreieren sowie ein gemeinsames Werteverständnis zu schaffen (vgl. Hoffmann und Ford 2010, S. 29ff.).

Das Hervorrufen von Bedürfnissen ist dabei die ureigene Domäne der Werbekommunikation. „Das Wachstum der Wirtschaft entwickelt sich nicht aus dem Bereich der Befriedigung von Notwendigkeiten, sondern aus der Platzierung von Wünschen", konstatiert der Kommunikationssoziologe Klaus Streeck (2010, S. 86) und führt im Weiteren aus, dass sich das Verlangen der Konsumenten in einer gesättigten Marktwirtschaft nicht so sehr auf Gegenstände, sondern vielmehr auf Emotionen bezieht (vgl. ebd., S. 89). Und so kommt auch keines der bisher zitierten Beispiele ohne ein emotionales Moment aus, das in vielfältiger Weise inszeniert wird: mit Bildern, Ton, Musik, vor allem aber mit Menschen, die mit ihren Interessen und Bedürfnissen Identifikationsanker schaffen sollen.

Ein Werbespot, der dies anschaulich demonstriert, trägt den schönen Titel: „Wir sind die, die man Spießer nennt" (LBS 2013, o. S.). Die Bausparkasse „LBS" lancierte diesen Spot, in dem der Gartenzwerg als Symbol für Spießertum eine wichtige Rolle spielt, im Jahr 2013. Gezeigt werden verschiedene Situationen, in denen Menschen bei Tätigkeiten, wie bspw. dem Modelleisenbahnbau oder beim Heckenschneiden, gezeigt werden.

Untermalt von den Klängen des vierten Satzes der 9. Sinfonie von Beethoven – die als Europahymne oft bei politisch pathetischen Momenten erklingt – sagt die Stimme aus dem Off:

„Wir sind die Eigenheimbewohner, die Teppichschoner, die Rasenpfleger und Gassi-Geher. Wir sind die Heckenpfleger, die Etablierten, die Partnerlook-Träger und Kleinkarierten. Wir sind die, die man Spießer nennt!"

Mit einer gehörigen Portion Selbstironie wird hier eine (neue) Generation von Spießbürgern dargestellt, die bei aller Überzogenheit zwar auch ein peinliches Moment haben, aber zugleich gewissermaßen zu Kultfiguren werden. Es findet damit eine positive Aufwertung von Bedürfnissen statt, die zwar auf ein altes und vormals nicht besonders positiv konnotiertes Rollenmuster rekurrieren, die aber in der heutigen Zeit wieder an Bedeutung gewinnen. Und dazu gehört dann eben auch das Bedürfnis, ein Eigenheim zu besitzen, das von der LBS finanziert werden kann.

Identifikation zu schaffen gelingt auch in der LBS-Werbung dadurch, dass ein gemeinsames „Wir" angeboten wird. Insbesondere in der Unternehmensrhetorik kommt diese Strategie zum Tragen, weil das „Wir" in vielfältiger Weise verwendet werden kann: So kann es für die *Corporate Voice* des Unternehmens stehen, was sich in Slogans wie „Wir machen den Weg frei" (Volksbanken und Raiffeisen Banken) niederschlägt. Das „Wir" kann aber auch den Kunden mit einschließen beziehungsweise ein entsprechendes Gemeinschaftsgefühl evozieren, wie bei der in Abbildung 2.5 dargestellten Werbung der „Commerzbank": Weil wir eine Bank brauchen... Gerade Vorstände nutzen es darüber hinaus gerne in Vorstandsreden, Geschäftsberichten oder in anderen Unternehmenspublikationen um die eigenen Mitarbeiter zu integrieren und auf eine gemeinsame (Werte-)Basis zu verweisen.

Die dritte auf die klassische Rhetorik zurückzuführende Kommunikationsstrategie versucht, Überzeugung mit Hilfe eines Appells an die Ratio zu erzielen. Im Sinne des *logos* sind dabei nach Aristoteles vor allem zwei Argumentationstypen zu unterscheiden: zum einen die induktive Beweisführung, zum anderen die deduktive Beweisführung. Beim *induktiven* Begründen werden einzelne Beispiele angeführt, die auf etwas Allgemeines verweisen. So nennt die GLS Bank auf ihrer Website verschiedene soziale Projekte, die den Anspruch belegen sollen, dass die Bank etwas Gutes für die Gesellschaft tut. Hoffmann und Ford (2010, S. 39f.) führen vier Kriterien an, die zur Prüfung der Validität eines induktiv begründeten Anspruchs dienen:

- Werden erstens ausreichend viele Beispiele dargestellt, um die Schlussfolgerung (zum Beispiel dass ein Unternehmen ein guter *Corporate Citizen* ist) zu rechtfertigen?
- Sind die genannten Beispiele zweitens repräsentativ für andere oder handelt es sich dabei eher um Ausnahmen, die keine Generalisierung erlauben?

- Kann man drittens davon ausgehen, dass die Beispiele relevant für die Schlussfolgerung sind? Beispiele, die die Innovationsfähigkeit eines Unternehmens betonen, unterstützen bspw. weniger den Anspruch, ein verantwortungsvolles Mitglied der Gesellschaft zu sein.
- Und gibt es viertens Fälle, die dem allgemeinen Anspruch widersprechen, sich aber zumindest erklären lassen (wie beispielsweise ein schlechtes finanzielles Jahr, wodurch sich das Unternehmen aus bestimmten Aktivitäten berechtigterweise zurückzieht)?

Vorsicht ist beim induktiven Begründen geboten, wenn es in kausalen Zusammenhängen genutzt wird. Manchmal wird recht vorschnell als Begründung für die eigene schlechte wirtschaftliche Situation die Lage der Weltwirtschaft angeführt, was weitere Ursachenanalysen wohlmöglich verhindert. Dies ist insbesondere beim Verfassen von Texten, die die finanzielle Lage des Unternehmens betreffen, zu beachten, wie bei Geschäftsberichten oder Meldungen aus dem Bereich der Investor Relations.

Betrachten wir zum Abschluss noch das *deduktive* Begründungsmuster, das genau gegenteilig funktioniert: Man nimmt eine als allgemein gültig akzeptierte Idee an und belegt anhand eines Beispiels, dass eine Organisation dieser entspricht oder widerspricht. Nehmen wir erneut die Commerzbank-Werbung als Beispiel, vgl. Abbildung 2.5.

Durch die Headline („Weil wir eine Bank brauchen…") wird vorausgesetzt, dass eine Bank die Aufgabe hat, ihre Kunden zufriedenzustellen. Dafür hat die Commerzbank ein Konto „mit Zufriedenheitsgarantie" geschaffen. Auch hier helfen kritische Fragen, die Argumentation zu überprüfen. Stimmt beispielsweise die unausgesprochene Prämisse, dass es noch keine Bank gibt, die den Kunden zufriedenstellt? Und ist die Schlussfolgerung richtig, dass ein Girokonto, wie die Commerzbank es anbietet, diese Zufriedenheit schaffen kann? Das Problem bei Argumentationen in der Werbung ist, dass die Argumente häufig nur implizit gegeben sind, weil die Beweisführung fehlt oder zu kurz kommt. Es kann kaum vorausgesetzt werden, dass sich der Konsument mit den Werbebotschaften immer im Detail und kritisch auseinandersetzt. Umso mehr Vorsicht sollten Unternehmen allerdings walten lassen, damit ihre Unternehmensrhetorik nicht als „pseudo-argumentativ" entlarvt werden kann.

Abb. 2.4 Werbeanzeige der Commerzbank
© Marcell Schaar 2012

Mit ethos, logos und pathos stehen drei rhetorische Strategien zur Entwicklung von Unternehmensbotschaften zur Verfügung, die in der Realität eng zusammenhängen, wodurch sich die Wirkung häufig sogar noch steigern lässt. So ist es der Reputation eines Sprechers zuträglich, wenn dieser mit Argumenten zu überzeugen weiß und das Publikum emotional anspricht. Außerdem ist anzumerken, dass auch die nächsten Stufen des rhetorischen Sprachgebrauchs, sprich die konkrete Organisation der Argumente, ihre „Verpackung" in adäquate Stilmittel sowie die

Wege der Vermittlung und Speicherung weitere Möglichkeiten bieten, die Effektivität der Unternehmensrhetorik zu steigern. Gleichwohl wird angenommen, dass insbesondere auf Ebene der Ideenfindung strategische Überlegungen zum Tragen kommen. Hoffman und Ford (2010) geben in dieser Hinsicht hilfreiche Anstöße für die Kreation wie auch die Analyse von Unternehmensrhetorik.

Ein weiterer Ansatz, der zum Abschluss dieses Kapitels skizziert werden soll, basiert auf dem Konzept des Dialogischen Handlungsspiels, wie es in Kapitel II.III.2.4 dargestellt wurde. Weigand (2010) leitet dabei die Rhetorik von Institutionen aus deren Interessen und kulturellen Besonderheiten ab. Ein Unternehmen, das sich am Markt positionieren will, kann dies nach ihrer Ansicht entweder auf kooperative oder auf konfrontative Art und Weise tun (vgl. ebd. S. 236f.). Kooperation bzw. Konfrontation stellen laut Weigand damit besondere Prinzipien des rhetorischen Handelns in der Wirtschaft dar (neben anderen allgemeinen Prinzipien, wie dem Ausbalancieren zwischen Emotio und Ratio oder den eigenen Interessen und sozialen Ansprüchen). So lässt sich der öffentliche Unmut über die Commerzbank-Kampagne auch damit erklären, dass die Bank bewusst auf Konfrontation zu ihren Wettbewerbern geht, indem sie sich als quasi-moralische Institution darstellt, was angesichts der eigenen Verfehlungen während der Finanzkrise ein Glaubwürdigkeitsproblem darstellt. Auf der anderen Seite gelingt es ihr genau damit, die konfrontative Haltung der Bevölkerung zu Banken allgemein aufzugreifen und zum eigenen Vorteil zu nutzen. Kooperation ist hingegen insbesondere in der internen Kommunikation geboten, wenn es zum Beispiel gilt, verschiedene Unternehmensbereiche auf ein gemeinsames Ziel hin einzuschwören oder eine einheitliche Unternehmenskultur zu proklamieren. Ein mögliches Scheitern des „Kulturwandels“ bei der Deutschen Bank kann damit auch mit den unterschiedlichen Subkulturen im Unternehmen zu tun haben, auf die in der Unternehmensrhetorik nicht ausreichend eingegangen wird.

Eng mit Konfrontation beziehungsweise Kooperation sind rhetorische Strategien wie die Abwertung des Wettbewerbs einerseits und die Aufwertung des eigenen Produkts andererseits verbunden. Vorsicht ist meiner Meinung nach dabei insofern geboten, als dass diese auf Gegensätzen beruhenden Strategien einem Schwarz-Weiß-Denken entsprechen, das der Komplexität der Praxis nicht gerecht wird und vom kritischen Rezipienten leicht durchschaut werden kann. So betont auch Weigand nicht die Dualität, sondern vielmehr die Tatsache, dass es das richtige Gleichgewicht zwischen den zwei Polen auszutarieren gilt. Dies kann in einem Fall mehr Konfrontation, im anderen mehr Kooperation bedeuten. Es wurde ja auch bereits deutlich, dass ein weiteres Gegensatzpaar – nämlich Emotio und Ratio – sich ebenfalls nicht ausschließt, sondern die Effektivität einer rhetorischen Strategie sich gerade an der passenden Abstufung bemisst.

2.6 Ein langer Weg – (Zwischen)Fazit

Wenn der Leser dieses Beitrags nach der Lektüre ein eher diffuses Bild von Unternehmensrhetorik hat, so ist dies durchaus im Sinne der Verfasserin. Schließlich sollte deutlich werden, dass Unternehmensrhetorik ein weites Feld ist – in der Praxis wie in der Theorie. Es geht weit über den kreativen Einsatz von sprachlichen Mitteln hinaus, da diese nur im Kontext komplexer sprachlicher Handlungen funktionieren. Für die Erfassung dieses Komplexes gilt es, kulturelles Wissen zu aktivieren, z. B. das Wissen über die Interessen und Ziele von Unternehmen. Daher hat der Artikel zunächst exemplarisch herausgearbeitet, wie ein Unternehmen versucht, ein komplexes kommunikatives Ziel – den Aufbau von Glaubwürdigkeit – zu erreichen. Kommunikation stellt hierbei nur einen Baustein zum Erfolg dar – nicht mehr, aber auch nicht weniger.

Dass Rhetorik nicht nur auf Ebene der sprachlichen Mittel wirkt, sondern ein intelligentes Zusammenspiel von sprachlichen, visuellen und kognitiven Mitteln erfordert, wurde auch im dritten Teilkapitel deutlich. Überzeugende Werbekommunikation braucht nicht viele Worte – dafür jedoch ein richtiges Timing, um eine positive Wirkung zu entfalten.

In einem eher theoretischen Zwischenkapitel stand die Frage im Raum, inwiefern es rezeptartige Strategieempfehlungen gibt. Diese kann klar verneint werden, wenn man Unternehmensrhetorik im Kontext eines „Handlungsspiels" betrachtet, bei dem rhetorische Strategien als Wahrscheinlichkeitsprinzipien verstanden werden, also als „Leitplanken", die trotzdem Raum für Kreativität und individuelle Ausgestaltung lassen.

Ein Ansatz für die Kreation und Analyse wurde im letzten Kapitel dargestellt. Auch wenn die Bereiche ethos, pathos und logos nicht neu sind, sondern im Gegenteil eine jahrtausendealte Tradition haben, bieten sie Ansatzpunkte für eine moderne Unternehmensrhetorik, in der Glaubwürdigkeit und Emotionalität eine wichtige Rolle spielen. Häufig ist es dabei gerade das Zusammenspiel der verschiedenen Überzeugungsformen, das Wirksamkeit und Erfolg der Kommunikation sichert. Eine besonders hohe Erfolgschance weisen dabei die rhetorischen Strategien auf, die sich direkt aus dem Geschäftsmodell und Unternehmenszweck ableiten lassen und damit auf allen Ebenen und in allen Bereichen der Unternehmenskommunikation umgesetzt werden, extern wie intern. Gerade die interne Kommunikation ist dabei in Theorie und Praxis bislang ein Stiefkind, da sie als selbstverständlich vorausgesetzt und selten unter einem strategischen Blickwinkel untersucht wird. Genau dies versucht aber die Unternehmensrhetorik: die strategische Bedeutung von Sprache und Kommunikation stärker ins Blickfeld zu rücken. Wir sind auf dem Weg…

Literatur

Austin, John L. (1962). *How to Do Things with Words.* London: Oxford University Press.

Hoffmann, Mary F. & Ford, Debra J. (2010). *Organizational Rhetoric. Situations and Strategies.* Los Angeles: Sage.

Janich, Nina (2010). *Werbesprache. Ein Arbeitsbuch.* 5., erweiterte Auflage. Tübingen: Narr Francke Attempto Verlag.

Lehn, Isabelle (2011). *Rhetorik der Werbung. Grundzüge einer rhetorischen Werbetheorie.* Konstanz: UVK Verlagsgesellschaft.

Molthagen-Schnöring, Stefanie (2014). Kulturwandel bei der Deutschen Bank. Ein rhetorisches Vabanque-Spiel. In Klaus Boltres-Streeck & Stefanie Rathje (Hrsg.), *Die Grenzen der Unternehmen* (S. 76-92). Berlin: Dr. Köster.

Reinmuth, Marcus (2009). Vertrauen und Wirtschaftssprache: Glaubwürdigkeit als Schlüssel für erfolgreiche Unternehmenskommunikation. In Christoph Moss (Hrsg.), *Die Sprache der Wirtschaft* (S. 127-146). Wiesbaden: VS Verlag für Sozialwissenschaften.

Reinmuth, Marcus (2011). Textsortenerwartung und ihre Antizipation in der Unternehmenskommunikation. Geschäftsberichte und der „Brief an die Aktionäre". In Sascha Demarmels & Wolfgang Kesselheim (Hrsg.), *Textsorten in der Wirtschaft. Zwischen textlinguistischem Wissen und wirtschaftlichem Handeln* (S. 36-48). Wiesbaden: VS Verlag für Sozialwissenschaften.

Schaar, Marcel (2012). *Fotographie* für die Commerzbank Kampagne. Eigenverlag: o. O.

Schnöring, Stefanie (2007). *Kommunikation im Spiegel der Unternehmenskultur. Dialogisches Handeln und unternehmerische Zwecke.* Tübingen: Niemeyer.

Schüler, Dominik (2012). Werbekommunikation rhetorisch. In Nina Janich (Hrsg.), *Handbuch Werbekommunikation. Sprachwissenschaftliche und interdisziplinäre Zugänge,* (S. 197-212). Tübingen: UTB/A. Francke.

Searle, John R. (1969). *Speech Acts. An Essay in the Philosophy of Language.* Cambridge: Cambridge University Press.

Streeck, Klaus (2010). *Management der Fantasie. Einführung in die werbende Wirtschaftskommunikation.* 2., überarbeitete Auflage. Baden-Baden: Nomos.

Swiss Life (Hrsg.). (2011). *Wendesätze.* Eigenverlag: o. O.

TARGOBANK (Hrsg.). (2015). *Werbeanzeige.* Eigenverlag: o. O.

Weigand, Edda (2000). The dialogic action game. In Malcolm Coulthard, Janet Cotterill & Frances Rock (Hrsg.), *Dialogue Analysis VII. Working with dialogue* (S. 1-18). Tübingen: Niemeyer.

Weigand, Edda (2010). *Dialogue. The Mixed Game.* Amsterdam/Philadelphia: John Benjamins.

Online-Quellen

Dachverband der Kritischen Aktionäre (2014). *Kulturwandel light – Deutsche Bank tritt nachhaltig auf der Stelle*. Pressemitteilung, 21.5.2014.http://www.kritischeaktionaere.de/fileadmin/Dokumente/Pressemitteilungen_2014/Pm_zur_Pressekonferenz_Deutsche_Bank_2014-05-21_01.pdf. Zugegriffen: 14 Juli 2016.

Deutsche Bank (2014). *Homepage zur Jahres-Pressekonferenz 2014*. https://www.db.com/specials/de/ghp/Jahres-Pressekonferenz.htm. Zugegriffen: 15. Juli 2016.

Fitschen, Jürgen & Jain, Anshu (2014). *Rede zur Hauptversammlung der Deutschen Bank*, 22.05.2014. Zum Download unter https://hauptversammlung.db.com/de/docs/HV2014-Rede-de.pdf. Zugegriffen: 25.März 2015.

GLS Gemeinschaftsbank (2016). *Geld ist für die Menschen da*. https://www.gls.de/privatkunden/ueber-die-gls-bank/ Zugegriffen: 15. Juli 2016.

LBS (2013). *Wir sind die, die man Spießer nennt*. TV-Spot/Werbung als YouTube-Video, 07.02.2013. https://www.youtube.com/watch?v=teBEPULx0wI. Zugegriffen: 30. März 2015.

Oberhuber, Nadine (2014). *Kulturwandel mit Krawall*. Zeit-Online, 22.05.2014. http://www.zeit.de/wirtschaft/2014-05/deutsche-bank-hauptversammlung. Zugegriffen: 17. März 2015.

Reidel, Michael (2012). *Spot-Premiere: Commerzbank feilt am Image und erinnert dabei an Ergo*. Horizont Net, 09.12.2012. http://www.horizont.net/marketing/nachrichten/-Spot-Premiere-Commerzbank-feilt-am-Image-und-erinnert-dabei-an-Ergo-111268. Zugegriffen: 14. Juli 2016.

Storn, Arne (2013). *Die neue Deutsche Bank*. Zeit-Online, 23.05.2013. http://www.zeit.de/2013/22/deutsche-bank. Zugegriffen: 20. März 2015.

III

Endspiel

1

Online und Print

„Bei einer jüngeren Zielgruppe wirken ‚authentische' Texte besser."

Stefanie Molthagen-Schnöring, Interview mit Frederik Fischer

Kurzprofil Frederik Fischer

Frederik Fischer studierte Fernsehjournalismus, Medienwissenschaft und Volkswirtschaft an den Universitäten Aarhus und Amsterdam sowie der City University London und der Hochschule Hannover. Vor der Gründung des Twitter-Aggregators *Tame* arbeitete Frederik Fischer als freier (Netz)Kultur- und Technologie-Journalist für den öffentlich-rechtlichen Rundfunk sowie für diverse Zeitschriften und Online-Medien. Frederik Fischer leitete den Bereich „Audience Engagement" bei Krautreporter und ist Mitherausgeber von Vocer. Seit November 2015 verantwortet er als Chefredakteur den Webauftritt der Empfehlungs-Plattform piqd. Auf piqd empfehlen über 100 ausgewählte Fachjournalisten, Wissenschaftler und Politiker maximal einen Link pro Woche und verfassen dazu jeweils eine Kurzrezension, die die Frage beantwortet: „Warum ist dieser Inhalt die wertvolle Zeit der Leser wert?".

***Stefanie Molthagen-Schnöring**: Was ist für Sie ein guter Text?*

Frederik Fischer: Ein guter Text verbindet formale Exzellenz mit Wissens- oder besser noch: Perspektivvermittlung. Ein Text, von dem nach dem Lesen nichts hängen bleibt, ist ein schlechter Text.

***Stefanie Molthagen-Schnöring**: Und wie wird ein Text so gestaltet, dass er „hängen bleibt"?*

Frederik Fischer: Ein Text muss lebendig sein – im Aufbau und in der Sprache. Was das heißt? Ungewöhnliche Perspektiven, überraschende Wendungen, szenische Passagen. Die große Kunst ist es, Wissen kompakt zu vermitteln. Das fällt insbesondere im Deutschen schwer, weil unsere Sprache anders funktioniert als beispielsweise das Englische.

Stefanie Molthagen-Schnöring: *Was war der letzte journalistische Text, der Sie begeistert hat – und warum?*

Frederik Fischer: The Facebook Papers. In der vierteiligen Artikelserie erklärt der Autor die Auswirkungen von Facebook's Marktmacht für die Verlage. Das Thema ist nicht neu, aber der Autor dekliniert das Phänomen so gründlich durch, dass selbst Experten noch etwas lernen. Die besondere Leistung dabei: Der Text ist trotz der analytischen Tiefe in einem höchst unterhaltsamen Ton verfasst.

Stefanie Molthagen-Schnöring: *Hand auf's Herz: Lesen Sie mehr Texte online oder auf Papier gedruckt? Und was machen Sie lieber?*

Frederik Fischer: Ich lese lieber auf Papier, verbringe aber mehr Zeit mit Online-Texten.

Stefanie Molthagen-Schnöring: *Alle reden davon, dass sich der Journalismus durch das Internet so sehr verändert hat. Sehen Sie gleichzeitig auch eine Veränderung journalistischer Texte in den vergangenen Jahren?*

Frederik Fischer: Journalistische Texte haben sich eindeutig verändert. In vollem Bewusstsein der vielen fantastischen Ausnahmen: Online-Journalismus bleibt grundsätzlich handwerklich hinter Print-Texten zurück. Das liegt weniger an den Fähigkeiten der Schreiber, sondern vielmehr an den Ressourcen, die zur Veredelung eines Textes eingesetzt werden können. In Print wird üblicherweise mit deutlich mehr Aufwand produziert – im Vorfeld bei der Recherche und im Nachgang bei der Redigatur. Die Frage ist, wie sich diese Art des Journalismus online finanzieren lässt. In dem Maße, in dem Werbeeinahmen wegbrechen, bleiben nicht viele Alternativen außer der Payroll. Bei der Einführung einer solchen muss ein Medienunternehmen rechnen, inwiefern diese Mehreinnahmen die Einbrüche durch weniger Klicks (und damit geringere Werbeeinnahmen) kompensieren können.

Stefanie Molthagen-Schnöring: *Was sind die wichtigsten aktuellen Trends im Online-Journalismus?*

Frederik Fischer: Da sind als erstes der Siegeszug von Videos und die Marktmacht von Facebook zu nennen. Weiterhin die Kuratierung von Inhalten. Das ist scheinbar nichts Neues, denn Journalisten haben immer schon Inhalte ausgewählt. Im Netz wird das aber noch wichtiger, weil Inhalte mehr und mehr atomisieren: Die Inhalte trennen sich von der Marke, wenn sie beispielsweise über Kanäle wie Facebook verteilt werden. Früher bestand ein Vertrauen in Zeitungen, das wurde auf die Inhalte übertragen. Deswegen sind heute Kuratoren so wichtig, weil die Menschen das Vertrauen auf das übertragen, was der Kurator empfiehlt.

Ein weiterer Trend sind so genannte Messenger (Bots). Der Nutzer bekommt auf ihn abgestimmte Inhalte zugestellt. Insbesondere jüngere User nutzen jetzt schon Messengerdienste eher als Facebook.

***Stefanie Molthagen-Schnöring**: Und was bedeutet das für den Text?*

Frederik Fischer: Das ist interessant: Studien zeigen nämlich, dass die Verweildauer bei Texten, z. B. auf Facebook, höher/länger ist als beispielsweise bei Videos. Gleichzeitig geht der Trend hin zur Komprimierung. Das heißt, dass Texte es schaffen müssen, den Leser auf prägnante Art und Weise zu informieren.

***Stefanie Molthagen-Schnöring**: Das im Internet vorhandene Wissen wird für jeden Nutzer durch Algorithmen strukturiert. Das führt dazu, dass jede und jeder von uns immer mehr von dem findet, was man schon weiß bzw. von der Meinung, die man selbst hat. Welche Folgen hat diese Algorithmus-Logik für die Arbeit des Journalisten und für die Qualität der Texte?*

Frederik Fischer: Das ist zweifellos ein wichtiges Thema, betrifft aber nicht jeden Journalisten. Große Medien haben Experten für Suchmaschinenoptimierung und/ oder so genannte „Community Manager". Da muss sich der Journalist nicht selbst drum kümmern. Für junge Journalisten, die ihre eigene Marke aufbauen müssen, ist es hingegen essentiell, die Technik zu verstehen und bedienen zu können.

Es ist allerdings heute auch nicht mehr so, dass der Text durch die Verschlagwortung leidet. Die Qualität von suchmaschinenoptimierten Texten ist sehr viel besser geworden. Das Wissen um die gezielte Bewerbung von Inhalten auf Facebook ist zwischenzeitlich aber ohnehin viel entscheidender als die Suchmaschinenoptimierung. Obwohl fast alle Journalisten Facebook nutzen, wissen nur sehr wenige, wie man dort professionell Inhalte bewirbt. Dies halte ich für eine Schlüsselkompetenz, die jeder Journalist zumindest in Grundzügen beherrschen sollte.

***Stefanie Molthagen-Schnöring**: Herr Fischer, mit piqd haben Sie einen Online-Mediendienst gegründet, der für die Nutzer zielgenau Medieninhalte heraussucht, darunter v. a. anspruchsvolle, längere Texte. Ist Ihr Angebot ein Indiz für die Rückkehr des Qualitätsjournalismus neben den schnellen Online-Nachrichten?*

Frederik Fischer: Ich befürchte, wir eignen uns nicht als Beleg für das Comeback von längeren Texten. Dafür ist ehrlicherweise unser Erfolg noch zu bescheiden. Ich sehe uns eher als die Gegenbewegung zur umfassenden Abkehr von Texten. Der iranische Medienwissenschaftler Hossein Derekhshan vertritt die These, dass sich das Internet immer mehr dem Fernsehen ähnelt: bildstark im Auftritt und passiv in der Nutzung. Dafür lassen sich leider gute Belege finden.

***Stefanie Molthagen-Schnöring**: Haben die vielfältigen Medienangebote dazu geführt, dass man heute mutiger und ungewöhnlicher texten muss oder im Gegenteil dazu, dass man sich strenger denn je an die Kriterien journalistischen Schreibens halten sollte?*

Frederik Fischer: Das hängt stark von der Zielgruppe ab. Bei einer jüngeren Zielgruppe wirken „authentische" Texte besser. Das heißt, es empfiehlt sich eine Abkehr von klassischer journalistischer Schreibe, wie sie im Lehrbuch vermittelt wird. Für diese Zielgruppe ist z. B. Provokation ein beliebtes Stilmittel, das von Medien wie VICE oder bento genutzt wird. Bei einem älteren Publikum bleiben die vertrauten Formen dagegen weiterhin wichtig.

***Stefanie Molthagen-Schnöring**: Was raten Sie Studierenden, die überlegen, als Texter in den Medien, in der PR oder in einem Unternehmen zu arbeiten?*

Frederik Fischer: Für Generalisten sehe ich wenige Chancen. Eine thematische Spezialisierung halte ich für sehr wichtig. Hinzu kommen Expertise in der Bild-/Videobearbeitung oder Podcasting sowie ein Verständnis von SEO und der Algorithmenlogik aller relevanten Vertriebsplattformen. Wer eine eigene Marke aufbauen möchte, muss zudem eine eigene Stimme finden. Nur wer aus der Masse heraussticht, wird in Erinnerung bleiben. So zu schreiben, wie es das Lehrbuch vorgibt, ist dabei hinderlich.

Corporate Publishing

2

„Wir alle können von Dramaturgen, Drehbuchautoren, Regisseuren viel lernen"

Interview von Studierenden des Projektseminars Content Marketing unter Leitung von Ralf Birkelbach mit Klaus Madzia

Kurzprofil Klaus Madzia

Klaus Madzia ist Content Stratege bei C3. Zuvor war er Chefredakteur in der Verlagsgruppe Handelsblatt, Gründungsmitglied von Econy (Brand Eins Vorgänger), Redakteur beim SPIEGEL und Redaktionsleiter SPIEGEL ONLINE. Seine Ausbildung absolvierte er an der Henri-Nannen-Schule, der UC Berkeley sowie der LMU München. Madzia lebt in Berlin.

Texte für Kundenpublikationen verfassen, heißt, nicht nur die Interessen der Rezipienten, sondern auch die der Auftraggeber zu berücksichtigen. Welche besonderen Anforderungen werden an Sie kundenseitig gestellt?

Klaus Madzia: Es gibt fast immer eine Content-Strategie, in der jeder Kunde seine Themen, seine Ziele, seine Wünsche zusammen mit uns entwickelt. Es ist wichtig, sowohl die Ziele dieser Content-Strategie mit journalistischen Vorgaben wie Aktualität, Interesse, Story-Konflikt, Neuigkeit, etc. in Einklang zu bringen. Ganz besonders Tonalität und Geschwindigkeit sind Herausforderungen, die sich in der Arbeit mit den Kunden immer wieder stellen. Mit der Zeit entwickelt sich ein Vertrauensverhältnis und auch ein Zugewinn an Know-How beim Kunden.

Wie finden bei Ausschreibungen für Kundenpublikationen Erwartungen der Auftraggeber in Hinblick auf die Textqualität und -quantität Eingang?

Klaus Madzia: Ganz unterschiedlich. Je größer der Kunde, desto mehr festgelegte Publikationen wie Brand Manuals finden sich. Aber oft erwarten die Kunden auch neue Wege in Sachen Social Media. Gerade weil dieser Kommunikationskanal für viele Kunden noch immer Neuland ist, bzw. die Technik und die Kanäle sich ständig verändern.

Mit dem Übergang von Print- zur Online-Kommunikation verändert sich auch der Umgang mit Texten. Was sind Ihre zentralen Erfahrungen?

Klaus Madzia: Es gibt einen Zwang zur Kürze, mehr noch einen Mega-Trend zu Video. Auf der anderen Seite suchen die Kunden der Kunden, also die Menschen, mehr Ruhe und Länge. Es gilt immer wieder, die Informationsüberforderung der Menschen im Blick zu haben. Je spitzer die Information, desto höher das Interesse bestimmter Zielgruppen und je höher die Informationsdichte. Je allgemeiner, unterhaltsamer, desto kürzer, spielerischer, leichter.

Die mit der Digitalisierung einhergehende Interaktivität mit den Rezipienten erfordert schnelle und direkte Antworten. Welche Lösungsansätze gibt es, im Kundendialog in Sozialen Medien eine kurze Reaktionszeit und eine angemessene sprachlich-textuelle Qualität sicherzustellen?

Klaus Madzia: Tatsächlich sind Newsrooms und die Veränderung der Kommunikations-Prozesse auf Kundenseite ein wichtiges Thema. Ich glaube, dass sich die gesamte Art, wie Unternehmen intern und extern kommunizieren, verändern wird und muss. Es wird ein kontinuierlicher Veränderungsprozess werden, weil das Tempo der kommunikativen Disruption zunehmen wird. Wir stehen erst am Anfang der Umwälzungen. In diesem Sinne sind Unternehmen wie C3 auch mehr und mehr als Strategy Consultant gefordert.

Lassen sich Muster erkennen, welche Unternehmenstypen bzw. -marken und -kulturen welchen neuen Formen der digitalen Kommunikation und neuen Textformaten und -stilen besonders aufgeschlossen bzw. resistent gegenüber stehen?

Klaus Madzia: Ich sehe da keine Muster, eher Einzelfälle. Es gibt innovative KMUs (kleinere und mittlere Unternehmen), innovative Konzerne, innovative lokale Kunden – und das Gegenteil.

Sie definieren Content Marketing als „konsequent kunden-zentrierte Kommunikation". Wie nehmen Sie Ihre Auftraggeber auf den Weg mit, sich inhaltlich aus einer Push- in eine teilweise fremdbestimmte Pull-Kommunikation zu verändern?

Klaus Madzia: Im „Doing". Je mehr wir zusammen mit unseren Kunden KPIs (Key Performance Indicator), Content Strategy und externe Kritik/Lob analysieren, desto mehr wird allen Beteiligten der beste Weg klar. Die direkte Verfügbarkeit von Daten hilft immer. Wir brauchen allerdings noch mehr Big Data, Open Data Tools, um aus der Datenfülle verwertbare Erkenntnisse zu ziehen.

Mit der Verbreitung des Content Marketing als informative oder unterhaltende Form der Kommunikation dürfte auch die Nachfrage nach sehr unterschiedlichen Textformen steigen. Welche redaktionellen Formate stellen Sie bei der Umsetzung vor besondere Herausforderungen?

Klaus Madzia: Verblüffende, spannende, inspirierende Formate sind immer harte Arbeit. Es ist egal ob Text, Podcast, Video, Animation, Umfrage, App etc. – die Idee muss stimmen, die Ausführung muss professionell sein, Agentur und Kunde müssen Mut für neue Weg haben.

Welche womöglich neuen Anforderungen stellen sich an die Texter? Wird der klassische Werbetexter zunehmend von ausgebildeten und berufserfahrenen Journalisten mit entsprechender beruflicher Erfahrung substituiert?

Klaus Madzia Es gibt immer weniger Unterschiede zwischen Werbetexter und Journalisten. Natürlich gibt es andere Erzählformen, aber letztlich müssen die Texte den Leser begeistern. Ob Headline, ob Facebook-Post, ob Reportage. Ich habe enormen Respekt vor den Kollegen aus der klassischen Werbung genauso wie vor meinen Kollegen bei Spiegel oder Brandeins. Wir alle brauchen Leidenschaft, Ausdauer, Willen zu kontinuierlicher Verbesserung. Es wird auch mehr Austausch zwischen Marketing und Journalismus geben. Nicht nur als Einbahnstraße. Unverzichtbar: Content Marketing und Werbung muss für den Leser als solches ersichtlich sein. Ich bin gegen jede Form von Schleichwerbung.

Findet in Ihrer Agentur für den Einsatz des Storytelling auch ein Wissenstransfer aus Kulturbereichen wie dem Theater, Film und Fernsehen statt, beispielsweise das Einbringen dramaturgischer Elemente?

Klaus Madzia: Ja. Wir alle können von Dramaturgen, Drehbuchautoren, Regisseuren viel lernen. Die Hinwendung zum fachjournalistisch geprägten Content Marketing und entsprechender textlicher Umsetzung dürfte auch auf Kundenseite eine neue Erfahrung sein.

Gibt es eine neue Lockerheit und sprachliche Experimentierfreude auf Kundenseite zu beobachten?

Klaus Madzia: Ja, gerade unsere Kunden wünschen sich Wissenstransfer und Transfer von Experimentfreude in ihre Organisation. Die Schnittstellen werden offener.

Machen Sie als international agierende Agentur die Erfahrung, dass Kunden verschiedener Länder und Sprachräume unterschiedlich mit dem Einfordern und der Bewertung von Texten umgehen?

Klaus Madzia: Ja, Content Marketing ist ein sehr lokaler Prozess. Es gibt allerdings in Sachen Datenanalyse und medienadäquater Ansprache auch Ähnlichkeiten.

Was würden Sie Studierenden als Ratschlag mitgeben, die sich in kommunikationswissenschaftlichen oder journalistischen Ausbildungsgängen befinden und später im Corporate Publishing bzw. Content Marketing arbeiten wollen?

Klaus Madzia: Bleiben Sie neugierig, bleiben Sie offen, bleiben Sie hungrig!

Scrollytelling

„Eine Spielart oder Weiterentwicklung traditioneller Storytellingformate"

3

Christina Vaih-Baur, Interview mit Florian Stadel

Kurzprofil Florian Stadel

Prof. Dr. Florian Stadel leitet den Studiengang Journalistik am Stuttgarter Campus der Macromedia University of Applied Sciences. Online- und Printjournalismus sowie Innovationen im Medienbereich sind Schwerpunkte seiner Arbeit. Vor seiner Hochschultätigkeit war der promovierte Historiker bei der Nachrichtenagentur „Reuters", dem Nachrichtenmagazin „Focus" und der „Neuen Zürcher Zeitung" beschäftigt. Florian Stadel berät darüber hinaus deutsche und schweizer Medienhäuser in Fragen medialer Konvergenz und Storytelling.

Christina Vaih-Baur: *Scrollytelling ist ein englischer Begriff, der zunehmend auch in deutscher Fachliteratur zu lesen ist. Das Wort setzt sich aus den beiden Teilen Scrollen und Telling zusammen. Was bedeutet dieser Begriff genau?*

Florian Stadel: Du hast gerade ja bereits erläutert, dass es sich begrifflich um einen Mix aus Erzählen und Scrollen handelt. Wir haben es also mit einer Erzählform zu tun, bei der man sich scrollend über Internetseiten bewegt. Redaktionen stellen ihren Lesern beziehungsweise Zuschauern dabei ganz unterschiedliche Content-Typen zur Verfügung, die sie sinnvoll miteinander verknüpft haben. In der Regel haben wir es mit Texten, Bildern, Videos und Audiobeiträgen zu tun; dazu kommen können interaktive Grafiken, topografische Karten, Fotostrecken, Audioslideshows, Interaktionstools oder auch Serviceelemente. Da sind der redaktionellen Fantasie keine Grenzen gesetzt. Kurz gesagt, ist es multimediales Storytelling.

Christina Vaih-Baur: *Inwiefern kann das Scrollytelling vom Storytelling unterschieden werden?*

Florian Stadel: Von Unterschieden würde ich gar nicht sprechen. Vielmehr ist Scrollytelling eine Spielart oder Weiterentwicklung traditioneller Storytellingformate, bei der die Möglichkeiten multimedialen Erzählens berücksichtigt werden. Unter Storytelling verstehen wir ja lediglich eine auf die Vorlieben menschlicher Kommunikation ausgerichtete Erzählform. Dementsprechend ist Scrollytelling deren multimediale Ausprägung.

***Christina Vaih-Baur**: Existieren unterschiedliche Spielvarianten des Scrollytellings?*

Florian Stadel: Im journalistischen Bereich werden häufig komplexe Themen wie die NSA-Affäre, das Freihandelsabkommen TTIP, Wahlen, sportliche Großereignisse oder auch historische Entwicklungen und wissenschaftliche oder technische Fragen abgebildet. Aber auch im Servicebereich – etwa Bedienungsanleitungen aller Art – lassen sich viele Themen über Scrollytelling besonders anschaulich vermitteln. Dasselbe lässt sich für den Public-Relations-Sektor sagen, ich denke hier an multimediale Kampagnen.

***Christina Vaih-Baur**: Welche Einsatzmöglichkeiten bietet das Scrollytelling. Wo liegen die Grenzen?*

Florian Stadel: Die Einsatzmöglichkeiten sind – wie gerade angedeutet – vielfältigst. Initialzündung für das Format Scrollytelling war sicherlich die bahnbrechende Reportage „Snowfall", für die die Redaktion der „New York Times" 2013 mit dem Pulitzer-Preis ausgezeichnet wurde. Hier handelte es sich um ein klassisches Reportagethema aus dem Panoramaressort – also kein vielschichtiges Wirtschafts- oder Politikerklärstück. Eine Gruppe von Extremsportlern hatte sich im Februar 2012 zu einer riskanten Freeskiing-Abfahrt am Tunnel Creek im Nordwesten der USA aufgemacht, wo vier von ihnen von einer Lawine verschüttet wurden, nur einer überlebte. Nach sechsmonatiger Recherche machte der Sportjournalist John Branch daraus die erwähnte Multimediareportage, die man immer noch als State oft the Art in puncto Scrollytelling anführen kann.

***Christina Vaih-Baur**: Welche Herausforderungen müssen mit der Realisierung des Scrollytellings von Redaktionen bewältigt werden?*

Florian Stadel: Einerseits ist Scrollytelling für uns Leser ein äußerst komfortables, informatives und zugleich unterhaltsames Format der Inhaltevermittlung. Andererseits stellt es für den Produzenten einen beträchtlichen Arbeitsaufwand dar. Ein multimediales Themendossier ist wegen seiner Komplexität und Content-Vielfalt ungleich zeitintensiver als eine Reportage mit integriertem Video oder integrierter

Bilderstrecke. Da stoßen vor allem kleinere Redaktionen rasch an Kapazitätsgrenzen. Neben dem personellen Aufwand verfügen viele Redaktionen auch noch nicht über Redaktionssysteme, mit denen sich unterschiedlichste Content-Typen einfach und intelligent miteinander verknüpfen lassen.

***Christina Vaih-Baur**: Gibt es besonders gelungene Beispiele, die im Internet zu finden sind?*

Florian Stadel: Neben der „New York Times" hat auch das Onlineportal des britischen „Guardian" bereits zahlreiche vorbildliche Dossiers im Scrollytelling-Format publiziert. Hier seien beispielhaft nur die „NSA Files: Decoded" zur Lektüre empfohlen, wo Audio-Interviews mit Experten und Protagonisten der Affäre mit Bildern, Filmen und aussagestarken Grafiken zu einem Informationspaket verknüpft wurden, das gegenüber herkömmlichen Darstellungsformen einen enormen Mehrwert bietet. Auch deutsche Sites wie „Spiegel" und „SZ" setzen immer wieder auf solche Multimediadossiers. Aber nicht nur im überregionalen Bereich tut sich etwas, auch regionale Portale wie das der Ulmer „Südwestpresse" setzt auf Scrollytelling-Inhalte, so fand sich hier beispielsweise 2015 ein eindrucksvolles historisches Dossier anlässlich des Kriegsendes vor 70 Jahren. Abschließend sei noch auf ein ganz neues Angebot verwiesen, das sich „Der Kontext" nennt und jeden Monat ein interaktives Multimediadossier zu einem komplexen Großthema anbietet. Den Anfang machten TTIP und der Krieg in Syrien.

***Christina Vaih-Baur**: Erfordern neue Formate wie das Scrollytelling neue Ausbildungskonzepte für Journalisten?*

Florian Stadel: Unabhängig vom Thema „Scrollytelling" werden Journalisten heute ja bereits meist multimedial ausgebildet. Das gilt sowohl für den Hochschulbereich als auch für Journalistenschulen und die Medienhäuser selbst. So sind Studierende und Volontäre heute in der Regel nach ihrer Ausbildung in der Lage, sich journalistisch in Print-, Online-, Video- und Audioformaten auszudrücken und mit Social Media umzugehen. Anders als noch vor wenigen Jahren sind diese Journalisten also bestens für's Scrollytelling aufgestellt.

***Christina Vaih-Baur**: Wenn du in die Zukunft blickst, welche Entwicklungen kommen auf Redakteure in den nächsten Jahren zu?*

Florian Stadel: Um den multimedialen Output künftig noch zu steigern, dürften – wie bereits erwähnt – komfortablere Redaktionssysteme eine wichtige Rolle spielen. Wie sich der Bereich weiterentwickelt, wird auch wesentlich von den Geräten abhängen, auf denen diese journalistischen Inhalte in Zukunft ausgeliefert werden und inwieweit sie ins „Internet der Dinge“ integriert werden. Davon wird auch die Ausgestaltung neuer Content-Typen abhängig sein. Klar scheint indes, dass der Bewegtbildanteil noch zunehmen wird und auch Themen wie Interaktion, Datenjournalismus und Personalisierung der Angebote eine noch größere Rolle spielen werden.

Autorinnen

Prof. Dr. Susanne Femers-Koch

Prof. Dr. phil. Susanne Femers-Koch studierte Diplom-Psychologie an der Technischen Universität Berlin. Von 1989 bis 1992 arbeitete sie am Forschungszentrum Jülich in der Programmgruppe „Mensch, Umwelt, Technik“ im Programm „Risikokommunikationsforschung“. Ihre Promotion in Philosophie zu Fragen der Wirkung von Risikoinformationen legte sie 1992 an der Technischen Universität Berlin ab. Danach war sie für sieben Jahre als Kommunikationsberaterin in der freien Wirtschaft tätig: Bei Kohtes & Klewes in Bonn und bei Medical Relations in Langenfeld.

Von 1998-2002 übernahm sie eine Professur für „Kommunikation und Wirtschaftspsychologie“ an der Hochschule Bonn-Rhein-Sieg. Seit 2002 hat sie eine Professur für „Wirtschaftskommunikation“ im gleichnamigen Bachelor- und Masterstudiengang der HTW Berlin, Hochschule für Technik und Wirtschaft, inne. Susanne Femers-Koch ist außerdem Personal und Business Coach. Ihre Lehr-, Forschungs- und Beratungstätigkeit liegt in den Bereichen Public Relations, Werbung, Risikokommunikation, Interpersonale Kommunikation, Präsentation und Coaching sowie Kommunikations- und Wirtschaftspsychologie.

Kontakt: Prof. Dr. Susanne Femers-Koch, Hochschule für Technik und Wirtschaft (HTW) Berlin, FB 04 – Informatik, Kommunikation und Wirtschaft, Studiengang Wirtschaftskommunikation, Wilheminenhofstraße 75 A, 12459 Berlin, Tel. 0049 – (0)30 – 5019 – 2236, Susanne.Femers-Koch@HTW-Berlin.de, http://www.htw-berlin.de, http://wiko.htw-berlin.de.

Prof. Dr. Stefanie Molthagen-Schnöring

Prof. Dr. phil. Stefanie Molthagen-Schnöring studierte Germanistik, Kommunikationswissenschaft und Angewandte Kulturwissenschaften an der Westfälischen Wilhelms-Universität Münster. Dort promovierte sie mit einer Arbeit zu „Unternehmenskommunikation im Spiegel der Unternehmenskultur" am Arbeitsbereich Sprachwissenschaften. Für die Firma Kirchhoff Consult in Hamburg betreute Molthagen-Schnöring danach Unternehmen bei der Konzeption und Umsetzung von Geschäftsberichten und baute den Bereich der Strategischen Kommunikationsberatung mit auf. 2009 wechselte Molthagen-Schnöring als Leiterin Strategie nach Berlin zur Agentur WE DO.

Seit 2011 ist sie als Professorin für Wirtschaftskommunikation mit dem Schwerpunkt Text und Medien an der HTW Berlin tätig. Mit ihrer Beratungsfirma Schnöring Wissenschafts- und Wirtschaftskommunikation berät sie darüber hinaus Unternehmen, NGOs und Hochschulen bei der Weiterentwicklung ihrer Kommunikation. Schwerpunkte ihrer Forschungstätigkeit liegen in den Bereichen Kommunikationsmanagement sowie Unternehmensrhetorik.

Kontakt: Prof. Dr. Stefanie Molthagen-Schnöring Hochschule für Technik und Wirtschaft (HTW) Berlin, FB 04 – Informatik, Kommunikation und Wirtschaft, Studiengang Wirtschaftskommunikation, Wilheminenhofstraße 75 A, 12459 Berlin, Tel. +49 30 5019-3609, Stefanie.Schnoering@htw-berlin.de, http://www.htw-berlin.de, http://wiko.htw-berlin.de.

Prof. Dr. Annette Uphaus-Wehmeier

Prof. Dr. Annette Uphaus-Wehmeier ist Kommunikationswissenschaftlerin und Inhaberin der Kommunikationsberatung „PUBLIZISTIK+PROFIL", Hamburg. Die Schwerpunkte ihrer Tätigkeit liegen in der Strategieberatung von Unternehmen und Verbänden in Fragen der internen und externen Kommunikation sowie in der zielgruppengerechten Gestaltung von Inhalten. Seit über zwei Jahrzehnten schreibt Annette Uphaus-Wehmeier Reden und Texte für Persönlichkeiten aus Wirtschaft und Gesellschaft. In Vorträgen, Workshops und als Dozentin an der Universität Hamburg vermittelt sie Theorie und Praxis der Public Relations.

2002 nahm sie den Ruf auf eine Professur für Kommunikation/Public Relations an der Hochschule Hannover an, wo sie bis 2010 lehrte. Zuvor verantwortete sie als Pressesprecherin/Leiterin Kommunikation die Öffentlichkeitsarbeit von Spitzenorganisationen der Wirtschaft und im Non-Profit-Bereich. Berufliche Stationen waren u. a. der Bundesverband Deutscher Zeitungsverleger und die Johanniter-Unfall-Hilfe in Bonn. Annette Uphaus-Wehmeier studierte Publizistik- und Kommunikationswissenschaften, Politikwissenschaft und Soziologie an der Universität Münster und promovierte 1982 zum Dr. phil.

Kontakt: Prof. Dr. Annette Uphaus-Wehmeier, PUBLIZISTIK+PROFIL Kommunikation, Stormsweg 3, 22085 Hamburg, Tel. 040/ 357 1496 0, office@publizistik-profil.de, www.publizistik-profil.de.

Prof. Dr. Christina Vaih-Baur

Prof. Dr. Christina Vaih-Baur war nach dem Studium der Gesellschafts- und Wirtschaftskommunikation an der Universität der Künste (UdK) Berlin in der Unternehmenskommunikation eines internationalen Konzerns sowie bei einer führenden global agierenden Kommunikationsagentur tätig. Im Anschluss daran forschte sie als wissenschaftliche Mitarbeiterin an der UdK Berlin und promovierte im Bereich multisensuelle Produkt- und Markengestaltung.

Sie berät Organisationen in den Bereichen der Markenführung und -kommunikation, war Lehrbeauftragte an verschiedenen deutschen Hochschulen und Universitäten und ist seit 2007 Professorin für PR und Kommunikation an der Hochschule Macromedia in Stuttgart. Sie publiziert Aufsätze zu den Themen Public Relations, Verpackungsmarketing und Markenkommunikation und ist u. a. Mitherausgeberin des Buches „PR-Kampagnen", das im Jahr 2011 erschienen ist.

Kontakt: Prof. Dr. Christina Vaih-Baur, Hochschule Macromedia, University of Applied Sciences, PR und Kommunikationsmanagement, Naststraße 11, 70376 Stuttgart, Tel. 0711.280 738 – 753, Fax 0711.280 738 – 740, c.vaihbaur@macromedia.de.

21363938R00204

Printed in Poland
by Amazon Fulfillment
Poland Sp. z o.o., Wrocław